貨幣戰爭 2

金權天下

宋鴻兵 編著

目錄

導讀　帝國主義雙螺旋的顯影劑

楊照

英國史家霍布斯邦寫過權威的「十九世紀三部曲」，三部曲的第一部是《革命的年代》，第二部《資本的年代》，第三部則命名為《帝國的年代》。

帝國時代接在資本時代後登場，這樣歷史描述根本上承襲了列寧「帝國主義是資本主義最高階段」的說法。的確，帝國主義和資本主義之間，有著密切且複雜的關係。

從資本主義到帝國主義，有一層因果關係。依照馬克思的分析，資本主義的運作基礎是資本家獨佔了工業生產上的「剩餘價值」，將本來應該屬於勞動者的價值，佔為己有，因而創造了資本累積，創造了資本家的巨大財富。然而，這樣的關係裡，藏著資本主義的自我矛盾。生產工具控制在資本家手中，所以能夠壓迫勞動者，榨取出最多的「剩餘價值」，剩餘價值又都掌握在資本家身上，勞動者越來越窮，勞資的差距越來越大，勞工的消費能力就算沒有越來越低，至少也是停滯不前，那麼，眾多工業製成品，豈不就無法找到相應成長的市場了嗎？

如果讓勞動者增加消費能力，就意味著工資水準上升，也就意味著資本家的利益減少，對整個體系的控制下降，這是不能做的。那怎麼辦？唯一的辦法，要在既有的勞動者之外，找到新的市場。用國家的力量，對外征服殖民地，方便地提供了這樣的出路。殖民地既是過剩製成品的強迫市場，以其市場胃納保住了生產規模和產品價格，更重要的，殖民地同時供應了大量的勞動力，近乎無償運用的勞動力，又可以保證殖民母國的工資不會有上漲的壓力。

有了帝國主義擴張帶來的市場與勞動資源，資本主義才能延續其剝削形式，所以帝國主義的發展，對資本主義國家的勞動階級，一點都沒有好處，還有許多壞處，勞動階級要爭取自己權益，必須在「反資」的同時，也就必須「反帝」，這是列寧話中清楚的革命策略意涵。

從資本主義到帝國主義，還有另一層因果。帝國主義的發展，帶來了這幾個歐洲資本主義國家間激烈的競爭，競爭最極端的形式，就是戰爭。從遠方的殖民地，打到歐洲本土；從傭兵進行的區域衝突，到全國動員模式的大型戰爭佈局。

戰爭勝利的基本條件，一要有人，二要有錢。戰爭不只耗費人命，戰爭耗費資財的速度同樣驚人。十九世紀的戰爭，規模與破壞力突飛猛進。因而打仗所需要準備的金錢，也就呈等比級數跳升。如果在取得經費的方式與效率上，沒有相應的突破變化，老實說，誰也打不起這種戰爭，這種戰爭也就打不遠打不久了。

配合戰爭出現的變化，是金融資本主義的進展。沒有足夠經費的政府，可以靠借錢的方式來準備戰爭來打仗，而且也就出現了隨時可以作為政府後盾，借錢給政府、或替政府借錢的大金融資本家。他們自己手上有錢，更關鍵的，他們懂得如何聚集別人的錢，幫政府發賣公債。

憑什麼政府可以借到錢？為什麼有人願意提供這些錢給政府去消耗打仗？因為借錢打仗的，都是帝國主義國家，都有海外殖民地的利益，這是借錢最大的抵押保證。如果沒有帝國主義，那麼龐大的金融資本，不可能形成；倒過來看，沒有龐大的金融資本作為軍事戰爭後盾，帝國主義也無法進一步擴張。兩者互相纏捲，螺旋式地彼此坐大，就成了十九世紀後半葉最重要的歷史變化。

這樣的變化，實質改變了世界的樣貌，改變了國家、政府的性質，也改變了人與人之間的基本關係模式。然而，描繪這段歷史時，帝國主義的核心主體——政治、政府、軍隊、殖民者，受到了集中注意，相對地，與帝國主義構成雙螺旋結構的另一核心主體——金融資本家，卻長期隱身在主流歷史敘述背後，鮮少被拿到檯面上來討論。在那個國家財政制度還未完備的時代，幾個大型金融資本家族對於各國戰爭的影響力，遠超過國家的正式財政部。漏掉他們如此關鍵的角色作用，歷史的紀錄必然不完整，很多歷史事件的因果甚至就必然變得無從解釋了。

《貨幣戰爭二——金權天下》一開頭，講述了一八六六年普魯士和奧地利之間的戰爭，普軍在薩多瓦會戰中獲得大勝，隨而進逼奧國首都維也納，然而就在這個節骨眼，普魯士首相俾斯麥卻堅持停戰，要趕緊跟奧地利簽訂條約。單純從軍事戰略和政治佈局，乃至加上宮廷鬥爭因素，都無法合理解釋俾斯麥的立場。但是，只要加上一個簡單的變數，原本看來如此難以理解的事，就變得再明白不過了。普奧戰爭打到第七週，俾斯麥沒有能力再動員更多的金錢打仗了。他必須趁奧地利方面發現這樁事實前，利用手中的優勢，見好就收。

這樣的例子貫串了全書，書中詳細記錄了協助俾斯麥進行金融動員的，是一群什麼樣的人，他們是帝國主義體制下，真正最大的獲益者，他們是革命後舊貴族垮台後，在歐洲悄悄誕生的新貴族，他們享有財富與地位的基礎，不再是留傳下來的封建血緣與身分，而是快速擴大規模的資本市場。

這些人不像拿破崙那麼有名，寫進每一本歷史書裡。但他們逐步興盛的過程，其戲劇性往往不亞於一般流傳的拿破崙故事。這些人，幾乎都出身相對不利的背景，很大一部分是飽受歧視的猶太人，另外一部分是長期被教廷與宮廷以異端罪名迫害的新教徒。正因為缺乏扎實的社會地位，這些人才會從事教廷、宮廷反對和看不起的行業，從借貸抽取利息開始了金融資本的運作與累積。

猶太人所受的歧視待遇，在這個過程中逆轉成為讓他們在金融領域出頭的特殊條件。他們不受教會借錢不得取息規定限制，願意承擔違犯教規下地獄的風險，早早就壟斷了借貸的行業。而且，少數民族的身分，讓他們在十九世紀民族國家發展中，跟每一個國家的政治都保持距離。沒有人需要擔心他們會用聚攏的財富，轉換成政治上的操控，於是，他們跟每一個政府都能保持金融關係，遊走全歐洲。還有，猶太文化中對家庭家族傳承高度重視，於是猶太金融事業，就可以沿著家族血脈長遠延續，並不斷擴張。

金融的大動脈，掌握在相對缺乏政治權力與社會發言權的猶太人手上，也是造成這塊歷史變數隱藏在模糊黑幕中的一項主要原因。《金權天下》最大的貢獻，就是讓這些金融家族，在歷史中現身，邀請讀者集中注意辨識，他們都是些什麼樣的家族，用了什麼樣的手段操控資本，又如何在每一個歷史事件背後，發揮了怎樣的影響。

換句話說，《金權天下》幫我們補上了金融家族這項歷史因素，讓我們對十九世紀後半開始，西方國家權力此消彼長的來龍去脈，有了更全面、更完整的認識。《金權天下》試圖說服讀者，真正改變世界的，不是檯面上的政治或軍事英雄，而是他們背後的超級金融家族，或者說，許多檯面上的政治或軍事英雄，從俾斯麥、希特勒到巴頓將軍，其實都只是超級金融家族操控的棋子而已。

為了讓讀者留下這樣的印象，《金權天下》有時不免用上稍嫌誇張的手法。例如，理解國際金融家在巴拿馬運河上的利益算計，跟一九三〇年的巴拿馬革命之間有密切關係，是一回事；將巴拿馬從哥倫比亞獨立出來的革命活動，簡化成是國際金融家提供十萬美金去「訂製」出來的，是另一回事。前一種認知，有助於我們理解歷史；後一種說法，恐怕就只適合拿來當做茶餘飯後的談資了。

為了凸顯這些金融世家的天大本事，《金權天下》也就較難如實呈現他們所受到的強烈限制，以及他們成就的極限。他們取得力量的條件，來自於隱身幕後，所以他們很少跟社會進行直接、有效的互動溝通，於是一方面依賴他們的政治權力，另一方面就可以利用社會情緒來制衡、甚至威脅他們。不管多有錢，不管有多大的金融動員本事，一路過來，金融世家並沒有想像中那麼自由。

另外，跨越差不多一百五十年的時期裡，「金權」的形式其實有過許多階段的變化，尤其是國家金融與財政系統一路在和私人金融家搶奪金權，而且大部分時候國家都處在步步進逼的強勢地位，如果我們以為十九世紀中葉和二十世紀末的「金權」具有同樣的歷史性質，那可就是天大的誤會了。

自序 梳理天下金權的脈絡

二〇〇九年六月十一日淩晨二時四十一分，《貨幣戰爭二──金權天下》終於完稿了。

從二〇〇六年夏完成《貨幣戰爭》以來，就開始蒐集資料，醞釀《貨幣戰爭二》。近三年以來，仔細梳理了德、英、法、美兩百多年來各銀行家族之間的人脈關係，及其與各國的戰爭、革命、政變、危機之間的關聯，其間涉及歐美許多重要事件及其背後的金融運作，得出世界「十七個主要銀行家族」之間的網絡圖。

一千多個日夜，讀了上百部家族史、各國經濟史、各類文獻、地圖、雜誌、報紙、網路文章等，平均每天五萬字，總閱讀量超過五千萬字。二〇〇九年開春以來，更是每天睡不到四小時，曾連續八週通宵工作，終於完成了這項工程。

以資訊量而言，《貨幣戰爭二》是第一本的十倍以上，有名有姓的人物超過兩百人，第一本書的讀者看完此書，應該不會有浪費時間之感。這兩本書的邏輯完全能夠自洽，大量史實相互印證，許多重大歷史謎團都會有一個合理、統一的邏輯支撐。

中國的理論界在研究西方社會的運作時有一大盲點：忽視了西方社會的人脈關係。社會是由人組成的，對社會的研究也應該以人為中心，尤其是在社會中舉足輕重的少數人。釐清這些關鍵人士組成的人脈網絡，是我們理解西方社會的重要基礎。

每個社會的結構都是呈現金字塔型，關鍵的少數人藉由自身的聰明與勤奮，有時也用暴力與欺詐，在社會中逐漸攀升。當他們具備足夠的財力、影響力時，又會反過頭來改變遊戲規則，藉此鞏固、擴大既得利益，並形成利益互鎖的統治精英階層。如果說東方社會的權力金字塔結構是以政權為基礎的話，那麼西方的統治金字塔則是以非常隱蔽的債權為鏈條，將社會各階層牢牢維繫在一起。在西方社會中，債權人擁有支配性權力，債務人處於被支配的地位，而國家機器的主要功能就在於保護、強化這一鏈條的可靠性。在西方，誰是最大的債權人，誰就是遊戲規則的最終制定者。十九世紀以來，國際銀行家控制下的中央銀行，無疑是整個社會最大的債權人，包括政府在內的社會階層都是他們的債務人。從這個角度來看今天的西方，其實上是金融勢力集團在控制政府的決策。

本書的範圍涵蓋三百年，全面闡述歐美主要金融勢力集團的形成、發展、排擠、衝突、聯合與制衡，解析當今世界幕後主宰力量的運作和決策機制，第一次揭開統治世界的「國際銀行家族俱樂部」的神祕面紗。

這張龐大的國際人脈網絡，迄今為止鮮有人知，它以金融業為核心，盤錯交織著各國政府機構、石油財團、軍工複合體、生技製藥集團、戰略情報體系、國家武裝力量、新聞媒體及遊說集團、司法立法機構、無國界組織、龐大的基金會系統、智庫研究部門、宗教勢力集團、祕密精英團體等社會關鍵力量。要正確理解當今世界頻繁出現的金融危機、戰爭衝突、革命暴動、動亂政變、宗教熱點、全球議程、地緣政治、大國關係、國際組織，必須倚賴這張圖。

楊巍先生及他所帶領的博銳傳世投資顧問公司「貨幣戰爭工作室」團隊，對本書的資料蒐集和內容核對提供了令人印象深刻的貢獻。宏源證券的董事長湯世生先生提出許多寶貴的意見，我們就信用的起源和作用、信用與貨幣的關係以及金融危機的根源等問題進行了長期探論。在他的鼓勵和指導下，我讀了《馬克思恩格斯全集》中有關信用與貨幣以及十九世紀歐洲金融市場的部份內容，極有啟發。

《環球財經》雜誌的出品人任文女士，總編輯向松祚先生，編委會的喬良將軍、王湘穗、彭曉光、白益民、張明、梅新育和摩羅諸位先生都曾給本人極大的鼓勵。另外，張宇燕先生在中國古代貨幣史方面的許多觀點使我受益良多，在此一併致謝。同時，感謝廣大讀者和博友的關心，沒有你們的支援，我很難想像自己有勇氣和力量去完成這件異常艱辛的工作。

由於涉及的時間跨度大、人脈關係複雜、歷史事件曲折，本人的理論功底也有限，難免有所錯誤和疏漏，希望讀者體諒，惠予指正。在寫作的最緊要階段，我守護在母親的病榻旁，晝夜不息。冥冥中，母親似乎在默默等候著我，陪伴著我，直到我努力完成最後的書稿，我敬愛的母親溘然長逝。在此，我將此書，深情奉於母親靈前！

本書的完成也要感謝我太太 Julie 和女兒 Sophia 的鼓勵和支援，沒有她們的犧牲和奉獻，我是不可能走到今天的。最後，向 L.H. 女士致謝，她是兩本《貨幣戰爭》未署名的主要研究助手和助理作者。她的心血和智慧，凝聚在我的每一部創作中。

二〇〇九年六月二十日於北京

第一章

德國：國際銀行家的發源地

普魯士在一八七〇年將鬆散的日耳曼邦聯統一成強大的德意志帝國，改變了歐洲的均勢，也為後來的兩次世界大戰埋下遠因。在德國統一的過程中，包括羅斯柴爾德、布雷施勞德、奧本海默等猶太銀行家族扮演了極其關鍵、卻又為人所忽略的角色。他們在戰前與戰時籌措軍費，在戰後經手龐大的賠款事宜，獲利豐厚，打造了國際級的金融帝國。

誰是國際銀行家？

十九世紀以來，以羅斯柴爾德家族為首的十七個主要國際銀行家族，從荷蘭、英國、法國和日耳曼，逐步擴散到俄國、奧地利、義大利和美國，最終形成了對當今世界影響深遠的金融人脈網絡。隨著法國大革命的浪潮席捲歐陸，宗教勢力和封建王權逐漸衰落，舊的統治勢力集團土崩瓦解，新興的資產階級迅速填補權力真空。工業革命引發了鐵路、冶金、礦業、軍工、機械、通訊等行業的爆炸性擴張，歐洲各國勢力不均衡導致兵禍連年，國際銀行家把握住歷史機遇，透過金融市場為工業擴張和各國之間的戰爭籌集大筆資金，在獲得巨額財富的同時，也對歷史進程發揮重大的影響力。

財富的力量體現在對權力的腐蝕、對權力的渴望和對權力的控制上。國際銀行家在資本供需對接的過程中，逐步控制了世界資本和信用流動的管道，並制定了一整套遊戲規則。從霍普、霸菱家族聯手到英荷同盟的確立，從馬利特、霍廷格等瑞士銀行家族的幕後運作到法國大革命的深入發展，從「高特銀行家」資助「霧月政變」到拿破崙給予法蘭西銀行壟斷的慷慨對價，從霸菱、維靈—莫理斯家族的跨大西洋人脈網到美國路易斯安那購買融資，從貝列拉、福爾德聯手挑戰羅斯柴爾德到法國「動產信貸銀行」的金融創新之爭，從布雷施勞德扶持俾斯麥到兵臨維也納城下的普魯士大軍，從鮑林、沃伯格家族挑動德皇威廉二世擴張到羅斯柴爾德刺激英國反制，從貝爾蒙參與廢除林肯綠幣到賽利格曼家族策劃巴拿馬獨立，從阿拉伯人大起義到《貝爾福宣言》，從德意志帝國銀行私有化到製造一九二三年超級通貨膨脹，從納粹崛起的華爾街輸血到希特勒「新政」的金融創新，從原子彈機密的洩漏到格別烏的雙面間諜，從羅德會社的雄圖大略到美國基金會體系的「影子政府」，從艾茵・蘭德的點撥到葛林斯潘的頓悟，從當今的金融海嘯到世界中央銀行的啟動，從美元最終的崩潰到世界單一貨幣的倒數計時，背後金融勢力的身影依稀可見，影響力無處不在，世界資本與信用的流通管道被牢牢控制在國際銀行家高效而綿密的人脈關係網之中。

國際銀行家的社會地位原本卑微，從攀附各國權貴開始發展，逐步獲得強大的經濟實力，掌握各國的資金及流動管道，漸次控制工業、商業系統並形成利益互鎖，進而影響國家政策取向以謀取更大的利益。他們與權貴階層的利益逐漸融合，善用金錢誘惑，日漸主導了從政府官員任命到總統大選的候選人，從經濟政策制定到外交策略的形成，從戰略情報系統的運作到軍隊將領的升遷，從組建精英團體到影響公共議程，從經管媒體出版「自律」到左右社會資訊來源，從教育文化取捨到思想意識塑造……。金權經過兩百多年的進化，已從萌芽到壯大、從影響到壟斷、從前臺到幕後，成為西方社會中隱形的支配性力量，凌駕於立法、行政與司法權之上，完成了金權專政的蛻變。

這批國際銀行家包括：

縱橫國際金融江湖兩百餘年的羅斯柴爾德家族（Rothschild）；

鐵血宰相俾斯麥的心腹柏林銀行家布雷施勞德（Bleichroder）；

科隆的奧本海默家族（Oppenheim）；

漢堡的沃伯格家族（Warburg）；

巴伐利亞出身的華爾街銀行家賽利格曼家族（Seligman）；

法蘭克福出身，在美國成為大亨的希夫家族（Schiff）；

漢堡起家，後來發展到倫敦和紐約的施羅德家族（Schroder）；

法蘭克福起家，在美國興起的斯佩爾家族（Speyer）；

柏林的老牌銀行家族孟德爾頌家族（Mendelsohn）；

十九世紀與羅斯柴爾德家族齊名的英國霸菱家族（Baring）；

荷蘭阿姆斯特丹的霍普家族（Hope）；

法國皇室倚重的福爾德家族（Fould）；

盤踞法蘭西銀行董事長達百年的馬利特家族（Mallet）；

挑戰羅斯柴爾德家族的動產信貸銀行創始人貝列拉家族（Péreire）；

瑞士銀行家的泰斗米臘博家族（Mirabaud）；

原是羅氏家族門下後借美國崛起而成為當今世界金融主導勢力的洛克菲勒家族（Rockefeller）和摩根家族（Morgan）。

國際銀行家是能量巨大、又有關鍵性的少數群體，其思維和行為方式左右了人類的命運。他們所到之處，就會一片興旺，反之則衰退蕭條。他們翻手為雲，就能刺激社會創造大量財富，覆手為雨，攫取鉅額金錢。

在過去的兩百年中，這些家族曾在世界舞臺上叱吒風雲，以這些家族為核心所形成的龐大、複雜的關係網路，對人類歷史的發展和當今世界格局的成形影響至鉅。潮起潮落，大浪淘沙，一些家族隕落了，但大多數家族仍然發揮影響力。

世界每天都在變化，但人類的本性卻不斷自我重複。人性對財富的貪婪與恐懼，對權力的執著與詛咒，始終沒有改變。人類嚮往自由卻患得患失，追求公平又心懷自私，渴望美好但無法摒棄邪惡，無論是中國《二十四史》的政治博弈，還是西方歷史的金錢權謀，都在不斷重複著人性的本質。這正是我們研究歷史來把握未來的意義之所在。

普奧戰爭：薩多瓦會戰

> 近兩百年來，羅斯柴爾德家族關注兩件大事：戰爭與革命。不管是戰爭還是革命，交戰雙方為了進行大規模和有組織的暴力行動，必然要進行大量融資。
>
> ——尼爾·弗格森

一八六六年七月三日黎明，在波希米亞薩多瓦村（今捷克境內）科尼格雷茨要塞，一支三・五萬的大軍正靜靜冒雨快速向前挺進。一張張年輕而稜角分明的面孔充滿了緊張、興奮和期待。這些普魯士易北軍團的小伙子知道，他們要攻擊的是二十萬奧地利—薩克森聯軍。敵眾我寡，他們只能指望由腓特烈·查爾斯親王統帥的八·五萬的普魯士第一軍團從另一路發起攻擊。按照普軍總參謀長老毛奇（Helmuth Karl Bernhard von Moltke）將軍原先的部署，同時參與攻擊的本來還有普魯士王儲親率第二軍團的十萬大軍，卻因該軍團沒及時收到命令而未調動。

普軍的易北軍團在匆忙之間，沒有充分擴展攻擊線，且其火力跨過了第一軍團的攻擊路線，局面一度非常混亂。在奧軍猛烈的砲火反擊下，到了上午十一時，普軍的進攻受阻。假如奧軍在此時毅然發動一波騎兵攻擊，普軍也許將被逐出戰場。但是奧軍統帥貝納德克元帥卻讓騎兵按兵不動，雙方僵持不下。

就在普軍瀕臨戰敗的關頭，一直與毛奇在一起的普魯士首相俾斯麥（Otto von Bisbarck）突然發現，在戰場東面幾公里外有東西在移動，看似樹木。毛奇拿起望遠鏡觀察片刻，然後對身邊親征的國王威廉一世興奮地說：「陛下不但打贏這場戰役，也贏得了戰爭。」原來是在普魯士易北軍團和第一軍團陷入與奧軍苦戰之時，一名傳令兵趕了三十多公里的路，把國王的命令送到王儲手上，第二軍團隨即開始向北運動，這就是俾斯麥看見的「移動的樹木」。下午兩點半，第二軍團向奧軍北面的防區實施攻擊。奧軍防線瓦解。貝納德克元帥於下午三時下令全線撤退。但是普軍攻勢非常猛烈，奧軍第一軍只能發動騎兵反攻，以支援炮兵及掩護友軍撤退。這次行動不到二十分鐘，就傷亡了一萬人，第一軍幾乎全軍覆沒，但卻爭取到時間，讓奧地利近十八萬大軍從合圍之勢中成功撤出。普魯士在薩多瓦會戰大勝，十天後，普軍攻佔了離維也納僅六公里的佛羅斯洛夫要塞，征服奧地利指日可待。

但是，威廉一世、首相俾斯麥和總參謀長毛奇將軍卻在此刻突然吵得不可開交。國王力主直搗唾

普奧戰爭：薩多瓦會戰

手可得的維也納，毛奇見機不可失，也希望一舉拿下維也納。但是，俾斯麥卻努力「向沸騰的葡萄酒中注水」，堅決主張放棄攻打維也納，挾軍事的優勢，與奧地利簽署停戰條約，只要能把奧地利排除在日耳曼大家庭之外就算達到目的。威廉一世不肯讓步，俾斯麥甚至急得流淚，並以辭去首相職位相要挾，甚至打算從四層樓跳下去。爭執一直持續到深夜，最後國王終於答應放棄進攻，但要把當時的情形記錄下來，存放在國家檔案館中，「以證明他當時是多麼無奈和委曲求全」。

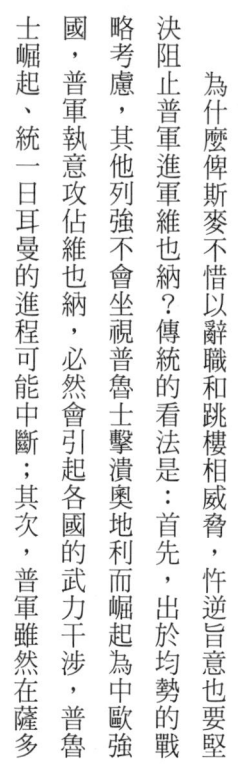

後來，普魯士與奧地利簽了不割地賠款的「城下之盟」，奧地利退出日耳曼邦聯。但是，俾斯麥在戰局極為有利的情況下，放棄攻打維也納以擴大戰果的機會，成了世界戰爭史上的一樁懸案。

為什麼俾斯麥不惜以辭職和跳樓相威脅，忤逆旨意也要堅決阻止普軍進軍維也納？傳統的看法是：首先，出於均勢的戰略考慮，其他列強不會坐視普魯士擊潰奧地利而崛起為中歐強國，普軍執意攻佔維也納，必然會引起各國的武力干涉，普魯士崛起、統一日耳曼的進程可能中斷；其次，普軍雖然在薩多瓦一役大勝，但卻未殲滅奧軍主力，奧軍十八萬大軍成功突圍，退而拱衛京師，普軍強攻維也納，未必能占到便宜。俾斯麥的戰略目光更為長遠。

其實，俾斯麥稱不上傑出的戰略家，他只是一個幸運的冒險者。四年之後的普法戰爭中，俾斯麥堅持強迫戰敗的法國割讓亞爾薩斯和洛林兩省，並支付五十億法郎的鉅額戰爭賠款，從而在法國人驕傲自豪的心中插入了一柄利刃，法國自此投入德國未來真正的戰略對手——英國人的懷抱。德國大可不必羞辱法國，從而留下日後利用英法矛盾的空間，以實現德國崛起為世界強權的戰略目的，但俾斯麥的短視為德國製造了一個強大而難以征服的敵人，並促使英法結成在歐洲圍堵德國崛起的強大同盟，德國在後來兩次世界大戰中的慘敗都與俾斯麥當年的魯莽戰略有關。

俾斯麥不攻下維也納，背後另有原因。當時普奧戰爭已經打到第七週，俾斯麥接近金融動員能力的極限，已無力繼續打下去了。要明白普魯士軍隊當時的處境，就必須觀照普魯士崛起的歷史進程，認清金融力量發揮的作用。若是沒有理解戰爭和革命背後的金融力量，就無法真正看清歷史的全貌。

老布雷施勞德：羅斯柴爾德的代理人

德國地處東歐、西歐之間的連接點，柏林更是處於歐洲地理中心和交通樞紐的位置。南來北往、東行西去的客商都雲集柏林，歐洲各種貨幣都在柏林集散。柏林從羅馬帝國開始，就是貨幣兌換中心，到拿破崙佔據日耳曼之後，貨幣兌換的需求更是旺盛。

老布雷施勞德（Samuel Bleichroder）主要是在買賣當地政府的債券，以賺取差價。當時發行這種債券，目的是為了撫恤在戰爭中失去丈夫或兒子的家庭。一八二八年前後，布雷施勞德家族開始跟羅斯柴爾德家族建立商業合作關係。由於羅斯柴爾德家族握有歐洲金融大權，布雷施勞德家族便從柏林銀行家中脫穎而出。一八三〇年以後，布雷施勞德家族開始定期從羅斯柴爾德家族領取佣金，而當時柏林聲名顯赫的老牌銀行家族孟德爾頌就逐漸被邊緣化了。

布雷施勞德在羅氏家族的指揮協調下，在倫敦、巴黎、法蘭克福、柏林、維也納和那不勒斯的金融市場之間尋找低買高賣的套利機會。由於歐洲市場上各種債券和貨幣的價格在各個城市之間會略有不同，能獲取準確的情報，抓住時機，就能利用地域差價實現套利。金融業對情報有非常高的要求，現代國際情報機構其實就是建立在銀行家族商業情報傳遞系統之上的。若論情報系統的先進，當屬羅斯柴爾德家族為最，其覆蓋面、快捷、保密、準確和複雜，都遠遠超過各國政府的官方系統。

布雷施勞德家族早在一八三〇年代就想進入羅氏家族的情報速遞網。他們在柏林做生意，要收到從巴黎到柏林的信，需時六天，如果通過羅氏的情報網路，只需五天，一天之差，就意味著巨大的商業利益。羅斯柴爾德家族考察多年之後，逐漸把布雷施勞德家族納入自己的情報體系之中。

一八三一年，布雷施勞德家族成為羅斯柴爾德家族在柏林的代理人，他們不斷把普魯士內政以及金融市場上的種種資訊提供給羅斯柴爾德家族：荷蘭等五個歐洲強權對新成立的比利時抱持什麼政治態度，沙皇俄國如何看待波蘭反叛。布雷施勞德家族也彙報瘟疫在歐洲蔓延的情況，還有一八四八年革命在柏林的動態，並一再確保為羅斯柴爾德家族購買的黃金和債券的安全性。❶布雷施勞德蒐集的各種情報，不斷彙集到羅斯柴爾德家族的歐洲情報系統，有助於羅家掌握資訊不對稱的優勢，從而廣泛而深入影響歐洲各國的內政外交政策，在歐洲的金融市場交易中獲益。

柏林的金融市場在一八三〇、四〇年代的規模還不大，最活躍的金融產品就是鐵路債券。普魯士政府為了對外「招商引資」，引起像羅斯柴爾德家族這樣的國際銀行家對鐵路債券的關注，設法吸引羅家投資普魯士的鐵路工業。在投資的過程中，羅家逐步擔任多家鐵路公司的董事，對普魯士工業領域產生很大的影響。

一八三六年，羅斯柴爾德家族的當家、負責英國銀行的內森去世，由巴黎的詹姆斯・羅斯柴爾德接任家族掌門人。在布雷施勞德投靠詹姆斯之初，雙方的地位並不平等，布雷施勞德必須要讓出很多利益，才能獲准加入羅氏家族的特權金融網。當時詹姆斯對布雷施勞德的態度並不好，經常提醒布雷施勞德不要忽略羅家的利益。這意味著羅家對雙方的合作並不很滿意。

布雷施勞德家族為了維持與羅家的關係，只好犧牲自己的利益，特別是在一八四〇年日耳曼金融市場遭逢危機的時候，布雷施勞德家族損失自己的佣金來換取羅斯柴爾德家族的訂單。布雷施勞德家族有時還得倒貼，才能維持與羅家的商業關係。

雙方的關係可以從老布雷施勞德寫給羅斯柴爾德家族的一封信就可窺見一斑。他把十七歲的兒子格森推薦給維也納的所羅門・羅斯柴爾德男爵：

請允許我以發自肺腑的熱愛來表達對您的感謝。多年以來，您的大度和善意，使我有幸蒙您垂青，有如一粒塵埃從泥沙之中被揀選出來一般。您是最高貴、最善意的貴人。您把我放到一個大家庭如此重要的位置上，我無以表達謝意。只要我一息尚存，您的形象將永留我的心中，直到生命的最後一刻，我會永遠忠於您，我的恩人。現在，我請您把對我的關愛和呵護傳遞給犬子。❷

老布雷施勞德在一八五五年去世，兒子格森成為家族銀行的掌門人。十九世紀中葉，工業革命在日耳曼正是如火如荼，柏林的金融市場也在實業發展的推動下，進入了前所未有的繁榮時代。此時，對於布雷施勞德家族而言，他們最重要的資產仍是與羅斯柴爾德長期穩固的商業關係。在格森執掌布雷施勞德家族時，這種合作模式得到進一步鞏固。同時，格森也開始構建自己的權力中心。他與柏林的其他猶太銀行家結成龐大的利益共同體，滲透到冶金、鐵路建設等行業。他們當時最主要的合作夥伴就是科隆的奧本海默家族。

奧本海默：科隆的金融霸主

一八三四年，亞伯拉罕・奧本海默娶了二十三歲的夏洛特・貝菲絲（Charlotte Beyfus），她是老羅斯柴爾德的孫女。從此，亞伯拉罕便有了財雄勢大、富可敵國的岳父和叔叔——手握法蘭克福財政政策的阿姆斯洛，掌管奧地利金庫鑰匙的所羅門，主宰倫敦金融城的內森，控制義大利稅收的卡爾和征服巴黎銀行業的詹姆斯。

所羅門・奧本海默家族屬於「宮廷猶太人」，是猶太人的最高階層。一七八九年，年僅十七歲的所羅門在波昂創建奧本海默家族銀行，後來遷往科隆。所羅門年紀輕輕，就已跟著父親在金融市場上打滾多年，他察覺到，新興資產階級的財力迅速擴張，封建貴族勢力已經逐漸失勢了。

所羅門・奧本海默

居於社會主導地位的勢力集團，在控制力逐漸衰弱時，必將形成權力爭鬥的分裂局面。在中國歷史上，從周天子式微到春秋五霸的興起，從東漢王朝的解體到三國鼎立的形成，從晉室內鬥到五胡亂華，從唐末藩鎮割據到五代十國，每一次控制力的衰落都必然形成權力真空，外在和內生的新興勢力湧入，形成社會重構。東、西方皆是如此。以追逐利潤為核心價值的資本主義在十八世紀末的歐陸日益膨脹，撐裂了原來維繫社會各階層的封建貴族統治和宗教神權勢力，傳統的權力架構搖搖欲墜，金錢的權力從社會結構的裂縫和權力坍塌的廢墟中快速蔓生，搭鈎結網，攀垣附縫而上，逐漸茂盛，終至遮天蔽日。

年輕的所羅門・奧本海默審時度勢，決定從傳統的宮廷放貸、兌換業務轉向政府債券承銷、跨市場套利等新興業務。到了一八一〇年，奧本海默家族銀行的資產已達一百萬法郎，躋身一流銀行家族之列。雄心勃發的奧本海默家族決心效仿羅斯柴爾德家族的成功模式，最終發展成一個龐大的金融帝國。為了實現目標，所羅門不擇手段，就連羅斯柴爾德家族都對他忌憚三分。一八一四年三月十八日，羅斯柴爾德家族在寫給阿姆斯特丹合作夥伴的信中，提醒他們要提防奧本海默：

> 我們很高興看到詹姆斯那裡（巴黎的羅斯柴爾德分行）和科隆的奧本海默運給你們的貨幣正是你們所需要的。奧本海默還會透過我們的堂兄再送一筆款項過去。不過要特別注意奧本海默家族送來的東西，要仔細檢查；他們非常貪婪，不是每次都守規矩，所以必須小心，不要給他們下沒有上限的訂單，否則利潤就都是他們的了。❸

所羅門特別重視戰略聯盟，透過一系列聯姻精心構建人脈關係網。一八一三年，他把年僅十五歲的女兒嫁給巴黎的著名猶太銀行家族福爾德家的公子貝南德・福爾德（Benedict Fould），後來的拿破崙三世就是在福爾德家族的鼎立支援才登上王位。奧本海默家族透過聯姻紐帶，影響深及法國資本市場。雙方家族共同出資六萬法郎，建立著名的福爾德—奧本海默銀行（House of B. L. Fould & Fould-Oppenheim）。

色當會戰後俾斯麥與拿破崙三世

一八一五年，法國在滑鐵盧一役慘敗之後，面臨比一八一四年巴黎和約更嚴苛的賠償條款，特別是過去被法國多次攻佔的普魯士，要求高達一・七億泰勒（普魯士銀幣，一泰勒等於三・五四法郎）

的戰爭賠款。代理支付這筆鉅款將是一筆大生意，此時的科隆萊茵地區已被普魯士收為萊茵省。成為普魯士人的奧本海默趕緊聯繫剛結親的福爾德，一起設法敲定這筆買賣。奧本海默在法國親家的協助下，拉上柏林老牌的銀行家族孟德爾頌，終於在一八一八年拿到五千兩百五十萬法郎戰爭賠款代理支付的大單。

柏林的孟德爾頌家族是柏林最古老的猶太銀行家族之一。寫有《仲夏夜之夢》的費利克斯・孟德爾頌就是這個家族的嫡傳後代，他的祖父是著名哲學家摩西・孟德爾頌，父親亞伯拉罕曾調侃道：「我曾是一個著名父親的兒子，後來又成為一個著名兒子的父親。」❹孟德爾頌家族銀行在一八五〇年前後成為俄國沙皇的指定皇家代理銀行，負責俄國國債在歐洲市場的承銷業務，直到一次大戰爆發。

一八一八年十一月四日，奧本海默與戰勝國的清償委員會達成協定，十四天之內在巴黎籌措五千兩百五十萬法郎，並支付給在亞琛的清償委員會，募資、匯兌、運送、擔保的手續費為〇・七五%，相當於近四十萬法郎的鉅額收入。

所謂富貴險中求，為了這筆生意，奧本海默壓上了全部的動產和不動產身家。這單生意做得十分漂亮，也獲得各方讚

色當會戰後俾斯麥與拿破崙三世

內森・羅斯柴爾德

譽。在普魯士傳統的銀行家看來，這筆手續費並不算太多，因為他們以為要在這麼短的時間內籌措這一大筆鉅款，還有運送銀幣的諸般繁瑣事項，沒想到在建立起國際金融人脈網路之後，五千兩百五十萬法郎的資金募集在猶太銀行家控制下的法國資本市場根本不夠分配。巴黎與科隆銀行之間只消傳送一張匯票，就完成鉅額的現金匯兌支付，四十萬法郎輕鬆入袋，令落後的普魯士銀行系統深感震撼。

在與福爾德家族聯姻之後，奧本海默家族在歐洲資本市場的影響力蒸蒸日上。此時，羅斯柴爾德家族穩坐歐洲金融市場的霸主寶座。一八二六年，奧本海默的生意與羅斯柴爾德家族更是水乳交融。此時的所羅門・奧本海默幾乎每天與法蘭克福、維也納、巴黎、倫敦和那不勒斯的羅斯柴爾德家族保持密切的商業情報往來。到萊茵河旅遊成為英國上流社會的時尚，這些多金的遊客不願攜帶太多現金。羅斯柴爾德家族於是與奧本海默合作，在英國羅家開出信用狀，然後到萊茵地區的奧本海默家族銀行支取現金，雙方關係更加密切。

此時，所羅門已經將家族事業逐步交給兒子亞伯拉罕・奧本海默，其間奧本海默家族一度失去羅家推薦的客戶。一八三四年，亞伯拉罕與夏洛特・貝菲絲成婚，趁著蜜月旅行，拜會各處的大銀行家。亞伯拉罕以謙恭的語氣，寫信給最有權勢的內森・羅斯柴爾德：

男爵閣下，直到兩年前，您還常把客戶推薦到科隆，但是最近卻失去了您的客戶，這一點非我們之過，使我們非常痛苦。如同最近我有幸娶到您的侄女，因而能得到您的庇護，我不自量力，揣度您能否恢復從前我們兩家的關係，並讓我們比夏夫豪森（Schaaffhausen）家族更有優先權。我也將使您成為我們家族合作的優先選擇。希望您能接受我的請求，在此向您致以最高的敬意。」❺

一八三〇年之後，奧本海默家族與漢斯曼（Hansemanne）家族聯手為鐵路與航運業融資，並建立新興的股份制公司，投資萊茵鐵路專案。由於普魯士工業的高速發展，導致資金緊張，幾乎所有工業公司都到了信用的極限。亞伯拉罕把握時機，開始大力推動對商業和投資的信用保險業務。在羅斯柴爾德家族的鼎力配合之下，亞伯拉罕建立起世界上第一家再保險公司。

一八四二年，亞伯拉罕・奧本海默與後來在德國統一進程中舉足輕重的柏林猶太銀行家布雷施勞德家族建立起穩固的商業聯繫。至此，奧本海默家族在歐洲的人脈關係網已初步奠定，在科隆居於支配地位，在普魯士發揮主導作用，在法國、奧地利、義大利和英國的影響力也不可忽視。

一八四八年革命與銀行業的拯救行動

一八三〇年前後是世界近代史的一個轉捩點，工業革命從英國向歐陸擴散的進程明顯加快。法國、日耳曼、奧地利的經濟發展進入全新的階段，採礦、紡織、機械、鐵路、輪船等行業的發展一日千里，造就了大批工業資產階級贏家；但同時也帶來數量更為龐大的輸家，他們是因喪失土地而被迫流入城市的農民，勞動條件極為惡劣的工人，失業的手工業者及城市貧民階層。在封建專制的控制力日益衰微的情況下，工業革命的贏家向統治者要求更多的權力。另一方面，工業革命的輸家對悲慘的現實生活積怨日深，其中也包括猶太人對千餘年來的宗教和社會歧視日益不滿，這幾股力量在爭取完全平等的公民權力和暴力革命等問題上合流。在工業化的榮景之下，風暴已在悄然醞釀。

從一八四五年到一八四七年，歐洲各地出現自然災害，農業歉收，糧食價格暴漲，農產品銷售下降，導致農業信用規模縮減，就業機會下降，爆發饑荒。同時，歐洲工業從一八四〇年起開始陷入停滯，鐵路建設速度趨緩，工業信用也出現緊縮。兩股力量聚合起來，造成了一八四八年歐洲的經濟蕭條。一八一五年拿破崙戰爭結束以來所形成的穩定局面，在經濟收縮的巨大壓力之下已經出現裂縫。

亞伯拉罕・奧本海默觀察到歐洲資本市場普遍出現資金緊缺的現象，已經感覺到山雨欲來了。

一八四八年二月，資產階級的奪權衝動引爆革命，巴黎股市崩盤。二月二十六日，法國的福爾德家族發來消息，革命看來取得了成功，第二共和可望順利建立。僅僅兩天之後，情勢急轉直下。三月，法國革命的浪潮開始衝擊科隆，革命人士要亞伯拉罕・奧本海默代表他們去和政府談判，亞伯拉罕連想都沒想就拒絕了。其實，奧本海默家族與革命人士之間的淵源非比尋常，亞伯拉罕的三弟達格伯・奧本海默（Dagobert Oppenheim）曾資助革命活動。馬克思在一八四二年夏天從大學畢業，曾在達格伯克・奧本海默資助的《萊茵報》擔任主編，經常猛烈批評普魯士政府。

科隆的房地產市場崩潰，夏夫豪森銀行也連帶發生支付危機。奧本海默在房地產的投資並不多。

傳統的國際銀行家因為不喜歡流動性差的資產，所以極少涉及房地產投資。三月二十九日，夏夫豪森銀行停止向一百七十家客戶和四萬多工人支付款項，引起擠兌。

如果夏夫豪森銀行倒閉，整個萊茵省的銀行體系就會瓦解。一旦夏夫豪森銀行倒閉，與其商業往來密切的奧本海默家族也會出現問題。奧本海默家族資助的科隆—明登鐵路資金吃緊，需要五十萬泰勒的現金，同時奧本海默銀行也另外需要五十萬泰勒才能度過難關。家族的鐵路業務由亞伯拉罕的弟弟西蒙負責，他在四月三日寫信給亞伯拉罕：「我對你的能力極有信心，我相信你定能為我們從政府那裡籌得至少五十萬泰勒的資金，期限為一年或更長。」三天後，西蒙發來更多的壞消息：「我親愛的亞伯拉罕，今天科隆—明登又花掉三千泰勒，達格伯他們說明天需要更多的錢。」四月十日，亞伯拉罕音訊全無，西蒙急了：「我們的情況非常特殊，漢斯曼（普魯士的財政部長）應該會讓步的。我們是萊茵省最大、目前幾乎也是唯一還在運作的銀行，（拯救我們）符合政府的利益，大家都會同意，保護我們這樣一家公司是非常明智的選擇。」四月十一日，西蒙再次催促：「我希望全能的上帝保佑我們所盼望的果實在昨天已經成熟，希望漢斯曼已經做出決定，提供給我們五十萬泰勒的資金。親愛的亞伯拉罕，如果想我們晚上睡得安穩的話，必須得到這筆錢。」❻

四月一日，亞伯拉罕親自前往柏林向老友漢斯曼要求以不動產和股票為抵押，申請五十萬泰勒的政府信用來救援夏夫豪森銀行，此時救夏夫豪森銀行也就是救自己。經過兩個星期的磋商，漢斯曼決定在債權人和銀行家之間達成妥協，向柏林要錢。柏林方面剛開始不願給錢，亞伯拉罕威脅說，救助銀行不只是挽救個別銀行的流動性問題而已，而攸關能否遏制革命，關乎普魯士的生死存亡。他的結論是，除非恢復銀行信用，否則社會秩序行將崩潰。普魯士政府一聽，果然慌了神，立刻成立危機協調委員會，政府方面由漢斯曼出面，銀行家這邊是亞伯拉罕領銜，共同商議救助夏夫豪森銀行。雙方很快達成協定，將夏夫豪森銀行轉為一家股份制銀行，普魯士歷史上第一家股份制銀行就此誕生。這其實是自由派和亞伯拉罕從一八三〇年就開始鼓動政府實施的金融改革政策的一部分。

亞伯拉罕為了對政府施壓，甚至威脅除非能及時解除金融危機，否則萊茵省脫離普魯士是遲早的事。亞伯拉罕顯然把救助銀行提升到國家主權的層次，這是趁普魯士政府忙於平定動蕩，無暇他顧時才使出的殺手鐧。此時普魯士政府的要務是穩定壓倒一切，亞伯拉罕和漢斯曼等人「政治穩定須以金融穩定為前提」的觀點占了上風。亞伯拉罕與漢斯曼其實早就策劃好了，他們的目標是進行一場金融和政治領域自上而下的革命。亞伯拉罕趁著社會動蕩、政治混亂，終於實現了盤算已久的目標。

五月初，奧本海默從普魯士拿到五十萬泰勒的救助金，普魯士的金融系統開始出現重大變革。

如果將這段歷史與眼前的金融危機和美國政府的救助相比較，我們會發現，只要把年代和名稱稍做調整，簡直就是《華爾街日報》的頭版頭條：「拯救銀行與金融改革：財政部長與銀行家達成一致目標」。

歷史一再上演同樣的劇碼，這次也不例外。

俾斯麥的崛起

德國的統一，少不了俾斯麥；俾斯麥的成功，少不了背後的猶太銀行家格森・布雷施勞德。俾斯麥憑藉堅韌的意志和鐵血手段完成了國家的統一，留名歷史。有關俾斯麥功過得失的各類專著，在德國就多達七千多種，可謂汗牛充棟，但幾乎無人正視俾斯麥政策背後龐大金融勢力的影響。俾斯麥寫有長達三卷的傳記，其中僅在德皇威廉二世去世時提到布雷施勞德家族一次，猶太銀行家對德國政治的影響似乎是研究盲點。

其實，俾斯麥與布雷施勞德、羅斯柴爾德家族的通信多達上千封，而布雷施勞德更是幾乎每日向羅斯柴爾德家族提供政壇變化、軍事調動和金融市場的各類情報。❼從這些通信中，我們可以說，沒有布雷施勞德和羅斯柴爾德的強大金融後盾，俾斯麥幾乎無法在政壇上立足，更談不上完成統一德國的偉業。重新挖掘布雷施勞德塵封百年的史料，將可還原金融勢力在德國近代史所扮演的角色。

俾斯麥首相

俾斯麥出身名門望族，屬於容克（Junker）地主階級，可謂含著金湯匙出生的。俾斯麥從小就胸懷大志，在平民眼裡高不可及的社會地位和財富，對俾斯麥而言則是唾手可得，正是這般天生優越養成了他獨特的個性。俾斯麥脾氣暴烈，果敢堅強近於粗魯，甚至是剛愎自用。

俾斯麥對從政很有興趣，也渴望金錢。金錢能讓他沒有後顧之憂，以之滿足政治野心和對權力的渴望。俾斯麥從政之後，對金錢的胃口越來越大，理財的時間卻越來越少，只好藉助猶太人。俾斯麥面對猶太銀行家的心態很務實，他並不特別喜歡猶太人，甚至認為猶太人不應進入公共機構，但他又倚賴精明的猶太銀行家族增加自己的財富。

一八四八年革命之後的權力真空，正是俾斯麥發揮的舞台。在革命的浪潮中，俾斯麥最終成為堅定的保皇黨人。俾斯麥堅信，德國必然走向統一，這個進程要依靠強大的君主制度，因為民主只會導致軟弱和渙散，他必須堅定捍衛王權。俾斯麥的這種言行深得普魯士國王之心。一八五一年，腓特烈·威廉四世任命俾斯麥為普魯士代表，參加在法蘭克福召開的日耳曼邦聯大會。

俾斯麥自此正式走上歷史舞臺。

布雷施勞德：俾斯麥的私人銀行家

格森·布雷施勞德既是德意志帝國第一任總理俾斯麥的私人銀行家，又是德國公眾的銀行家。他以嫻熟的手腕和耐心獲取巨大的利益。羅斯柴爾德家族是他的楷模和祕密同盟，但他更是一個走自己的路、實現自己價值的人。

——弗里茲·斯特恩

一八五一年，俾斯麥來到法蘭克福，很快就引起當時坐鎮法蘭克福的羅斯柴爾德當家阿姆斯洛·

羅斯柴爾德的注意，他是羅斯柴爾德五兄弟中的老大，已經年近八十。俾斯麥與阿姆斯洛初次相識，就留下極深的印象，之後常對妻子模仿羅斯柴爾德的口音，包括用猶太人的口音和語法來說話。羅斯柴爾德家族財雄勢大，讓俾斯麥印象深刻。他曾這樣來描述阿姆斯洛・羅斯柴爾德：「他是一個非常老的猶太人，擁有成噸的金銀，有很多很多黃金的盤子和刀叉。阿姆斯洛沒有子嗣，儘管很富有，卻無人繼承。他更像一個住在豪華宮殿裡面的窮人，身邊的人都在圖謀他的錢財，其實對他並沒有真心的愛和感激。」[8]

俾斯麥勤奮好學，心懷鴻鵠大志，很快就引起阿姆斯洛及其繼子梅耶卡爾的青睞。羅斯柴爾德家族尤其喜歡培養政治的後起之秀，常以伯樂自詡。在歐洲近代史上，羅家曾扶植過好幾個政治新星。羅斯柴爾德確信俾斯麥十分值得投資。除此之外，羅家還選中迪斯雷利（Benjamin Disraeli），後來他成為英國首相；羅氏更為自家挑了乘龍快婿羅斯伯里伯爵（The Earl of Rosebery），此人年輕時有三大願望：贏得德比賽馬（Derby Race）、娶富豪千金、當英國首相，最終都實現了；後來羅家還發掘了英國首相邱吉爾。這些都是羅斯柴爾德家族精心培養、一手扶持的政治人物，影響了整個世界的歷史。[9]

內森・羅斯柴爾德曾發豪語，說他已經「控制了大英帝國的貨幣發行權」，但歐洲老牌貴族對羅斯柴爾德這些猶太銀行家新興「暴發戶」，還是有一種難掩的輕蔑心態，只是有時也不得不屈服於金權之下。俾斯麥也有類似的心態，瞧不起猶太銀行家，又不得不利用他們。

俾斯麥初到法蘭克福，與羅斯柴爾德家族處於蜜月期，但沒過多久就跟羅家發生激烈爭執。起因是奧地利居於日耳曼邦聯之首，經常獨斷專行，並不尊重普魯士。俾斯麥極為敏感而強勢，身為外交官，必須服從柏林方面的指示，但他經常會為奧地利方面的傲慢和細節問題大發雷霆。偏偏羅斯柴爾德家族是靠跟奧地利哈布斯堡王朝保持密切而起家。一八五二年，奧地利和普魯士在日耳曼邦聯的問題上有一次不算太嚴重的衝突。當時日耳曼邦聯擁有一支小型艦隊，資金匱乏，難以為繼。奧地利不顧普魯士堅決反對，直接要求羅斯柴爾德家族提供六萬荷蘭盾的貸款。羅斯柴爾德雖然不願資助艦隊，但是哈布斯堡王朝的命令不得不從。此事讓俾斯麥非常不悅，和阿姆斯洛吵了一架。

縱使羅斯柴爾德家族富甲一方，但是政治地位仍然卑微，夾在普魯士和奧地利之間，也難免左右為難。俾斯麥餘怒未消，他認為羅斯柴爾德家族偏奧地利，並不敬畏普魯士，於是遊說政府啟用羅斯柴爾德家族的競爭對手貝斯曼銀行，作為普魯士的官方銀行。不過，普魯士的財政部不像俾斯麥那麼容易衝動，並沒有換掉羅斯柴爾德家族。究其主因還是羅斯柴爾德的地位無可取代，在真正需要錢的時候，也只有羅斯柴爾德家族能提供幫助。但是，奧地利大使還是憤而離開法蘭克福，這次跟奧地利的交手，俾斯麥自認佔了上風，但也掂出羅斯柴爾德家族的分量。

俾斯麥是個理性而現實的政治人物，他馬上調整對羅家的態度，又開始向羅家示好，雙方關係之緊密還更勝從前。一八五三年，俾斯麥支持政府的決定，由法蘭克福的羅斯柴爾德家族擔任普魯士的官方銀行家。他還要求授予梅耶卡爾爵士（阿姆斯洛的繼子）普魯士紅鷹勳章。

一八五八年，普魯士王儲（後來的德皇威廉一世）任命俾斯麥為駐聖彼得堡大使。俾斯麥在次年三月離開法蘭克福之前，還請梅耶卡爾・羅斯柴爾德推薦一位可靠的猶太銀行家，於是羅斯柴爾德家族就正式推薦格森・布雷施勞德。

一八六一年，布雷施勞德已經成為柏林極有影響力的猶太銀行家。儘管當時在柏林還有像孟德爾頌這樣歷史更悠久的銀行家族，在規模、深度上都更勝一籌，但布雷施勞德家族憑藉跟羅斯柴爾德家族密切的生意往來，在柏林銀行業中迅速竄升。俾斯麥的收入和私人債務都交給布雷施勞德家族的銀行打理，開設經手海外的銀行戶頭，負責處理俾斯麥當時還不算太多的資產。

俾斯麥和布雷施勞德家族自此開始密切的通信往來。銀行家族對政治消息和市場情報極為敏感，因為資訊背後蘊藏著商機。布雷施勞德家族並不要求俾斯麥給予任何酬勞，他們只希望他提供政治情報和內幕消息。

丹麥危機：俾斯麥的機會

戰爭打的都是錢糧，誰的經濟潛在資源更龐大，就越有可能贏得最後的勝利。俾斯麥在統一德國的過程中，解決財政困境乃是當務之急。

一八六一年，威廉一世繼承王位，眼前的難關就是被自由派把持的議會。法國大革命之後，自由派思潮橫掃歐洲，經過一八四八年革命，自由派的影響力更是深遠，甚至採取暴力流血來摧毀封建專制的社會權力結構。普魯士的思想傳統較為保守，自由派雖然嚮往法國與英國的民主模式，但又害怕法國經歷過的血腥革命。這是普魯士自由派的致命弱點：他們在骨子裡是民族主義者，卻披上自由派的皮。

威廉一世身上有普魯士軍人的傳統，曾堅決主張以武力鎮壓一八四八年的革命，反對任何政治妥協。他認為強大的兵力和高度集權是普魯士崛起的先決條件，這一點與俾斯麥不謀而合。一八六二年，威廉一世在軍隊改革法案屢遭議會阻撓的情況下，決新啟用極具爭議的俾斯麥為普魯士首相兼外交大臣。俾斯麥在就職演說中提出了著名的鐵血理論：「當代的重大問題不是透過演說與多數派決議所能解決的，那是我們一八四八年和一八四九年所犯下的錯誤，（這些問題）只有用鐵和血的方式來解決。」俾斯麥也給威廉一世打了一針強心劑：「既然我們遲早是要死的，能不能死得更體面一些⋯⋯。陛下已經沒有別的路可走，只有奮鬥！」從此，威廉一世堅決支持俾斯麥的政策。[10]

軍隊改革法案的核心是主張強化正規軍，削弱國民警衛隊，將正規軍服役期從兩年延長到三年。議會不滿國民警衛隊遭到降格，以軍費開支過大為由加以反對。在普魯士的軍事建制中，封建容克貴族是正規軍的核心，國民警衛隊則代表新興的城市中產階級，強化正規軍必然增強普魯士的專制力量，自由派的議會對此深為忌憚，於是否決政府的預算。俾斯麥毫不示弱，馬上威脅解散議會，繼續執政。

雙方僵持不下之際，爆發了丹麥危機。一八六三年三月，丹麥國王欲將普、丹邊境存有領土爭議的什列斯威（Schleswig）和霍爾斯坦（Holstein）兩地納入版圖，激發了普魯士的民族情緒。按照一八五二年《倫敦條約》的規定，這兩個地方雖然由丹麥治理，但主權仍屬日耳曼邦聯。戰爭烏雲開始籠罩在普魯士的上空。[11]

在俾斯麥眼中，這是千載難逢的良機。他可以藉著出兵丹麥而削弱國內自由派的反對力量。此時的俾斯麥亟需一場對外戰爭的勝利。俾斯麥的戰略手法沉穩老到，他拉攏奧地利，建議將什列斯威劃歸普魯士統治，霍爾斯坦則歸屬奧地利。奧地利欣然接受。為了擺平其他歐洲國家的干涉，俾斯麥表態支持《倫敦條約》，維護現有秩序以安撫英、法、俄。

普丹戰爭：金權小試鋒芒

俾斯麥在丹麥危機中的政治、外交手段可圈可點，普魯士的軍力對付丹麥也綽綽有餘，但是議會不通過戰爭預算，龐大的軍費無著，最讓俾斯麥焦心。俾斯麥只能繞過議會預算牽制，另謀戰爭融資。他把希望放在自己的私人銀行家布雷施勞德身上。布雷施勞德與羅斯柴爾德家族關係緊密，不僅可以解決龐大的資金問題，對法國拿破崙三世也很有影響力。在對丹麥的戰爭中，拿破崙三世保持中立是成敗的關鍵。

布雷施勞德在旁靜觀普魯士政壇的變化，盤算著如何從中謀利。布雷施勞德的政治立場雖然傾向自由派，猶太人爭取自身的權利也是一八四八年革命背後的重要力量，但是身為銀行家，他的判斷必須保持理性冷酷，他必須選擇利益！

布雷施勞德每天都寫信給巴黎的詹姆斯•羅斯柴爾德，匯報柏林的市場情況和政治軍情。一八六三年五月一日，布雷施勞德在給羅斯柴爾德的快信中，透露丹麥危機已經導致「我們的（財政）部長本來計劃貸款五千萬泰勒進行海軍建設，但是（丹麥危機）使該貸款減少到三千萬泰勒，主要用於波羅的海的港口防禦……。（俾斯麥）透露丹麥事件可能導致嚴重的複雜局面，但在三個月之內暫時不會有動作，因為軍事準備尚未完成」。⓬

從一八六三年五月到十一月，俾斯麥緊鑼密鼓，進行戰爭準備工作，但資金壓力卻越來越大。布雷施勞德與羅斯柴爾德反覆磋商之後，終於在十一月向俾斯麥出價。布雷施勞德的建議很簡單，普魯士可以出售國有資產進行融資。他們看中了薩爾地區儲量豐富的煤礦，這些煤礦主要受普魯士所控制，布雷施勞德提議將煤礦賣給法國的羅斯柴爾德家族。早在一八六一年，就有傳聞羅斯柴爾德家族願意出價兩千萬泰勒收購薩爾地區的煤礦。俾斯麥知道拿破崙三世對薩爾的煤礦也很感興趣，拿破崙三世甚至向俾斯麥攤牌：如果想讓法國在普丹戰爭中保持中立，必須拿普魯士的薩爾煤礦來交換。一八六四年初，普魯士的煤礦將賣給法國的消息被炒得沸沸揚揚，威廉一世的面子掛不住，俾斯麥的融資計劃只能叫停。

一八六三年十二月七日，布雷施勞德在給羅斯柴爾德的信中透露，政府即將向議會提交一千萬泰勒的預算，議會可能拒絕。兩天之後，俾斯麥果然提出一千兩百萬泰勒的預算用於普丹戰爭。當時普魯士的國庫可用於對丹麥作戰的資金有兩千一百萬泰勒，但是俾斯麥認為這筆錢必須保留，以備不時之需。一八六四年一月二十二日，議會果然以兩百七十五對五十一票的懸殊比例否決了俾斯麥的要求。⓭俾斯麥只得再想辦法找錢。

此時，法蘭克福的銀行家族厄蘭格（Raphael von Erlanger）找上門來，希望提供一千五百萬泰勒的貸款，俾斯麥大喜過望，卻激怒了羅斯柴爾德家族。厄蘭格家族原本是羅氏家族的門下，後來自立門戶，跟羅家打對台。羅家向來痛恨自己的門下叛徒，何況厄蘭格家族還時常拉法國的福爾德家族和貝列拉家族來搶羅家的生意。

詹姆斯・羅斯柴爾德大為光火，痛斥布雷施勞德辦事不力。布雷施勞德趕緊保證，議會堅決反對任何沒有議會批准授權的私人銀行對政府的放貸行為，「厄蘭格貸款政府之議已被否決」。⓮

一八六四年二月一日，普奧聯軍正式發動對丹麥的戰爭。二月三日，布雷施勞德見到俾斯麥之後，再度代表羅斯柴爾德家族警告俾斯麥不得接受厄蘭格的貸款。羅斯柴爾德甚至要求俾斯麥發表不利於厄蘭格的言論，被俾斯麥所拒，不過他保證普魯士政府會慎重考慮與厄蘭格的合作。布雷施勞德向俾斯麥提出新建議，拿議會曾批准的用於鐵路建設的貸款額度做抵押，向銀行家進行折扣融資，然後銀行家再向投資人出售足額債券。

在戰爭開始的第一週，開銷明顯超出俾斯麥的預測，若是再沒有後續資金跟進，俾斯麥的大軍只能再撐兩個月左右。屆時俾斯麥必將陷於議會的痛斥和歐洲各國嘲笑的夾擊中。俾斯麥會成為歐洲的笑柄，他也將從此退出政治舞臺。

三月初，普魯士銀行與厄蘭格家族達成祕密協定，羅斯柴爾德聞訊暴跳如雷，怒罵布雷施勞德無能。三月十四日，布雷施勞德發誓「俾斯麥決不知道此事，而且對這一行為深感困擾」。俾斯麥保證將譴責具體經辦的財政部長。

當然，俾斯麥也不是省油的燈。他瞧出羅斯柴爾德與厄蘭格之間的矛盾，有意無意間誇大了厄蘭格的潛在威脅，為的是儘快從羅斯柴爾德那裡得到條件最好的貸款。最後，俾斯麥拿到利息四・五%的戰爭融資，而羅斯柴爾德則賺到豐厚的融資手續費。

一八六四年四月十八日，普魯士取得決定性勝利。但戰爭的開銷也造成重大危機，「整個一八六四年夏天，俾斯麥都在為普丹戰爭所導致的流動資金緊張而煩惱」。這場戰爭總共花了兩千兩百五十萬泰勒，把歷年財政盈餘五百三十萬泰勒和普魯士政府融來的資金一千七百萬泰勒都消耗殆盡。[15]

俾斯麥從戰爭認識到錢的重要性，政治人物往往被迫對銀行家做出重大妥協。普丹戰爭的時間約與美國南北戰爭相當，俾斯麥曾對戰爭和林肯被刺發表評論：「毫無疑問，把美國分裂成南北兩個實力較弱的聯邦是內戰爆發前就由歐洲的金融強權定好了的。……他（林肯）從國會得到授權，透過發售國債來借錢，這樣政府和國家就從外國金融家的圈套中跳了出來。當他們（國際銀行家）知道美國將逃出他們的掌握時，林肯的死期就不遠了。林肯的死是基督教世界的重大損失。美國可能沒人能沿著他偉大的足跡前行，而銀行家將會重新掌握那些富有的人。我擔心外國銀行家以其高超殘酷的手腕，最終將得到美國的富饒，然後用它來逐步腐蝕現代文明。」

俾斯麥的話頗耐人尋味。普丹戰爭是俾斯麥第一個重大勝利，既利用奧地利達成自己的戰略目標，也離間了奧地利與盟友的關係，同時還壓制了國內的自由派。

議會自由派：德國統一的障礙

一八一五年，拿破崙戰爭結束，神聖羅馬帝國崩潰，眾多日耳曼邦國成立了組織鬆散的邦聯，奧地利成為日耳曼邦聯的領袖。隨著拿破崙光輝消褪，法國在日耳曼的影響力減弱，民族主義興起，日耳曼統一運動日益壯大。一八四八年歐洲革命之後，日耳曼的統一有兩種主張：一是建立大日耳曼帝國，含括整個德語地區，其中包括奧地利這個多民族帝國；一是以普魯士為核心，建立一個排除奧地利的小日耳曼。俾斯麥出於現實考慮，走的是小日耳曼路線。

普丹戰爭結束之後，奧地利成為阻擋俾斯麥統一德國的主要障礙。為達成這一戰略目的，俾斯麥仍然採取用對外戰爭凝聚國內共識，迫使議會讓權，鞏固自己在普魯士內部地位的策略。所謂上兵伐交，在外交上，俾斯麥在義大利反抗奧地利統治中看到機會，建立與義大利的戰略同盟。同時借薩爾地區煤礦的利益誘惑法國，使拿破崙三世保持中立。俾斯麥還利用俄、奧在巴爾幹半島的爭端，爭取俄國的理解。最後是英國的態度，英國對歐陸的均勢變化不夠敏感，雖然英國不願看到普魯士統一日耳曼，但是看起來奧地利似乎勝算更大，俾斯麥認為英國對普奧戰爭雖不會滿意，但也不至於激烈反對。經過俾斯麥的運作，到一八六四年夏天，普魯士的朋友比奧地利多，敵人則比奧地利少。

此時，最讓俾斯麥憂心的還是錢的問題。普丹戰爭已經使普魯士財力大傷，多年盈餘被戰爭消耗殆盡。戰爭，打的就是錢與糧！

從一八六四年到一八六六年，俾斯麥把全副心力放在兩件事情上頭：把每一分錢用於戰爭準備，同時盡全力阻止奧地利在歐洲金融市場籌到戰爭經費。俾斯麥的戰略是在金融方面把對手逼上絕境，在戰爭威脅之下，拖垮奧地利的國力。奧地利的財政情況的確比普魯士更糟，常年鎮壓巴爾幹和其他地區的民族主義騷亂，早已財源枯竭，瀕臨破產。雙方誰也不願意公開表現金融窘境，都在幕後祕密籌措資金。

但是，議會還是否決了俾斯麥的預算，並宣佈政府未經議會批准，無權動用國庫資金，否則相關部長要負全責。俾斯麥當天發表了措辭強烈的回應，他把議會反對派貼上「賣國賊」的標籤，因為他們的舉動反對了國王的外交政策，形同通敵。其實，俾斯麥深知有不少議會自由派對普魯士在普丹戰爭中大獲全勝是很高興的，他以叛國的指控去刺傷這些人的自尊，從而促使他們改變立場。議會自由派的狂熱分子攻擊俾斯麥欺騙議會和國王。俾斯麥聞訊大怒，立刻提出決鬥要求。整個柏林政界為之震動，決鬥乃是勇敢和魯莽的混合體，一旦走上決鬥一途，絕無退縮的可能，雙方非死即傷。堂堂普魯士首相若死於決鬥場，整個歐洲局勢都會為之丕變。偏偏俾斯麥天性暴躁，在大學期間就曾與人決鬥二十七次。布雷施勞德等人趕緊私下勸阻，連遠在巴黎的羅斯柴爾德都關注決鬥的事。雖然最後決鬥被勸阻，俾斯麥對議會拒絕政府預算的憤怒和焦慮卻是與日俱增。

俾斯麥太渴望金錢了，沒有錢，他的理想只能是夢想，最後會褪色為幻想。

科隆—明登鐵路私有化：普奧戰爭的財源

一八六五年，戰爭與和平懸於一點，那就是信用流動的方向。七月，俾斯麥苦等的戰爭經費終於有了眉目。這就是科隆—明登鐵路的私有化。

科隆—明登鐵路是普魯士最早興建的鐵路線路之一，一八三三年開始設計，一八五九年全部建成，成為普魯士鐵路系統的樞紐。建這條鐵路的目的是要把魯爾地區的煤運到工業生產基地。布雷施勞德在科隆—明登鐵路融資方面扮演關鍵的角色，成為該鐵路公司的董事，同時又是為公司進行融資的銀行家。由於鐵路運輸系統在戰時可以運送大批人員、物資，所以鐵路公司國有化是公司發展的主要方向。科隆—明登鐵路從一開始就是一個普魯士政府主導的大型公共建設案。普魯士政府直接購買了七分之一的原始股，並以一千四百萬泰勒來擔保該鐵路債券以三．五%的票面利息發行。政府則可分期買入該公司的流通股，最終成為該鐵路的唯一股東，完成國有化。一八五四年普魯士政府在自由市場經濟潮流的影響下，暫緩國有化，到一八七〇年視情況發展再決定是否繼續。但政府對鐵路債券利息的擔保仍然有效，一千四百萬泰勒的擔保金被鎖在專用帳戶，無法動用。

俾斯麥對奧地利的戰爭準備需要大約六千萬泰勒，籌措這麼一筆龐大的戰爭費用的重擔就落在布雷施勞德的肩上。早在一八六二年十二月，布雷施勞德就曾提出極具爭議性的科隆—明登鐵路私有化方案主張，與其政府在一八七〇年全面收購鐵路公司股份，對財政形成巨大壓力，不如普魯士政府放棄國有化，從鐵路公司拿到一筆補償金，同時放棄對債券利息的擔保，可以馬上盤活一千四百萬泰勒的部分保證金。

這個方案一出，就遭到反對，認為布雷施勞德方案是以政府長期損失為代價，使包括布雷施勞德本人在內的鐵路公司股東獲得暴利。政府將損失各種權益總額高達三千萬泰勒，換來的只是一千萬泰勒的補償和四百萬泰勒的可動用保證金。把科隆－明登鐵路私有化，短期可以提供政府緊急資金，但付出的代價是以不到五折的價錢賤賣了優良資產，同時還損失了未來長期的收益權，對政府而言，怎麼看都不是什麼好交易。

但是到了一八六五年，情勢發生變化。俾斯麥統一德國的雄心壓倒一切，為了準備對奧地利發動戰爭，也就顧不了太多了。這就是為什麼國際銀行家酷愛戰爭的原因，戰爭會迫使政府以賤價出售優質資產，正是發大財的好機會。當國際銀行家的勢力已成氣候時，會刺激民族主義情緒，挑動國家對立，推動政府大規模軍備投資，激化潛在矛盾，誘發戰爭，然後堂而皇之出面打理戰爭賠款。只要有大規模資金過手，雁過拔毛，國際銀行家總能收到高額服務費。哪裡有資金與信用流動，哪裡就能找到投資銀行家的身影。

這麼大的買賣，也不是一個布雷施勞德能吃得下的，他又拉了科隆的奧本海默家族，當然還有羅斯柴爾德家族，在歐洲各大國際銀行家族圈內分食這塊大餅。一八六五年七月十八日，普魯士政府與科隆－明登鐵路公司正式簽約。政府放棄鐵路國有化，獲得一千三百萬泰勒的補償，其中第一筆支付三百萬泰勒現金，一八六五年十月一日給付，第二筆支付兩百七十五萬泰勒現金，一八六六年一月二日給付，其餘部分由鐵路公司發行新股來補償。為了嘉獎布雷施勞德的功勞，俾斯麥將普魯士與奧地利的條約所涉及的資金劃轉業務委託給布雷施勞德。這筆兩百五十萬泰勒的轉帳對家就是奧地利的羅斯柴爾德，布雷施勞德心安理得，將百分之一的「管理費」放入口袋。

在沒有落實財源時，俾斯麥還準備了外交解決方案的備案，談判也已進行多時。當俾斯麥得知政府與鐵路公司正式簽約後，立刻在外交上對奧地利採取強硬態度。在簽約當天，俾斯麥發電報給普魯士王儲：「在雷根斯堡會議上，陛下下定了決心，完全戰備啟動和進行一年戰爭的金融手段已經具備，數額大約為六千萬泰勒。」一週之後，俾斯麥的戰爭部長榮恩（Roon）在一封信中表示：「我們有了足夠的金錢給予我方外交更大的自由度，如有必要，我們可以動員全部軍事力量來打一場全面戰爭。這使我們的立場更加堅定，我們可以迫使奧地利接受我方的合理要求，從而使雙方都避免不必要的戰爭。錢從哪裡來？在不違法的情況下，透過科隆—明登鐵路的重新安排就實現了。」⑯

奧地利方面很快就意識到科隆—明登鐵路的金融安排是為了發動戰爭所做的緊急安排，而奧地利的備戰還遠未到位，因此在外交談判的立場開始軟化。另一方面，俾斯麥也逐漸意識到科隆—明登鐵路的資金到位還有相當一段時間，而從布雷施勞德與國際銀行家聯繫後的情況來看，情況並不樂觀。羅斯柴爾德家族與明登鐵路之間九百萬泰勒的債權轉讓，由於雙方價格還沒談攏而陷於停頓。戰爭資金的難題如劍懸頂，俾斯麥坐立難安，開戰的決心也開始動搖，他不得不認真考慮外交解決方案的可能性。

一八六五年八月十日，俾斯麥透漏了自己的動搖：「我們還需要時間來籌集資金，並使法國保持中立……。在這段時間裡，我們可以維護我們的榮譽，同時保留戰爭的選擇。」俾斯麥的判斷同樣影響他的私人投資決策，他傳話給布雷施勞德：「如果我的投資帳戶上還有債券投資，現在我在這裡無法知道，他不應該僅僅是由於過早的戰爭擔憂就賣掉這些債券（明登鐵路）。」⓱從今天的標準來看，俾斯麥有利用內幕消息投資並獲取非法利益之嫌。

在這樣的氛圍下，普魯士與奧地利達成蓋斯登（Gastein）協定，普魯士管理什列斯威，奧地利管理霍爾斯坦，雙方繼續共用主權。然而，普魯士與奧地利都心知肚明，這紙協定不過是緩兵之計，他們都在等待戰爭經費的問題出現重大突破。

普奧戰爭：箭在弦上，戛然而止

一八六六年二月，布雷施勞德在歐洲市場上募集資金購買明登鐵路股票的努力遭到以羅斯柴爾德家族為首的國際銀行家全面抵制，一般普遍認為購買股票的資金將被普魯士用於戰爭，而和平是國際銀行家的「共同理想」。二月中，布雷施勞德在給羅斯柴爾德的密函中，用暗語提到政府可能在考慮出售薩爾煤礦，市場上傳聞羅斯柴爾德和奧本海默可能是買家。顯然，封殺明登鐵路股份出售而期待薩爾煤礦轉手，意味著國際銀行家發現煤礦的潛在收益更大，如果讓俾斯麥順利轉讓鐵路股份而獲得足夠的資金，普魯士政府勢必不願再出售薩爾煤礦了。

錢的問題並沒有實質進展，而戰爭準備卻在升級。一八六六年三月二十八日，普魯士軍隊開始大規模備戰。三月底，普魯士財政部私下找買主無望，開始在市場上公開出售科隆—明登鐵路股份。可是市場狀況在戰爭的陰影籠罩下走向低迷，大規模出售將導致資產嚴重損失。四月八日，普魯士宣佈與義大利結為軍事同盟，股市大跌。羅斯柴爾德給布雷施勞德的指示是，一旦開戰在即，立刻拋出羅家在柏林的所有債券。而此時，布雷施勞德已經大舉拋售售羅家債券，羅家聞訊大怒，因為按照他們的想法，俾斯麥在資金有著落之前，決不會貿然發動戰爭，所以與義大利結盟並不意味著即將開始開打。

布雷施勞德顯然犯了沉不住氣的錯誤。

羅斯柴爾德在信中說：「沒有任何證據表明你是在保護我們家族的利益，我們希望聽到你拋售我們的債券的解釋。我們早上發給你的電報中指出，我們不接受你最近的出售（債券）的行為。」四月十八日，布雷施勞德趕緊回電說明，最近與奧地利的關係出現緩和，所以出售債券已全面停止。

一八六六年五月，普魯士開始軍事總動員，九個軍團進入戰備狀態的費用為兩千四百萬泰勒，並以每月六百萬泰勒的速度增加。⓲五月十八日，在資金嚴重不足的窘境中，普魯士政府被迫宣佈成立公共信用機構，並提供無抵押的兩千五百萬泰勒的信用，同時廢除所有限制高利息的法令，力圖吸引民間資本進行信貸。即便如此，信用緊張的局面並未緩解，財政部長表明他已經沒有足夠的資金發動戰爭，甚至連兩個月後的開支都沒有著落。⓳

到了戰爭爆發前的最後關頭，布雷施勞德的科隆—明登鐵路方案起了關鍵作用。在募集資金的嘗試都歸於失敗後，普魯士財政部痛下決心，委託布雷施勞德和漢斯曼組成購買鐵路股份的銀團。股權收購定價為一百一十泰勒，市場交易價格為一百一十七泰勒，其他銀行家試圖利用政府的財政窘境把價格壓低到一百零五泰勒。政府無法接受如此之低的報價，決定分批出售。如果戰事順利，股票價格將一路攀高。這也是一招險棋，萬一戰爭打得不順，政府將面臨經費枯竭和股價暴跌兩重壓力。但俾斯麥決心冒險！

由於政府放棄國有化並解除貸款利息擔保，立刻拿到一千四百萬泰勒被鎖定的擔保金。除了科隆—明登鐵路股份銷售所得資金用於軍事總動員之外，這筆錢支撐了未來七週的戰爭。等到俾斯麥兵臨維也納城下之際，這筆錢已不足三百萬泰勒，而奧地利尚有十八萬大軍駐守維也納，如果兩星期之內無法迫使奧地利投降，俾斯麥這場仗就白打了。

這場戰爭戛然而止，俾斯麥在這場事關日耳曼和他個人命運的豪賭中大獲全勝！

普法之戰：大炮一響，黃金萬兩

普奧戰爭最窩囊的輸家，非法國的拿破崙三世莫屬，他眼睜睜看著普魯士迅速崛起。法國在俾斯麥的戰略性欺騙之下，非但沒有獲得任何實質上的「中立補償」，反而在盧森堡的問題上被俾斯麥奚落嘲弄。拿破崙三世所犯的錯誤與楚懷王被張儀用「獻商於之地六百里」誘騙楚國與齊國斷交如出一轍，楚懷王與拿破崙三世同屬那種愛貪便宜、志大才疏之輩。

英國玩大國均勢遊戲的手段向來高明，但是對於普魯士即將統一德國而崛起為英國最大勁敵，並無應有的敏銳。英國高估了法蘭西第二帝國的實力。法國於一八五九年動工開鑿的蘇伊士運河，已在一八六九年竣工通航。英國認為這直接威脅了它統治的中東地區和印度：如果斷了英國本土與印度殖民地的交通線，就等於斬斷了英帝國的命脈，這是英國所不能容忍的。於是，英國把普魯士當作抗衡法國的力量，坐視普魯士統一德國。英國對法國的顧慮壓倒了對德國統一的擔憂。

俄國自克里米亞戰爭慘敗後，與英、法關係冷淡。它表面上保持中立態度，實際上支援普魯士對法國作戰，以坐收漁利，報當年的一箭之仇。沙皇把心力都放在巴爾幹半島煽風點火，撈些蠅頭小利，對普魯士這一昔日的反法盟友和幾十個鬆散的日耳曼邦聯小國沒太放在眼裡，從而種下了日後的敗亡。

奧地利新敗，財政瀕於破產，雖想支援法國對普魯士進行報復，但已力不從心。

俾斯麥與其說是個大戰略家，不如說是個幸運的冒險家，他的幸運在於對手在戰略上的疏忽和他自己也沒想到的閃電般崛起。普奧戰爭結束之後，俾斯麥很清楚，要完成德國的統一大業，不打敗強大的法國是不可能實現的。普法勢必一戰。

普法戰爭的導火線是所謂「埃姆斯電報」。一八七〇年七月初，普魯士霍亨索倫家族的雷奧波親王被選為西班牙王位繼承人。拿破崙三世以法國不能容忍東西兩翼均受到威脅為藉口，命令法國駐普魯士大使提出抗議。當時，威廉一世在埃姆斯溫泉療養院休養，他向法國大使表示，霍亨索倫家族可以考慮放棄西班牙王位繼承權。但拿破崙三世仍不罷休，又命法國大使找威廉一世作出書面保證。威廉一世答應回柏林再談判此事，同時給俾斯麥發了電報。俾斯麥接到電報後，刪改了電報的內容，使之成為威廉一世拒絕同法國大使談判的通電，並在報紙上公開發表。一八七〇年七月十九日，拿破崙三世以受到侮辱為由，對普魯士宣戰。

而此時的法國連一個盟國都沒有。

布雷施勞德是普奧戰爭的大功臣，地位今非昔比，能與羅斯柴爾德家族平起平坐。俾斯麥對他的倚重已超過對羅斯柴爾德家族的敬畏，普奧戰爭結束不久，俾斯麥把私人帳戶的財產從法蘭克福的羅斯柴爾德銀行轉到了布雷施勞德銀行。

就在開戰前十天，布雷施勞德在給俾斯麥的密信中詢問戰爭爆發的可能性，並狡猾地提到俾斯麥私人帳戶的投資情況：

> 在我這方面看來，我並不認為極端嚴重的政治情況已經出現，所以我並沒有將閣下帳戶裡的資產出售。如果我的判斷有誤，您認為許多不愉快的事件即將發生，我請求您及時給我示警。

事關個人財富，俾斯麥不敢怠慢，第二天回信就到了，不過是以俾斯麥夫人的名義回覆的：

> 他並不認為其他人會突然對我們發動進攻，因為西班牙的投票並未符合任何人的意願。不過他覺得也許到了某個時刻，對戰爭的預期會比現在更強烈，所以賣掉鐵路股份也許是個好主意，反正他這裡也需要錢。

布雷施勞德收到回信後，立刻明白開戰在即。第二天，他將這一價值連城的情報發給巴黎的羅斯柴爾德：「所有的報價都會快速下跌。」同時，他指令在歐洲各個市場的交易員全部拋出各類資產，就算虧損也要售出。

普奧戰爭的結果之一就是普魯士的憲政危機結束了，俾斯麥的政府獲得相當程度的財政自由。一八七〇年七月二十一日，普魯士主導下的北日耳曼邦聯議會批准了一・二億泰勒的戰爭信用。

在開戰之初，柏林股市情況近乎恐慌，連科隆—明登鐵路這樣的優質股票都下跌了三成。普魯士政府緊急出售一億泰勒的第一期戰爭債券，試圖擺脫由銀行家壟斷的承銷管道，直接向市場發售，條件是百分之五的利息，外加打八八折，而銀行家的建議是打八五折，但被政府所拒。奧本海默在寫給布雷施勞德的信中強調，「這是一個當前市場情況下的可笑條件」。結果銷售狀況欠佳，債券只賣出六千萬泰勒。實情是如果政府直接銷售，銀行家就賺不到承銷費，因而採取集體抵制。在此再度看到金融市場「通路為王」的威力。⑳

一八七〇年九月一日，普法在色當進行大會戰，法軍再次慘敗。次日，拿破崙三世率領十萬法軍投降。九月四日，巴黎工人舉行武裝起義，推翻了拿破崙三世的統治。

色當一役，多達三十萬的法軍淪為俘虜。布雷施勞德嗅到這是一個賺錢的大好機遇，他主動承擔起每月為戰俘向普軍支付生活費的「責任」。對他而言，這是一筆穩賺不賠的放貸生意，以後無論誰代表法國政府，都必須支付這筆鉅額貸款的本金和利息，這將是戰爭賠款的一部分。布雷施勞德不怕法國人賴帳，因為普魯士大軍一日沒收到戰爭賠償，就一日不會離開法國的國土。而法軍已告土崩瓦解，短期內絕無東山再起的可能。

隨著戰爭的腳步臨近，布雷施勞德與巴黎羅斯柴爾德的每日商業信件往來越來越困難，柏林與巴黎的直接聯繫被迫改由布魯塞爾與阿姆斯特丹轉送。布雷施勞德照例彙報柏林市場的行情。色當戰役之前，布雷施勞德緊急通知羅斯柴爾德儘快賣掉手上的科隆—明登鐵路股票，隨即布雷施勞德替羅氏在一二八泰勒的價位賣出一千兩百五十股鐵路股票，七月時，價格跌到九五・七二泰勒。九月十五日之後，雙方聯繫中斷了，巴黎在九月二十日被圍，羅斯柴爾德被困在巴黎。直到一八七一年二月，才重新聯繫上。巴黎的羅氏在這段期間只能借助氣球偶爾傳遞資訊。十月五日，普魯士軍隊徵用了羅斯柴爾德家族的費里埃莊園，成為威廉一世、俾斯麥和普魯士元帥毛奇的指揮部。著名的「費里埃會晤」就在此進行，法國外交部長試圖說服俾斯麥簽署和約未果。

一八七〇年十月底，普魯士政府汲取教訓，任命漢斯曼組建承銷團在倫敦和柏林出售兩千萬泰勒第二期貸款。隨著普魯士軍隊的捷報，這些貸款合約價格水漲船高，政府很快就能取消部分被抵押的信用額度，最後戰爭國債的利率定為五％，期限為五年。龐大的戰爭經費源源流向法國前線的普魯士大軍。十一月三十日，銀行家再接再厲，再次在英國發行了三千四百萬泰勒的九二折貸款，並可選擇進一步發行一千七百萬泰勒的權利。英國人雖然開始同情倒楣的法國，但法國的債券在英國幾乎賣不動，在金融這條看不見的戰線，法國再次失敗。

至此，普法戰爭結束，普魯士在這場戰爭總共花了兩千兩百萬泰勒。

一八七一年一月十八日，普魯士國王威廉一世在凡爾賽宮加冕為皇帝，德意志帝國宣告成立。二十八日，交戰雙方簽訂停戰協定，二月二十六日簽訂預備和約。

五十億法郎戰爭賠款：銀行家的大餅

俾斯麥的大軍開始休整，但是國際銀行家更加忙碌。高達五十億法郎的戰爭賠款業務是一個人人都垂涎三尺的大生意，就算只收百分之一的管理費用，就是一筆五千萬法郎的大生意！

戰爭進行到一八七〇年十一月，奧地利的羅斯柴爾德主動向俾斯麥提出希望能為普魯士提供服務，代收法國未來的戰爭賠款。當然，奧本海默和其他國際銀行家族也都競相要求提供服務。俾斯麥徵求布雷施勞德的意見，肥水當然不落外人田，布雷施勞德迫不及待於一八七一年二月七日來到凡爾賽，拿到他最想要的兩筆大單，為巴黎籌集兩億法郎的戰爭賠款和安排協調整個法國的戰爭賠款。

法國政府設想的賠款是五十億法郎，但俾斯麥拿過一張紙，寫下六十億法郎！此時，英國方面也介入，要求俾斯麥適可而止。鉅額的戰爭賠款既不公平、也不現實，法國根本拿不出這麼多錢。俾斯麥暴跳如雷，最後，羅斯柴爾德出面轉圜，但是俾斯麥把滿腔怒火發到羅斯柴爾德身上，令在場人士大為意外。羅斯柴爾德無動於衷，仍然堅持五十億法郎是「可承受」的賠償數額。後來，布雷施勞德在給德皇威廉二世的信中提及此事，威廉二世也十分不滿俾斯麥的粗魯行為。

發火歸發火，羅斯柴爾德在國際金融市場的地位是不可撼動的，不接受他的條件，就休想在歐洲市場上募集足夠的戰爭賠款，普魯士大軍就得無限期地駐在充滿敵意的法國境內，一切供應開銷都在迅速增加，而普魯士國內和歐洲各國對俾斯麥的不滿也在快速積累。俾斯麥權衡利弊，只得接受羅斯柴爾德的五十億法郎報價。

一八七一年五月十日，德法正式簽訂《法蘭克福和約》，規定法國賠款五十億法郎，割讓亞爾薩斯全部和洛林大部地區。

法國方面隨即開始籌備第一筆二十億法郎的戰爭賠款債券，利率設定為百分之五，以布雷施勞德為首的德國承銷財團建立起來了，奧本海默、沃伯格等家族參與發行。結果債券發行非常成功，超額認購高達十四倍。賠款總額提前完成，並由羅斯柴爾德家族銀行直接匯到布雷施勞德銀行和漢斯曼銀行。一八七二年，第二筆三十億法郎的戰爭賠償債券超額認購達十三倍，奧本海默家族單獨承銷了四・九億泰勒，並自行持有七千四百萬。賠款工作出奇順利。一八七三年夏，五十億法郎的戰爭賠款全部完成。德軍開始撤出法國。現代金融市場強大的資金籌集能力是過去完全無法想像的。清朝的戰爭賠款往往是以稅賦形式壓在貧困的老百姓頭上，而西方則是通過債券的方式，向富人提供一種投資機會。不同的理念造成了完全不同的效果。

在這個過程中，國際銀行家發揮了雙重作用。一方面製造了問題，另一方面又解決了問題。他們為戰爭雙方提供從軍火公司上市、發行軍火債券、運轉融資，到國家戰爭債券發行、戰後的賠款債券承銷、賠款資金劃轉、國家重建融資等業務的戰爭綜合解決方案。在戰爭中，政府是不計代價的，正是銀行家廉價收購國有資產的良機。俗話說得好：大炮一響，黃金萬兩！無論戰爭結果如何，兩邊的國際銀行家都賺錢。

第一章　人脈關係圖

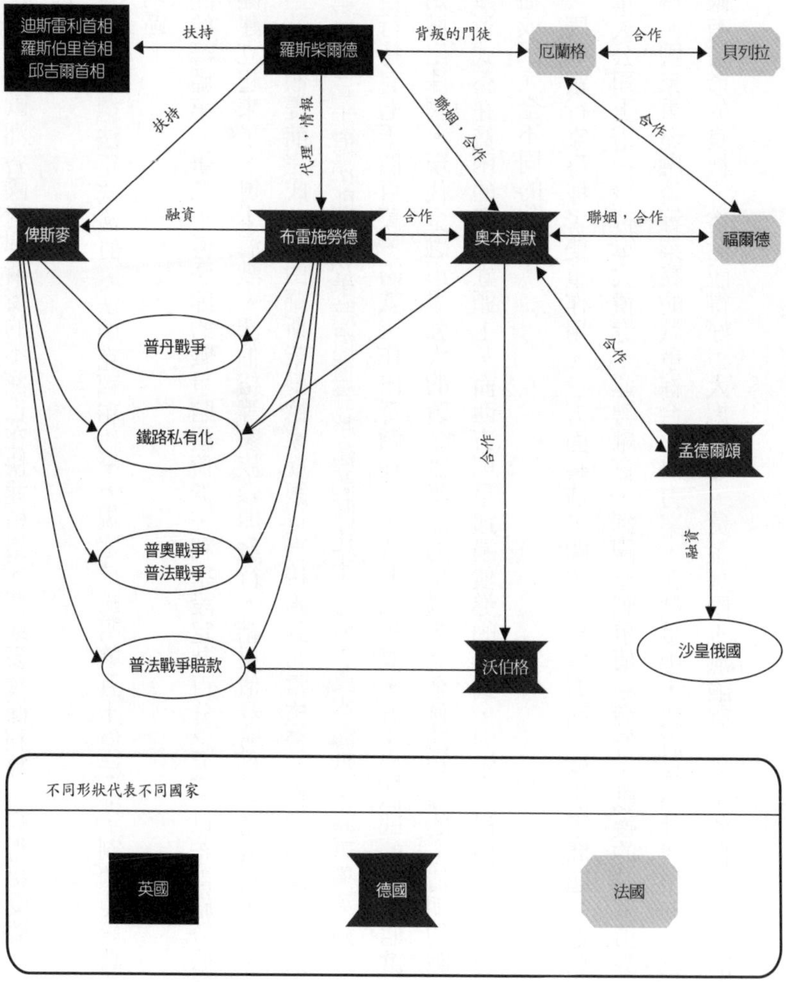
迪斯雷利首相
羅斯伯里首相
邱吉爾首相
扶持
羅斯柴爾德
背叛的門徒
厄蘭格
合作
貝列拉
扶持
代理，情報
聯姻，合作
合作
融資
俾斯麥
布雷施勞德
合作
奧本海默
聯姻，合作
福爾德
普丹戰爭
合作
鐵路私有化
孟德爾頌
合作
普奧戰爭
普法戰爭
融資
沃伯格
沙皇俄國
普法戰爭賠款
不同形狀代表不同國家
英國
德國
法國

第二章

英國：金權的制高點

隨著英國海外殖民的拓展，倫敦在十八世紀取代阿姆斯特丹，成為歐洲金融的中心。海外貿易與殖民擴張累積了雄厚的私人資本，私人資本又供應了工業革命的需求，並從工業化的過程獲利。同時，銀行家族進軍政壇，影響政府的內政外交政策，又投資軍事工業，經手戰爭賠款，如此往復，打造了大英帝國的全球霸業，也成就了包括霸菱、羅斯柴爾德、施羅德等國際銀行家族。

法蘭西斯：霸菱王朝的奠基人

霸菱家族的資歷要比羅斯柴爾德家族更悠久，當霸菱銀行在倫敦為歐陸大國融資的時候，羅家還在法蘭克福玩小生意。霸菱家族首創近代跨國銀行網路模式，後來成為羅斯柴爾德家族仿效的對象。

霸菱家族發源於北日耳曼，如今所知最早的祖先住在格羅寧根，深受基督教路德教派的影響，許多成員家族成為路德教派的牧師、政府公務員，到約翰．霸菱這一代開始經商。約翰於一七一七年移居英國埃克塞特，並於一七二三年娶當地富商之女為妻，開始了霸菱家族的傳奇。

真正將家族發揚光大的是法蘭西斯．霸菱（Francis Baring）。歐洲在十八世紀加大了對印度次大陸、東南亞和遠東的滲透力度，再加上北美新大陸市場蓬勃發展，以歐洲為中心的國際貿易盛極一時。一邊有嗷嗷待哺的龐大需求，另一邊有蓬勃發展的商品製造能力，此時海上運輸業已經準備就緒，但是為國際貿易流程服務的金融業卻發展滯後，於是法蘭西斯毅然將家族業務由傳統的製造業和貿易向金融領域發展。他在大本營埃克塞特和倫敦兩地分設機構，互相扶持，生意範圍遍及貿易、實業和票據業務，開創了新的經營模式。這一模式在二十五年之後，才被羅斯柴爾德家族複製。

但是法蘭西斯向金融業挺進的大膽轉型並非一帆風順，他的決定遭到家族中埃克塞特這一支的強烈反對。霸菱家族的幾個兄弟經營理念的分歧，加上利益紛爭，在一七七七年簽署分家協定，法蘭西斯掌握了倫敦分支的所有權。倫敦當時正快速取代阿姆斯特丹，成為世界的金融中心，法蘭西斯領導霸菱家族，開始登上歷史舞臺。

分家之後的法蘭西斯摩拳擦掌，打算在金融領域大顯身手。然而國際形勢的變化卻不利於法蘭西斯。美國打贏獨立戰爭，不但挫了英國的軍威，也幾乎毀掉英國經濟，帝國貿易一度銳減，霸菱家的埃克塞特分支受到重創，到一七九〇年幾乎銷聲匿跡，法蘭西斯的倫敦支脈也僅以身免，幸虧其妻為前坎特伯里大主教的繼承人，且頗有經營才能，居然助夫渡過難關。霸菱夫人持家有方，將家務開支費用控制在一年八百英鎊，後來法蘭西斯在其妻去世之後感歎：「如果在那段艱難的歲月裡，沒有賤內持家有方，開支費肯定會達到每年一千兩百英鎊，那我就萬劫不復了。」

危機過後，家族業務步入正軌，利潤從一七七七年的三千四百英鎊上升到一七八一年的一萬零三百英鎊，到一七八八年高達一萬兩千英鎊。公司的資本金在美國獨立戰爭之初（一七七六年）僅有一萬九千四百五十二英鎊，到戰爭結束（一七八三年）時已增長到四萬三千九百五十一英鎊。❶一七八〇年，家族的重要分支機構遍及英倫三島和歐陸，除了在當時的世界金融中心阿姆斯特丹設有兩家分支機構之外，在埃克塞特、倫敦、聖彼得堡、西班牙的卡塔赫納、義大利的來亨各有一家，一個連接全歐的資金流、物流、資訊流的金融網路已見雛形。

荷蘭：商業資本主義的頂峰

在倫敦崛起之前，阿姆斯特丹曾經是歐洲金融的中心。荷蘭以東方貿易起家，憑藉強大的造船實力，與葡萄牙爭奪東方貿易的主導權。從一六〇五年到一六六五年，荷蘭的造船廠已充分使用機械，造船速度相當快，幾乎一天可以造一艘船。當時的荷蘭總共擁有上萬艘船，按噸位計算占當時歐洲海運總量的四分之三。世界各地的貿易貨運大多由荷蘭商船承擔，荷蘭的水手被稱為「海上馬車夫」，總數高達二十五萬之眾。相比之下，葡萄牙只有大約三百艘的航運船隊，海員總數僅四千人。經過六十年的商業競爭和武裝衝突，荷蘭終於在十七世紀後半葉打敗了葡萄牙，控制了好望角，使其成為東西方貿易的樞紐。荷蘭東印度公司在巔峰時代，擁有一萬五千個分支機構，貿易額占全世界總貿易額的一半。有一萬多艘商船掛著荷蘭的三色旗，遨遊七海，荷蘭成為商業資本主義世界的核心。

荷蘭貿易急遽成長，對金融服務產生了極大需求，在一六〇九年成立了世界上第一家國家銀行──阿姆斯特丹銀行，一個重要目的就是規範當時十分混亂的金融行業。當時阿姆斯特丹的金融行業有兩大圈子，一個是從安特衛普遷移來的猶太錢商，另一個是以基督徒為核心的本土銀號。猶太錢商從事的主要是傳統的看家本領：貨幣兌換、票據貼現、吸納存款和發放貸款，各種利率差異極大，管理混亂。「建立（阿姆斯特丹銀行）這個機構的主要原因不是提供信用，而是防止肆無忌憚和四處蔓延的貨幣兌換以及票據貼現過程中存在的過度投機，從而（為貿易）提供高效率和穩定的兌換貼現服務。阿姆斯特丹銀行的關鍵點是其公有性質而非私人擁有或管理的機構。」❷

阿姆斯特丹銀行在往後的一百多年中，大大促進了荷蘭貿易的發展，鞏固了荷蘭作為世界貿易中心的地位，創造了荷蘭空前的繁榮和富裕。一些巨富家族隨之興起，霍普家族就是其中的代表。

霍普家族祖上是蘇格蘭商人，後來在荷蘭的阿姆斯特丹和鹿特丹經營航運、倉儲、保險和信貸業務，主要是在鹿特丹有償組織教友派信徒移民新大陸和經營阿姆斯特丹的奴隸貿易。每移出一名教友派信徒，教會需支付六十盾。在七年戰爭期間（一七五六—一七六三年），霍普家就是靠這種投機生意發了大財。

七年戰爭之後，霍普家族進入國際金融領域，為瑞典、俄國、葡萄牙和巴伐利亞安排政府貸款，組織英荷錢商承銷這些國債，霍普從中抽取五—九%的佣金。霍普家族也借款給西印度的種植園主，接受蔗糖、咖啡和菸草等實物，然後在阿姆斯特丹出售。因為霍普家借了很多錢給葡萄牙王室，葡萄牙特許霍普經營巴西的鑽石貿易，從而使阿姆斯特丹成為歐洲鑽石貿易的中心。❸

亨利・霍普

霍普家最重要的客戶就是俄國的凱瑟琳女王，霍普給了沙皇大量融資貸款，凱瑟琳女王便授予俄國進口蔗糖的獨家代理權，同時代理俄國糧食和木材的歐洲貿易。霍普家族透過經營商業和金融業務，幾乎成為全歐首富，不僅控制荷蘭東印度公司和西印度公司，還組成英荷銀團，以金融力量影響歐美各國的政治與外交事務。

從一七七九年開始，亨利・霍普出任霍普公司（Hope &

Co.）的掌門。一七八六年，亞當·斯密將傳世巨著《國富論》的第四版題獻給亨利·霍普：

我在第四版原本沒做任何形式的改動。然而，現在我發現我必須向阿姆斯特丹的亨利·霍普先生致謝。關於阿姆斯特丹銀行這樣一個十分有趣而重要的主題，我能獲得一些獨到而廣博的資訊，全要歸功於這位先生。在他幫助我之前，阿姆斯特丹銀行的帳戶資料資訊不能讓我滿意，甚至令人難以理解。這位先生的大名在歐洲如此顯赫，不論是誰從他那裡得到這樣的資訊都會感到無上的榮幸。我的虛榮使我非常想對亨利·霍普先生致謝，這樣我就可以有幸把它附在拙作的最新修訂版之前，作為對拙作最好的宣傳。」❹

在當時的歐洲金融圈中，能與霍普家族建立商業合作關係，就等於拿到財富和權力的通行證。法蘭西斯·霸菱就是其中的幸運者之一。

霸菱結盟霍普家族

法蘭西斯外表冷漠，個性沉靜，守誠信，逐漸在金融業界博得信譽，他的生意也在拿破崙戰爭中多所進展。一七七一年，法蘭西斯被任命為皇家匯兌保險協會（The Royal Exchange Assurance）董事，皇家匯兌保險協會又與霍普家族關係密切，這個職位為法蘭西斯打開了與霍普家族合作的大門，成為發展自己的契機。

霍普家族此時打算在英國發行一筆債券以開拓英國市場，法蘭西斯抓住這個機會，將霍普家族價值一萬五千英鎊的債券發行事宜處理得很好，自此兩家結為同盟。法國銀行家約翰・馬利特（John Mallet）就此事評論：「霍普家族印象深刻的不僅在於霸菱展現出的熱忱和執行力，更在於霸菱卓越的信譽和充沛的資源。從那一刻起，霸菱家就成了霍普家重要的朋友之一。」一七九〇年，威廉・霍普對於由於工作繁忙而遲遲未能向法蘭西斯寫信表示歉意：「親愛的先生，我們之間的通信就像家庭通信一樣親密，事實上，這種親密關係是建立在您也以同樣的態度對待我們的基礎上。」❺

霍普家族造訪倫敦時，總是住在霸菱家。一七九六年，霍普家族的合夥人與法蘭西斯・霸菱的女兒結婚，兩家聯姻標誌著霍普—霸菱同盟的形成。一七九四年一月，亨利・霍普寫信給法蘭西斯：「我覺得英國與荷蘭素來交好，同氣連枝，我在英國（霸菱家）逗留時，如同在家中一樣。」❻不過一年之後，時局的發展就驗證了亨利・霍普的說法。一七九五年，法國革命軍開進荷蘭，霍普家族倉皇出逃，避難倫敦。在霸菱家族的運作之下，英國皇家海軍派出炮艦護航。法蘭西斯之子亞歷山大・霸菱奉命一直留守在霍普銀行的辦公室直到法軍開入阿姆斯特丹之際，才撤返倫敦。

亞眠和約於一八〇二年簽訂，歐洲戰事暫時告一段落，霍普家族準備回阿姆斯特丹重操舊業，家族銀行在同年重新開張，大部分資本仍掌握在霸菱家族手中。此時亞歷山大已到美國發展，他違逆父親的意志，戀棧美國不願再回荷蘭與霍普合作。後來時局發展證明亞歷山大有先見之明。不久歐洲戰事重啟，法軍再次開進荷蘭，霍普家族在荷蘭的財富受到重大損失。到了一八一三年，霍普家族已經徒有其表，霸菱家族新掌門亞歷山大僅以二十五萬英鎊就盤下霍普家族的生意，只是考慮到兩家的淵源才沒有徹底吞併霍普家族的產業。霍普家族雖是霸菱的主要貿易夥伴，但在霸菱的羽翼下已不再是獨立的金融力量，兩家實質上合而為一。

紅頂商人：金權入股政權

霸菱在與霍普結盟之後，生意一日千里，實力壯大之餘，已經開始將目光轉向政界。在一七八六年，法蘭西斯給蘭斯道恩侯爵（Marquess of Lansdowne，前謝爾本伯爵）寫信：「我主要關注三件事情：一為本家族產業，二為公共事務，三為東印度公司……」此時他的目光已投向東方的英帝國殖民事業，他已發現了其中蘊含的無限商機。

一七八七年法蘭西斯寫信給皮特首相的海軍祕書鄧達斯（Henry Dundas），力陳與荷蘭訂立商業條約的好處：「荷蘭以貿易立國，可幫助我們的產品擴大在印度市場的銷路，這對我國是非常有利的。除此之外，還可在政治上給予我國有力支援，因為兩國根本理念同出一脈，利益互補。就我國而言，首要利益就是帝國的長治久安，其次為貿易利益；而荷蘭的重要利益同樣有兩點，一為東印度群島之壟斷權，二為貿易利益。兩者的根本利益不相衝突，且經濟互補性強，應維持戰略合作關係。」❼這封信表面上是為國家利益考慮，而其背後隱含的霍普—霸菱同盟的特殊利益已經昭然若揭。

真正將法蘭西斯引入政壇的是鄧寧（John Dunning）。鄧寧時任蘭開斯特公爵領地的首席大律師，他與巴雷（Issac Barre）上校是密友，此人在一七八二年曾任皮特首相的主計大臣。三人以皮特首相的財政大臣蘭斯道恩侯爵為靠山，組成令人望而生畏的同盟。

鄧寧身負巨債，無力償還，從一七八三年開始，法蘭西斯每年為他償還五千英鎊的債，時間長達六年之久，這是他助法蘭西斯進入政界的一個重要原因。

在三巨頭的運作下，英國首相皮特把法蘭西斯奉為上賓，不論是塞內加爾奴隸貿易、土耳其外交、直布羅陀駐軍，還是海關改革，都會聽法蘭西斯的意見，而法蘭西斯則將自己家族的商業利益與英國的國家利益巧妙整合。

霸菱家族深耕政壇，終於獲得回報。他們與政府部會關係緊密，相互信任，許多政府的合約也常落到霸菱家族。其時正值美國獨立戰爭，北美戰事吃緊之際，前方將士補給嚴重不足，霸菱受託承擔為前線提供後勤支援的重任，蘭斯道恩侯爵更為其爭取到軍糧供應的生意。霸菱替英國省了七萬英鎊，自己則賺了一厘的佣金收入，共獲利一萬一千英鎊。一七八〇年，英國政府想找一家銀行家族為北美戰事融資，且這個銀行家族最好以自身財力，或其客戶和外部投資者的財力承購戰爭公債。這筆生意風險高，回報也高，法蘭西斯毅然攬下這筆承銷業務，在一七八〇年到一七八四年間，在北美戰爭債券上一共賺了一萬九千英鎊。這筆錢看似不多，但是讓英國政府對法蘭西斯有好印象，有助於他獲得更多的政府合約。

十八世紀末和十九世紀初，英國頻頻發動戰爭，軍費開支龐大，國債發行量急增。霸菱等銀行家族在承銷戰爭債券的過程中大發橫財。從一七九九年到一八一五年這十六年間，霸菱家族有十二年擔

任英國國債的主承銷商，賺了十九萬英鎊。霸菱家族的聲譽鵲起，各國發行公債紛紛找上門來。❽

一七九七年三月，歐洲反法戰爭進行得如火如荼，葡萄牙的巴西親王來到倫敦，尋求籌集資金一百二十萬英鎊。他打算以巴西的鑽石和鼻煙生意的利潤做抵押進行貸款，如果這些抵押還不夠的話，就再加上「富庶的島國莫桑比克」。法蘭西斯對此很感興趣，但還是先徵求皮特首相的意見。皮特表示「在葡萄牙國運多難之際」，他對這筆貸款不抱熱情；不過如果霸菱以私人公司的身分給予融資，他也不反對。霸菱顧及皮特的意見，放棄了這個機會。

到了一八〇一年，葡萄牙急需大筆融資以支付戰爭開銷，貸款問題再次浮上檯面。這次皮特首相暫時去職，法蘭西斯決定介入。他告訴女婿、霍普家族合夥人雷波切爾（Pierre Labouchere）：「值此多事之秋，我們不應該再跟部長們商榷葡萄牙貸款的事，你也知道，那些大臣對國際融資的事多半也是一知半解。」

雷波切爾和喬治・霸菱在法蘭西斯指示下，被派往里斯本商談貸款合作細節。兩人坐著驢車一路顛簸，好不容易趕到里斯本，發現談判過程本身和他們的旅途一樣難熬。雷波切爾抱怨這些葡萄牙人「不停地變換談判文本，而且都是些我根本不懂的文字，簡直把我搞得暈頭轉向。」一八〇二年，又有幾個猶太錢商也到了里斯本，加入爭奪合約的戰團，不過喬治・霸菱回報，「這些猶太人雖然堪稱勁敵，但也不必過慮，他們財力不濟，出不起我們能出的價錢」，這筆大生意最後還是落到霸菱—霍普財團手中，其中霸菱負責承銷五百萬荷蘭盾。

賺了錢之後，老霸菱開始認真考慮成為「紅頂商人」的必要性。錢商的聲譽不佳，始終予人刻薄商人之感，只有晉身政壇，成為統治階級，家族事業的基礎才會牢固。於是，法蘭西斯花了三千英鎊，當選下院議員，在往後的一百五十多年中，霸菱家族一直保有議員席位。

跨越大西洋的人脈網路

法蘭西斯很早就看出美國市場的重要性，早在一七七四年就與費城的維靈（Thomas Willing）和莫里斯（Robert Morris）有生意上的往來。維靈後來成為美國第一個私有中央銀行——美國第一銀行（Bank of United States）的董事長，莫里斯更是美國最著名的銀行大家族之一，美國立國的主要設計者之一。這些人脈對於霸菱家族後來在美國的業務發展很有用處。

十八世紀末，法國大革命造成的混亂使得霸菱家暫時將業務重心轉向北美。一七九五年，美國駐里斯本公使哈弗雷斯（David Humphreys）與北非柏柏爾人政權（北非海盜）談判美國商船在地中海的自由航行問題，急需用錢。美國政府要霸菱家族代為發行價值八十萬美元的六厘國債，霸菱家在一個月後就為美國籌得二十萬美元，解了里斯本公使的燃眉之急。時任美國駐英公使的金恩（Rufus King）特地寫信給霸菱，祝賀其「以慷慨的性情和熟練的手法幫助哈弗雷斯在如此重要的行動中取得成功，」並說：「我已經致函我國財政部長告知您的事跡，並將要求他與我一樣保證合眾國政府將對您的貢獻保持良好印象。」[9]

當時，美、法之間的衝突一觸即發，霸菱家族出資四・五萬美元為美國購得一萬把滑膛槍和三百三十門加農炮，這在當時足以裝備一支大軍。到十八世紀末，霸菱家族雖然還不是美國政府指定的歐洲代理人，但一旦美國需要從歐洲籌錢，總是會去找霸菱。

霸菱認為法國大革命造成歐洲形勢不穩，美國股市將成為歐洲投資者的避風港，於是組織英國投資者大舉進軍美國股市。到了一八〇三年，外國投資人持有的股票占美國股市總市值（大約三千二百萬美元）的一半。英國人投資美股，而美國又要將分紅匯去英國，打造了一張跨大西洋的金融網路，霸菱家族居於樞紐。

維靈從一七九〇年就是霸菱家族的忠實盟友，成為霸菱家族在美國的金融代理人。至此，霸菱成為美國政府的正式代理人已經水到渠成。美國駐英大使金恩告訴霸菱，美國政府決定委任「具有頭等榮譽和穩定性的英國銀行家族」為代理人，定期「給予大陸會議鉅額融資」，並資助美國派駐各國的外交使團。這類工作通常都很麻煩，佣金也不高，但這項殊榮卻是無價之寶。一八〇三年，霸菱家族正式被任命為美國政府在英國的金融代理人。

路易斯安那融資：史上最驚人的金融案例

霸菱家族在金融史上堪稱登峰造極之舉莫過於資助美國購買路易斯安那。

路易斯安那地區在密西西比河和洛磯山脈之間，北起加拿大，南到墨西哥灣，面積相當於現在美國中西部十三州的總和。路易斯安那向來是法國殖民地，七年戰爭失利之後被割讓給西班牙。一八〇〇年，拿破崙帝國氣焰正盛，西班牙不得已將這塊殖民地歸還法國。美國一想到在自家門口將出現強大的法軍就坐立不安。英國向美國建議，先由英國拿下這塊殖民地，待歐洲戰事平息後再將這塊地交給美國。這個建議更讓美國惶恐。於是，傑佛遜總統派特使出訪巴黎，試探拿破崙皇帝的口風，看能不能將路易斯安那的一部份賣給美國。令美國使團大喜過望的是，拿破崙打算將整個路易斯安那殖民地賣給美國。大方向既已確定，剩下的就是討價還價，法國出價一千五百萬美元，最後以一千一百二十五萬美元成交。

其實，拿破崙有難言的苦衷。當時，拿破崙派兩萬大軍入侵海地，結果全軍覆沒，急需資金來重整旗鼓。另外，拿破崙也盤算過，如果美英結盟，與法國開戰，英國必將進攻路易斯安那地區，與其讓它落入宿敵英國之手，還不如賣給美國；而且賣了之後，法國便無後顧之憂，可全力控制歐洲。一八〇三年四月，美法簽訂和約，美國輕易獲得了約兩百六十萬平方公里的土地（相當於三・八五個法國），每平方公里不到五美元。

問題是，從哪兒找這筆錢？答案是現成的。法美兩國在巴黎談判交易金額的時候，亞歷山大・霸菱就代表霸菱家族居中協調，讓法國同意將價格降了三百七十五萬美元。交易達成後，霸菱—霍普順理成章承擔起為美國政府發行國債籌集資金的任務，在歐洲金融市場為美國政府發行五%利息的國債，其中霍普家承擔四成，霸菱家承擔六成。這等於是霸菱—霍普財團先從法國購得路易斯安那，再轉賣給美國政府。

一八〇三年六月，英法重啟戰端，兩國相持不下。阿丁頓首相不能容忍一家英國銀行每月向敵國支付百萬法郎，間接幫助拿破崙準備戰爭，於是強令霸菱家族暫停支付法國款項。霸菱家就把支付責任交給阿姆斯特丹的霍普家族代為執行，輕易規避了政治風險。這時霸菱與霍普家族的通信已被監控，霍普在回信時表示：「我們不反對停止繼續支付給法國的款項，但也不能遵從你們的要求（代為支付）。」兩家意見看似分歧，但這只是做給英國政府看，霸菱知道霍普必定會付錢給法國，霍普也知道霸菱只是表面上口頭抗議一番。最後霍普和霸菱從路易斯安那購買案中賺了三百多萬美元。

一八一二年英美戰爭：霸菱家族裡外通吃

一八〇六年，美國前副總統布爾（Aaron Burr）被指控陰謀把美國重新置於英國統治之下。一時之間，兩國敵意劇升，戰雲密布。除此之外，英法之間的戰爭使英國施行封鎖歐陸的禁海政策，美法貿易大受影響。英國海軍還經常在距離美國海岸不到五公里的區域執法，明顯侵犯了美國領海，美國方面百般交涉，英國還是我行我素。雙方衝突的可能持續升高。

另一個戰爭的主因是美國第一銀行。第一銀行是一七九一年建立的美國第一家私有中央銀行，霸菱家族是該銀行的大股東之一，自成立以來就很有爭議。維靈是美國第一銀行的董事長，和霸菱是近三十年的商業老夥伴。

美國政府授權美國第一銀行成立時，只給了二十年的有效期，至一八一一年屆滿。美國政府在三月三日停止延期，第一銀行關門大吉。這對擁有第一銀行百分之七十控股權的英國銀行家來說，是個極大的刺激。霸菱、羅斯柴爾德等人的核心利益受到嚴重挑戰。

但這也是霸菱家族難得的機遇。哪裡有戰爭，哪裡就有機會，對於霸菱家族這樣在英美通吃的人物來說更是如此。戰爭爆發，英美兩邊的國債發行勢必扶搖直上。此時霸菱在大西洋兩岸都主導著債券承銷業務，一賺下來，便是富可敵國。同時，戰爭勢必迫使經濟弱小的美國負債累累，從而在金融上增加對霸菱的依賴，沒有錢如何打仗？美國政府最終必然在政治上屈服，同意私有中央銀行在英國銀行家的控制之下運作。這時候，霸菱再出面做好人，兩邊勸架，在英美雙方都賺個好人緣。

一八一二年，英美戰爭終於爆發。情勢發展不出所料。戰爭打到一八一四年，美國就已債臺高築，七月出售六百萬美元的戰爭債券，在市場上以兩折出售，慘不忍睹。不僅年度財政嚴重入不敷出，而且一八一五年的戰爭經費也沒下落。美國海軍部長威廉•瓊斯疾呼：「必須緊急行動起來，而且要快！不然我們將會出現歷史上前所未見的局面，在沒有資金的情況下維持我們的陸軍和海軍，而且還要進行一場苦戰。」這位可憐的海軍部長就像乞丐一樣，翻遍國庫，想找出起碼的資金來維持最緊迫的軍事防禦行動。海軍水手的招募完全陷入停頓，因為「沒有現金，水手是絕不上船的」。

戰爭部的情況也好不到哪裡去。春田（Springfield）軍工廠由於缺乏資金已經完全停工。維吉尼亞這個美國「最民主」的州，因為缺乏糧餉發生士兵嘩變。新罕布什爾州由於沒有現金，改發國債給退役軍人，「激起了他們痛恨政府」。其他地區的軍隊宣稱如果不能及時領到薪餉，將佔據軍營，並賤價出售政府財產。士兵被拖欠軍餉的時間已長達半年到一年之久，有些地區甚至更長，士兵連一年三十美元的薪水都拿不到。軍隊出現大量逃兵，軍官沒錢去抓逃兵，就連在當地發佈告，要求舉報逃兵的費用都出不起。新英格蘭地區的軍事監獄因沒錢運轉而解散，紐約的戰地醫院藥品和補給早已耗盡。政府官員和軍隊官員有時不得不以私人名義向別人借錢來應付最緊迫的開支。❿

戰爭是一部吞噬財富的巨大機器，沒錢最好別想打長期戰爭。而金錢則是戰爭的主人，它既是戰爭的目的，又是駕馭戰爭的工具。國際銀行家正是深諳此道，才酷愛戰爭，他們不僅可以大發戰爭財，更能駕馭政府，左右戰後政策，實現長期盈利的戰略目的。

霸菱身為英國公民，自然不能在倫敦市場上公然資助美國，不過還是可以在歐洲其他城市透過代理人承銷美國債券，那是誰也管不著的。霸菱家族不僅積極計劃戰爭結束之後重返美國市場，甚至在戰時繼續為持有美股的投資人支付股息。一八一三年，美國政府終於在七月間派出代表團赴歐洲與英國進行和談。美國人以為英國會歡迎俄國出面調停，於是首先趕赴聖彼得堡。

法蘭西斯的兒子亞歷山大・霸菱粉墨登場，向英美政府兩邊賣人情。他為美國代表團團長加拉庭（Gallantin）和英國外相卡斯爾雷（Castlereagh）居間協調。他告訴美國友人，英國人絕對不會歡迎俄國人扮演調停人的角色，他在信中指出：「在一場家庭爭端之中，外人干預只會起負面作用。」加拉庭在一八一四年三月抵達倫敦，他的兒子詹姆斯抱怨：「我發現比起巴黎和聖彼得堡來說，倫敦要無趣得多，我們並不處在一個受人歡迎的環境，我們常受人邀請，但是總感覺有些拘束……。唯一讓我們感覺真正自在、真正受歡迎的地方是在霸菱先生的家裡。」

從某種程度上來說，正是在霸菱家族「酷愛和平」的感召之下，一八一五年英美兩國終於停戰。霸菱和其他英國的銀行家發了大財。美國政府屈從國際銀行家的壓力，在一八一五年十二月承諾成立第二個私有中央銀行——美國第二銀行。霸菱如願以償，在拿破崙戰爭結束後的數十年間，他一直掌控英美跨大西洋貿易和金融命脈。

法國戰後賠款：霸菱晉升歐洲第六強權

「如今在歐洲有六大強權：英國、法國、俄國、奧地利、普魯士和霸菱家族。」

——法國首相利希留

一八一五年，法國戰敗，拿破崙被流放。根據《維也納和約》，法國必須支付七億法郎的戰爭賠款，並在五年中承擔十五萬反法聯軍在法國的費用。屋漏偏逢連夜雨，一八一六年，法國農業歉收，國庫空虛。戰後復辟的波旁王室得不到國內財團的信任和支援，不得已向霸菱家族求助，以期早日清償對戰勝國的賠款，使法國境內的外國佔領軍儘快撤離。

在英國駐法大使威靈頓公爵和法國首相利希留公爵（路易十四的名相紅衣主教利希留的姪孫）的支援下，奧弗德（Gabriel-Julien Ouvrard）代表路易十八，前往倫敦求見霸菱家族。奧弗德長袖善舞，口才極佳，曾擔任拿破崙財政顧問，和首相利希留、國王路易十八關係親密，曾多次因帳目不清而入獄。奧弗德告訴霸菱家族，利希留首相和財政部長考沃托（Corvetto）全權委託他與英荷財團談判貸款事宜。霸菱家族起初沒把此事放在心上，也沒有明確表態。

但是奥弗德回法國之後，添油加醋，說霸菱和霍普家族對此事是如何感興趣，很想達成這筆交易。利希留首相和財政部長聽得喜出望外，居然就開始對貸款細節進行談判。在巴黎的杜勒利宮（Tuileries），霸菱和霍普家族被反對貸款的人所包圍，霍普家族還駐足傾聽反對意見，而霸菱家族則不屑一顧，繼續推進貸款專案。法國外相塔列朗（Talleyrand）不願看到談成協定，而路易十八本人則表示願意在巴黎歡迎霸菱的到來。

到一八一六年十二月，談判已頗有進展，威靈頓公爵正式寫信知會英國外相卡斯爾雷，法國公債總額約為三億法郎（約合一千兩百萬美元），其中相當於兩百萬英鎊的份額將在倫敦金融市場發售。霸菱家族獲得了奧地利首相梅特涅等歐洲大政治家的支持，他們也紛紛購買了霸菱家族承銷的法國國債。霸菱家族與巴黎的夥伴拉菲特（Jacques Laffitte）通力合作，順利完成承銷任務，分三期為法國政府籌得三．一五億法郎。

在籌款過程中，原先對王室持不信任的法國財團在霸菱家族的帶動下，開始支持法國公債，在前兩期貸款中認購了四分之一，第三期認購的份額達到一半之多。一時之間，霸菱家族在法國金融界獨領風騷。威靈頓公爵在給友人的信中提道：「霸菱將法國財政掌握在自己手中，法國公債在英國債券市場也如魚得水。霸菱在某種程度上幾乎控制了全世界的金融市場。霸菱會感覺到他所擁有的（這種金融）權力的威力，並且會認為任何對抗他的行動都不太容易取勝。」威靈頓是身經百戰的老將，這番話既有讚譽，也暗含警告。

在代理法國政府賠款的專案中，反法同盟國得到賠款，法國擺脫外國佔領，霸菱家族則大賺了七十二萬英鎊，政治地位也如日中天。法國首相利希留才會感歎：「如今在歐洲有六大強權：英國、法國、俄國、奧地利、普魯士和霸菱家族。」

臻於巔峰輝煌的那一刻，往往也就是衰落的開始。已經有其他銀行家族準備站出來反對霸菱在金融領域一手遮天的霸權地位。其中力量最強大、最可怕的對手，就是在拿破崙戰爭中崛起的羅斯柴爾德家族。

法國公債合約：雙雄結仇

一八一五年，羅斯柴爾德家族在拿破崙戰爭的血與火的歷練中，利用發達的金融情報網路，早市場一步得知滑鐵盧戰役的結果，先做空英國公債，等公債價格暴跌之後，再海量吃進。等到官方戰報傳回倫敦之時，羅斯柴爾德家族已經一舉奪得英國公債市場上的定價權。

羅斯柴爾德家族在拿破崙戰爭中縱橫捭闔，在歐洲金融市場迅速崛起，到拿破崙戰爭結束時已經具備問鼎世界金融霸主的雄心和實力。羅斯柴爾德與霸菱爭奪法國公債合約，則拉開了一場金融爭霸戰的序幕，影響世界近代史至深。

在霸菱與法國政府談判代理法國公債事宜的同時，羅斯柴爾德家族也在積極活動。他們利用在法蘭克福、維也納、巴黎和倫敦所形成的猶太銀行家銷售網路，決心在法國公債承銷這筆鉅額生意中分一杯羹。

最初的形勢似乎對羅斯柴爾德家族更有利。羅斯柴爾德在法國波旁王室復辟的過程中提供了大筆貸款，而且羅家的老朋友、法國外相塔列朗在波旁王朝政府中地位舉足輕重，因此羅斯柴爾德家對法國朝政也很有影響力。但是好景不常，塔列朗去職，法國成立了以利希留公爵為首的新政府，正欲著力削弱羅斯柴爾德家族在法國的地位。坐鎮巴黎的羅家老五詹姆斯極力接近利希留首相的祕書，這位祕書也經常向羅家通告一些有價值的情報。但是在一八一六年秋冬之際，法國政府還是把承銷公債的業務交給霸菱—霍普財團。更令羅斯柴爾德家族鬱悶的是，霸菱—霍普財團竟然將羅家完全排除在這筆大單之外。

於是詹姆斯尋求加入霸菱—霍普財團，爭取第三批法國政府公債的部分承銷權，結果談判在一八一七年底破裂，羅斯柴爾德一無所獲。氣急敗壞之下，詹姆斯怒斥霸菱「口是心非，表裡不一」。

羅家老二所羅門從巴黎返回倫敦後，對霸菱家族的手段「羨慕」不已，「霸菱根本就是個惡棍。今天他和拉斐特跑來與我們一塊吃飯……我們必須緊盯著他的一舉一動。他對影響力的運用和操縱與我們一樣嫻熟。在巴黎的每一個政要無不與霸菱關係密切……。俄國駐巴黎大使伯格（Posso di Borgo）站在法國這一邊，並且在霸菱的影響下行事……。法國財政大臣與霸菱利益均霑、狼狽為奸，這個財政大臣簡直就是大臣裡面最貪得無厭的傢伙之一。」

但是詹姆斯在一八一七年三月給所羅門的信中也不得不承認：「你曾勸我不要太擔心霸菱，因為沒有人能一手遮天。但是你不知道他們有多聰明。」幾天之後，詹姆斯與霍普家的女婿雷波切爾會面，此時雷波切爾已成為霍普家族的實質當家。詹姆斯認為雷波切爾是個「善良和聰明的人」，他說：「我從未見過他那樣的人。我向你保證，他們都是商業專家，都是絕頂聰明的傢伙。不幸的是，他們發展得太強大，以致其他人幾乎無法生存。」

羅家經過不斷努力，在一八一七年法國公債承銷中，只分到區區五萬英鎊的份額。當時霸菱在巴黎的主要合作夥伴是拉斐特家族（Jacques Laffitte）。在給所羅門的信中，詹姆斯說他拜訪了拉斐特：「他向我承諾，我們絕不會在下一次政府公債承銷中被排除在外……。但我不相信從這個法國佬牙縫裡溜出來的每一個字。」幾個月之後，亞歷山大・霸菱拜訪羅斯柴爾德家族，表示要給予羅家與霸菱—霍普財團相同份額的法國國債承銷份額。但是到了這年年底，霸菱又用同樣的托辭來婉拒羅家：「只要我的合夥人雷波切爾同意，我們就可以平分這筆法國公債，但是雷波切爾把自己看得比救世主還偉大，他希望獨自處理這筆公債。」羅斯柴爾德差點沒氣瘋，霸菱家族每次背信，都讓羅家抓狂。

霸菱也曾同意羅家與其商業夥伴拉斐特合作，但是此時又改變主意，不惜祭起反猶主義的法寶，告訴他的合作夥伴，未經允許不得與猶太人做生意。聽到這個消息，羅斯柴爾德決心組織一個反對霸菱—霍普財團的同盟，試圖挑戰霸菱的金融霸權。

從霸菱和羅斯柴爾德的家族檔案中找到的幾封信裡可以看出雙方的態度：羅斯柴爾德抱怨霸菱「口是心非」、「狂妄自大」，霸菱則指責羅斯柴爾德「作弊」、「惡毒」。持平地說，這些指責也都有根據。

一八一八年五月三十日，霸菱和霍普獲得了二・六五億法郎的債券承銷業務，他們給了拉斐特兩千萬法郎的額度，卻只給羅斯柴爾德一千萬法郎。同年，霸菱—霍普財團獲得了一筆三百萬英鎊的奧地利政府公債。羅斯柴爾德受邀提供財政支援，但是無權處理貸款本身。詹姆斯抱怨：「這些人的傲慢令人難以置信。昨天在內政部長那裡，我正與貝斯曼聊天，雷波切爾與我擦肩而過，甚至連一聲問候都沒有……。」

在柏林的老四卡爾的看法則是：「首先我們是猶太人，其次我們不是生下來就是百萬富翁，最後我們正與霸菱家族激烈競爭。既然如此，為什麼要求他們成為我們的好朋友呢？」

無論誰是誰非，羅斯柴爾德家族在一八一八年被激怒了，霸菱為自己製造了一個強大而可怕的敵人。羅斯柴爾德要開始報復了。

謀定而後動：羅斯柴爾德終成霸主

對羅斯柴爾德家族來說，一八一八年最重要的事就是怎樣「打疼」霸菱家族。打擊對手向來是羅斯柴爾德家族的看家本領。他們先在市場上大量吃進霸菱家族代理的法國公債，把價格炒高。然後在同盟國亞琛會議的節骨眼上，突然在市場上拋售法國公債，把價格打崩，市場立刻一片恐慌。霸菱家族只好大量回購公債，以穩定價格，現金大失血，幾乎垮臺。幸虧參加峰會的各國政治領袖不願看到法國國債崩盤對歐洲局勢可能產生的影響，梅特涅和普魯士、俄國的親王、首相紛紛出面從政治上支持霸菱家族，因為他們的身家財富也都投在霸菱代理的這些法國公債上，於公於私都要力挺霸菱和法國公債。法蘭西銀行又果斷出手，整頓金融市場、遏制市場投機，局勢才穩定下來，法國公債價格重新回穩，霸菱終於度過難關，不過也嚇出一身冷汗。撫古思今，唏噓長歎，不知今日的雷曼兄弟又是倒在誰的暗算之下？

但這只是羅斯柴爾德家族小試牛刀而已，他們真正的戰略是，既然霸菱－霍普財團壟斷了法國公債的承銷權，那麼羅家就應當設法成為俄普奧三國「神聖同盟」的金融代理人，把這三大歐洲帝國整合進自己的金融網路，然後再與羅家在英國公債市場上的優勢地位結合起來，東西夾擊霸菱家族的金融網路，進而將霸菱家族的勢力從歐洲金融舞臺擠出去。

經過二十五年漫長的反法戰爭，歐洲各國無不打得民窮財盡、遍地廢墟，急需獲得大量資金恢復國民經濟。作為歐洲反法戰爭的主力軍和主戰場，普魯士、奧地利、俄國三國自不例外，都急需在英法發達的金融市場上大量融資。

正如若干年後英國首相迪斯雷利所言：「經過二十五年漫長的血腥戰爭，歐洲必須獲得資金來維持和平……。法國需要很多錢，奧地利需要得更多，普魯士所需稍少，俄國則需要好幾百萬。」而當時歐洲「第六強權」霸菱家族把全部精力和財力都投入運作法國賠款公債，根本無暇他顧。羅斯柴爾德家族抓住時機，果斷出手，先後與普魯士（一八一八年）、奧地利（一八二〇年）和俄國（一八二二年）分別達成代理發行鉅額國債的合約，將這個在歐洲權傾一時的「神聖同盟」牢牢納入自己的金融網路。而這三國對於羅斯柴爾德在倫敦金融市場的控制力也歎為觀止：「羅斯柴爾德對倫敦的金融業務都有令人難以置信的影響力。大家都這麼認為，這也差不多是事實：他們完全控制了倫敦金融城融資匯兌的利率。他們身為銀行家族，所掌握的權力近乎無遠弗屆。」

羅斯柴爾德對神聖同盟三國的影響力十分深遠，關係非常密切，以致別人指控內森・羅斯柴爾德是神聖同盟的「保險經紀人」，幫助神聖同盟撲滅歐洲「政治之火」（自由主義的浪潮）。內森在一八二一年甚至收到一封死亡威脅信，因為「他與外國強權的聯繫，特別是對奧地利（梅特涅）的大力支持，使得那個政府（梅特涅）能策劃鎮壓全歐洲的自由」。

偏偏在這個節骨眼上，霸菱家族的商業素質和進取精神衰退，主要成員的興趣不是偏向政治，就是轉向文學藝術和聲色犬馬的生活。亞歷山大是家族的核心，越來越少過問家族生意，把心力轉向縱情山水、藝術追求和下院的政治鬥爭。由於霸菱家族不是猶太人，在向來反猶的歐洲政界機會更多，這就把霸菱家族的注意力引向政壇鬥爭，放在金融業務的精力相應降低。

霸菱家族的投資也出現失誤。由於投資地產陷得過深，不得不大量抽取銀行自有資金支援地產投資，結果霸菱的自有資本從一八二一年的六十二・二萬英鎊，在兩年內銳減了三分之二左右。相比之下，羅斯柴爾德卻有更充足的資金，分支網路也分佈更廣。而霸菱家族投資拉丁美洲的業務屢屢受挫，損失極大，也削弱了霸菱的金融實力。

另一個值得關注的趨勢就是從一八〇九年到一九三九年間，世界上自有資金超過百萬英鎊的投資銀行家有三十一位，其中猶太人就有二十四位，占了七十七・四％，而英國國教徒只有四位，僅占十二・九％，其中之一就是霸菱家族。猶太銀行家在十九世紀從日耳曼起家，席捲全球，以羅斯柴爾德家族為核心，英國有朗熱家族，日耳曼包括奧本海默、孟德爾頌、布雷施勞德、沃伯格、厄蘭格家族，法國則有福爾德、海涅、貝列特、沃爾姆斯、斯特恩家族，美國包括了貝爾蒙特、賽利格曼、希夫、沃伯格、雷曼、庫恩、雷波、高曼家族。這些家族互為犄角、彼此通婚，利益互鎖，逐漸形成了一張龐大綿密的金融網路，外人越來越難以打入，霸菱家族能得到的商業機會越來越少。

俄國的公債業務一直是由霸菱—霍普財團壟斷，但是在一八二二年，羅家一舉拿下俄國六百五十萬英鎊公債的承銷權。為此，霸菱—霍普財團指控羅斯柴爾德家賄賂了俄國駐倫敦大使列文親王，才拿到了這筆公債合約。

一八二四年，法國準備發行國債，此時羅斯柴爾德家族已經反客為主，霸菱家族淪為參與者，而非決策者。詹姆斯．羅斯柴爾德坐鎮巴黎，召集倫敦的堂兄弟、法國首相、霸菱家族和拉斐特開會，提出了重組法國債務的計劃，羅斯柴爾德和拉斐特極不信任霸菱，因此兩家加上一條但書：如果霸菱退出，兩家就自己把這筆法國債務處理好，從而將霸菱家排擠出處理法國債務問題的核心之外。霸菱合夥人在信中告訴醉心於政治漩渦的亞歷山大．霸菱：「總的來說，羅斯柴爾德家計劃周詳，非常聰明，手段老到——但是，就像戰時的拿破崙一樣，一旦有突發狀況，他們就會像其他人一樣墮入平凡。我真希望我們能擺脫他們的掌控。」

到了一八二五年，局勢越發明朗，羅斯柴爾德家族已經成為國際金融的新霸主。一八二五年，羅斯柴爾德倫敦分行的資本有一百一十四萬英鎊之多，霸菱家族不到一半，只有四十九萬英鎊。而羅斯柴爾德家族銀行的總資本則超過五百萬英鎊。在一八二五年七月，霸菱銀行的分紅還有十二萬英鎊，一年之後卻虧損了五．六萬英鎊，霸菱家族甚至連第二把交椅的位置都岌岌可危——雖然霸菱在帳面上的資本僅次於羅斯柴爾德家族，但是美國巴爾的摩、紐約和波士頓的布朗兄弟公司（Brown

Brothers）崛起速度驚人，緊追其後，資本有三十五萬英鎊之多，而且增長速度超過霸菱。霸菱勉強保住了第二的位置，在國際鉅額信貸融資和國際關係領域依然舉足輕重，但是主角已經變成了羅斯柴爾德。

金融家與政治家

「毫無疑問，政治和金融從來是手拉手的。」

——羅斯柴爾德⓫

十九世紀中葉之後，羅斯柴爾德家族鞏固了世界金融霸主的地位，開始向權力巔峰攀登，他們在政壇上的影響力逐漸浮現。他們結交各國政要，廣泛深入參與國政大事的決策和施行。從幕後藏鏡人逐漸變成各黨派和政界勢力不敢小覷的新生力量，進而成為各方勢力競相拉攏的對象。

英國自由黨領袖格朗維爾伯爵向維多利亞女王進言，羅斯柴爾德代表一個特殊階層，他們以巨大的財勢，出眾的頭腦，撲天蓋地的人脈關係，對下院眾多席位的影響不可忽視，最好儘快將之納入貴族階層，以防他們投向保守黨的陣營。

羅斯柴爾德家族和英國首相迪斯雷利的私交甚篤。迪斯雷利之所以當選，是因為羅家在背後支持。迪斯雷利曾多次讚揚羅斯柴爾德家族和其他猶太富豪對自由黨的忠誠。而在他執政期間，英國政

英國首相迪斯雷利

府的海外擴張以及對猶太復國主義運動的支持也臻於極盛。羅斯柴爾德和迪斯雷利互稱彼此為「我最親愛的朋友」、「我們家族最好、最可信賴的朋友」。

英國首相迪斯雷利也是猶太人，政治生涯長達三十餘年，於一八四八年首次當選首相。他從一八三八年就認識羅斯柴爾德，兩人結為密友。迪斯雷利縱橫政壇，文采斐然，但是不善理財，負債累累。多虧萊昂內爾・羅斯柴爾德出手幫忙，在一八四六年替他還了超過五千英鎊的債務，也幫他操作法國鐵路的投機生意。

但是羅家正式否認還債的說法，並列出清單，說明首相的收入——尤其是他著述所得的稿費——足以還清欠債。羅家身為債主，應該對首相的財務狀況最為瞭解。

迪斯雷利和太太瑪麗安膝下無子，把羅家的五個孩子視為己出。一八四五年夏天，瑪麗安宣佈立羅家六歲的女兒伊芙琳娜為迪斯雷利夫婦全部財產的唯一繼承人。羅夫人夏洛蒂受寵若驚，謙遜推辭。但首相夫人已經把遺囑都寫好了，還把最心愛的蝴蝶配飾指定給伊芙琳娜佩戴。

迪斯雷利虔誠信奉猶太教，將萊昂內爾視為宗教信仰的知己，兩人傾心長談無數，充分交流他們對政治和國事的共同理念。迪斯雷利最出名的小說是《科寧斯比》（*Coningsby*）中，一般認為主角是兼採萊昂內爾和迪斯雷利為原型，在出身背景、職業、宗教信仰、個性甚至相貌，儼然是萊昂內爾的翻版。⓬

而英國另一位首相羅斯伯里伯爵甚至還娶了漢娜・羅斯柴爾德，成了羅家的女婿。一八八四年，羅斯伯里時任英國外相，羅家倫敦銀行從剛發行的埃及貸款中撥出五萬英鎊給羅斯伯里，這筆錢就直接匯進漢娜的帳戶。家事、國事、天下事，事事相通。

從一八六五年至一九一四年之間，英國總共發行了四十億英鎊的各國債券，羅家就承辦了其中的四分之一。之前的霸菱銀行，同時期美國的賽利格曼和其後的摩根集團都難以望其項背，羅斯柴爾德銀行在世界金融市場的霸主，地位不可動搖。

對於政治家而言，戰爭無疑是昂貴的。一八九九年，波蘭作家兼銀行家布洛赫（Jan Gotlib Bloch）估計，在主要歐洲國家之間開戰的費用大約是每天四百萬英鎊。一九〇二年，英國著名經濟學家約翰・霍布森（John Hobson）說，只要羅斯柴爾德銀行及其關係戶反對，沒有一個歐洲國家能打得起戰爭。⑬

蘇伊士運河：羅斯柴爾德的金融閃擊戰

對於英國而言，從大西洋到最大海外殖民地印度的最佳路徑就是從直布羅陀海峽入地中海，經馬耳他到埃及，再從埃及到印度，這是一條被英國視為不容任何挑戰的「帝國生命線」。作為海洋帝國，英國必須依靠海軍，而海軍則依賴堅固的海外基地。十九世紀是英國海軍的全盛時期，已經建立完備的海軍基地。在大西洋有加拿大的菲利法克斯和百慕達；在印度洋有孟買和亭可馬里；在太平洋，有香港和加拿大西岸的艾斯奎馬特；在紅海有亞丁港。這些海軍基地位居各大洋的咽喉要道，而埃及的蘇伊士更是通往印度的要道，也是帝國生命線的罩門。

埃及自一八〇一年驅逐拿破崙勢力，一八〇五年穆罕默德・阿里執政，建立了阿拉伯人的帝國，一八四〇年被迫接受《倫敦條約》，淪為半殖民地。在阿里王朝的阿巴斯一世統治時期（一八四九—一八五四年），西方殖民勢力乘虛而入。一八五一年，英國獲得修建亞歷山大至蘇伊士鐵路的特權。一八五四年，法國獲得修建和使用蘇伊士運河的租讓合約，一八六九年，法國工程師費迪南・勒賽普斯鑿通蘇伊士運河，從此地中海可通紅海，大大縮短了大西洋到印度洋的航運距離，成為極具戰略價值的水道。每年通過運河的船隊有七成屬於英國，英國與印度的貿易有五成通過蘇伊士運河，難怪俾斯麥把蘇伊士運河稱為「大英帝國的脊柱」。

不過，帝國脊柱有可能被英國的宿敵法國斬斷，這點始終讓英國人寢食難安。英國首相迪斯雷利上臺之後，曾委託老友萊昂內爾・羅斯柴爾德探法國意向，能否把蘇伊士運河買下來，但被法國政府所拒。

一八七五年十一月十四日，是日正逢週日，迪斯雷利到羅家做客。賓主把盞言歡之際，羅家信使送來家族巴黎分行的一封密信。萊昂內爾看了之後告訴迪斯雷利，埃及總督負債累累，急著要出售十七・七萬股蘇伊士運河公司的股份，他先向法國政府提出動議，但對法國方面的報價和反應速度很不滿意。

迪斯雷利和萊昂內爾知道這是一大機遇。迪斯雷利想了半晌，只問了一句話：「多少錢？」萊昂內爾馬上發電巴黎，詢問對方報價。飯後上白蘭地的時候，羅家快報又到了，對方報價：四百萬英鎊。

迪斯雷利毫不猶豫：「我們一定要拿下運河。」萊昂內爾沒有正面表態，他要再次核實情報。星期一上午，確認情報無誤。

當務之急就是在別的國家還沒來得及反應之前就談定買賣，出手一定要快，更要守密。當時議會正是休會，來不及重新開會，進行冗長辯論。首相也不能去找英格蘭銀行，「老太太」（英格蘭銀行）的反應遲鈍，沒這麼多現金，而且法律規定英格蘭銀行無權在議會休會期間給政府放貸。找股份制銀行也行不通，他們還得召集董事會，慢慢討論。如果在金融市場進行募集，一時難以籌到如此鉅款，二是動作太大容易走漏風聲。只有羅斯柴爾德銀行堪當此任。

英國首相迪斯雷利立即召集內閣大臣開會，討論授權向羅家借款。迪斯雷利派親信祕書守候在內閣會議室外面，一達成決議，他立刻探頭出來說了一聲「成」，私人祕書跳上早已在門口等候的馬車，飛奔去見萊昂內爾．羅斯柴爾德。祕書一見到萊昂內爾就說：「首相急需四百萬英鎊，明天就要。」萊昂內爾不慌不忙，撿了面前的一顆葡萄，慢條斯理地吃了起來，然後吐出葡萄皮問道：「首相用什麼作擔保？」回答是：「英國政府。」萊昂內爾淡淡地說，「好吧，你們得到這筆錢了。」

迪斯雷利向女王報告時難掩興奮激動：「這回法國出局了，他們沒戲了。四百萬英鎊！立刻就能拿出來！能做到這件事的只有一家銀行，羅斯柴爾德！」⑭

羅斯柴爾德慷慨解囊，當然不是見義勇為，如果這筆投資回報率達不到他的目標，別說是英國政府作擔保，就是拿女王來質押，羅家也未必肯。讓萊昂內爾一口答應的是這筆投資的利息：三個月利息十五萬英鎊，相當於年息百分之十五，這是筆毫無風險的快錢！

羅家此舉所著眼還不止是錢而已，透過對蘇伊士運河收購的財政融資，羅斯柴爾德得以更靠近英國內政外交的核心決策層，把關係做得更實。出了這筆錢之後，羅家對英國和埃及的外交政策事務就「說得上話了」。此事成了一個戰略的黃金交叉，羅家對英國公共政策事務的影響和參與開始超過「政治掛帥」的霸菱銀行。

英國如此熱衷蘇伊士運河工程，目的在對埃及政治經濟的全面控制。而隨著英國勢力滲入埃及，羅斯柴爾德銀行順風搭車，把融資業務擴及埃及。在一八八五年至一八九三年間，羅斯柴爾德銀行和布雷施勞德聯手，由羅家倫敦、巴黎和法蘭克福機構主導，包攬了埃及最大的四宗國債發行，總額接近五千萬英鎊。

羅斯柴爾德和其他猶太銀行家選擇了自由黨，並大力支持「帝國主義」海外擴張政策。英國在十九世紀末大力拓展海外勢力，靠的是猶太財主豐厚的金錢滋補。而以羅氏為首的猶太銀行家借助英國的殖民擴張不僅獲得鉅額回報，更把勢力伸進全世界的金融命脈。

拯救宿敵霸菱銀行

一八八〇年代，南美洲異軍突起，以其豐富的礦產和自然資源（巴西的咖啡和橡膠，智利的磷礦和銅礦，阿根廷的鐵礦）為基礎和後盾，經濟飛速發展。其中以阿根廷鋒頭最健，在南美洲一枝獨秀。南美各國迅速擴張工業，產能和經濟成長不斷創造歷史新高。以霸菱銀行為首的英國銀行持有大量南美各國的債券。霸菱銀行持有最多的是阿根廷的債券，羅斯柴爾德則看好巴西。

一八八八年，執掌羅斯柴爾德倫敦銀行的奈提．羅斯柴爾德開始發表他對阿根廷的擔憂：「阿根廷經濟發展過熱。」「阿根廷的實際經濟增長已不能支撐它的負債水平。」進而預言「阿根廷的資本市場將出現崩盤，而這場危機會迅速殃及其他國家。」

兩年後的一八九〇年，阿根廷的經濟泡沫破碎，爆發經濟危機，債券大貶。首當其衝的就是霸菱銀行。由於阿根廷債券巨幅貶值，加上俄國政府突然大量抽走在霸菱銀行的存款，霸菱銀行連遭重創，現金流大失血，頓時陷於破產邊緣。

英格蘭銀行立刻發起馳援霸菱銀行，呼籲各大銀行出手救霸菱。奈提．羅斯柴爾德立刻做了口頭回應：「如果霸菱銀行倒下的話，絕大多數倫敦的金融機構都要隨之崩潰了。」「我們會盡最大努力防止災難發生。」當霸菱危機愈演愈烈，羅氏倫敦銀行在一個月內兩次緊急從巴黎分行抽調相當於兩百萬英鎊的資金和一百萬英鎊的黃金，以助英格蘭銀行應付資金短缺。

救助霸菱銀行的時間緊迫到以小時計算，英格蘭銀行把眾銀行巨頭召集起來，督促救援方案。霸菱的命運一次又一次落到羅斯柴爾德手中。奈提多次在緊急會議上猶豫不決，提出需要「徵求其他兄弟的意見」。在另一銀行巨頭科瑞決定加入救援後，英格蘭銀行急不可耐，不斷向奈提施壓：「沒有你，我們也必須繼續（拯救霸菱銀行）了。」奈提終究還是點頭了。

有了羅斯柴爾德和科瑞銀行牽頭，各銀行紛紛出資投入霸菱救援資金，在最後期限截止時，救援資金達到一千萬英鎊，後來上升到一千七百萬英鎊。⓯

霸菱銀行命懸一線，在鬼門關前走了一遭。

關於羅斯柴爾德家族在一八九〇年霸菱銀行危機中所扮演的角色，史學界提出三個問題：第一，這場危機中有沒有「猶太人的手指」？眾所周知，羅斯柴爾德家族和霸菱家族是金融界的瑜亮，互為宿仇勁敵。奈提甚至在兩年前就預言了霸菱的危機，是不是他落井下石？第二，究竟是什麼最終促使奈提當了拯救霸菱的先鋒？第三，霸菱銀行的厄運為什麼沒有降臨羅斯柴爾德的頭上？

執掌羅斯柴爾德巴黎銀行的阿爾方斯・羅斯柴爾德對前兩個問題的看法是，霸菱銀行實質上已成為整個英國商業和經濟的信用基石。一旦霸菱倒下，英國在全世界的信用都將嚴重受損。從保護自身利益的角度出發，羅斯柴爾德銀行最終決定要盡全力拯救霸菱。

至於第三個問題，羅斯柴爾德銀行表示，他們持有的債券更多是在巴西而非阿根廷，雖然阿根廷危機席捲南美，但在危機爆發前，羅斯柴爾德銀行已將大部分巴西債券轉手賣出了。一八八六年，巴西債券只占羅家倫敦銀行資產的二・四%。另外，羅斯柴爾德銀行的資產負債情況遠優於霸菱銀行，即使在南美經濟泡沫最嚴重的時期，羅家始終保持清醒冷靜，沒有讓自己負債過高，而沖昏頭的霸菱銀行就太冒險了。

不管怎樣，霸菱銀行終於被救下來了，但元氣大傷。羅斯柴爾德的宿敵終於沉寂下來。最後，在一九九五年，霸菱銀行毀於二十七歲的年輕交易員李森（Nick Leeson）之手。此為後話。

黃金十字架

在十九世紀末、二十世紀初，英國大規模的資本輸出很大程度上是由全球貨幣體系的發展促成的。一八七〇年代，世界貨幣體系由金銀雙本位制轉為金本位制，並且與作為世界儲備貨幣的英鎊掛鉤。羅斯柴爾德家族在這一重大轉軌過程中的作用一向被低估了。

在十九世紀最後的二十年，羅斯柴爾德家族在金礦開發方面的興趣和利益迅速增長，他們在這二十年中經辦的外國債券絕大多數是採用金本位制國家的。美國南北內戰後，羅斯柴爾德家族和美國代理人奧古斯特・貝爾蒙特（August Belmont）及賽利格曼家族在廢除林肯綠幣和重新使用黃金支付的進程中，扮演舉足輕重的角色。

一八七四年秋，羅斯柴爾德倫敦銀行和紐約猶太銀行家約瑟夫・賽利格曼（Joseph Seligman）聯手承銷價值五千五百萬美元的美國債券。後來，摩根集團和紐約第一國民銀行也加進來，發行了兩千五百萬美元的美國債券，羅斯柴爾德銀行占其中的五五％。一八七三年至一八七七年，羅斯柴爾德倫敦銀行和華爾街銀行家共發行了二・六七億美元的美國債券。這些貸款有助於穩定美國金融，並為美國未來採用金本位制打下基礎。⑯

然而，一八七七年十月，美國國會通過了一項法案，重新啟用銀幣作法定流通貨幣。這項法案被貝爾蒙特憤而稱為「公開的盜賊」、「瞎了眼的瘋狂蠢事」。在羅斯柴爾德銀行的壓力下，美國不得不重新規定銀幣只能在非常有限的範圍內流通，並且不得用於支付羅斯柴爾德銀行的貸款利息。美國財政部長謝爾曼（John Sherman）在一八九九年透過貝爾蒙特銀行與羅斯柴爾德銀行重新簽訂了一筆五千萬美元的貸款，以金幣結算。這筆交易成為從一八七九年起羅家試圖在美國推行金本位制的轉捩點。

一八九三年三月，為了在美國黃金儲備急劇縮減的時期維持美元的兌換，克利夫蘭總統嘗試發行一筆五千萬到六千萬美元的黃金貸款。雖然摩根財團躍躍欲試，羅斯柴爾德卻非常猶豫。即使在克利夫蘭承諾會廢除限制銀幣流通的《謝爾曼購銀法案》（*Sherman Silver Purchase Act*），阿爾弗雷德・羅斯柴爾德還是很不滿意。羅家兄弟的談判技巧實在了得，他們在確保羅家獲益豐厚的條件下才簽訂此一協定。羅家以一〇四・五美元的價格承銷價值六千二百三十萬美國國債，轉手就以一一二・二五美元（後來更升到一一九美元）的價格賣出。此舉創造了在二十二分鐘內獲利六百萬美元的紀錄。⑰這一項交易在美國備受詬病，最終導致一八九六年民主黨總統候選人是力主白銀貨幣的布萊恩（William Jennings Bryan），而不是克利夫蘭。

一八六八年時，只有英國和幾個英國經濟附屬國：葡萄牙、埃及、加拿大、智利和澳大利亞採用金本位制。法國、俄國、波斯和一些拉丁美洲國家採用雙本位制。其他國家——包括中歐多數國家——都採用銀本位制。四十年後，只剩下中國、波斯和幾個中美洲國家仍然用銀本位制。黃金實質上成為世界貨幣體系的標準。

在歐洲主要國家的貨幣體系轉軌過程中，德國於一八七一年到一八七三年，法國於一八七八年，俄國於一八九七年，義大利於一八八一年到一八八二年採用了金本位制，羅斯柴爾德銀行在這一過程中扮演推波助瀾的作用。羅斯柴爾德倫敦和巴黎銀行實際上成為這些國家的第二中央銀行。羅斯柴爾德銀行網路在國際金融市場上大量輸送信用和貨幣，各國只有在其主導的金本位體系下才能避免匯率急劇變動的風險，羅家主營的公債交易業務需要各國貨幣之間保持自由兌換，各國統一在金本位制下才利於羅家業務開展。由於羅家在黃金市場的壟斷地位，也就間接控制各國中央銀行，羅斯柴爾德銀行在十九世紀下半葉促使各國實現金本位制不遺餘力，其戰略意圖正在於此。

進軍中國

「羅斯柴爾德家族非常獨特，他們彼此爭吵不休，但是團結如一對付全世界。」

——英國政論家查爾斯·狄爾克，一八七九年三月⑱

自從清廷在一八七四年簽訂第一個外國貸款合約之後，就依賴兩家英國機構進行海外融資：滙豐銀行和怡和洋行（Jardine, Matheson & Co）。同時英國政府透過任命哈特爵士（Sir Robert Hart）為總稅務司，掌控了大清海關。一八八五年三月，坐鎮巴黎的阿爾方斯·羅斯柴爾德聽到風聲，俾斯麥「有意插手中國問題」。羅斯柴爾德情報網很快證實德國財政部長漢斯曼（David Hansemann）提議由羅斯柴爾德和滙豐銀行分別代表德國和英國，平分中國政府和鐵路工程的融資業務。阿爾方斯立刻表示贊同，認為「德國早該如此向遠東發展勢力，這是非常正確的方向」。唯一的問題是漢斯曼想要在這個聯盟中占超過一半的權利。在陪同中國駐倫敦大使到德國訪問的時候，奈提・羅斯柴爾德督促英國外相「在未來同中國政府的交易和合約中，一定要保證英國製造商占到合理的比例」。

當漢斯曼發動卡爾（Wilhelm Carl）在一八八九年二月成立德華銀行（Deutsch-Asiatische Bank）時，包括羅斯柴爾德法蘭克福銀行在內的十三家主要德國銀行都加入。奧本海默被選為代表，前往中國進行經濟形勢考察，羅斯柴爾德倫敦機構負責出資贊助。

在遠東利益上，英國獨霸一方，與之對立爭奪的是法國和俄國。儘管俄國在遠東的勢力和影響不斷壯大，但是一八九四年爆發的甲午戰爭中，日本最終打敗了中國，此事給柏林和倫敦聯手合作奉上了一個絕佳的機會。羅斯柴爾德和漢斯曼就是這背後的總策劃師。他們的設計是：促成滙豐銀行和德華銀行的合作，分別以英國和德國政府為後盾，遏制住俄國在中國勢力的進一步擴張。然而銀行家的想法和外交家、政治家有很大的分歧。一些德國官員想促使德國站在俄、法一邊，而不是英國，並反對一八九五年四月日本吞併遼東半島。另一些官員則懷疑羅斯柴爾德是要將德國銀行排擠出中國市場。而滙豐銀行當然不願放棄它對中國政府融資的壟斷。羅斯柴爾德和漢斯曼的如意算盤沒能實現。一八九五年五月，清廷宣佈從俄國貸款一千五百萬英鎊來支付對日本的戰爭賠款，而沒有採用羅斯柴爾德和漢斯曼極力推薦的多國貸款。阿爾方斯認為，這對英國和德國政府而言都是「一劑苦藥」。

此時俄國負債累累，根本沒錢借出這筆款項。所以這筆錢其實是法國貸款，由巴黎銀行等三家法國銀行出的錢，利益卻是俄國跟法國平分，俄國得以把跨西伯利亞的鐵路修到滿洲里，法國拿到中國的鐵路修建權。俄國銀行家羅斯坦（Rothstein）搭順風車，一八九六年用法國資金成立了新的俄中銀行，還訂立了俄中聯盟。

漢斯曼眼看俄國獨佔中國這塊大蛋糕大快朵頤，心裡又急又恨，而羅斯柴爾德更急於要把誘人的中國貸款蛋糕抓到手中，於是兩人促使滙豐銀行和德華銀行在一八九五年七月正式簽署合作協定。這番工夫總算沒白費，趕上一八九八年中國第二次借款，這回是一千六百萬英鎊。難題又來了，英國政府不願意出面擔保這筆借款，以致難以界定英國在借款中的占比份額。而英國和德國政府又不放心對方，懷疑彼此對中國的領土野心。此時滙豐銀行和漢斯曼為了爭奪在山東省的鐵路路權爆發了激烈衝突。這可急壞了阿爾弗雷德和奈提兩位羅家兄弟，兩人分頭安撫滙豐銀行和漢斯曼，總算在八月把場面緩了下來。

阿爾弗雷德親自出面，把英、德的政要全請到倫敦羅家的晚宴上，讓德國方面以一種「友好、私密和非官方」的方式，訴說在中國問題上受的委屈。那廂滙豐銀行正暴跳如雷，指責德華銀行背信棄義，奈提趕忙在漢斯曼和滙豐銀行之間調停斡旋。一八九八年九月初，銀行家和政客終於共聚倫敦的會議桌邊，就中國鐵路權的劃分達成協定，長江沿線歸英國銀行家，德國銀行家管山東半島的鐵路，天津到秦皇島鐵路由兩家平分。奈提高調重申「在中國的商業利益上，德國總理誠意與英國以及美國和日本聯合」。⑲

協定雖然達成，但爭端、猜忌和矛盾卻從沒停過。一九〇〇年，德國在義和團運動後出兵中國，俄國則直接占領滿洲里，兩邊眼看著又要起衝突，雙方都找羅斯柴爾德去傳話。羅家一邊向英國政府傳遞「俄國人保證不開戰」的信，一邊牽線搭橋讓英國和德國簽署了關於中國問題的新一輪協定，維持清朝完整並促其「開放門戶」同外國進行貿易。在羅家一手運作下，英國和德國在中國的利益分配上緊密合作。一九〇二年，奈提和漢斯曼又在柏林組織銀行家開會，組成北京辛迪加（壟斷組織形式之一），專門針對在中國進行商業合作的問題。在這一系列問題上，英國、德國和俄國都把羅斯柴爾德視為「最安全和有效的外交交流渠道」。

羅斯柴爾德家族在十九世紀末就進入中國，對中國的政治、經濟和戰爭的進程都產生過深遠的影響。一九七九年，羅家再度進入中國。只是這一次，他們來得「悄無聲息」。

第二章　人脈關係圖

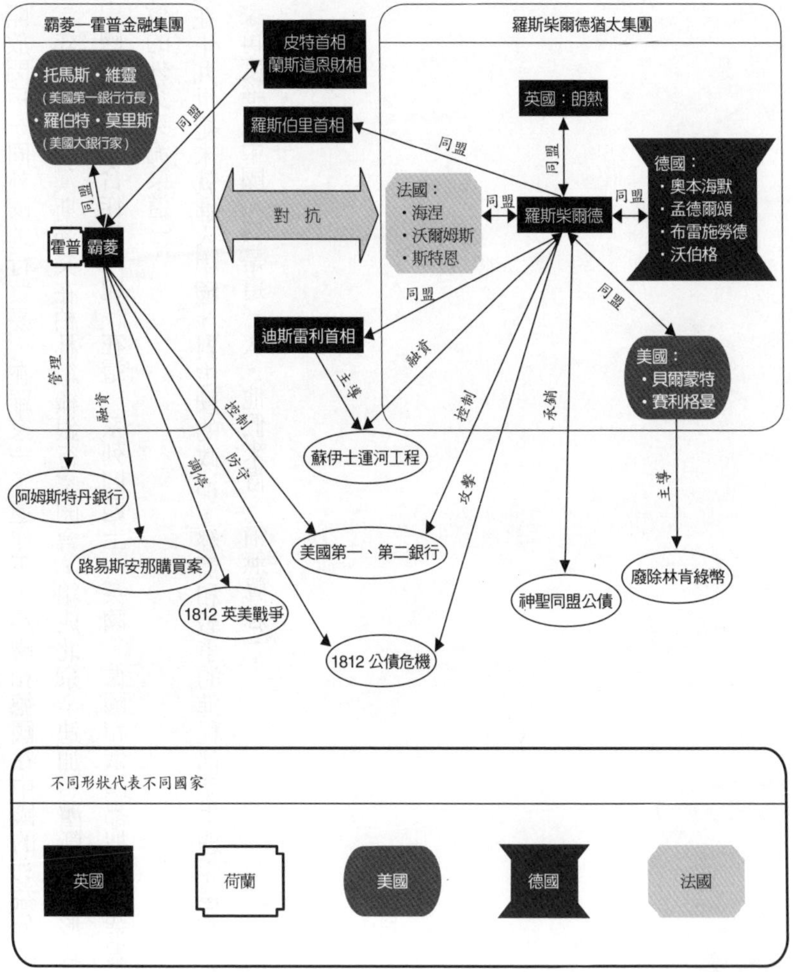
霸菱─霍普金融集團
・托馬斯・維靈
（美國第一銀行行長）
・羅伯特・莫里斯
（美國大銀行家）
同盟
霍普
霸菱
管理
融資
阿姆斯特丹銀行
路易斯安那購買案
1812 英美戰爭
防守
控制
美國第一、第二銀行
1812 公債危機
皮特首相
蘭斯道恩財相
羅斯伯里首相
對抗
迪斯雷利首相
主導
蘇伊士運河工程
羅斯柴爾德猶太集團
英國：朗熱
法國：
・海涅
・沃爾姆斯
・斯特恩
羅斯柴爾德
德國：
・奧本海默
・孟德爾頌
・布雷施勞德
・沃伯格
美國：
・貝爾蒙特
・賽利格曼
融資
攻擊
承銷
神聖同盟公債
廢除林肯綠幣
不同形狀代表不同國家
英國
荷蘭
美國
德國
法國

第三章

法國：金權的割據

由於欠缺金融工具和金融市場的支撐，「太陽王」路易十四的盛世必須倚賴嚴苛的稅收和昂貴的外債，於是，新教徒銀行家和猶太銀行家成為把持法國金融財政的兩大勢力，從法國大革命、拿破崙執政到克里米亞戰爭，都有他們的身影。法國的「兩百家族」挾著經濟的優勢掌控政界、媒體，深刻影響了法國的政治、經濟、社會生活，直至今日。

法國大革命幕後的瑞士銀行家族

我雖然將要死去，但絕沒有犯過任何加諸於我身上的罪行。我寬恕造成我死亡的人，我還要祈求上帝，在我拋灑鮮血之後，法國的土地上再也不要流血。❶

——法王路易十六上斷頭臺前的遺言

十七世紀初，英國開始在美洲新大陸建立殖民地時，法國波旁王朝還偏安歐洲一隅。等法國醒悟過來，開始向海外擴張時，已經慢了英國好幾十年。但是法國追趕速度很快，法國大西洋貿易在十八世紀的增長速度超過英國，從而積累了後來工業革命時代寶貴的原始資本。據統計，從一七一六年到一七八七年，法國海外殖民地的貿易總額增長了十倍。

英國發明的蒸汽機、紡織機械、礦山採掘、生鐵冶煉等技術陸續傳到法國，法國的工業革命也開始起步。英國雖然是歐洲工業革命的旗手，也是主要技術輸出國，但法國也頗有貢獻，如羅伯特造紙機的發明對工業革命的促進意義不可忽視。

基於貿易和工業發展所形成的金融改革進程在法國被羅約翰（John Law）在一七一八年到一七二〇年的「金融創新」騙局所打斷，法國人對銀行、紙幣、股票等名詞的反感延續了半世紀。有很長一段時間，金融在法國成為騙子的代名詞，法國的本地人基本上斷了從事金融業的念頭。由於缺乏金融工具和強大的金融市場支撐，路易十四常年窮兵黷武，就只能靠嚴苛的稅收和成本高昂的外債，其債務利率高達八・五－一〇%，是英國的兩倍。

到了一七八〇年代，國家的債務已經占國家稅收的一半以上。一七七四年，路易十六登基，面對的就是「太陽王」留下的爛攤子。路易十六絕非昏君，他性格溫良謙厚，以至意志不堅，寬不足讓人民念好，嚴無法使權貴讓步，注定以悲劇收場。從某種意義上來講，他的處境與明朝崇禎皇帝頗為類似。國家財政日益惡化，稅制不合理，以至民怨載道、貴族不滿，而新生的資產階級財大氣粗，對封建貴族和宗教勢力的權力壟斷忍無可忍。法國社會的三大勢力集團：貴族與宗教傳統權力核心、新興的資產階級和平民都把矛頭指向國王路易十六。

法國人不重視金融，而路易十六的外債日益嚴重，這就讓瑞士、義大利、荷蘭和日耳曼的外來銀行家族有機可趁。日內瓦等地的清教徒銀行家族就是其中最突出的一群。他們來到巴黎，提供各種「解決方案」而為路易十六所倚重，逐漸把持了法國的金融和財政改革。

路易十六陷於財政困境，焦頭爛額，不得已起用奈克（Jacques Necker）擔任財政部長。奈克是瑞士清教徒銀行家，在瑞士銀行家族圈內很有影響力，募集到解決燃眉之急的款項。這種借款是近乎高利貸的短期融資，瑞士銀行家期待的是一筆回報豐厚的快錢投資，但法國宮廷的開銷實在太大，一時之間還無法扭轉赤字。這可把他們給急壞了，這些人投進的可是自己的身家性命，耽誤不得。無奈之下，奈克決定進行「休克改革」。他先取消了貴族的部分特權，削減其俸祿，然後大刀闊斧，對稅收進行徹底改革，從「人丁稅」改為「土地稅」，擁有大量土地的貴族首當其衝，於是群起圍攻奈克的改革。奈克一看不妙，情急之下在一七八一年公佈了權貴的開銷清單。這招重手立刻震驚法國社會。法國民眾長期受伏爾泰、盧梭等人自由主義思潮的熏陶，對權貴的憤怒演變為對皇室的敵視。❷

奈克也因為處事操切而下臺。其後法國又歷經四任財政部長，財政惡化越加嚴重。路易十六無奈，只有在一七八八年再度起用奈克。此時的法國已瀕臨社會動蕩的邊緣，巴黎的市民、新興資產階級與傳統權貴的矛盾日深，危機一觸即發。而放貸的銀行家已經將砝碼移向「三級議會」，希望能奪取財政、稅收和政府預算的控制權，好收回鉅額貸款。新興的法國城市資產階級積聚了日益雄厚的財富，亟欲分享權力，而封建貴族和教會卻高高在上，完全漠視、甚至敵視這個趨勢，加之稅賦長期過重，使得處於另一端的平民階層早已思變，一七八九年法國的局勢儼然堆滿乾柴。

一七八九年六月，徒有虛名的「三級會議」被與會者改為「國民議會」，並自行規定擁有稅收權。七月，國民議會又自行改名為「國民制憲議會」。路易十六大為驚恐，調集軍隊向巴黎和凡爾賽宮集結，試圖控制失控的局面。七月十四日，爆發革命，憤怒的平民攻佔巴士底獄。接著法國各地也爆發農民暴動。八月，制憲會議頒發了具有世界意義的《人權與公民權利宣言》。❸十月，路易十六被暴民抓到。

在瑞士銀行家的大力推動下，十月，羅馬教廷廢除禁止高利貸的律條，銀行家放貸收取高額利息被合法化。十一月，制憲會議宣佈沒收全國教會的土地。十二月，宣佈以教會土地為抵押發行紙幣（Assignats），法國財政明顯好轉，銀行家的貸款終於有了著落。而路易十六也在一七九三年一月二十一日人頭落地，時年三十九歲。

從一七八九年革命爆發到一八一五年拿破崙戰敗，除了中間短暫的休戰之外，法國打了二十五年的仗。大量資源毀於戰火，犧牲了五百多萬人的生命，工商業凋敝，通貨膨脹嚴重，法國工業革命被推遲了近三十年，英國對法國形成了絕對的戰略優勢。從此，法國的國力再也沒有超過英國。法國大革命的政治和經濟代價非常昂貴。

法蘭西銀行：「霧月政變」的投資回報

法國的對外戰爭和大革命雖然帶來動蕩紛擾，但是巴黎始終像磁石一般吸引著周圍國家的富豪和那些渴望成為富豪的人們。法國是歐洲思想解放運動的發源地，天主教對其他宗教的迫害逐步減輕，非天主教的人可以獲得完全的公民權，這一切對在歐洲深受宗教壓迫的清教徒和猶太銀行家極具吸引力。法國皇室和對外戰爭很需要錢，創造出一個金融家前所未有的冒險天堂。從皇室債券的承銷到軍隊物資的供應，從教會土地的買賣到法國貨幣的投機，從本國匯票貼現到英國票據周轉，在其中大獲其利的銀行家族逐漸形成了所謂「高特銀行家圈子」（Haute Banque），其核心成員是曾在一七九九年祕密資助拿破崙「霧月政變」的瑞士銀行家族。

「高特銀行」家族在拿破崙上臺之後，得到慷慨的回報。拿破崙授權「高特銀行」家族建立法國第一家私有中央銀行法蘭西銀行，交到瑞士的銀行家族手中。在十九世紀上半葉，高特銀行家幾乎壟斷法蘭西銀行的董事會席位，掌握法國的金融命脈。高特銀行家更在法國工業化的過程中扮演要角，他們在金融上壟斷了法國的礦產、冶金、紡織、運輸等行業的發展。

法蘭西銀行發行了十八萬兩千五百股，每一股的票面價是一千法郎，共有三萬多個股東，其中只有兩百個股東擁有投票權，有資格選出十二名董事會成員。這兩百個最大的股東中，有七十八位公司或機構股東，一百二十二個個人股東。但是如果詳加分析，可以發現這兩百名股東基本上是屬於同一幫人，就是控制著法蘭西銀行的四十四個家族。而且這些家族所擁有的席位是可以繼承的，在這中間有馬利特、米臘博和羅斯柴爾德這三個家族的席位在百年之間一直保持不變。

馬利特、霍廷格和米臘博家族是瑞士銀行家族的佼佼者。

一五五七年，馬利特家族追隨宗教改革領袖喀爾文（John Calvin）來到日內瓦，在商業和銀行業領域發家致富。一七〇九年，二十五歲的伊薩克・馬利特（Isaac Mallet）從瑞士來到巴黎，他代表日內瓦的銀行家族到法國尋找金融業的發展機會。經過七十多年的苦心經營，馬利特家族在法國已成為銀行業的巨頭。即便是在大革命時代，馬利特家族銀行照樣營業。一七九九年，他的兒子季庸（Guillaume Mallet）和其他瑞士銀行家族聯手支持拿破崙發動「霧月政變」。拿破崙上臺之後，馬利特被拿破崙封為男爵，在法蘭西銀行董事會排第三把交椅，直到一八二六年去世。然後他的兒子、孫子、重孫繼續在這把交椅坐到一九三六年法蘭西銀行國有化為止。馬利特家族是法蘭西銀行從頭至尾把持董事會席位的唯一家族，時間長達一百三十六年之久！[4]

排在馬利特家族之後的是瑞士清教徒銀行家族霍廷格家族。霍廷格家族在瑞士也是名門望族，出

冉—康來德・霍廷格

過幾位政府部長。一七八四年冉－康來德・霍廷格（Jean-Conrad）來到巴黎，他先在一家銀行做學徒，後來開了自己的銀行，也擔任瑞士蘇黎世銀行家的法國代理，主要業務就是向法國皇室提供債務解決方案和融資服務。霍廷格與法國大革命的早期領袖過從甚密，其中就包括後來權傾朝野的塔列朗（Talleyrand）議員。在雅各賓黨專政下的「恐怖統治」時期，霍廷格跟塔列朗一起流亡美國，一七九八年回到巴黎，重操銀行生意。後因策劃資助拿破崙政變有功而受封為男爵，並進入法蘭西銀行董事會。霍廷格家族在法國金融界、商業界和實業界的影響力一直持續到今天。❺

後來陸續加入高特銀行家圈子的瑞士銀行家還有米臘博、安地斯、奧迪爾斯、維納斯等家族，這些家族多半也進了法蘭西銀行董事會。

瑞士銀行家可以在法國中央銀行開聯誼會。法國政局歷經拿破崙、路易十八、查理十世、路易・菲利普、拿破崙三世，中間包括一八一五年波旁王朝復辟，一八三〇年七月革命，一八四八年革命，一八五一年拿破崙三世政變，一八七〇年法蘭西第三共和國建立，在如此頻繁的政權更替中，瑞士銀行家居然穩坐法國中央銀行董事會，實在是耐人尋味。尤其是米臘博家族，其瑞士分支的影響力一直持續到今天，成為清教徒銀行家族中的代表人物。

十九世紀初，這些瑞士清教徒銀行家族逐漸建立起一張龐大的金融網路，繼續與瑞士本土的銀行家族保持密切的生意往來，壟斷法國銀行系統的資金與信貸。

德國在二戰期間侵吞猶太銀行家資產和二〇〇九年美國政府強烈要求瑞士銀行公開祕密帳戶，應與國際銀行家族的百年內戰有關。

壟斷被打破：猶太銀行家族的崛起

高特銀行家圈子裡的另一大分支，就是一七八〇年以來陸續來到法國的猶太銀行家族。他們在法國的起步比瑞士銀行家晚，但來勢洶洶。猶太銀行家在法國大革命中獲得了平等的公民權後，財富和社會地位大幅上升，逐漸形成了與瑞士銀行家族分庭抗禮之勢。

福爾德家族於一七八四年來到巴黎，他們的主營業務包括為國外的猶太家族銀行做代理、經營政府債券的利息收取。福爾德開始發大財是在大革命期間，他先是在一七九〇年法國革命政府發行的新紙幣（以土地為抵押）大搞投機，然後積極參與買賣教會土地，賺到第一桶金。

福爾德長袖善舞，與許多日耳曼的猶太商人、銀行家建立

皮埃爾・米臘博（現任瑞士銀行家協會主席）

阿希勒・福爾德

起穩固的關係，並成為他們在法國的代理人。老福爾德的兒子阿希勒・福爾德（Achille Fould）通吃政界和金融界，繼續發揮家族的影響力。

阿希勒在接管家族事業之後涉足政壇，一八四二年以國民代表的身分進入地方議會。在一八四八年二月爆發的革命中，他謹慎地支持革命派，並以金融影響力資助隨後成立的臨時政府。不久之後，他寫了兩本小冊子反對紙幣。終拿破崙三世一朝，福爾德先後四次出任財政部長，在法國的經濟改革中發揮了領導作用。強烈的保守傾向使他反對自由貿易的教條，擁護路易・波拿巴的政變和隨後建立的拿破崙三世的法蘭西第二帝國。但是他也反對拿破崙三世過分打擊政敵奧爾良家族，在帝國法庭判決將奧爾良家族財產充公後，即於一八五二年一月二十五日辭去財政部長一職，但旋即被任命為參議員，不久以國務部長的身分重返帝國朝廷，任內曾主持一八五五年巴黎國際博覽會。在一八六〇年十一月再度辭職，又於翌年十一月復職，到一八六七年才告老還鄉。在最後一段任期內，透過談判削減了由法國侵略墨西哥戰爭引起的三億法郎短期貸款債務，展現了銀行家和政治家的卓越才能。❻

福爾德家族與貝列拉家族聯手創建的動產信貸銀行（Credit Mobilier）對羅斯柴爾德家族形成了強大的壓力。貝列拉家族是十九世紀法國最著名的銀行家族之一，與羅斯柴爾德家族齊名，曾是羅家銀行的合夥人，並師從羅家，後來自立門戶。雖然同為猶太人，但貝列拉與羅斯柴爾德家族的日耳曼猶太淵源不同，他們是來自於葡萄牙和西班牙的塞法迪（Sephardi）猶太人，最初是從義大利文藝復興時期西遷的一支，匯票貼現是看家本領，以高級猶太人自居，比遷到東歐的猶太人要尊貴。❼

埃米爾和伊薩克兄弟是貝列拉家族在十九世紀的頂梁柱，其父親雅各・貝列拉是手語的發明人之一，也曾是路易十五的翻譯。貝列拉兄弟創建了以動產信貸銀行為核心的新型股份制投資銀行，不僅控制了全國鐵路網的重要部分，還控制了巴黎六家煤氣公司、電車公司，建立兩家保險公司，重整鹽業，還建立了整治巴黎市政工程的不動產公司以及專事外貿的泛大西洋公司。除此之外，動產信貸銀行還投資奧地利、俄國、瑞士、西班牙等國的鐵路公司，在西班牙、荷蘭、義大利等國設立動產信貸銀行分號。透過融合兼併或財政控制，以貝列拉家族的動產信貸銀行為核心，組成了規模空前的大財團，成為羅斯柴爾德家族在歐陸的勁敵。一八五二年之後，這個大財團控制的銀行和企業每年發行的股票市值超過十五億法郎，❽左右了法國、乃至歐洲的經濟。

貝列拉兄弟

當然，羅斯柴爾德家族無疑是十九世紀法國最強大的銀行家族。他們於一八一四年在金融上搞垮拿破崙，並資助波旁王朝復辟。一八三〇年，羅斯柴爾德家族拋棄了波旁王朝，支持奧爾良公爵路易・菲利普登上王位，開啟了羅家在法國勢力空前鼎盛的「七月王朝」。羅斯柴爾德家族法國銀行控制的資產從一八一五年的六百萬英鎊，增加到一八二五年的一千四百九十萬英鎊，占家族總資產的比例從六分之一增加到三分之一。一八三六年，英國羅家的核心領導內森去世後，法國的詹姆斯實際上成為整個家族的新掌門，其個人財富高達四千萬法郎，穩居法國首富，比霍廷格家族多十倍，比馬利特家族多二十倍。

此時的猶太銀行家族的勢力已大幅超越清教徒銀行家陣營。

金融創新的革命

十九世紀上半葉，法蘭西銀行雖然是中央銀行，但是私人銀行——特別是羅斯柴爾德銀行——的影響力有淩駕於法蘭西銀行之勢。這個狀況到一八四八年革命才有所改變。革命動搖了傳統的社會體系，權力分配大洗牌，在商業和金融領域也是如此。

一八四八年革命之後，法蘭西銀行的紙幣發行權溢出巴黎範圍之外，滲入外省重要工商業中心。危機終結了法蘭西銀行保守的票據貼現政策，將貼現業務延展到倉單（Warehouse Warrant）、政府債券和三方簽署的商業票據（Three-Signature Commercial Paper）等領域，同時獲准發行面額一百法郎的紙幣，這樣就把法蘭西銀行的影響力推向全國。緊接著是一八四八年三月八日成立的巴黎國家貼現銀行，為巴黎商人提供緊急流動性，以遏制巴黎商業組織大規模破產的浪潮。到一八五四年，巴黎國家貼現銀行在政府敦促下放棄半國有地位轉型為一般的股份制公司，業務內容也由為巴黎商業組織提供金融服務轉向對外貿易的金融服務。除了巴黎國家貼現銀行以外，法國各地也成立了七十六家地方性的貼現銀行，主要為外省地方商人提供各種商業票據的貼現服務。

十九世紀初，法國社會主義者聖西門（Saint-Simon）的工業主義思想盛極一時，不少法國人深受影響。聖西門的思想以實業理論而著稱，設想未來的理想制度是一種「實業制度」。在實業制度下，由實業者和學者掌握社會政治、經濟、文化各方面的權力。社會的唯一目的應當是善用科學、藝術和手工業的知識來滿足人們的需要，特別是滿足人數最多的最貧窮階級的物質生活和精神生活的需要。人人都要勞動，經濟按計劃發展，個人收入應同他的才能和貢獻成正比，不承認任何人擁有特權。在理想社會中，政治學是生產的科學，政治將為經濟所包容，對人的統治將變成對物的管理和對生產過程的領導。聖西門把從事產業活動的資產者看成和工農一樣的勞動者或「實業者」，並寄望於統治階級的理性和善心，國王和資產者會幫助無產階級建立實業制度和社會主義。對於發展法國新型的金融業和改進農業經營，聖西門也有他的一套看法。

對聖西門主義者和其他關心法國經濟長期發展的人士來說，要在法國進行大規模經濟建設，尤其是鐵路、航運、運河和大型工業企業的發展，就必須大規模建立有限責任的股份制公司，將全法國中產階級的財富有效組織起來，一方面為這些建設融資，另一方面可以把經濟發展所得以股息和分紅等形式還給民眾，實現國強民富的良性循環。

聖西門大膽主張成立股份制的投資銀行，以取代傳統的私人投資銀行模式。透過公開發行股票和債券的形式向社會大眾募集私人銀行無法抗衡的龐大資金，一方面可以擺脫政府對私人銀行的倚賴，也可推動實業的發展。聖西門的實業思想和工業化主張主導了第二帝國的工業化，對法國近代經濟發展影響重大。[9]

法蘭西銀行勢力的擴大和股份制投資銀行的出現，對傳統的私人銀行權力架構是一大威脅。羅斯柴爾德家族出於本能，維護既得利益，堅決反對這類金融創新，並動用一切手段來扼殺股份制銀行的出現。在打垮了以貝列拉家族為首的創新派之後，羅斯柴爾德家族審時度勢，順應歷史潮流，也開始建立自己版本的股份制投資銀行，這就是在十九世紀末、二十世紀初對法國經濟生活產生了重大影響的巴黎巴（Paribas）銀行。

動產信貸銀行：貝列拉的挑戰

回首歷史，許多理論聽起來都非常有道理，但也就是有道理而已。實踐從不按照理論的邏輯來發展，因為實踐理論的人，遵循的永遠是利益的遊戲規則。所以，理論對於實踐的作用，必須透過符合實踐理論的人群所默守的利益遊戲規則才能得以真正實現。

拿破崙三世對動產信貸銀行理論的迷信也不例外。

拿破崙三世是聖西門主義的狂熱信徒，也很喜歡人家稱他為「社會工程師」。早在一八三〇年代他上臺之前，就與其金融界密友貝列拉和福爾德家族商量，為了在法國實踐聖西門的實業主義建立一個四位一體的金融機構體系，包括：

商業銀行：法蘭西國家貼現銀行

工業銀行：動產信貸銀行

抵押銀行：土地信貸銀行

互惠銀行：小企業融資的信用互惠銀行

其中居於核心地位的就是股份制的投資銀行——動產信貸銀行。[10]

貝列拉兄弟利用拿破崙三世追慕虛名的心理，在一八五二年向拿破崙三世大力鼓吹動產信貸銀行商業模式的好處。這種模式是透過出售股份和債券給公眾以籌集銀行資金，然後用這些資金購買所欲發展的新興工業企業的股票。貝列拉兄弟把它吹捧為實現聖西門實業社會主義的手段，將會消弭一切階級矛盾。

貝列拉兄弟發明的這種新的信貸制度得到拿破崙三世的熱烈支持，馬克思語帶諷刺，稱之為「拿破崙的社會主義」，「從羅約翰到伊薩克•貝列拉，都具有這樣一種有趣的性質：既是騙子，又是預言家。」[11]這個信貸制度使得法國股票交易所投機猖獗，貪污泛濫，舞弊成風。但在當時的人看來，這是個偉大的戰略性金融制度創新，能為快速發展的工業化提供資本和信貸。動產信貸銀行業務主要由兩部分組成，首先是傳統的銀行業務，包括吸收儲戶存款、商業票據貼現、放貸和保險；第二部分則屬於投資銀行業務的承銷政府公債和公司債券等。

除了空想社會主義思想的蠱惑之外，貝列拉兄弟和福爾德家族還挑撥離間，促使拿破崙三世儘快下決心。羅家財雄勢大，樹大招風，不僅引發了清教徒銀行家的敵視，也招來其他猶太銀行家族的嫉妒，其中包括貝列拉和福爾德家族。貝列拉早年是羅斯柴爾德家族銀行的合夥人，以羅家為師。後來貝列拉自立門戶，對羅家態度也日益不友善。羅家向來最痛恨窩裡反。

福爾德與貝列拉家族同屬資助拿破崙三世政變有功的「嫡系部隊」，在金融上都想挑戰羅家的霸主地位。阿希勒・福爾德在擔任法國財政部長時，曾鄭重向拿破崙三世進言：「把您的王國從羅斯柴爾德的掌控中解放出來是絕對必要的，他實際上已經在代您統治了。」⓬

羅斯柴爾德也不是省油的燈。詹姆斯・羅斯柴爾德寫信給拿破崙三世，表示動產信貸銀行一旦建立並成功運作，就會控制大部分公共財富，最後會變得「比政府更有權勢」，試圖以此動搖法國政府支持建立動產信貸銀行的決心。

拿破崙三世當初是在貝列拉和福爾德家族的支持下才得以登基稱帝，對這兩人當然是言聽計從，而且他也確實對動產信貸銀行的理論體系深信不疑。拿破崙三世與羅斯柴爾德家族並不投緣，詹姆斯・羅斯柴爾德既不喜歡、也不信任拿破崙三世。在這種情況之下，政府顯然站在貝列拉兄弟一邊。自一八四八年革命以來，貝列拉和福爾德家族保駕有功，乃是當朝紅人，羅家大有被邊緣化之勢。雖然羅斯柴爾德家族為拿破崙三世上臺也出過力，但畢竟已無波旁王朝復辟和七月王朝時代一手遮天的氣勢了。再加上貝列拉和福爾德在皇帝耳邊不斷進言，詹姆斯的日子過得很不痛快。

羅斯柴爾德在法國朝廷裡的靠山是曾經非常得寵的項格尼爾（Changarnier）將軍。但項格尼爾將軍漸漸在拿破崙三世跟前失勢。一八五〇年一整年，詹姆斯一邊極力調和拿破崙三世同項格尼爾的關係，一邊試圖給自己在總統（按：當時拿破崙三世尚未稱帝）面前加分：「總統似乎覺得我對他有誤解，看起來我得特別注意在他跟前低調，那個福爾德又不會給我說好話。」

拿破崙三世顯然更偏向福爾德，而對項格尼爾和詹姆斯關於外交政策的建議越來越聽不進去了。拿破崙三世有意除掉項格尼爾。詹姆斯一看不妙，趕緊把手上的黃金移到倫敦：「我寧可把金子全放在倫敦，掙個區區百分之三的微利，也不留在法國了，我怕拿破崙因為我跟項格尼爾是朋友，就把我的錢沒收了。我不怕他，但是得防著他。這是個政治極其骯髒的國家。」

一八五〇年十二月，項格尼爾被捕，標誌著共和派徹底失勢。詹姆斯何等精明，他從來不會把政治傾向跟商業利益混為一談，馬上見風轉舵，拋棄了共和派，轉而支持帝制。但立場畢竟不如貝列拉和福爾德等人堅定，多少被拿破崙三世看成騎牆派。

一八五二年，貝列拉和福爾德聯手打造的動產信貸銀行在拿破崙三世的大力支持下正式建立，⓭從此成為羅斯柴爾德家族的勁敵。

「既是騙子，又是預言家」

信用制度固有的二重性質是：一方面，把資本主義生產的動力——用剝削別人勞動的辦法來發財致富——發展成為最純粹、最大的賭博欺詐制度，並且使剝削社會財富的少數人的人數越來越少；另一方面，又是轉到一種新生產方式的過渡形式。正是這種二重性質，使信用的主要宣傳者，從羅約翰到伊薩克·貝列拉，都具有這樣一種有趣的性質：既是騙子，又是預言家。⓮

——馬克思

馬克思的這段話非常有意思，他既瞭解信用對生產力的推動作用，又看清了實踐信用理論的這幫人出於自身利益，就是一群不折不扣的騙子。馬克思的這段話堪稱正確看待一切金融創新本質的經典評論。理論永遠是靠人去實踐的，實踐理論的人有自己的利益考量，如何將理論的目標與實踐者的利益整合在一起，這是大政治家與大思想家之間最重要的區別。

羅斯柴爾德家族和貝列拉家族被形容為「兩類猶太人」的代表。前者是「北方猶太人」的典型，「永遠冷靜和理性」，對獲取財富和利益極為講究低能耗與高效率。而後者代表「中部猶太人」，他們受益於法國對猶太人的寬鬆政策，因此在行事和生意上更開放、更顧及公共利益，這種「心靈熱度」將帶來精力損耗和效率干擾。在當時的法國社會，羅斯柴爾德家族標誌著「封建金融」，而貝列拉家族則代表著「民主金融」。

貝列拉兄弟迅速完成銀行組織工作，福爾德家的貝諾瓦（Benoit Fould）出任銀行第一任董事長，直到一八五四年才退休。但是銀行的日常工作一直由擔任副主席的伊薩克・貝列拉負責。董事會其他成員包括在第二帝國權傾朝野的穆西（Mouchy）公爵、加利拉（Galliera）、安德瑞（Andre）伯爵、賽里葉（F. A. Seilliere）男爵、清教徒銀行家族的查爾斯・馬利特（Charles Mallet）和策劃拿破崙三世政變稱帝的摩尼（Auguste de Morny），他也是拿破崙三世同母異父的兄弟。⑮

詹姆斯・羅斯柴爾德

在這個堅強陣容強力運作之下，動產信貸銀行一問世就令人刮目相看。它定價五百法郎的股票一開盤就衝上一千一百法郎，第四天就高達一千六百法郎。一八五六年三月飆高到一千九百八十二法郎。而分紅從一八五三年的一三%上升到一八五五年的四〇%。動產信貸銀行的投資者無不喜上眉梢，而詹姆斯・羅斯柴爾德預言動產信貸銀行是金融災難，聽起來更像個笑話。

儘管動產信貸銀行是股份制銀行，但其起始資金規模遠落後於羅斯柴爾德銀行。動產信貸銀行從兩千萬法郎起步（貝列拉占其中百分之二十九的股份），而一八五二年，羅斯柴爾德法國銀行的資產已經超過八千八百萬法郎，各分支銀行資產總和超過二・三億法郎。動產信貸銀行從一創建就展現出朝氣、時尚、張揚和野心，與羅斯柴爾德銀行的嚴謹、傳統、低調與刻板形成鮮明對比。

在動產信貸銀行裡，銀行家永遠被團團圍住，人人都豎起耳朵打聽生意的動向，老主顧是要買進還是賣出。而雇員站在樓梯上迎客，殷勤打探是否有生意機會。每個人都急於暴富，不擇手段，毫不掩飾。

這一時期是法國鐵路建設的輝煌頂峰，從一八五一年到一八五六年間，鐵路投資劇增五倍。五〇年代新修的鐵路比四〇年代的兩倍還多。隨著動產信貸銀行迅速膨脹，與羅斯柴爾德在鐵路上的競爭也越見白熱化。動產信貸銀行很快控制了法國三條幹線，羅斯柴爾德則死守原有的兩條路線。動產信貸銀行在各家法國鐵路公司裡佔了八個董事席位，羅斯柴爾德則有十四個。

兩個陣營的猶太銀行家在法國鐵路融資上鬥得難解難分。拿破崙三世偏向動產信貸銀行，把一條又一條鐵路線路融資的專案批給貝列拉。此時，拿破崙三世的弟弟摩尼看中鐵路這個機會，急於藉此致富，提出應該把小鐵路公司合併成幾條主線。詹姆斯抓住機會，攀上摩尼這條線。羅斯柴爾德法國銀行持有價值超過兩千萬法郎鐵路公司的股份，占銀行資產的百分之十五。這些股份在摩尼政策的鼓勵下迅速升值。詹姆斯在一八五二年四月的一個星期裡「不用掏一分錢」就淨賺一百五十萬法郎。

羅斯柴爾德法國銀行此時財大氣粗，在爭奪鐵路融資專案上領跑。動產信貸銀行毫不示弱，創設出把多家鐵路公司各種期限、各種條件的股票和債券進行標準化「打包」，實在是堪稱今天融資產品的鼻祖。透過「金融創新」，動產信貸銀行製造出大量新型金融產品的投資方式，填補了介於債券市場和股票市場之間的空白，此舉吸引了不計其數的小投資人。動產信貸公司的資產迅速增長到六千萬法郎，直接挑戰羅斯柴爾德在鐵路融資上的霸主地位。

更令詹姆斯擔憂的是，貝列拉正在把手伸出法國，大有橫掃全歐之勢。一八五三年四月二日，科隆的銀行家奧本海默得到許可，將在距離法蘭克福以南不到四十公里的達姆施塔特開設一家新銀行。這顯然是動產信貸銀行的翻版，而且目標直指羅斯柴爾德家族的法蘭克福銀行。貝列拉、福爾德、奧本海默和動產信貸銀行控制這家新銀行。⑯

貝列拉進而在一八五三年籌建西班牙動產信貸銀行，同時策劃比利時動產信貸銀行。一八五四年又要建奧地利動產信貸銀行了。不僅如此，貝列拉還將目光投向了更遠的俄國。

俄國自克里米亞戰爭失敗以來，深知鐵路網的戰略價值，決心要修建以莫斯科—聖彼得堡為樞紐的全國鐵路網，將俄國的歐洲部分，西至波蘭邊境，南至克里米亞半島連接起來，總長超過六千公里，預計投資十億法郎。為了完成此項戰略基礎設施計劃，成立全俄鐵路公司（The Great Russian

Railway Company），初始資本三億法郎。股東包括聖彼得堡的沙皇私人銀行家斯蒂格利茨（Stieglitz），華沙的弗蘭克爾（Fraenkel），倫敦的霸菱兄弟，阿姆斯特丹的霍普，柏林的孟德爾頌，以及法國羅斯柴爾德家族的競爭對手，如貝列拉、馬利特、福爾德和霍廷格家族等。其董事會包括十位俄國董事，由陸軍軍官和政府官員組成（其中包括由沙皇任命的董事會主席），四名霸菱－霍普集團的董事和五名法國銀行的董事，貝列拉和福爾德雙雙名列其中。由此以動產信貸銀行為代表的法國金融勢力大規模滲透進俄國政治、經濟、社會生活，成為未來俄法同盟的大本營。⑰

一八五六年，法國《工業》雜誌評論：「動產信貸銀行注定要將影響力擴張至全球。在巴黎的母公司經過四年發展，已經成為法國業界學習的楷模，在法國之外的奧地利、西班牙、皮蒙特（北義大利）都開設了分號，等和約締結（指克里米亞戰爭之後英法對俄和約），勢必在君士坦丁堡和聖彼得堡開設分號……。（因為）歐洲各國都承認，發展生產、物質進步是當今世界最大的政治利益……。為此，信貸是必不可少的。」⑱

而親羅斯柴爾德的《鐵路》雜誌則質疑，動產信貸銀行的全歐擴張預計將耗資十億法郎，這將把法國國內工業發展所需的資本抽空轉移至外國。

雖然受到親羅斯柴爾德媒體的非議，動產信貸銀行不為所動，依舊邁開大步，向歐洲各國擴展勢力。承銷奧地利、俄國、土耳其、美國的政府公債；投資比利時、奧地利、義大利、羅馬尼亞的鐵路，還有荷蘭、奧地利、比利時的抵押債券；在荷蘭開辦蔗糖精煉廠，在布拉格開辦鐵廠，甚至在錫蘭（斯里蘭卡）闢了一處咖啡種植園。不過，動產信貸銀行最大的成就是建立荷印（尼）商業銀行、國家鐵路公司和荷印（尼）鐵路公司。其中最重要的荷印（尼）商業銀行（Nederlandsch-Indische Handelsbank）在新加坡、香港遍設分號，經營投資銀行、抵押銀行、商業貿易等業務，並被視為動產信貸銀行的子銀行。

法蘭西銀行：打敗貝列拉的戰略制高點

誰能控制中央銀行，誰就能在競爭中處於戰略優勢地位。過去如此，今天也是如此。雷曼兄弟的覆亡就是因為沒有記取歷史教訓。

動產信貸銀行號稱代表公共利益的金融中心，實際上對法蘭西銀行的業務造成挑戰。一八五二年之前，法蘭西銀行不發放鐵路股份作抵押的貸款，且貸款利率高達百分之六。到一八五二年十一月，受到動產信貸銀行的壓力，利率只有三・六%。同時期羅斯柴爾德法國銀行持有的法蘭西銀行股份也大大貶值。羅斯柴爾德自然更對動產信貸銀行恨之入骨。這種情勢也開始促成羅斯柴爾德與法蘭西銀行結成同盟。

羅斯柴爾德在動產信貸銀行創立之初曾購買動產信貸銀行五千股，以觀察行情，與此同時，貝列拉卻在悄悄賣出。其實，貝列拉心裡非常清楚，他們的很多金融創新早晚會出大問題，羅斯柴爾德對此也是洞若觀火。

一八五二年十一月十五日，詹姆斯・羅斯柴爾德在寫給拿破崙三世的私信中，嚴厲批評動產信貸公司這樣的股份制銀行是「國家經濟的災難」，他指出股份制銀行的股東不公開姓名，所以可以不負責任，就有機會濫用權力，處理人民的財產。詹姆斯警告新型銀行將會「用其鉅額投資主宰商業和工業，為市場制定規則和法律，而這樣的法則將不受控制，超越競爭……，將大部分國家財富都集中在他們手中……，這些銀行的力量最終將會超過政府」。⑲同時，詹姆斯又告訴拿破崙，動產信貸公司根基不穩，「是建在沙灘上的」，因為他們發行的債券付給投資者固定利息，而銀行本身對該項投資的投入是「不確定而不可靠的變數」。一旦發生危機，銀行將會拖累整體經濟「滑向深淵」。詹姆斯預見新型銀行的準備金一定不足，一旦陷入危機，政府就只能選擇「整體破產」或者「終止金銀與紙幣的兌換」。這些話當初說來不完全是為了嚇唬拿破崙三世的，而事後證明並非空穴來風。羅斯柴爾德關於動產信貸銀行的評價只要將名稱和年份更改一下，完全可以用「論金融衍生品的風險」為題，直接登在金融海嘯後的《金融時報》頭版。今天的羅斯柴爾德家族能在全球金融海嘯中全身而退，倒也不是浪得虛名。

一八五五年，銀行和鐵路的繁榮都到達高峰，克里米亞戰爭造成鉅額資金缺口，偏又趕上農業歉收，法蘭西銀行頓時喘不上氣來。一八五五年八月，為了緩解已經空虛的儲備金，法蘭西銀行不得不從羅斯柴爾德法國銀行購入三千萬法郎的黃金和兩千五百萬法郎的白銀。一年後，情況更加惡化，法蘭西銀行技窮了，申請終止紙幣與金銀的兌換。絕大多數銀行董事都贊同這一提議，只有阿爾方斯・羅斯柴爾德反對。最後阿爾方斯父子得到法國財政部長的支持，以提高貼現率和大規模購入價值八千三百萬法郎的黃金和白銀來遏制擠兌風潮，羅斯柴爾德銀行出面維持住法蘭西銀行的現金流。一八五五年到一八五七年，羅斯柴爾德巴黎銀行向法蘭西銀行提供了價值七・五一億法郎的黃金，總共獲得百分之十一的利潤。羅斯柴爾德銀行與法蘭西銀行共生共榮的關係也更加深化。

在法國，對貝列拉的支持派也不是鐵板一塊，在羅斯柴爾德家族的運作之下，親貝列拉的法蘭西銀行高官被調離巴黎，外放駐外大使。一八五五年，阿爾方斯・羅斯柴爾德當選法蘭西銀行的董事長，羅斯柴爾德銀行成為法蘭西銀行的最大股東。羅斯柴爾德家族對法國財政和貨幣政策的影響力，最終將決定羅家和貝列拉相爭，誰是最後的贏家。

貝列拉家族的擴張仍在繼續，意在建立奧地利動產信貸銀行。

伊薩克・貝列拉親往維也納提出發展奧地利金融、工業的建議，遊說國會和宮廷循法國成功的先例，建立奧地利動產信貸銀行和修建從維也納到迪里亞斯特的鐵路線，而一批維也納貴族和銀行家也在鼓吹此事，要求朝廷頒發成立奧地利動產信貸銀行的特許狀。奧地利前首相亞歷山大・巴赫（Alexander Bach）和財政大臣馮・布魯克（von Bruck）男爵都覺得貝列拉家族的建議對於帝國經濟發展大有裨益。

恰在此時，羅斯柴爾德家族在維也納的掌門人所羅門去世，羅家在哈布斯堡宮廷中無人。詹姆斯不能容忍沒有羅斯柴爾德家族成員參與奧地利新的金融機構，於是選了所羅門之子安塞姆・羅斯柴爾德（Anselm Rothschild）主持奧地利家族業務。安塞姆一到任，立即串聯各路動產信貸銀行的反對勢力，迫使奧地利朝廷認識到與動產信貸銀行為敵的金融財團的實力，於是帝國大臣勸說兩家合股成立一個新銀行，共同為哈布斯堡王朝效命。

針對這一提議，安塞姆建議帝國將這一新機構的業務範圍嚴格限制在哈布斯堡王朝的領土內，以防止資本外移，促進奧地利本國實業發展。對於分號和合作夥伴遍及歐洲各國的羅斯柴爾德家族來說，輕易就可避開這樣的限制，但是對於正欲在國際舞臺上大展拳腳、且急需調動各地資源支撐其擴展的動產信貸銀行來說，卻是一個緊箍咒。

伊薩克不得不同意大幅縮減原定二・三億法郎資本金的條件，加入這個新金融機構。但是，此時的貝列拉家族由於缺乏資金，已是強弩之末。羅斯柴爾德在掌握了中央銀行大權之後，決定此時進行戰略反攻，在奧地利動產信貸銀行問題上，對於鋒頭正健的貝列拉家族給予迎頭痛擊。

他們首先利用動產信貸銀行戰線拉得過長，資金不敷使用的困境，切斷其現金補給。一八五五年九月，貝列拉兄弟宣佈要發行長期債券，羅斯柴爾德利用其在法國中央銀行的影響力，以「減輕資本市場的壓力」為由，拖延並凍結了動產信貸銀行一・二億法郎企業債的發行，進一步削減了動產信貸銀行的現金流。在失去發行長期債券的機會後，動產信貸銀行很難繼續為龐大的土地開發專案提供投資。貝列拉的凌厲攻勢終於被遏制。[20]

同時，羅斯柴爾德在法國政府內部鼓動對動產信貸銀行將大量資本投入國外市場的懷疑態度，最後迫使伊薩克不得已通知奧地利政府：「由於法國政府的態度」，動產信貸銀行不能參加新成立的奧地利聯合信貸銀行，而這個銀行很快發展成奧地利帝國居於領導地位的投資銀行和歐陸規模最大的金融機構之一。在奧地利聯合信貸銀行的問題上，貝列拉家族一敗塗地。

一八五七年，隨著歐洲經濟危機越演越烈，鐵路工程大受影響，貝列拉手裡的幾條主幹線都陷入虧損，而羅斯柴爾德掌握的鐵路線卻逃過一劫。法蘭西銀行從教訓中認識到，問題出在以貝列拉為首的「新」銀行，而不是姓羅斯柴爾德的「老」銀行。

隨著歐洲的鐵路建設向國界之外延伸，羅斯柴爾德銀行的「國際化」優勢也越來越明顯，而動產信貸銀行，顯然敵不過羅斯柴爾德銀行遍佈歐洲的分支機構之間相互呼應、彼此馳援的優勢。一八五七年，動產信貸銀行在鐵路融資上落於下風了。

一八五七年金融危機爆發後，動產信貸銀行的資金缺口越來越大，原先持有的大量上市公司的現金分紅來源枯竭，不僅如此，這些公司反而需要動產信貸銀行大規模資金回饋。在資產價格暴跌之中，貝列拉又無法承受拋售這些股票所帶來的嚴重損失，動產信貸銀行的資金迅速枯竭。

貝列拉的投資冒險行為也是導致其失敗的原因之一。一八五四年，法國獲得修建和使用蘇伊士運河的租讓合約。貝列拉兄弟認為，運河開通後，馬賽港將成為法國通往東方的第一良港，於是大量投資馬賽港附近地產，占同期對外投資五千五百萬法郎中的五千兩百萬。結果蘇伊士運河到一八六九年才建成，龐大的資金被套在馬賽地區的地產專案，說來諷刺，最後動產信貸銀行居然變成「不動產」信貸銀行。

一八六三年，貝列拉兄弟提出為動產信貸銀行的資本金增資一倍的建議，但遭到政府拒絕。當貝列拉最終獲得批准擴大資本金時，為時已晚，動產信貸銀行股價大跌，已到破產邊緣。其他金融機構見勢不妙，都不願意伸手相救。一八六八年，走投無路的貝列拉兄弟只好去尋求法蘭西銀行這「最後貸款人」的幫助。

這下終於正中羅斯柴爾德家族的下懷，中央銀行要求貝列拉兄弟辭職，並安排一位法蘭西銀行的前總裁擔任動產信貸銀行的董事長，主持銀行的重建工作。動產信貸銀行從此一蹶不振。在一九三〇年代的大蕭條壽終正寢。動產信貸銀行從一八五二年到一八五七年危機爆發，前後只風光了五年。

尤金・貝列拉（Eugène Péreire）是伊薩克的兒子，後來成為貝列拉家族下一代的核心人物。一八八一年創立跨大西洋銀行，現在是法國歷史最悠久的私人銀行之一。一九〇九年，尤金的孫女和羅斯柴爾德家族聯姻，冤家最後成了親家。[21]

克里米亞戰爭

兩百多年來，羅斯柴爾德家族認為會對他們的金融帝國產生影響的就是兩件事：戰爭和革命。不管是革命還是戰爭，交戰雙方為了進行有組織的暴力行動必然要進行大量融資。戰爭和革命本身可以衝擊原有的封建貴族和教會的統治秩序，使得金融家族擴大對政治的影響力。戰爭或革命結束之後的重建也需要大量融資，等於是一箭三鵰。

一八五四年三月，一場捲入歐洲各主要國家的戰爭爆發了。

起初，克里米亞戰爭即將爆發的徵兆並沒有引起羅斯柴爾德家族的注意，戰爭的導火線是爭奪「聖地」。所謂聖地問題就是法國支持的天主教與以俄國為靠山的東正教爭奪耶路撒冷和伯利恆教堂的管轄權。起因則是自十八世紀後半葉起，俄國在近東勢力急速發展，力圖攻佔或與列強瓜分日趨衰落的鄂圖曼帝國，控制黑海通往地中海的海峽，實現俄國南出地中海的宿願。這就與在近東有重大政治經濟利益的英、法兩國發生尖銳衝突。

戰爭是國際金融市場的地震，將急劇改變每個國家的財政狀況，重新劃分國際金融市場的利益格局。天主教跟東正教打起來，第一個上火的就是國際銀行家。

羅斯柴爾德在戰爭初起時陷入被動，因為他們過度信賴從外交途徑得到的情報。但是聖彼得堡這回很不老實，直到一八五三年六月都在向羅斯柴爾德家族信誓旦旦，保證不會進行戰爭。一八五四年一月，西方聯軍開進黑海，詹姆斯仍沒太在意。二月，俾斯麥得到俄國駐法國大使被緊急召回的確切消息，立刻心裡有數：「我當時在想，這個消息最能驚嚇誰呢？我的眼光落在了羅斯柴爾德身上。果然，我剛把消息交給他讀，他的臉頃刻變得像粉筆一樣白。他的第一個反應是，『我要是今天早上知道這個消息就好了』；第二個反應就是，『明天您能跟我談生意嗎』。」

倫敦的羅斯柴爾德家族掌門人萊昂內爾也對俄國挑起戰爭的舉動大為意外，他在一八五四年三月已經看衰俄國：「一個已經負債八億英鎊的國家在進入另一場戰爭之前，實在應該慎重考慮。」

打了三年的克里米亞戰爭將羅斯柴爾德銀行公債融資的生意再次推上高峰。這場戰爭使得每個參戰國的軍事開銷都大大超越稅收，各國都不得不大幅舉債。

羅斯柴爾德銀行受貝列拉家族窩囊氣的局面立刻改變。羅斯柴爾德銀行潛心經營國際公債市場已經超過百年，霸主地位無人能撼動。包括動產信貸銀行在內的競爭對手都從對克里米亞戰爭公債發行的爭奪中無功而返，而羅斯柴爾德的老冤家霸菱銀行又押寶在最後戰敗的俄國上，栽了個大跟頭。這場戰爭打下來，羅斯柴爾德銀行基本上是贏家通吃。

英國方面，政府本來內定了從霸菱銀行借錢。無奈霸菱的錢壓在俄國抽不出來，只好眼睜睜看著一千六百萬英鎊戰爭貸款全被羅斯柴爾德銀行拿走。戰時的法國被經濟搞得焦頭爛額，拿破崙三世趕忙推出一系列利率調整政策以刺激經濟。羅斯柴爾德法國銀行和霍廷格家族聯手，在政府拯救經濟危機的行動中大力支持財政刺激政策，把貝列拉家族排除在外。於是，當法國財政部於一八五四年和一八五五年一筆接一筆大發克里米亞戰爭債券的時候，羅斯柴爾德銀行自然是首選。貝列拉這時才反應過來，盡全力向拿破崙三世爭取。而法國財政部長告訴拿破崙三世，法國國內市場對戰爭債券的容量已接近飽和，於是法國將大部分戰爭債券轉往倫敦發行。羅斯柴爾德倫敦銀行早就等在那兒，法國債券生意應聲落袋。貝列拉終究鬥不過早已謀劃在先的羅斯柴爾德，又眼睜睜看著羅家法國銀行和倫敦銀行把法國戰爭債券大餐吃個乾乾淨淨。

貝列拉在法國鬥不過羅斯柴爾德，趕緊把手伸進土耳其，要搶土耳其的戰爭債券。誰知羅家又占了先機，已經搶先一步把代理人派往君士坦丁堡。土耳其的戰爭債券也歸了羅家倫敦銀行。《泰晤士報》在一八五七年報導：「土耳其國家銀行就快成為羅斯柴爾德銀行的分支了。」

奧地利在克里米亞戰爭中並沒有直接參戰，但還是傾國力擴軍備戰，終於迫使俄國從多瑙河撤軍，但奧地利的財政也陷入危機，貨幣狂貶。奧地利財政部長向詹姆斯緊急求救：「在我們的貨幣完全變成廢紙之前，只有你能拯救我們。」㉒詹姆斯答應聯合其他羅斯柴爾德分支共同拯救奧地利，條件是奧地利政府原先許給福爾德的貸款現在得歸羅家銀行，於是福爾德原以為到手的肥肉又飛了。

普魯士政府的開銷在戰爭期間增長了四五%，早就不堪重負。有俾斯麥做主，普魯士的戰爭債券全歸了羅斯柴爾德法蘭克福銀行。梅耶・卡爾・羅斯柴爾德還因為貢獻卓著而獲頒普魯士紅鷹勳章。

仗打到一八五六年，歐洲各國幾乎同時爆發嚴重的經濟危機，多家銀行倒閉。一八五二年到一八五五年，各國政府公共支出的增長分別是：奧地利四二%，英國六八%，法國五三%，俄國八八%。公債貶值則是：英國一五%，法國一五%，奧地利二四%，普魯士一一%。戰爭資金從匱乏而枯竭，仗自然打不下去了。克里米亞戰爭終於收場。

羅斯柴爾德銀行其實不在乎輸贏。到了一八五〇年代末，英國、法國、土耳其、奧地利和普魯士政府全都以一家或數家羅斯柴爾德銀行為金主。羅斯柴爾德銀行在戰爭期間，把各個對手整的整，滅的滅，在政府公債上的地位再也無人能撼動。即使在許多銀行都難逃破產命運的一八五七年，也沒有一家羅斯柴爾德銀行虧損，最大的損失不過是盈利減少而已。

天主教銀行家：第三股勢力

法國的銀行家族勢力在一八七〇年之前大致是猶太銀行家與清教徒銀行家兩大陣營對壘。猶太銀行家族以羅斯柴爾德家族為首，清教徒銀行家族體系則以米臘博家族領銜。天主教銀行家族不像清教徒和猶太銀行家那樣飽受宗教迫害，這也是他們缺乏凝聚力的原因。

一八七〇年普法戰爭以後，第三股銀行家族——即天主教銀行家族勢力——逐漸在法國形成。包括達維里爾（Davillier）、魯伯薩克（Lubersac）、達摩其（Demachy）、古德修（Goudchaux）、萊西德（Lehideux）等銀行家族。但是，第三勢力其實並不太穩定，很快又分成兩派。部分天主教徒銀行家跟羅斯柴爾德陣營逐漸結成聯盟，並支持第三共和的建立；另一派主要是跟崛起中的重工業集團聯手，而重工業集團的主力家族都是天主教徒，法國鋼鐵大王施內德（Schneider）是代表。在這三股勢力中，羅斯柴爾德家族居於明顯的優勢地位。

金權的進化：從所有權到控制權

在法國的歷史上，無論是羅斯柴爾德家族還是貝列拉家族，這兩大勢力集團都跟政府有著千絲萬縷的緊密聯繫，但他們與法國實體經濟的聯繫卻弱了很多，除了在鐵路方面投入稍多之外，在其他實體經濟行業投資興趣並不大。主要原因有二，一是由於法國的儲蓄相對充足，在工業革命前期，充裕的資金供給使得國際銀行家的利潤不高，因而缺乏足夠的動力；二是政府和外國戰爭的公債需求量極大，利潤既高又有保證。另外，資本稀缺的國家，其專案回報率相當可觀，又有當地政府的擔保，也屬高利和可靠的投資。在這樣的情況下，國際銀行家的資金其實並不直接進入本國實體經濟，而是在國際上追逐高額利潤。

從銀行的運作模式來看，在法國工業資本主義崛起初期的紡織、冶金、運輸和機械等行業的融資需求有限，法國的私人銀行模式足以應對。同時，法國人偏好儲蓄，投資方向比較保守，傾向於買賣穩定可靠的政府和企業債券，而並不特別熱衷股票類冒險高的投資。就算投資實業，也傾向於投資私人和家庭企業，不太願意投向那種大型的商業機構或公司，所以大規模的股份制銀行在法國發展一直很慢，這一點和英國類似。

但是，隨著大規模鐵路專案的建設，這個局面發生變化。

法國鐵路建設的高峰期是一八三〇年到一八七〇年，鐵路工程的建設往往需要大規模的資本運作，而這種規模的資金需求遠非傳統的私人銀行體系所能負擔。私人銀行的投資主要是依賴某一家銀行的儲蓄，這種銀行模式在大工業時代，特別是在近代工業體系鐵路建設的崛起過程中，遇到很大的挑戰。金融體系為了適應工業革命後期的大規模融資需求，必須建立起全新的股份制投資銀行、存款銀行、儲蓄銀行，還包括一系列保險公司等新型金融機構，這些金融機構透過把眾多散戶的儲蓄集中起來，然後再經由投資銀行的投融資運作，將數量龐大的資金投向實體經濟中資金需求量特別大的工業領域，產生可觀的回報。

在新型股份制投資銀行模式下，私人銀行家從過去使用自有資金的放貸者變成調動公共資金的管理者，其實這個過程對私人銀行家是非常有利的。從前，由於私人銀行家使用自有資金放貸，私人銀行對行業的金融控制力一目了然，缺乏隱密性。而新型的資產管理者角色，由於運作的是公眾的資金，在增加對社會財富控制力的同時，悄悄增加了隱密性。在這種資產管理模式中，他們並不公開自己的身分，主要是在幕後運作，這一高明的金融資本主義制度安排有效隔離了公眾的視線。

在這一系列新興的金融機構背後，董事會的成員基本上還是同樣的銀行家族。巴黎巴銀行就是典型。從一八七〇年到二次大戰爆發，法國經歷了第三共和時代，羅斯柴爾德家族為首的猶太銀行家族是支持第三共和的主要金融勢力集團，但是清教徒和天主教銀行家族則傾向反對第三共和。羅斯柴爾德為首的猶太銀行家族透過控制法國最大、最重要的股份制投資銀行機構──巴黎巴銀行──獲得暴利，到二十世紀初，巴黎巴銀行左右了法國的經濟和政治生活。

到一九三一年，羅斯柴爾德家族控制的巴黎巴銀行，透過非常細緻的金融資本主義手法，一共持有法國三百五十七家上市公司的股票，家族成員和家族銀行的高級管理人員在一百二十家公司中控制一百八十個董事的席位。例如股權中的無投票權和多重投票權，原董事投票增選新董事等方式，都使得極少數特殊股東控制了多數股東的財富。特權股東所持有的股票中擁有一股一票的投票權，但是發行給公眾的股票中，每股只有十分之一的投票權，如此運作可以確保特權股東對公司董事會的任命和公司運作的實際控制權。

為了抗衡巴黎巴銀行的影響，清教徒銀行家在一九〇四年成立一家自己的股份制投資銀行，這就是巴黎聯合銀行（Union Parisienne）。從一九〇四年到一九一九年，以巴黎聯合銀行為核心，清教徒銀行家將各種金融勢力整合起來，與以巴黎巴銀行為核心的猶太銀行勢力集團抗衡。實際上，清教徒銀行體系和猶太銀行家體系爭奪法國政治和經濟的主導權，某個程度上造成法國政經系統的癱瘓。特別是一九三四年到一九三八年，兩大勢力集團的爭鬥到了白熱化，導致法國在大蕭條中復甦緩慢，更嚴重的後果就是一九四〇年法國在二次大戰中不堪一擊。

從法國上市公司的情況來看，一九三六年巴黎的證券交易所註冊的公司總數是一千五百零六家。

其中大約有六百家是關係國計民生的重要公司，另外還有大約兩百家非上市的重要公司，法國經濟中的大公司大約有八百家。在這些公司中，猶太銀行家族集團控制了四百多家，競爭對手控制了三百多家，只有一百多家是屬於不受控制或是其他勢力控制下的公司。二次大戰，法國被德國佔領的四年裡，猶太銀行家族的資產受到剝奪，其中也包括對上市公司的控制權。當然戰後這些權力被勝利的一方全部收回，戰敗的德國還需連本帶利地進行賠償。

包括兩大銀行家族勢力集團在內，據統計有一百八十三個大財閥控制了當時的法國，成為法國著名的「兩百家族」前身。此外，金融家族加強了對政界和新聞界的滲透，銀行家投資新聞界或自己辦報者也比比皆是。這一切給法國政治、經濟、社會生活帶來了深刻影響。除了拉攏權貴之外，金融鉅子紛紛躋身政壇，出任拿破崙三世財政部長的阿希勒・福爾德就是其中一例。銀行家族的代理人進軍政界的也不在少數，如一九六二年戴高樂總統任命的法國總理龐畢度就是羅斯柴爾德家族法國銀行的總經理，龐畢度從一九六二年到一九六八年任法國總理，從一九六九年到一九七四年任法國總統。

金權的力量在經過兩百多年的進化，已經在法國樹大根深，難以撼動了。

第三章　人脈關係圖

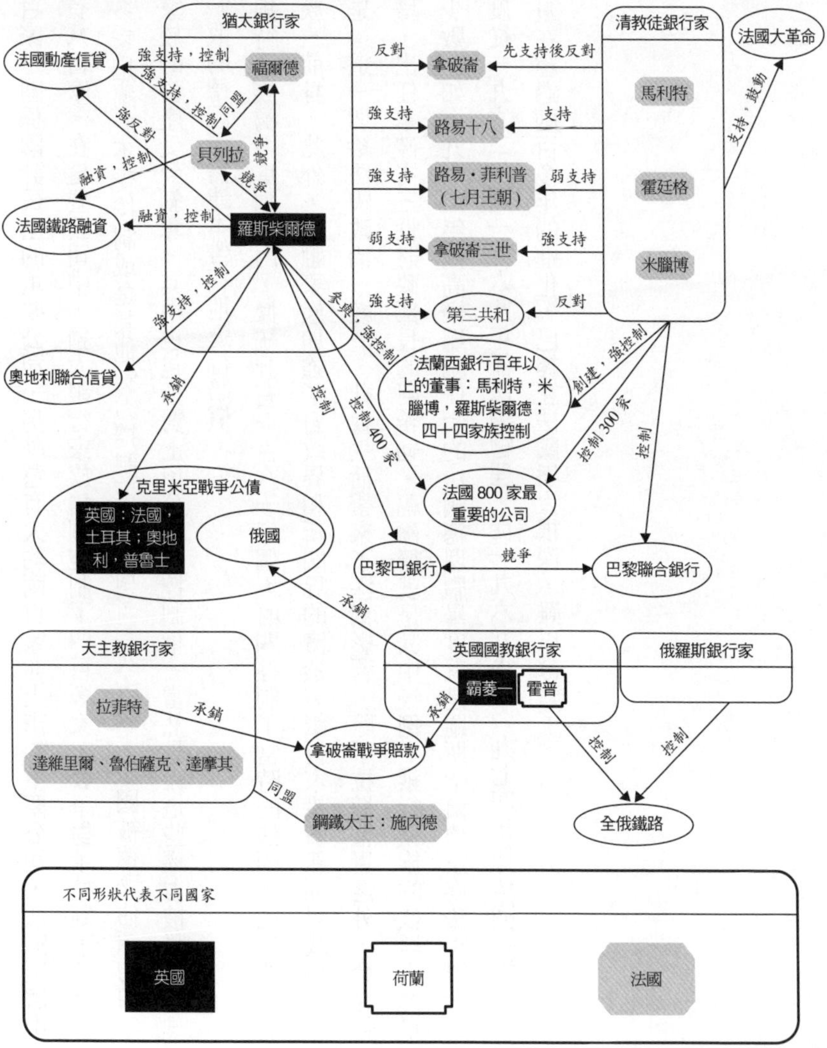
猶太銀行家
福爾德
貝列拉
羅斯柴爾德
清教徒銀行家
馬利特
霍廷格
米臘博
法國大革命
支持，鼓動
法國動產信貸
強支持，控制
強支持，控制
同盟
強反對
融資，控制
競爭
競爭
法國鐵路融資
融資，控制
奧地利聯合信貸
強支持，控制
反對
拿破崙
先支持後反對
強支持
路易十八
支持
強支持
路易・菲利普（七月王朝）
弱支持
弱支持
拿破崙三世
強支持
強支持
第三共和
反對
參與，強控制
法蘭西銀行百年以上的董事：馬利特，米臘博，羅斯柴爾德；四十四家族控制
創建，強控制
控制 300 家
控制
控制 400 家
控制
承銷
法國 800 家最重要的公司
巴黎巴銀行
競爭
巴黎聯合銀行
克里米亞戰爭公債
英國：法國，土耳其；奧地利，普魯士
俄國
承銷
天主教銀行家
拉非特
承銷
達維里爾、魯伯薩克、達摩其
同盟
鋼鐵大王：施內德
拿破崙戰爭賠款
英國國教銀行家
霸菱一
霍普
承銷
俄羅斯銀行家
控制
控制
全俄鐵路
不同形狀代表不同國家
英國
荷蘭
法國

第四章

美國：金權的「圈裡人」

在十九世紀由英國主導的全球貿易中，美國逐漸扮演原料與勞力的提供者，國力日強，來自歐洲的猶太商人也逐漸具有與歐洲銀行家分庭抗禮的份量。賽利格曼家族從小販起家，在南北戰爭之後成為「國債大王」。希夫家族在內戰之後的投資鐵路業，帶動了美國工業的發展，打造了股市的榮景。

賽利格曼：從小商販到國際銀行家

一八二〇年代的賽利格曼家族，仍然在巴伐利亞地區經營貨幣兌換這種猶太錢商的小生意。德國當時還未統一，由三十多個小邦國組成，各有各的貨幣體系，南來北往的客商帶著不同的貨幣，使用起來非常麻煩。

約瑟夫・賽利格曼

約瑟夫・賽利格曼八歲時就幫大人在銀號打雜，他發現各地區錢幣的價格是不一樣的。小約瑟夫十二歲就開始走街串巷，逐漸成為一個精明的錢商。他生意主要就是幫外地客商把其他地區的金銀幣換成本地貨幣，然後再把買進的外地貨幣賣給那些準備到外地旅行或經商的本地人，從中賺得一點差價。小約瑟夫從貨幣兌換生意開始瞭解到外頭世界的經濟資訊和地理情況，包括貨幣之間的兌換關係，逐漸鍛鍊出敏銳的商業嗅覺。

一八三〇年代，日耳曼開始了工業革命，巴伐利亞的傳統手工業者日漸蕭條，工作機會逐漸減少，越來越多的猶太人飄洋過海，到美國新大陸去討生活。

一八三七年的七月，年僅十七歲的約瑟夫帶著母親在褲子裡縫的一百美元，歷經千辛萬苦來到紐約，正好碰上美國一八三七年大蕭條。股票崩盤，經濟衰退，使得約瑟夫很難在紐約立足，他一路向西走到賓夕法尼亞才算落腳，從收銀員開始做起，每年的薪水不過區區四百美元。

約瑟夫非常注重觀察生活細節。在做收銀員的時候，很多農場主偶爾趕著馬車來到小鎮上的集市採購，這情形引起他的注意，他詳細記錄並分析這些農場主買的東西及其價格。經過一年的時間，他想出一套商業模式，如果帶著農場主所需的商品上門推銷，為他們省卻長途跋涉的勞苦，那麼客戶應該會願意為此多付一些錢，他賺的就是這個「增值服務」。主意已定，約瑟夫買了一些鏡子、戒指、刀具、小珠寶、手錶等價值高、重量輕的小商品裝入背包，徒步走在賓夕法尼亞的曠野村鎮之間，上門推銷商品。他的想法大獲成功，不到半年就掙了五百美元。他趕緊將老家的親戚找來，幾個兄弟一起開始行商生涯。不久，賽利格曼兄弟又合夥開了一間雜貨鋪。長期的推銷練就賽利格曼兄弟的如簧口舌，他們的名言就是：「賣給客戶需要的東西不算做生意，賣給客戶不需要的東西才是做生意。」

機緣巧合，約瑟夫很早就認識當時在第四步兵師服役的西蒙斯・格蘭特。格蘭特當時就駐在賽利格曼雜貨鋪的附近，格蘭特常到賽利格曼的鋪子買幾樣首飾給未婚妻。很快，約瑟夫和格蘭特就成了無話不談的好友。誰能想到這個格蘭特日後成為美國南北戰爭的名將，還選上美國第十八屆總統。❶

約瑟夫的雜貨鋪經營幾年下來，已經開始從事簡單的銀行業務，比如根據客戶的信用進行賒帳，買賣幾筆欠條，甚至收取一些客戶的存款，為其開設帳戶，用以支付貨款。

約瑟夫是一個喜歡琢磨的人，在經營雜貨鋪的過程中，他悟出買賣商品和買賣金錢有巨大差別。

商品買賣，只有在雜貨店開門並能賣出商品時，才能賺取利潤；反之，如果商品沒賣出去，資金就處於閒置、甚至是負債的狀態之下。但是錢就不一樣，金錢永遠處在活躍狀態之中，買賣交易和店面開門時間沒有關係。因為金錢能產生利息，一旦開始工作，是一天二十四小時、一週七天、一年三百六十五天，沒有節日、假日，無需休息中斷，不知疲倦，永不停歇。約瑟夫悟出，金錢是可以更快創造更多財富的美妙商品。

美國南北戰爭

經過十五年的經營，賽利格曼兄弟小有積蓄，未來的發展方向成為大家爭論的焦點。約瑟夫悟通「錢理」之後，力主應該向銀行業進軍。於是兄弟們動身前往紐約，投身一個令所有猶太人嚮往的行業——金融業。這幾個雜貨鋪店主自己也沒預到，短短十幾年之後，他們將成為世界級的國際銀行家，深刻影響美國的財政與外交政策。

奧古斯特・貝爾蒙特的「聯準會」

與賽利格曼同時到紐約的還有一個人也留名歷史，他就是奧古斯特・貝爾蒙特。貝爾蒙特也是猶太人，比約瑟夫‧賽利格曼大三歲，一生充滿傳奇色彩。十三歲就到法蘭克福羅斯柴爾德銀行當學徒。他脾氣暴躁、舉止粗魯、放蕩不羈，卻是個天資聰穎的金融奇才，初進羅斯柴爾德銀行從掃地工做起，但沒過多久就積極提出各種工作建議，展露不凡才能，很快被特許旁聽只有合夥人才能參加的重要會議。可惜貝爾蒙特這人野氣十足，全無貴族風範，常在公開場合讓羅斯柴爾德面上無光。羅家慧眼識珠，不拘一格用人才，把年輕的貝爾蒙特轉派到義大利那不勒斯做管理工作。貝爾蒙特二十一歲時被派駐古巴的哈瓦那，不久即以羅斯柴爾德家族美國代理人的身分來到紐約發展。❷

奧古斯特‧貝爾蒙特

隨著經濟高速發展，跨大西洋貿易劇增，紐約竄升為美國最大的貿易中心，小麥、麵粉、棉花大量湧入紐約出口到歐洲，歐洲的工業品也經紐約進入美國市場。商業與貿易的繁榮產生信用、融資、貼現、清算、保險、外匯等金融服務的需求。歐洲的資本經紐約的債券市場，滾滾湧入美國的實體經濟和基礎設施建設。紐約股票交易所成立於一七九二年，甚至比倫敦證券交易所的歷史還要悠久，美國重量級的公司紛紛在此上市，每年高達數億美元的股票在此易手，帶動金融業飛速發展，紐約很快成為第三大城市，居於波士頓和費城之後。

紐約和其他新英格蘭僵化死板的城鎮不同，沒有波士頓、費城、查爾斯頓等傳統新英格蘭大家族盤根錯節的勢力。傳統家族在這個年輕城市裡，沒有明顯的優勢。波士頓和費城的經濟基本上都被老牌大家族壟斷，風格嚴密而呆板。如波士頓的卡波特・羅威爾・勞倫斯家族集團，主要透過金融來控制紡織業，李・希金森・傑克遜家族則控制貨幣市場，這兩大集團基本掌控了波士頓地區的經濟。費城則有數家全國大型商業銀行，被漢密爾頓家族、莫里斯家族和威靈家族壟斷。這三大家族對美國商業銀行體系的影響至今日不衰。

許多猶太銀行家在紐約登岸落腳，逐步成長為美國決定性金融力量。這是紐約在發展金融的空前機遇。

貝爾蒙特到紐約的時候，正好也碰上一八三七年美國大衰退。不過貝爾蒙特有歐洲羅斯柴爾德家族的龐大金融資源做後盾，與賽利格曼的起跑點不同。貝爾蒙特甫到紐約，一出手就震驚金融界。大批紐約的本地銀行資不抵債，紛紛陷入破產邊緣，年僅二十四歲的貝爾蒙特狂掃紐約股市低價拋空的債券和股票，令他們起死回生。❸一八三六年，美國第二銀行被傑克遜總統關閉後，羅家控制下的美國私有中央銀行再度被廢。在這次金融危機，美國已沒有「最後貸款人」來拯救瀕於失敗的銀行系統，而貝爾蒙特的出現和出手，實質上起了中央銀行挽救金融系統的作用，年紀輕輕的貝爾蒙特加上背後強大的羅斯柴爾德金融帝國，居然發揮類似今天美國聯準會的功能。

紐約的上流社會

一夕之間，貝爾蒙特成為紐約的大人物。他能調動的資金規模之大，不僅震撼了紐約金融界，也驚動美國政府。貝爾蒙特頻頻出席各種社交活動，說得一口流利的西班牙語，也能說標準的義大利語，但法語的口音奇特。當時的紐約還是粗魯不文之地，分不太清楚各種口音之間的差別，初見貝爾蒙特，不由得驚為天人。

彼時的紐約正處在暴發戶急於尋找自身定位的階段，階級劃分還不森嚴。紐約人開始注重禮儀、穿著、社交圈子和派頭，各色各樣的禮儀培訓班多如牛毛，比如教人喝湯不要出聲，在公共場合不要挖鼻孔，不要老盯著陌生人看，不要隨地吐痰等等。

隨地吐痰是很嚴重的問題。在紐約劇院裡看完戲，坐在前排的女士往往發現裙子後身被後座吐的痰弄得一塌糊塗。歐洲人來到紐約，簡直被嚇壞了，沒想到紐約的社會秩序如此混亂，禮儀如此差勁，完全就是個蠻荒之地和文化沙漠。紐約的上流社會也對此痛心疾首。

此時，貝爾蒙特登場了。他來自歐洲，深受羅斯柴爾德家族的熏陶，言談舉止、行為處事，甚至他的口音都成為上流社會男士競相模仿的對象。貝爾蒙特還引領了紐約社交風氣，比如他「漫不經心的無所謂」社交態度，被紐約上流社會所效法。如果晚宴是七點鐘，貝爾蒙特很少在九點之前出現。照貝爾蒙特的貴族作風，準時赴約不過是一種對粗魯人的禮貌。

決鬥是貝爾蒙特的拿手好戲，讓他聲名大噪。貝爾蒙特特別注意挑選決鬥的對手，對方必須出身名門。貝爾蒙特曾挑了查爾斯頓海沃德家族的兒子進行挑戰，起因是海沃德在餐館跟女友聊天時，暗指貝爾蒙特是猶太人，這點激怒了貝爾蒙特。在決鬥中無人死亡——貝爾蒙特的大腿中了一槍，不過因為決鬥對手是海沃德家族的後裔，這一槍就傷得很值得。媒體和輿論的添油加醋，一下就樹立了貝爾蒙特在美國上流社會的形象，生意也越做越大。羅斯柴爾德家族的資本在他的運作下，源源流入美國國債市場。美國政府看中的是貝爾蒙特與羅斯柴爾德銀行的淵源，在一八四四年被美國政府任命為派駐奧地利公使。

貝爾蒙特這麼年輕就大權在握，當然引起紐約各階層——尤其是上流社會——的好奇。貝爾蒙特又不願談及身世和過去的經歷，於是種種風言風語在社交界流傳，甚至說他能得到羅斯柴爾德家族如此青睞，可能是羅家的私生子。

在真正的貴族眼裡，貝爾蒙特只是個暴發戶。社交圈並非上流社會，美國真正的貴族階層還是殖民地時代的大莊園領主。一六二九年到一六四〇年間，荷蘭的西印度公司把紐約附近哈德遜河兩岸的土地直接分封給這些大家族。這種分封制度類似歐洲的封建領主體制，大莊園領主家族永久擁有土地，可以設立自己的法庭，成立執行類似政府職能的管理機構。租用土地的人將為領主提供勞役和繳納稅收。美國殖民時代沒有國王，這種大莊園領主制度產生了美國最早的一批貴族，到現在仍是美國最古老的大家族。當時紐約著名的大莊園領主家族包括早期的萬恩、羅斯雷爾、阿斯特以及後來居上的克斯特和莫里斯。❹

一八六七年的華爾街

雖然貝爾蒙特背後有羅斯柴爾德，不可一世，但他面對這些大莊園領主貴族，還是自慚形穢。這些大家族每年都要舉辦好幾百人的聚會活動，一紙邀請函是真正「高級」身分的代表。貝爾蒙特從未受邀，令他大為惱怒。有一次他直接闖進邀請委員會，語帶威脅：「我已經調查了你們這些人的帳戶，我可以確定的告訴你們，要麼我今年得到聚會的邀請，要麼等聚會一完，我就讓你們全都身敗名裂。」貝爾蒙特如願以償，終於收到請帖。但是當他盛裝前往所謂的聚會場所時，居然沒有半個人——他是唯一受邀的客人。

儘管華爾街銀行家已經有了相當的影響力，但還是難以打入美國金字塔頂端的社交圈。此事對貝爾蒙特刺激很大，他左思右想，決定透過婚姻進入核心家族圈。貝爾蒙特挑未婚妻就像挑股票、葡萄酒，或決鬥對手一樣，衡量過家族權勢和宗教背景等因素之後，最後選了卡羅琳・培里為未婚妻。

培里家族雖不是特別富有，但絕對算得上是社會名流，能為貝爾蒙特帶來金錢買不到的社會地位。卡羅琳的父親是墨西哥戰爭的英雄，後來打開日本大門、迫使日本簽下不平等條約。叔叔也是一八一二年美英戰爭的名將。這次通婚大大提高了貝爾蒙特的社會地位，紐約的名門望族再也不能嘲笑他只是有錢的暴發戶了。

國債大王賽利格曼

> 賽利格曼在國債銷售中的貢獻，甚至相當於美國北軍在葛底斯堡擋住了南方李將軍的進攻。❺
>
> ——達德，歷史學家兼美國駐納粹德國大使

約瑟夫・賽利格曼性情急躁，精力充沛，身強體壯，不知疲倦為何物。舉手投足處處透出威嚴、權威，讓人望而生畏。約瑟夫追求完美，一舉一動、一言一行都講究精確，對於任何浪費時間的舉動都毫無耐心。在做每一件事之前，他會仔細想過做事的順序，加以精確安排。他能同時處理多種不同資訊和思路，在腦中構築複雜的計劃和概念，追求彼此搭配的效率，還能讓這些事件保持獨立，互不干擾。許多成功人士都有這種立體的資訊處理能力。

賽利格曼兄弟準備進軍美國銀行業時，美國正處在「自由銀行時代」。從一八三七年到一八六二年，隨著私有中央銀行──美國第二銀行──被廢，美國開始一段自由而混亂的銀行時代，民眾可以自由申請開辦銀行。當時的紐約似乎人人都可以自稱銀行家，只要穿著打扮像個銀行家就行。

賽利格曼從一八五二年進軍銀行業，一直從事傳統保守型業務。當時美國的鐵路空前繁榮，西部大開發如火如荼，鐵路和西部概念股價格飛漲。投機者以這些股票做質押，申請新的貸款，而這些貸款又被用來買股票，如此循環往復，導致整個紐約股市瘋狂上漲。與此同時，英國方面也放鬆銀根，紐約的商業銀行緊隨其後，在寬鬆的利率環境中，金錢唾手可得，消費者揮霍無度，市場一片繁榮，激起投資人冒險的熱情。

當時的紐約充斥暴發戶的氛圍，女子攀比著裝奢華，私人聚會較量品位檔次，豪宅廣廈鱗次櫛比，整個社會充滿揮霍和炫耀。股票市場的泡沫幻覺使得紐約人把風險二字拋諸腦後。鐵路公司的股價連番上漲，連很多還只是在紙上的鐵路，股價在一週之間也從二十五美分飆漲到四千美元一股。當然，所有的泡沫繁榮，都不可能持續，遲早要以破裂告終。在泡沫破滅之前，憑著對市場的靈敏嗅覺，賽利格曼及時賣光所有股票，只留了一小部分債券。一八五七年，股市突然大暴跌，紐約大批商業銀行頃刻倒閉，只有賽利格曼的銀行沒受太大的損傷。

不過，一八五七年的衰退來得急、去得也快。由於一八五八年加州發現大金礦，價值八百萬美元的黃金運抵紐約，相當於紐約銀行在危機前持有的黃金總量。兩個月以後，紐約的黃金擁有量就增加到兩千八百萬美元。危機之前，羅斯柴爾德透過貝爾蒙特向美國市場放貸了一千萬美元，他一收緊貸款，就造成金融市場的崩盤。而短短一年後，由於大量黃金湧入，羅家的一千萬貸款在一天之內就被輕鬆清償了。❻

南北戰爭爆發後，賽利格曼家族開始和聯邦政府打交道，主要是承接政府軍服方面的合約。當時聯邦政府支付的是林肯綠幣，這是一種聯邦政府自行發行的債券貨幣，利息為五%，可以直接用於流通。由於林肯綠幣沒有黃金作支撐，戰爭初期北軍又連吃敗仗，很多人不願意接受。隨著戰爭規模不斷擴大，聯邦政府的林肯綠幣流通量越來越大，賽利格曼收的林肯綠幣也越來越多，但他以林肯綠幣支付各種費用時，卻常常遇到麻煩。賽利格曼開始動腦筋，他計劃在歐洲市場將林肯綠幣作為債券銷售，套取黃金。

當時歐洲市場上林肯綠幣的收益率高達七・三%，如此高的收益率使得市場普遍認為聯邦政府情況非常不穩定，戰局前景不明朗。賽利格曼動員他在歐洲市場上所能動員的人脈關係，幫他銷售林肯綠幣。一開始銷售量不是太大，後來隨著北軍戰情逐步穩定，綠幣的銷量也日漸上漲。賽利格曼進一步在法蘭克福、慕尼黑、柏林、阿姆斯特丹、巴黎、倫敦等歐洲各大市場促銷綠幣，越到戰爭後期，綠幣銷量越是驚人。隨著持有北方債券的人數上升和戰局對北方日漸有利，歐洲市場對北方的同情和支援也與日俱增。畢竟誰都不希望北方的債券變成廢紙。賽利格曼在無意之間成為美國政府在歐洲最得力的外交活動家。

美國從一八六二年二月到一八六四年六月期間，一共發行了五・一億美元的林肯綠幣和部分國債，其中有兩千五百萬賣到海外，賽利格曼就包銷了大半，對剩下部分的銷售也貢獻頗大。史家認為，賽利格曼對於美國國債和林肯綠幣在海外銷售的功勞，甚至相當於美國北軍在葛底斯堡擋住南方李將軍的進攻。無論歐美，在戰爭中的金融動員能力就有如糧草供應，交戰雙方的戰爭能力取決於此。戰爭打的永遠是錢糧，這是顛撲不破的真理。

賽利格曼從雜貨鋪老闆進軍銀行業僅僅十二年，就創造了國際金融史上的奇蹟。不過，賽利格曼也受到很大的刺激，他親眼目睹羅斯柴爾德和其他歐洲重量級猶太銀行家族在金融市場和政界呼風喚雨的本事，深覺有為者亦若是，他夢想建立一個像羅斯柴爾德家族那樣龐大的金融帝國。

一八六五年，美國政府準備發行另外一批四億美元的國債，賽利格曼此時已成為華爾街猶太銀行家的領袖人物，他將後續從日耳曼移民到紐約的新興猶太銀行家族組建成承銷團，準備承銷其中的五千萬美元，這在當時的華爾街是個天文數字。最後，賽利格曼公司賣出了創記錄的六千萬美元！

賽利格曼頓時成了華爾街的傳奇，在華盛頓的聲譽如日中天。這場戰爭成就了賽利格曼，同時也大大削弱貝爾蒙特的地位。林肯總統原本將債券銷售的希望寄託在貝爾蒙特身上，但羅斯柴爾德家族更樂於看到美國分治以從中獲利，所以將國債承銷折扣壓得太狠，逼得林肯轉向在國際金融市場上的無名之輩賽利格曼。由此，貝爾蒙特在華盛頓的影響力大受衝擊。

約瑟夫志得意滿，準備開始實施他的宏圖大略。就在南方李將軍投降時，約瑟夫把兄弟們找來，開始組建賽利格曼國際銀行網路。他的計劃可說是羅家六十多年前的翻版。賽利格曼準備建立一個以美洲大陸為中心，輻射全歐洲的銀行網路。每個兄弟都被派往一個歐洲城市，威廉・賽利格曼喜歡美酒佳肴，於是被派到巴黎；亨利・賽利格曼在日耳曼的時間最長，所以受命前往法蘭克福；伊薩克・賽利格曼是賽利格曼兄弟中第一個見到林肯總統的，他被遣往倫敦。臨行前約瑟夫千叮嚀萬囑咐，要盡一切努力見到羅斯柴爾德男爵，以建立直接的商業關係。此時的約瑟夫雖然戰績輝煌，但還沒打入歐洲國際銀行家的圈子。

賽利格曼力撼財政部長

儘管戰後美國經濟飛速發展，富有家族迅速崛起，但美國政府的財務狀況卻不妙。一八六六年，美國國庫只剩大約一億美元，而公共債務在戰爭中已經迅速膨脹到三十億美元。美國財政部準備在重建經濟的過程中，發行十到四十年的長期國債來償還短期債務。賽利格曼是戰爭期間的國債銷售明星，在長債的發行上也承攬了一大塊業務。

賽利格曼在林肯總統時代，跟三任財政部長的關係都不錯。一八六九年上任的總統格蘭特更是約瑟夫・賽利格曼在賓州開雜貨鋪時就結識的好友。格蘭特總統甚至私下找賽利格曼，問他願不願意出任財政部長一職。約瑟夫雖然能力不成問題，但他還是婉拒了格蘭特總統的邀請。不料，後來格蘭特總統任命的新財長喬治・波特威爾成了約瑟夫的對頭。他們的關係一開始還不錯，共同制訂計劃，對財政部特別是國債延展，貨幣穩定，建立美國政府在海外的信用等方面都達成共識。其中兩個方面的共識至關重要，第一就是美國重新恢復金屬貨幣體系，停止林肯綠幣發行；第二是戰爭已經結束，政局穩定，美國政府債券高達六%的利息過高。

請注意，此時的約瑟夫並沒有一官半職，居然能和財長討論貨幣與財政政策，可見約瑟夫對美國政府的影響力之深。六%的國債利息定價，涉及到三十多億美元的龐大債券市場的價格走向，賽利格曼家族既是遊戲規則制定者，又是債券市場的大玩家，其中的利益衝突顯而易見，卻又暢行無阻，這樣的局面其實一直持續到今天。

賽利格曼家族只要有判斷和說明，整個美國債券市場都要仔細聽，因為每一個基點的變動，在規模巨大的債券市場上都關係到生意的成敗。賽利格曼家族和財長達成共識，美國國債利息應該被定為五%。❼

但是當波特威爾向國會報告債券發行計劃時，利息不是兩人說好的五%，而是調整成四・五%。約瑟夫聞訊勃然大怒，波特威爾竟然沒有事先知會他，就將利息下調為四・五%，中間差了五十個基點之多。約瑟夫怒不可遏，衝到波特威爾的辦公室抗議，他認為利息太低，而且降得太快，強調這麼低的利息在歐洲市場是賣不動的。作為承銷商，國債利息定得越高就越好銷售，承銷費也越好賺，四・五%的國債利息大大提高了銷售的難度，降低了賽利格曼家族的利潤空間，難怪他如此憤怒。不過，波特威爾是站在美國政府的立場上看問題，下降五十個基點將大幅降低政府的財政支出，間接減少全體人民的稅賦，利國利民。身為財政部長，他也沒有事先向華爾街銀行家請示彙報的義務。話雖如此，波特威爾觸犯了國際銀行家定下的「潛規則」。

不要忘記，誰掌握了世界金融市場信用和資本流動的管道，誰才是真正的遊戲規則制定者！約瑟夫不過是區區券商，竟敢到美國財政部長辦公室大吵大鬧，這在金權至上的西方，其實再正常不過。華爾街制定方針，華盛頓執行政策，過去如此，現在依然如此。

約瑟夫堅稱如此低的國債利息，在歐洲市場沒法銷售，在世界任何地方都賣不動。但是波特威爾的態度不容動搖，三十億美元的國債，每節省五十個基點就是節省一千五百萬美元的政府開銷，要知道當時美國財政部全部家當只有區區一億美元！波特威爾冷冷地說：「我已經決定了，四・五%的利息非常合適。」約瑟夫氣得當面告訴波特威爾：「你是個笨蛋，非常愚蠢！」

約瑟夫馬上寫信給在法蘭克福的兄弟亨利，讓他打聽日耳曼銀行家是否願意接受波特威爾的報價，同時他又要在巴黎的弟弟威廉，去瞭解巴黎金融市場的反應。結果巴黎的馬利特、米臘博、霍廷格家族的反應跟約瑟夫一樣，波特威爾的低息國債是不可能在歐洲發行成功的，五%是底線。

但是波特威爾仍然拒絕向國際銀行家讓步。約瑟夫由於跟歐洲國際銀行家取得共識，所以也堅決不讓，而且開始遊說國會議員，試圖讓他們出面勸波特威爾停止「荒唐」的做法。結果波特威爾被激怒了，指出約瑟夫對政府事務的干涉並沒有得到任何授權，更不應干涉國會決策，兩人的敵意浮上檯面。誰控制國際金融市場的管道，誰就可以要脅政府，甚至和政府對抗。

雙方僵持不下之際，美國國會作出妥協，國會在一八七〇年七月十四日和一八七一年一月十二日授權兩次國債發行，總額是十五億美元。基本上是採取波特威爾的方案，十五億中只有兩億按照五%的利率發行，算是給賽利格曼家族面子，其餘部分的利息甚至比波特威爾提出的四・五%還要低，只有三・五%。約瑟夫覺得受人利用，心裡非常鬱悶。其實，波特威爾找約瑟夫，主要是利用約瑟夫金融方面的專才，幫他規劃，最後他只調整發行債券的利率，其他部分仍然延用約瑟夫的方案。賽利格曼家族拿到這五%利息的兩億美元債券承銷生意，作為補償。市場人士也是這麼想，華爾街的債券承銷商蜂擁而來，找約瑟夫要求做分銷商。

誰也沒有想到，美國財政部給賽利格曼家族五%國債承銷額度只有一半：一億美元。一八七一年三月，巴黎的威廉・賽利格曼在給朋友的信中氣憤難平：「昨天晚上電報的內容令我大為震驚，波特威爾在歐洲任命了承銷美國債券的代理人，在這些公司清單中，賽利格曼甚至不在承銷商之列。這與我們相信的事情完全相反，在目前的情況下，我們完全是被政府玩弄了，我們不知道是什麼造成了這般忽視我們存在的事實，這種待遇如此之不公正，到底是因為波特威爾對我們存有私人恩怨，還是對我們缺少信心，或這是競爭對手使了一些陰謀詭計？」❽

波特威爾也在權衡利弊，經過思考，他還是決定讓賽利格曼家族進承銷團，但是只是並不享有任何特殊待遇。賽利格曼家族在受到這種「羞辱」之下，斷定國債銷售肯定會失敗。由於他在國際銀行家圈子的深厚人脈關係，他這個「斷言」果然應驗了，整個債券銷售情況極差。最後波特威爾甚至不得不直銷沒有賣出的債券。這種試圖繞過國際銀行家苦心經營的金融管道的辦法，在市場上遭到國際銀行家的抵制，大部分債券根本賣不動。無奈之下，波特威爾只能邀請賽利格曼家族加入倫敦和紐約兩個承銷銀團。債券果然熱銷了。最後，格蘭特總統欣然宣佈，這次債券發行，確立了美國在海外的信用。

賽利格曼：美國的羅斯柴爾德

南北戰爭期間，在巴黎坐鎮的威廉・賽利格曼就曾試圖與羅斯柴爾德巴黎銀行建立聯繫，約瑟夫也曾親自到倫敦敲門，但是羅家冷淡以對。一八七四年，約瑟夫向格蘭特總統的新財長班傑明・布雷斯托申請承銷價值兩千五百萬美元的新國債。自前任波特威爾發行國債不順以來，布雷斯托希望能有一個強大的承銷團來承擔此次發行，他強烈暗示約瑟夫，希望羅斯柴爾德家族來領銜承銷團。

但是，約瑟夫自有一番考慮，他自己就想成為另一個羅斯柴爾德。他按捺住脾氣，很禮貌地反問，羅斯柴爾德家族進承銷團的意義何在？他提醒在南北戰爭期間，羅家拒絕協助聯邦債券銷售一事。但此時戰爭已經結束十年，戰時羅家的「劣跡」逐漸淡去，布雷斯托仍然力主羅斯柴爾德進入承銷團。

萬般無奈之下，約瑟夫只好給兄弟寫信：「現在總統和布雷斯托先生都非常希望我們能和羅斯柴爾德家族一起做這次（國債）承銷。就像他們所說，如果聯合在一起，無人能與我們相競爭。但我擔心傲慢自大的羅斯柴爾德家族不會把我們當成平等的夥伴。」約瑟夫當時的顧慮也是實情，雖然美國發展很快，自己也已成為華爾街當紅的投資銀行家，但面對國際金融業的老大羅斯柴爾德，約瑟夫還是覺得心虛氣短。

羅斯柴爾德作為國際金融業的霸主，有一個不成文的慣例，只要是不能由他們主導的業務，一概不予參與。財政部長布雷斯托跟羅家直接聯繫上了，羅家回應也很簡單，如果請羅家來做主承銷的話，要拿到份額的八分之五，然後賽利格曼和其他一些所謂的可靠銀行，可以分剩下的八分之三。

約瑟夫聽到消息，心裡很不舒服，明明是自己親手奉上的生意，羅家寸功未立，就要坐上座，天下哪有這樣的道理？他馬上去和羅家討價還價。約瑟夫提出，如果能把賽利格曼的名字加入承銷的所有廣告，與羅斯柴爾德的名字一同出現，那麼他可以考慮羅家的條件。畢竟和羅斯柴爾德的名字一起出現在承銷團的廣告上，標誌著賽利格曼家族正式進入國際銀行家的核心，具有重大的戰略意義，少賺點錢倒在其次。

羅斯柴爾德的回答很簡單：不行。羅家根本就沒有考慮廣告的問題，不過現在既然賽利格曼提出來了，這個問題就必須要說清楚。羅家的態度毫無迴旋餘地，賽利格曼家族的名字不能出現在廣告中，一點都不行。約瑟夫既惱怒又緊張，給倫敦的兄弟伊薩克的信中說道：「如果到下個星期，羅斯柴爾德家族還不接受我們的名字上廣告與他們家族的名字並列的話，我們就要把問題升溫了，對羅斯柴爾德家族施加壓力。因為我不相信布雷斯托能忽略我們，而把這麼大一筆貸款只給羅斯柴爾德家族。羅斯柴爾德家族雖能在競標中超過我們，但是我們可以為美國政府所用，而羅斯柴爾德家族卻不行。」

羅斯柴爾德家族在回覆布雷斯托的信中說道，羅家可以考慮把賽利格曼的名字放在廣告上，前提是賽利格曼同意拿更小的承銷份額：八分之二。約瑟夫權衡利弊，左思右想，他認為從聲譽地位的角度看，如果賽利格曼的名字能和羅斯柴爾德家族的名字並列，產生的品牌效應和潛在的商業價值將非常巨大，似乎值得一搏。但他還是心有不甘，希望能多拿一點份額。於是他再次提出新報價，向羅家懇求，能不能比八分之二稍微再多一點點，具體說就是三一・二五%。如此糾纏，讓羅斯柴爾德家族非常不耐煩回覆道：如果約瑟夫願意的話，可以拿二一八%的發行份額，然後把他們的名字放到廣告上，當然是在羅斯柴爾德家族的後面。

約瑟夫經過再三考慮，終於還是妥協了。他在給伊薩克的信中說道：「到目前為止，我們至少能跟羅斯柴爾德家族一起競標，儘管我們二八%的份額是小了一點，但我還是決定同意。」

倫敦的伊薩克・賽利格曼就是帶著這樣一個條件，以賽利格曼家族的代表去見羅斯柴爾德。伊薩克見過世面，早在十年前的一八六四年，他就成為美國總統林肯的座上賓。不過，他此時的心情比見林肯總統時還要緊張複雜。伊薩克要見的羅斯柴爾德男爵就是萊昂內爾・羅斯柴爾德。他進入英國議會已經八年，但一直拒絕宣誓。因為他堅持在宣誓時使用《舊約》，而不用《新約》聖經，這一做法違背了英國議會的傳統，在英國議會中形成很大的爭議。雙方僵持不下的結果是，萊昂內爾在英國議院做了十五年議員，始終沒有說過一句話。萊昂內爾的強勢性格可見一斑。

伊薩克在一個星期六造訪萊昂內爾。按照猶太教規，星期六是不能工作的。萊昂內爾對來訪的伊薩克說道：「我是一個比你更好的猶太人。因為你星期六還要做生意，我星期六是不做生意的。」這是萊昂內爾表達輕慢的方式。伊薩克環顧室內，看到萊昂內爾的辦公桌上放著一疊文件，就回答說：「男爵殿下，我認為您在星期六這一天做的生意比我一個星期都多。」高手過招，點到為止。

當天晚上伊薩克給約瑟夫寫信，說老羅斯柴爾德態度還算比較友好，如果他願意的話，雙方的關係可以拉得更近一些。現在伊薩克終於打破了羅斯柴爾德的防線，進入國際銀行家的核心。約瑟夫得到這個消息之後，寫了三頁的回信，極盡溢美之辭稱讚羅家。他要伊薩克務必讓萊昂內爾讀到這封信。約瑟夫在信中試探，說羅家若在紐約與他合作，會強過與貝爾蒙特那樣的人為伍。他大力自薦，說他各方面的能力和才幹都遠勝貝爾蒙特。

賽利格曼家族與羅斯柴爾德家族接頭之後，還取得了一個意想不到的效果，得到了極大的滿足。他在給伊薩克的信中寫道：「這回摩根和左格索家族表現得非常嫉妒，一方面是我們拿到這筆生意，另一方面就是我們跟羅斯柴爾德家族的合作讓他們很吃味。」

一八七四年秋，萊昂內爾請伊薩克・賽利格曼到辦公室，向他傳遞了一個消息，五千五百萬美元的美國國債即將開始銷售，羅家建議承銷團應該由羅斯柴爾德、摩根和賽利格曼三個銀行家族聯袂組建。這也是第一次貝爾蒙特身兼羅斯柴爾德和賽利格曼兩家銀行共同的代理人。伊薩克毫不遲疑就同意了，這意味著賽利格曼從此正式躋身全世界最強大的金融圈子。

羅斯柴爾德、賽利格曼、貝爾蒙特和摩根在紐約和歐洲形成了國際銀行家族大聯盟，佔盡好處，以至於在一八八〇年前後，整個華爾街都在抱怨倫敦、德國這些銀行家基本上壟斷了整個美國債券在歐洲的銷售。賽利格曼也開始被人稱為美國的羅斯柴爾德。

自從林肯綠幣發行以來，國際銀行家視林肯的貨幣改革為眼中釘，欲除之而後快。一八七七年，華爾街的銀行家來到華盛頓，與財政部長謝爾曼商議如何廢除林肯綠幣，約瑟夫和貝爾蒙特是其中的主力。謝爾曼請他們兩人各自提出計劃書，幫助政府平衡預算，滾動政府債務。兩人不約而同，都主張廢除林肯綠幣。

一個星期以後，謝爾曼給約瑟夫捎了口信，稱讚他的計劃非常出色，也是最為精密而實用的，將被政府採納。這個計劃的核心就是為林肯綠幣建立四成的黃金儲備，用金幣來支付林肯綠幣的利息。這一方案實際上將林肯綠幣發行跟黃金鎖在了一起，其實質是限制政府發行貨幣的權力，同時又不事張揚。貨幣與黃金掛鉤，而黃金被羅斯柴爾德家族牢牢控制著。世界上實行金本位的國家，其中央銀行並不是最後的貨幣權威，掌握世界黃金礦產、交易和流向的羅家才是真正的後盾。黃金作為貨幣具備天然的優勢，如何打破黃金的壟斷才是問題的要害。

一八八一年七月二日，剛上任不久的美國第二十任總統加菲爾在首都華盛頓遇刺，被送到白宮醫治，病情一度穩定下來。九月六日，為了「避暑」，加菲爾總統被送到賽利格曼在紐澤西的別墅中「透氣」，結果病情惡化。九月十九日十點三十五分，加菲爾總統在賽利格曼的別墅去世。❾

這段歷史啟人疑竇，遇刺的美國總統並不是死在醫院，也不是逝於白宮，而是在賽利格曼的家中。美國總統一般不應、也不會到某個人家家裡去治病，特別是總統在遭到刺殺的情況下，安全更是第一考量。這是一個「不合常規」的安排。加菲爾總統和傑克遜總統一樣，都是美國私有中央銀行制度堅定的反對派，而賽利格曼和其他國際銀行家族顯然是私有中央銀行最有力的支持者。

賽利格曼：真正的「巴拿馬之父」

約瑟夫・賽利格曼死後，由弟弟傑西・賽利格曼當家。隨著一八六九年蘇伊士運河的開通，實現了以運河連接兩大洋的夢想。一個具有重大戰略價值的構想隨即提出──在加勒比海地區的巴拿馬開鑿一條運河，接通大西洋和太平洋，將大大縮減從太平洋到美國東岸的運輸距離和時間。

傑西・賽利格曼就是專案的主要推手，他幫助籌建法國巴拿馬運河公司來運作此專案，賽利格曼銀行負責公司的股票發行。當時的法國公司很想用賽利格曼家族品牌進行融資，不惜一次支付三十萬美元作為使用費。巴拿馬公司的承銷團很快在美國成立，賽利格曼、左格索、摩根聯手擔任美國股票發行的承銷商。在法國負責銷售的是賽利格曼的法國分支和巴黎銀行。

最初估算建造運河的成本為一・一四億美元，股票發售總額將達到六億美元，資金看起來綽綽有餘。運河建成後歸法國政府來管理。當然此事在美國國內引起軒然大波，很多人批評該專案引進歐洲的強權，控制了至關重要的水道，批評賽利格曼出賣美國利益。另一方面，美國多年以前就想在中美洲的尼加拉瓜修建運河連通兩大洋。從地理位置來看，尼加拉瓜距離美國更近，如果通過尼加拉瓜湖建立連通水道，更合乎工程建設的實際考慮。在一八七三年經濟危機之前，一直有美國公司在做前期的勘探工作，只不過危機使專案陷入停頓。此時，這兩個方案不相上下，變成重大的政治問題。

賽利格曼和摩根家族力挺巴拿馬運河方案，美國部分媒體開始痛批他們出賣美國，也有人說這是猶太人的陰謀。賽利格曼在紐約報紙上表示，這是私人專案，跟國家沒有任何關係，公司的運作將會有很好的回報，而且所需的機器設備都將從美國購買，將確保美國的最大利益。由於修建工程是由法國名建築師德・勒瑟普主持，巴拿馬運河公司股票在法國銷售完全沒問題，在美國市場也很順利。最初的股票發售還被超額認購。

運河開挖在即，德・勒瑟普決定修建一座與海平面同高的運河，這樣就不必使用船閘，大約需要七年左右的時間。他和工程師已經考察了當地的山區和峽谷，包括瀑布等等自然環境。一八八四年，尼加拉瓜政府和美國簽訂運河條約，如果順利建成，中美洲將會出現兩條運河。不料德・勒瑟普碰到諸多困難，若是不建船閘，兩邊水位可能會有落差。他在船閘問題上又考慮了兩年多，最後經過了九年的建設，四億美元花得一乾二淨，足足是當初預算的四倍，但是運河工程連三分之一都沒有完成，整個專案陷入困境，德・勒瑟普也遭到解雇。美國國會開始組織委員會調查，為什麼美國投資人花了這麼多錢，在運河上遭受這麼大損失，而像賽利格曼和摩根這樣的銀行家卻從股票承銷賺了這麼多錢。委員會調查之後發現，傑西・賽利格曼原本打算安排老朋友、前美國總統格蘭特擔任運河委員會的主席，年薪二・四萬美元，但為格蘭特所拒，於是傑西找到哈耶斯總統的海軍部長湯普森。湯普森辭去海軍部長職務，接受了這個工作。

調查還發現，賽利格曼跟許多機器設備商達成各種協定和合約，這些都構成利益衝突的問題。在接受調查的時候，參議員問傑西・賽利格曼，為什麼湯普森這樣的人會被選為運河委員會的主席：「他並不是一個偉大的金融家，對嗎？」傑西回答說：「不，但他是偉大的政治家和律師。」參議員接著問：「你曾經把這個位置提供給格蘭特將軍，他是偉大的戰士，也是大眾崇拜的偶像，但他不是一個偉大的律師、金融家，或偉大的政治家，對嗎？」賽利格曼淡淡回答：「格蘭特將軍是我非常要好的朋友，我永遠都會特別照顧我的朋友。」

海軍部長湯普森在約瑟夫去世後幾天，給傑西寫了一封信，賽利格曼希望將這封信加入調查的材料中。該信提到：「在我任職期間，我有幸比較了解約瑟夫的個性，我與你們家族銀行的第一次接觸就是透過他，時間在一八七七年夏天，當時海軍部是由我主持。彼時海軍部的財務狀況讓人尷尬，主要是欠了貴家族銀行幾十萬美元的債務，而且債務量不斷增加。當時海軍部無力償還整個債務，甚至清還其中大部分都是不可能的，此事已經給政府造成極大的困擾和尷尬，也對海軍部的業務產生相當嚴重的影響。當約瑟夫・賽利格曼瞭解到這個情況之後，立刻建議把全部債務展期到下一個會計年度，並允許（海軍部）繼續借債。他的提議非常具有愛國主義精神。我當時充滿感激，接受了他的提議，這樣我們的海軍部才度過最困難的時期。」

這封信寫得及時而有力，救了處於輿論困境中的賽利格曼。最後，國會調查沒有發現賽利格曼等人有什麼錯誤行為，但此事對賽利格曼家族的聲譽和華爾街的形象造成嚴重的負面影響。於是國會決定立刻開始修建尼加拉瓜運河。⑩

雙方對運河走哪條線進行激烈爭吵時，賽利格曼找到了國會的內線朋友，其中包括馬克漢納參議員，他是研究確定運河線路委員會的領導者。賽利格曼請求馬克漢納參議員提議國會，暫時先不要做決定，直到他們這個調查委員會的報告提交。參議員答應了，國會也同意再等一等。但是結果令賽利格曼大失所望，委員會的結論傾向選用尼加拉瓜線路。賽利格曼家族於是在巴黎找到一個名叫菲利普・邦內弗瑞拉（Philippe Bunau-Varilla）的人來進行遊說。[11]

菲利普從十歲就夢想在巴拿馬開鑿運河，當聽到德・勒瑟普在蘇伊士開挖運河成功之後，他的想法越加強烈。當賽利格曼找到他，菲利普毫不猶豫，就接受這個工作。他到美國之後，開始到處進行密集演講。可惜菲利普在美國幾個月的遊說還是不管用，國會最後仍然投票，一致支持走尼加拉瓜線路。在賽利格曼的大力支持之下，菲利普進入最後的關鍵遊說活動，試圖扭轉參議院的決定。菲利普幾乎是近於瘋狂地遊說巴拿馬線路的優勢，舉行了多場演講。菲利普實在太過激動，以致讓法國駐美使館認為菲利普已經瘋了，緊急通知菲利普在巴黎的兄弟。他的兄弟急忙從巴黎趕到美國，發現菲利普無法平靜下來。

正在這個緊急而微妙的時刻，出現了一個戲劇性的變化：西印度群島的聖文森火山爆發，數千人喪命。在此之前兩天，死火山的皮利火山也爆發了，三千多人死亡。尼加拉瓜有火山，巴拿馬卻沒有。菲利普靈光乍現，馬上衝到郵局，找到一枚五披索的尼加拉瓜郵票，上頭是一個濃煙滾滾的火山噴發。菲利普如獲至寶，立刻買了九十張火山噴發的郵票，貼到信封上，寄給每位參議員，指出這張郵票就是尼加拉瓜地區有火山噴發的證據。三天之後，參議院投票表決。最後，參議院以八票之差，支持巴拿馬線路。賽利格曼歡欣雀躍，菲利普也立刻買了更多的火山郵票，寄給所有眾議員。眾議院也開始調整原先的立場。

賽利格曼和菲利普還沒來得及慶祝，又面臨一個更嚴重的新問題。巴拿馬當時是哥倫比亞的一省，哥倫比亞政府已經改變主意，不願提供運河通道。菲利普馬上對哥倫比亞施壓，花大錢遊說哥倫比亞政府官員，但是哥倫比亞議會還是否決了運河條約。如果哥倫比亞不批准巴拿馬建運河的話，賽利格曼就白忙一場，一切努力都成泡影。

近乎絕望的菲利普對賽利格曼哀歎：「我們全輸了，什麼也沒有剩下，除非讓巴拿馬脫離哥倫比亞，但那將意味著一場革命。」傑西・賽利格曼反問菲利普，需要花多少錢才能製造一場革命？菲利普明白賽利格曼的意圖，立即召集一幫巴拿馬的分裂主義分子討論革命計劃，並著手核算革命的成本。巴拿馬分裂分子相信，至少要六百萬美元來支付給當地的遊擊隊。菲利普趕緊向賽利格曼彙報，六百萬美元是革命的最低成本。賽利格曼覺得報價高得離譜，給了個底價，十萬美元，而且必須是一場徹底的革命。巴拿馬分裂分子爽快接受了這個條件

菲利普得到巴拿馬分裂分子承諾之後，飛快地跑回賽利格曼的辦公室，就在銀行合夥人的辦公桌上，起草了巴拿馬獨立宣言和巴拿馬憲法。然後他搭上前往華盛頓的火車，去見老羅斯福總統。他在回憶錄中說：「我告訴羅斯福總統，要求他答應我一個條件，當革命爆發的時候，美國的戰艦會出現在巴拿馬附近，以保護美國人的生命和利益。這個美國利益裡面也包括賽利格曼的利益。總統只是看了看我，沒說半句話，當然，美國總統不可能給我這樣一個許諾，特別是對一個像我這樣的外國人。但他看了我一眼，這對我來說已經足夠了。」換句話說，老羅斯福總統已經默許了這件事情。

一九〇三年革命爆發時，美國的戰艦納西威爾號確實到了巴拿馬，監視革命的進展。納西威爾號戰艦的出現可以被視為美國方面對巴拿馬分裂分子的道德支援，而且也威脅了哥倫比亞政府放下武器，讓巴拿馬獨立的作用。這是賽利格曼的一大勝利。賽利格曼家族為了感激這位功臣和朋友，給菲

利普安排了一個很有意思的工作。菲利普・邦內弗瑞拉以法國公民的身分，被任命為第一任巴拿馬共和國的駐美大使。⓬

此時的國際銀行家已經有能力製造一場大革命、國家分裂或戰爭，來實現自身的利益。巴拿馬也就這麼獨立了，而賽利格曼家族才算是真正的「巴拿馬之父」。

希夫的時代

雅各布・希夫家族也是起源於法蘭克福的猶太家族，但身世與賽利格曼大不相同。希夫家族堪稱猶太人中的名門望族。根據記載，希夫家族可追溯到猶太民族的源頭。希夫家族在法蘭克福這邊的分支可追溯到十四世紀。雅各布・希夫甚至把祖先追溯到西元前十世紀左右，直達所羅門王譜系。希夫與羅斯柴爾德家族淵源極深，交情超過百年。十八世紀後半葉，希夫家族曾和羅斯柴爾德家族是鄰居，共同擁有一棟多層住宅。雅各布・希夫常說：「我承認，儘管我們家族不像羅斯柴爾德家族那麼有錢，但我們家族更加正統而高貴。」羅斯柴爾德被公認為一個極能賺錢的家族，但希夫家族不僅出了好多位成功的銀行家，更有不少出色的學者和宗教領袖。⓭

雅各布・希夫胸懷大志、才華出眾，是老謀深算、機敏幹練的新一代猶太銀行家。他從小就很清楚自己的目標，十八歲就瞞著父母藉口到倫敦旅遊，其實是打算獨自一人去紐約考察一圈。希夫身上帶著五百美元，很快找到了幾個志同道合的夥伴，大家決定成立一家股票經紀公司。準備正式簽署協定時，才發現希夫還不到法定年齡。而且希夫的個性支配欲極強，使得他無法與別人合作，他選擇了回家鄉，尋找新的機會。

希夫回歐洲時，見到了沃伯格家族的保羅和菲利克斯兄弟，對他們留下深刻的印象。⓮這次見面對未來的華爾街、乃至全世界的金融業，都有深遠的影響。在德國，希夫結識了亞伯拉罕・庫恩。庫恩和雷波在華爾街成立庫恩雷波公司之後，由於思鄉心切，就回到法蘭克福。庫恩一見到希夫，就覺得這個年輕人與眾不同，建議希夫到紐約加入庫恩雷波公司。於是希夫又回到紐約，正式加入庫恩雷波公司。這一年是一八七三年，希夫正好二十六歲。

希夫到紐約之後，深受美國蓬勃的發展形勢和國家欣欣向榮的局面所吸引。美國內戰之後，隨著鐵路工業大發展，鐵路合併、破產、重組給華爾街創造了巨大的商業機會。一八七〇年前後，鐵路公司的股票和債券是除了國債之外最大的市場，成為華爾街利潤的源頭活水，構成整個美國股票交易市場八五%的成交量，同時在歐洲也激起對鐵路股票和債券的熱情。美國鐵路債券和股票在法蘭克福、倫敦、巴黎和阿姆斯特丹的銷售非常成功，創造了一批銀行家富豪。當時華爾街的頭號人物自然是約瑟夫・賽利格曼，但他在鐵路方面的投資一直很不順利。

雅各布・希夫

希夫仔細研究了賽利格曼在鐵路投資方面的步驟，發現了賽利格曼失招之處。賽利格曼其實對鐵路怎麼生產，因何興起，如何運作以及具體營運等事務完全不感興趣，他只把鐵路當作一個盈利的手段和目的。但希夫則不同，他在投資鐵路之前，先要成為鐵路方面的專家。

希夫準備進軍鐵路行業。他先擔任多家鐵路公司的董事，深入瞭解鐵路運作的細節，比如鐵軌鋪設的過程、鐵路倉儲、鐵軌生產流程、運輸狀況等。他在考察時還會向工作人員討教，從技工到工程師，從普通蒸汽機添煤工到高級管理人員，甚至包括管剎車的工人。

正是由於希夫嚴謹務實的態度，以及對鐵路運作細節的深刻把握，使他知道鐵路公司在什麼情況下、需要什麼樣的金融工具和怎樣的金融服務，並把鐵路管理運作方面對金融的需求，準確而有效地轉成華爾街的投資商品，同時結合對各種融資工具的管道、節奏、分寸的掌握，希夫在鐵路金融領域的優勢無人能出其右。

從一八七三年到一九〇〇年，在近三十年的時間裡，鐵路主宰了美國的金融業。希夫跟隨這個行業的發展，水漲船高，逐步把庫恩雷波公司從一個小規模投資銀行，變成主宰美國鐵路金融的巨頭。連摩根這樣的重量級銀行家，都不得不歎服希夫的能力，尤其是他結合金融和鐵路專業知識的本事。

希夫成功的另一個原因是他能跟歐洲的國際銀行家直接進行溝通，得到歐洲的龐大資金和國際銀行家的鼎力支援。就金融影響力而言，此時希夫已超越前輩賽利格曼。賽利格曼雖然也投資鐵路，但始終不懂鐵路的商業模式。華爾街的金融家認為鐵路的商業模式背後其實是地產商機，大家與其說是關心鐵路，不如說是關心鐵路背後的土地投機。根據美國的法案，沿著鐵路線周圍一定範圍之內的土地歸鐵路公司所有，用土地來進行融資，融資完畢即進行鐵路建設。因此華爾街炒鐵路股票和鐵路債券，很大成分是看中鐵路沿線周邊的土地開發和土地投資。從某種意義上來說，鐵路熱背後是土地開發熱。包括賽利格曼在內的金融家其實並不關心鐵路本身，他們只把鐵路當作炒作對象而已。

但希夫的看法更深刻，他認為鐵路線其實是在一片土地打開一個通道，這些土地向各行各業的開發者出售，從而將各種各樣的生產、加工、貿易活動集中到鐵路沿線。正是這種商業活動創造了鐵路運輸的需求，而這種需求支付了鐵路的建設成本和運作成本，並為鐵路創造效益。這才是鐵路金融的精華。

希夫在介入太平洋聯合鐵路專案時，前後做了四年的調查。太平洋聯合鐵路陷入鉅額債務危機，光是欠美國政府的債務就高達四千五百萬美元，還要加上六％的利息。這些未付的利息積累了近三十年，鐵路線總的長度從一萬三千公里減到七千六百公里，各種壓力壓得這條鐵路生機全無，華爾街也不看好這個專案。希夫找到當時主宰華爾街的摩根，他也不對這條鐵路抱任何希望，並表示希夫可以放手一試。

日後的事實證明，摩根犯下重大錯誤。得到摩根的默許之後，希夫開始動員，並悄悄買進太平洋聯合鐵路的股票和債券。不久，他就發現似乎總有一股力量在阻擋他的計劃。國會總有一些莫名其妙的事件在拖延這個專案，媒體突然變得對此專案頗有敵意，在歐洲的債券持有者也遲遲不採取行動。希夫反覆琢磨，認為只有一個人有足夠的力量來阻撓此事。起先他懷疑是摩根從中作梗，於是去找摩根。摩根說：「我既然同意了，就會放手讓你去做，我可以幫你找到是什麼人在阻擋此事。」幾天之後，摩根挖出了幕後潛伏的是哈里曼。哈里曼是鐵路運營方面的天才，希夫在與哈里曼進行了一番交手之後，雙方同意合作。⑮

但是太平洋鐵路專案規模太大，希夫很快就意識到，必須要借助歐洲的資本，才能使這個專案起死回生。

希夫找到一個兒時友伴，此人就是當時在倫敦同羅斯柴爾德家族關係密切的恩內斯特・凱瑟爾爵士（Sir Ernest Cassel），恩內斯特本人也是傳奇的金融家，主要負責跟倫敦的羅斯柴爾德家族和其他國際銀行家進行資金的聯絡和調度。

約瑟夫・賽利格曼在美國白手起家，奠定了猶太銀行家在華爾街的地位，而希夫打造出一個主導美國金融界的龐大勢力集團。希夫和恩內斯特爵士聯手，希夫能及時得到倫敦和歐洲金融市場的資訊，特別是各大家族資金調運往來的情報。希夫和哈里曼得到在倫敦的恩內斯特爵士之助，歐洲在三天之內就擔保、認購了四千萬美元。沉寂多年的太平洋聯合鐵路專案起死回生。

一八九七年十一月二日，希夫和哈里曼集團正式收購太平洋聯合公司股份。太平洋聯合鐵路在希夫和哈里曼的運作下，不但還清了所有債務和利息，還創造了史無前例的二・一億美元的利潤，此外更創造出至少二十億美元的資產。這個時候摩根才後悔不已，居然錯過一隻下金蛋的雞。

一八九五年，保羅和菲利克斯這兩位沃伯格家族的悍將應希夫之邀，也來到紐約加盟庫恩雷波公司，使德國的沃伯格家族和美國的希夫家族結成緊密而強大的聯盟。希夫的女兒嫁給菲利克斯，雷波的女兒嫁給保羅。庫恩雷波公司的另一個合夥人沃爾夫的女兒嫁給奧圖・凱恩，此人是斯派爾家族的骨幹，後來加入庫恩雷波公司成為希夫的接班人。庫恩家的兒子娶了雷波家的另一個女兒。經過四重聯姻，庫恩雷波公司將沃伯格、希夫、雷波、庫恩、凱恩、沃爾夫家族緊緊聯繫在一起，成為歐美猶太銀行家族中，人脈最密集、人才最鼎盛、聲勢最浩大的猶太銀行家族集團。

從這個集團出來的人非同尋常，幾乎個個都能影響國際金融市場。沃伯格家族的老大麥克斯是德皇威廉二世的金融顧問，代表德國參加凡爾賽和談，在一次大戰之後主導德國財政金融大權，是德意志帝國銀行董事，希特勒的「財政沙皇」沙赫特的藏鏡人，從十九世紀末到一九三〇年代末的近四十年中，在德國的政治、經濟、金融呼風喚雨。老二保羅是美國聯準會的總設計師，美國金融的決策者之一。老三菲利克斯是二十世紀初華爾街最具影響力的庫恩雷波公司的高級合夥人，華爾街大老之一。老四弗利茲是德國漢堡金屬交易所主席，一次大戰後期曾代表德國與沙俄祕密媾和。⑯奧圖・凱恩是希夫之後華爾街猶太銀行家的領軍人物，一九一九年他在長島修建豪宅，占地一・八平方公里，居住面積達一萬多平方公尺，一百二十七個房間，是當時美國第二大豪宅。在雅各布・希夫領導下，庫恩雷波公司進入全盛時期。

希夫與日俄戰爭

一九〇四年，日俄戰爭爆發，日本雄心勃勃，準備打垮俄國，但是很快發現俄軍戰鬥力強，日本眼見軍費漸漸捉襟見肘，難以應付。為了籌集軍費，日本正金銀行的副總裁高喬是清來到倫敦拜見國際銀行家。

高喬是清到倫敦的想法本來是想請羅斯柴爾德家族幫忙，承銷日本戰爭債券。日本開口提出五百萬英鎊的融資規模，羅家連眼皮都懶得翻一下。要知道，在三十年前的普法戰爭賠款債券承銷中，羅家在兩年之內就籌集了五十億法郎（約合兩億英鎊）。儘管英國當時是日本最大的政治和商業夥伴，但是倫敦的銀行家並不認為日本有可能打贏這場戰爭，因此日本的融資計劃在倫敦受到冷落。

高喬是清深感鬱悶，在宴會上遇見正在倫敦辦事的希夫，高喬是清向希夫大吐苦水，希夫邊聽邊打著自己的算盤。隨著美國經濟實力的壯大，美國的金融力量正在崛起，雖然希夫在華爾街也是一號人物，但在倫敦，連摩根這等角色都得看金融大老的臉色，希夫也知道自己的斤兩。既然大老瞧不上日本這個新市場，華爾街新貴或許還是有興趣的。倫敦金融家認為日本難有勝算，但希夫認為日俄戰爭的戰場遠離俄國的經濟重心，卻在日本的勢力範圍內，加上沙俄宮廷腐敗，制度隳朽，有銳氣的日本極有可能擊敗俄國，於是希夫答應高喬是清，在華爾街幫日本籌集日俄戰爭軍費。希夫願意出手幫助日本還有一個原因：沙俄迫害猶太人，使得希夫視沙俄為公敵，他甚至主張用武裝革命推翻沙皇。凡是能打擊俄國的事情，他都願意幫忙。

此時，希夫基本上是單槍匹馬在為日本融資，在這樣的形勢之下，希夫不得不去找昔日的對手摩根家族和喬治・貝克共組銀團。經過商議之後，又把洛克菲勒財團也拉進來，這是日本歷史上第一次從倫敦以外的金融市場獲得融資。

日本在日俄戰爭中，一共獲得三筆大規模的貸款，都是希夫的傑作。[17]正是這三筆資金注入，大幅提高了日本的戰爭能力，成為日本戰勝俄國的關鍵之一。

在日俄戰爭之前，歐美列強普遍認為日本頂多算是亞洲的區域強權，無法和英、美、德、法、俄等世界列強相提並論。日本的勝利震撼了歐美強權，也使得希夫在國際金融市場聲譽鵲起，他的戰略眼光令國際銀行家刮目相看。英國國王愛德華七世邀希夫在白金漢宮共進午餐，日本天皇也邀希夫到日本皇宮共進午餐，這是日本天皇的最高禮遇，在希夫之前，還沒有外國人得到這樣的殊榮。在跟天皇共進午餐的時候，希夫突然向負責禮儀的日本官員提出，希望向天皇敬酒。禮儀官嚇得臉色蒼白，勸希夫不要這麼做，因為外國人向天皇敬酒這種事從未發生過，深怕天皇誤解而震怒。希夫卻執意為之，他站起身來舉杯致辭：「首先為天皇乾杯，祝天皇在臣民心目中、在戰爭的硝煙裡、在和平的歲月時，永遠是日本的元首。」希夫語畢，天皇看起來心情還不錯，在場的人才放下心頭一塊大石。

希夫也受邀到高喬是清家作客，希夫身旁坐的是高喬是清十五歲的女兒。他隨口說道：「你應該到美國來參觀和學習一段時間。」希夫這人個性嚴肅，隨口一說的神態也像在發號施令一樣，自己並沒放在心上。但是第二天早晨，高喬是清親自來到希夫的住處，深深一鞠躬之後說道：「對一個這麼年輕的日本女孩來說，離鄉背井，去做如此長途而艱難的外國旅行，在日本乃屬非比尋常。但是您已證明了您是日本人的朋友，我同意小女跟您一起到紐約去。」但是他希望希夫能理解，他不希望女兒在美國待的時間超過三年。希夫隨口一句客套話，居然被日本的大銀行家當成命令！希夫是個言出必踐的人，他果然帶著高喬的女兒一起返回紐約，而且在三年期滿時，如約將高喬的女兒送回。

新圈子與老圈子

在一八四〇年之前，全美國只有二十幾個富豪家族資產超過一百萬美元，五百萬美元以上的超級富豪不超過五個家族，這些家族幾乎全是殖民時代大莊園領主的後裔。當時的紐約還算不上是太富裕的城市，可能除了莫里斯家族之外，其他的新興家族，都要靠貿易來維持生計。南北戰爭之後，美國經濟開始高速發展，富豪如雨後春筍般出現，光是在紐約一地，就有數百個家族的資產超過一百萬美元。工業革命所帶來的蒸汽機、鐵路、紡織、機械、鋼鐵、軍工、石油、電報、電話等新興行業爆炸性增長，使美國創造財富出現了前所未見的速度和規模。

在紐約，由於新興家族財富暴增，很多傳統大莊園領主的家族面臨極大的挑戰。這些老牌家族雖然在社會上擁有較高的地位和影響力，彼此之間的價值認同取向相對穩定，但他們財富增長的速度已經趕不上新興家族的步伐。新貴和世家之間形成了越來越強的共識，就是重新定義上流階層。紐約的麥卡利斯特家族率先提出，紐約傳統的世家和新貴必須融合在一起，從而形成一個固定的上流社會圈子，集財富、權勢與高貴傳統於一體，把社會上種種所謂投機者、暴發戶、低俗之流擋在高貴優雅的上流社會之外，以免污染侵犯了社會「最精華的部分」。

麥卡利斯特和後來阿斯特夫人的所謂「四百人圈子」中沒有包括猶太人，激起華爾街猶太銀行家的強烈反彈。以財力而言，猶太銀行家在美國金融領域的地位無可置疑。但是在上流社會中，由於宗教和傳統的偏見，仍然容不了猶太人。就算到今天，依然能在美國社會看到歧視猶太人的痕跡。

在美國的猶太人中，也還有不同的社會等級。高級的猶太人就是所謂的「賽法迪猶太人」（Sephardi Jews），這一支起源於西班牙和葡萄牙地區，大約在一六五四年前後到達美國，甚至比大莊園領主家族還要早。這些猶太人的文化傳統和生活習俗仍有中世紀的遺風，與十九世紀陸續來到美國的日耳曼猶太人不太一樣，⑱與美國的大莊園領主家族圈子反而能相互認同。

第二個猶太階層就是以賽利格曼、貝爾蒙特、希夫、沃伯格、斯佩爾、雷曼、高曼、賽克斯、古根漢、庫恩、雷波為代表的日耳曼猶太新貴家族，他們都是在一八三〇年代陸續從日耳曼移民美國的，其中除了希夫和沃伯格之外，多數人在德國時並無顯赫家世，往往是從小商販起家，然後陸續自五〇年代開始進入銀行業，隨著美國經濟崛起而迅速積累驚人的財富，基本上是在南北戰爭前後二、三十年的時期裡，在金融領域迅速發家致富，其速度大大超越了在歐洲的猶太銀行家族。

美國銀行體系分成兩大派系，一派是商業銀行體系，師承漢密爾頓的金融思想體系，主要以新英格蘭地區傳統大家族為核心，壟斷美國大型商業銀行系統直至今天。另一派則是以猶太銀行家為主體的投資銀行體系，特別是德裔猶太銀行家構成華爾街的中堅力量。⑲他們以票據交易、股票上市、債券承銷業務為核心。如果說商業銀行是創造信用的源頭，相當於人體造血和供血的骨髓與心臟，那麼投資銀行就是疏導資本和信用的管道，就如同人體的動脈和靜脈，以及遍佈全身的血管。當私有的中央銀行建立後，商業銀行心臟供血的功能被轉移到傳統大家族和猶太銀行家族共同控制的中央銀行手中，形成相互制衡的局面。繁榮時，兩派人各做各的生意，井水不犯河水。危機時，則相互傾軋，力求自保，有時聯手脅迫政府救助。中央銀行為兩派的協調機構，而政府充當最後的買單人。

猶太人的第三個階層就是十九世紀末、二十世紀初從東歐和俄羅斯移民到美國的東歐猶太人。以紐約為例，一八七〇年紐約的猶太人口大約為八萬人，占城市人口的九%。到了一九〇七年，每年平均有九萬猶太人到達紐約，這一階段大部分猶太人是俄國和波蘭的移民。紐約的猶太人口曾接近一百萬人，占整個紐約人口的二五%。[20]隨著大批東歐猶太人的來到，紐約的猶太人社區發生重大分裂。

德裔猶太人在十九世紀中後期來到美國時，曾被更早的「賽法迪猶太人」瞧不起，這批人進入美國金融業並獲得巨大財富，逐漸形成自己的上流社會圈子。當大批東歐猶太人來到時，德裔猶太人對初來者也曾抱有強烈的偏見。德裔猶太人住在紐約的高級區，受過良好的教育，穿著整齊，家庭富有，舉止言談已頗有貴族風範。而東歐猶太人則較為集中在貧民區，舉止粗俗，衣衫襤褸，蓬頭垢面，他們帶著不同的異域文化，操著奇奇怪怪的口音，爭論著各種各樣的思潮，這些不同想法、不同背景、不同閱歷的人一起湧到紐約，對傳統的德裔猶太社區產生了巨大的衝擊和困擾。

德裔猶太人和東歐猶太人存在著顯著差別，德裔猶太人看新來的東歐猶太人很不順眼：這些人亂扔垃圾，到處吐痰，擁擠居住，公共場合大聲說話，到處推推搡搡，行為粗魯，甚至暴力、饑餓、犯罪等社會問題頻頻出現在東歐猶太人的社區中。其實這些被「上等」德裔猶太人所深惡痛絕的毛病，幾十年前他們剛到美國時也是如此。德裔猶太人中甚至出現了「反猶傾向」，德裔猶太人覺得自己源自德國文化，充滿了和平、自由、進步、文明的遺傳基因，認為自己在猶太人中高人一等。當他們談起從東歐和俄羅斯來的新猶太移民的時候，那種輕蔑、厭惡、嫌棄之情溢於言表，彷彿談論的是另外一個種族。

從另一方面看，俄羅斯和東歐猶太人很快發現，這些德裔猶太百萬富翁也曾是做小生意起家的販夫走卒之輩，德裔猶太富豪能做到的，他們也能做到。所以大量的東歐和俄羅斯猶太人試圖模仿當年德裔猶太人的發財路，紛紛做起小商小販的買賣，在紐約的大街上推銷各種各樣的小商品，而這又使德裔猶太人感到難堪和厭煩。很多東歐猶太人為了能更美國化一些，向德裔猶太人學習，把自己名字的拼法「美國化」，試圖使自己融入德裔猶太人的圈子，但是他們始終沒有成功。

出人意料的是，俄羅斯和東歐猶太人另闢蹊徑，帶著在歐洲舊大陸的悲慘遭遇和對美國新大陸的美好憧憬，從無到有創立了美國的電影業——好萊塢，把他們的「美國夢」在電影和現實世界裡發揮得淋漓盡致。好萊塢的六大創始製片公司：環球、派拉蒙、福克斯、米高梅、華納兄弟和哥倫比亞的創始人，幾乎都是來自俄羅斯和東歐的猶太移民。

二十世紀初電影技術出現，紐約的猶太移民開始經營電影院，進而開始投資拍攝電影。由於受到以愛迪生為首的東部電影托拉斯的排擠，猶太製片人開始移居加州。一九一五年猶太移民卡爾・萊米爾（Carl Laemmle）在好萊塢建立了世界上第一個規模巨大的電影城——環球影城，開始了好萊塢的電影事業。到一九二〇年，其他五大猶太製片廠也相繼建立。在一九二〇—三〇年代，好萊塢電影成為文化娛樂的聖地。四分之三的美國人每週要看一場電影。

猶太移民創造的自由、民主和自我奮鬥的「美國夢」，通過大眾傳播媒介——電影——來宣傳的文化符號又反過來獲得了美國白人中產階級的認同，成為美國社會的主流文化意識，好萊塢進而把「美國夢」傳播到全世界。

第四章　人脈關係圖

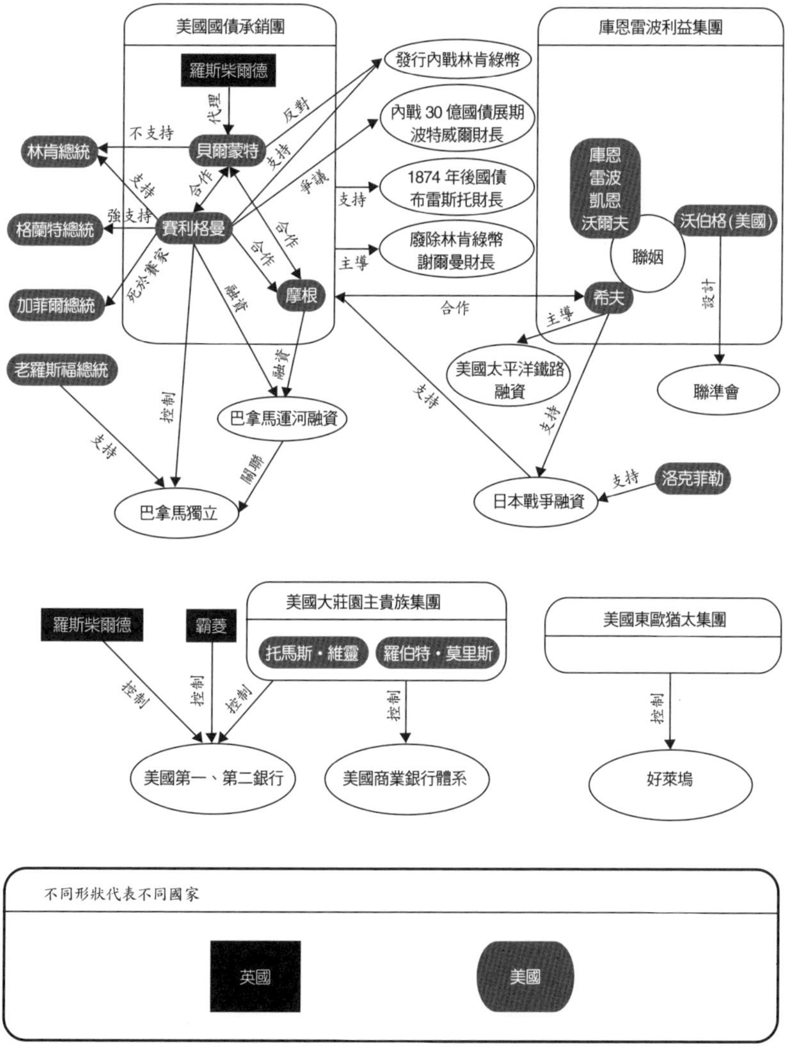
美國國債承銷團
羅斯柴爾德
代理
貝爾蒙特
不支持
反對
支持
林肯總統
支持
合作
強支持
格蘭特總統
賽利格曼
爭議
合作
合作
死於賽宴
加菲爾總統
摩根
融資
融資
控制
老羅斯福總統
支持
巴拿馬運河融資
關聯
巴拿馬獨立
發行內戰林肯綠幣
內戰 30 億國債展期
波特威爾財長
支持
1874 年後國債
布雷斯托財長
主導
廢除林肯綠幣
謝爾曼財長
合作
支持
庫恩雷波利益集團
庫恩
雷波
凱恩
沃爾夫
聯姻
沃伯格(美國)
希夫
設計
主導
美國太平洋鐵路
融資
聯準會
支持
日本戰爭融資
支持
洛克菲勒
羅斯柴爾德
霸菱
美國大莊園主貴族集團
托馬斯・維靈
羅伯特・莫里斯
控制
控制
控制
控制
美國第一、第二銀行
美國商業銀行體系
美國東歐猶太集團
控制
好萊塢
不同形狀代表不同國家
英國
美國

第五章

猶太建國：動蕩的歐洲

在歷史上，幾乎每個歐洲國家都有「排猶」的紀錄。然而，隨著工業革命帶動資本主義的發展，猶太人逐漸掌握金權，建立猶太國已經不再是遙不可及的夢想。只是，為了在巴勒斯坦建國，必須挑撥歐洲列強之間的矛盾，甚至摧毀馬克，引起與阿拉伯世界的摩擦。猶太建國引起的動盪，至今猶在。

永不止息的渴望：回歸錫安

在舊約聖經中，錫安是上帝所賜的名稱，用來稱呼那些一心一德、居於正義之中、享有公義和平安的人。錫安也是地名，是古時候的正義人民聚集之地，而且有一天，上帝的選民必將再聚集此地。

錫安山位於巴勒斯坦的耶路撒冷，也用來代指以色列和古代迦南地區，猶太民族視之為故鄉。在以色列國歌《希望》（Hatikavah）中有「眺望東方的眼睛，注視著錫安山崗」，「做一個自由的民族，屹立在錫安山和耶路撒冷之上」等語。建造猶太教耶和華聖殿時，木料均取自錫安山，古時猶太人俘獲的戰俘也被迫在錫安山上勞動。錫安山被視為猶太復國主義的標誌。

世世代代猶太人接受迦南是「流著奶與蜜的美地」，耶和華賜下此地給他們居住，無論猶太民族流散何地，上帝已定下旨意，必令他們回歸，任何力量都不能阻攔。

正是基於這個堅定不移的信念和精神動力，猶太人歷經數千年的顛沛流離和苦難，始終不改初衷。他們的信念絕無半點含混，他們對世界的認識沒有模稜兩可的餘地，對他們深信自己「受上帝揀選」，將代表上帝來行使神聖的權柄，他們所積累的財富和權柄並不是為了揮霍和放蕩，他們所做的一切都是為了彰顯上帝的榮耀。一千多年來，他們對此篤信不疑，並不摻雜虛偽和誇張。任何對自己信仰的動搖，必然導致整個精神世界的崩潰，最終整個民族將會消失於茫茫人海之中。而今天，我們不僅沒有看到猶太人的潰散，而是看到一個歷史上少有的強大集團。猶太人人才輩出，這一點與他們心理能量集中、信念無比堅定很有關係。對於奉錫安山為聖地的猶太復國主義者來說，上帝的旨意就是巴勒斯坦必然、也必須成為猶太人移民的歸宿。回歸之路雖然充滿艱辛、曲折甚至絕望，但上帝會賜下拯救和帶領的力量，最終引領他們回到錫安復國。

以色列復國是一件極其龐大複雜、近乎不可能完成的事業。在經歷了兩千年的流離失所之後，猶太人想回到聖地耶路撒冷重建以色列，談何容易。十九世紀之前的猶太人處於歐洲中世紀宗教勢力及封建世俗偏見力量的雙重壓迫之下，連生存都不容易，更罔論重建以色列了。在這個階段，復國只是夢想而已。十六世紀之後，宗教改革和啟蒙運動漸成燎原之勢，終於將天主教勢力和嚴密的封建專制統治撕開一道裂縫，復國夢想出現了一縷曙光。十八世紀末，法國大革命橫掃歐陸，宗教和封建的傳統社會權力體系崩頹，伴隨著資本主義的興起，金權的能量空前擴張。到十九世紀中期，復國的夢想漸漸轉為實際行動，復國主義分子開始在宗教和社會環境相對寬鬆的日耳曼匯集。

在歐洲歷史上，猶太人的社會生存狀態和地位，大約分為三個社會等級。第一級是最普遍的猶太大眾，這些人住在貧民窟裡，或自成一格的社區中，受到各種來自政治權勢、宗教排擠和社會傳統的壓迫。第二級是受到保護的猶太人。他們可能付的稅少一些，享有更多的類似遷移住處的權利，這些猶太人屬於對當地政府比較有價值的人。第三級猶太人為數更少，他們的社會地位更高一些，主要是由於他們從事某些獨特的服務，比如說銀行家，他們貸款給所在地的政府，從而擁有更高的社會地位。這些人被稱為宮廷猶太人（Court Jew），像羅斯柴爾德這些家族，出身都是宮廷猶太人。

在歷史上，猶太人始終受到歐洲主流宗教勢力的排擠和壓迫，處於社會的邊緣。猶太人說自己的方言，穿著打扮也別具一格，服從教規，保持特殊的飲食習俗。他們在就業、遷移、生活等方面都受到很多限制，不能擁有地產，不能擁有農莊，不能從事手工業。這使得猶太人只能從事像錢幣兌換這樣的賤業。錢幣兌換服務的客戶是往來各國各地區的旅客和商人，他們需要將外來錢幣兌換成在不同地區流通和接受的當地貨幣。而猶太錢幣掮客以其運作靈活、資訊敏捷、流轉快速、盤算精細的特性，在各種錢幣市場之間套取利差，集腋成裘，廣結人脈關係，苦心經營客戶資源，經過長達上千年的累積，這門職業成為猶太人的傳統行業，外人不得其門而入。

從資本主義的發展歷程來看，金融市場發展跟四個資本主義發展階段是大致平行的：商業資本主義、工業資本主義、金融資本主義和壟斷資本主義。十三世紀，十字軍東征引發地中海貿易量激增，進而從阿拉伯世界重新發現古希臘、古羅馬時代的典章文集，引發了文藝復興運動，乃至發現新大陸和十八世紀工業革命，大量的航海貿易導致商業發達。貿易的目的是在生產者與消費者之間架起橋梁，而商人就是橋梁的搭建者。貿易量的增加也促使商業群體有分工的趨勢，有一部份商人開始從採購、運輸、倉儲和銷售商品的流程中轉向提供金融服務，如提供採購信用、運輸保險、匯票承兌、票據貼現和金融交易。這一專業化分工大大提高了貿易的規模和效益，一批「商人銀行號」（Merchant Banker）應運而生，他們就是後來投資銀行家的祖先。

西元十三世紀前後，隨著十字軍東征和航海貿易的發展，在地中海地區形成對貿易和貨物航運的巨大需求，義大利逐漸成為人流、物流、資訊流的集散地，財富隨之滾滾而來。基於貿易需求而產生的商業信貸以及票據交易也應運而生，使義大利成為金融市場和銀行服務最早形成的地區。

例如，當一個埃及出口商與一個法國進口商談成一筆皮毛生意，埃及人要先得到融資才能備貨，或是法國買方資金有缺口，需要借貸才能籌全貨款。此時一個義大利商人銀行家居間提供貸款，他從放貸而收取利息，商業信貸由此而生。埃及人將皮毛發運，指望馬上收到貨款，而法國買方在海另一邊等著船到，不敢憑空付款。此時，義大利人又出現了，他們開發出「匯票」這種新的金融工具，匯票上寫明法國人在何時以何種貨幣支付給埃及人指定的義大利代理人，埃及人非常樂於接受這樣一種支付手段。埃及人一覺醒來，突然想落袋為安，不想等到約定時間再取現金，他可以讓義大利代理人將匯票打折賣給願意等匯票到期再取款的投資人。誰願意接受這些匯票呢？主要就是猶太人。猶太人取得匯票有兩個目的，第一是投資獲益，第二就是避開教廷嚴厲的反高利貸法條的限制，因為匯票打折中可以隱藏高利息的放貸行為。

文藝復興刺激都市工商貿易的興起，猶太人因其金融才能在貿易中嶄露頭角。特別是從十八世紀末的法國大革命開始，猶太人聚居區（ghetto）逐步開放。遍及歐洲的戰爭和在英國萌芽的工業革命，催生了前所未有的融資需求。猶太金融家抓住了這次機遇，由錢幣交易和兌換業務迅速發展到為王室和戰爭融資，從而積累了大量財富，社會地位也大大提高，成為猶太復國運動的中堅，其中最有名的就是羅斯柴爾德和沃伯格家族。

歐洲千年排擠和壓迫，練就猶太人獨特的金融嗅覺。嚴酷的環境迫使猶太人探尋自己的生存之道，那就是不斷從事各種買賣，在這個過程中低買高賣，賺取差價，也就是我們今天所說的套利。

誰控制通路，誰就擁有優勢。猶太人歷經數百年的努力，牢牢掌控全球資本與信用流動的管道。他們對商業情報極為敏感，廣泛的客戶人脈，精細經營的頭腦和猶太民族強烈的宗教內聚力，使他們在這一行獨佔鰲頭，奠定難以撼動的堅實地位，並將此壟斷優勢維持不墜。在這幾百年間，金融市場規模迅速擴大，深度和複雜度早已不是當年可比，資本、信用、票據演變成各種有價證券，乃至現代意義的股票、債券、金融衍生產品，可說包羅萬象，日新月異。唯一沒有變的就是猶太金融家族始終掌控全球通路，制訂遊戲規則。猶太金融家族組建了當今世界完備、穩固、高效、綿密而精確的金融網路，遍佈全球經濟體，深植各個社會層面。而流經這個管道的金錢，必須要繳納各種費用。如果說商品通路為王的話，那麼金融管道就是太上皇！正是以奠定金融管道為根基，猶太金融家族以日耳曼為基地，穩健積累財富，堅定構建權勢，終於點燃復國大業的希望之火。

巴勒斯坦的困境

巴勒斯坦從一五一八年併入鄂圖曼帝國版圖，直到第一次世界大戰結束前，都在鄂圖曼帝國的統治下。對於猶太復國主義者來說，要想在巴勒斯坦重建猶太國家，必須得到鄂圖曼帝國的同意；而要使鄂圖曼帝國割讓巴勒斯坦，只有誘之以利或是脅之以兵。

在猶太金融家影響力日增的日耳曼，復國主義者在巴勒斯坦的問題上絞盡腦汁，一個重要轉折階段發生在俾斯麥時代。德國統一前後，猶太復國主義在德國逐漸成了氣候，並成為國際猶太復國運動的根據地。日耳曼是十九世紀猶太人的天堂，以其開放與包容成為整個歐洲，特別是東歐地區生活在貧民窟中、承受著宗教與封建雙重壓迫的猶太人嚮往的伊甸園。在歷史上，活在高壓之下的中歐、東歐地區的猶太人反抗意識最為強烈，猶太復國主義也源自於此。雙方在精神理念上並沒有本質的差別，只是富足寬鬆的德國猶太人比較傾向於自由主義，與猶太復國主義主流保持距離。

十九世紀後半葉，隨著德國的統一，俾斯麥和威廉二世向東發展的戰略目標非常明確，因此中東地區的鄂圖曼帝國就成為德國積極結交的對象。猶太復國主義者在這一點上找到了戰略同盟。猶太復國主義的基本思路就是在德國的支持下，爭取與德國關係不錯的鄂圖曼帝國同意，讓猶太人大舉向巴勒斯坦移民，進而立國。為了說服德國政府，他們的說辭是在中東地區建立一個親德國的巴勒斯坦猶太人根據地，這是德國東進戰略的寶貴資產和可靠跳板。對於鄂圖曼帝國的誘惑則是，龐大的猶太資本一旦進入巴勒斯坦地區，將加速當地的經濟發展，帶來可觀的經濟效益，而且國際猶太資本將大舉購買鄂圖曼帝國的國債。這對於早已瀕臨財政破產的鄂圖曼帝國極具吸引力。在金融和財政上強化鄂圖曼帝國，就等於在德國東邊扶植一個有力的戰略盟友，從而增加了德國在歐陸的分量。猶太人的策略是各投所好，只怕戰國時代的蘇秦、張儀之輩也要自歎弗如，德國和鄂圖曼帝國想要不飄飄然都不可能。

威廉二世

德國的精英階層也自有一番盤算，越來越多的東歐猶太移民西遷到德國，導致德國本土各階層的不滿和排斥。德皇威廉二世面臨越來越大的政治壓力，需要就猶太人在德國的問題尋求根本性的解決方案。如果把猶太人遷到巴勒斯坦地區定居，既可滿足猶太復國主義者的要求，又可緩解國內反猶主義者的政治壓力。於是德國統治階層、猶太復國主義者和德國反猶勢力都達成共識，以巴勒斯坦作為猶太人的定居地。

一八九三年，德國建議廢除鄂圖曼帝國禁止猶太人在巴勒斯坦地區購買土地的法律。一八九八年秋天，德皇威廉二世訪問鄂圖曼帝國時，還到巴勒斯坦進行正式參訪，並安排與當地猶太復國主義者赫澤爾會談。威廉二世在與鄂圖曼帝國蘇丹的會談中，對猶太復國主義的支持態度相當明顯，對巴勒斯坦建立猶太人居住地將刺激鄂圖曼帝國的經濟繁榮，表示樂觀其成。不過蘇丹當場反對猶太人建國的方案。這也可以理解，民族眾多、幅員遼闊的鄂圖曼帝國已經日漸衰落，一旦猶太人建國成功，其他民族要是也起而效尤，局面豈不難以收拾？經過這次談判，威廉二世為了不與鄂圖曼帝國鬧僵，在外交上放棄支持猶太復國主義。

猶太復國主義者遊說德國和鄂圖曼帝國不成，轉向德國的競爭對手英國下工夫，想在英、德之間挑起戰爭，肢解鄂圖曼帝國，從而得到巴勒斯坦。同時銀行家還可從戰爭融資、戰後賠款和重建融資中獲取暴利，一舉兩得。猶太復國主義者在一次世界大戰間放棄德國，成功地遊說英、美支持猶太人移民巴勒斯坦，鼓動美國對德宣戰。

圍堵與崛起：英德的戰略競爭

英國的立國根基是自由貿易，這個理念最早由蘇格蘭經濟學家亞當・斯密（Adams Smith）提出。❶按照亞當・斯密等古典經濟學家的貿易理論，國際貿易對參與雙方都有好處。如果一種商品在別國的生產費用較低，就無需在本國生產。英國的海外殖民地佔全球陸地的六分之一，以其對海洋、工業技術、金融和原物料的控制，在自由貿易的口號下，強行要求未工業化的國家打開貿易大門，鯨吞資源與市場，從而獲取龐大利潤。英國在鴉片戰爭強行打開中國門戶便是一個例子。十九世紀上半葉，日耳曼的工業化和海外殖民都遠不及英、法兩國，效仿英國的「成功模式」是日耳曼經濟學界的主流，但是一八七〇年代英國的經濟衰退使德語世界看到英國自由貿易模式的弊端，開始轉向經濟學家李斯特（Friedrich List）倡導的幼稚工業保護論。

經濟學家李斯特

李斯特在《政治經濟學的國民體系》批判亞當・斯密：「亞當・斯密建立的世界主義政治經濟學，把自由貿易當作理想，實際是為英國利益服務。德國要建立國家政治經濟學，以實行保護貿易為德國利益服務。」❷李斯特認為，在與強大的工業化國家的自由競爭中，一個沒有受到保護的落後國家勢將屈服於工商業與海軍霸權強國的優勢之下，是不可能成為新興工業國家的。要求相對落後的德國同發達的英國進行自由貿易的競爭，無異於讓小孩同成年人角力。面對此一現實，後起之國想要強大，就必須要對本國的「幼稚工業」進行保護。幼稚工業保護理論就是以關稅制度為核心，以提高關稅為手段，來達到發展本國生產力，特別是工業生產力的目的。

德國痛下決心，大力發展航運和鐵路，對國內相關工業實施關稅保護政策，培養科學和工程人才。在政府的羽翼之下，德國人的刻苦與勤奮迅速縮小德國與英國的經濟差距。一八七一年，鐵血宰相俾斯麥終於完成了德國的統一大業。這是劃時代的大事，它意味著歐陸維持了兩百多年的均勢被打破，渙散弱小的中歐地區一下子被統一、頑強而極具爆發力的德國所整合。德國的經濟發展和經濟模式的建立，挑戰著英國的立國方針和戰略利益。

漢堡美國航線：海上霸權爭奪戰

德國皇帝威廉二世意識到，沒有強大的商業船隊和海軍護航，德國的經濟利益就要受制於海洋霸主英國。德國猶太航運大王鮑林（Albert Ballin）及其漢堡美國航線公司（Hamburg America Line, HAPAG）在德國海洋發展史上扮演關鍵角色。一八九九年，鮑林成為HAPAG公司的總裁。在他領導之下，漢堡美國航線公司擁有一百七十五艘巨型輪船，數量超過所有的歐陸競爭對手。❸就連德皇威廉二世都被這龐大的船隊所震撼，經常來到鮑林的船隊參加各種活動。到了一九一〇年，鮑林的船隊雇了兩萬多人，漢堡成為世界第二大口岸，僅次於紐約。

其實從地理位置來看，德國這樣發展海洋勢力的決策有其限制。因為漢堡西臨北海，北濱波羅的海，而波羅的海出海通道非常狹窄，而且出來之後還是進入北海，兩條路都被英國堵住。基爾運河雖然把北海和波羅的海連在一起，但還是沒有解決德國海軍出海口的問題。

而英國一方面擋住德國北海的出口，但是英國西岸沒有任何阻攔，可以自由進出大西洋，坐擁海洋優勢，德國卻被死鎖在歐洲。

後來的兩次世界大戰證明德國發展巨艦和遠洋船隊的策略是一大失敗。德國耗費鉅資，用二十年時間建立起來的龐大海軍，在一次大戰中基本上全軍覆沒。在二次大戰中，希特勒建立的強大海上力量，除了潛艇能發揮一些作用之外，其他的重型軍艦──包括德國沒有完工的兩艘航空母艦──基本上沒有發揮實質的作用，根本原因就是很難進出北海。

德國所面臨的海洋地理態勢，跟今天中國的情況很類似。雖然中國海岸線長達一萬八千公里，但是從地圖上看，中國的出海口被第一島鏈牢牢封鎖住，北邊有韓國、日本群島、沖繩群島，中接臺灣，南至菲律賓群島，一直到馬來西亞和印尼、麻六甲海峽。這條第一島鏈把中國漫長的海岸線死死鎖住，在不遠處還有第二島鏈。

回到十九世紀的德國。鮑林成為威廉二世的好友，威廉二世曾說他「從來沒有把鮑林看成宮廷猶太人」。一八九一年，威廉二世在鮑林的鼓動下發表談話：「應該把我們普魯士人帶到海洋上去，讓他們去開拓海洋邊疆，獲得豐碩的成果，為了德國，也為了你們公司，這是一個互惠互利、兩全其美的事。」❹除了建造軍艦，威廉二世還在一八九五年六月開挖基爾運河，連接波羅的海和北海。這更激勵了威廉二世對海洋的幻想。在威廉二世的心目中，一個龐大的商船艦隊和強大的海軍是密不可分的。鮑林的 HAPAG 大型船隻在戰時，可以轉為德國海軍的艦隊。

一八九八年鮑林公開支持德國海軍的建造計劃，當時對於海軍艦隊建造計劃推動最力的是德國海軍上將特皮茲。一九〇〇年，帝國國會立法批准建造兩艘大型海軍艦艇。❺這對鮑林是巨大的商業機會。當然他也沒忘記提攜忘年之交——猶太銀行家麥克斯・沃伯格（Max Warburg）。

麥克斯・沃伯格：未來的經濟沙皇

德國發展龐大的海洋艦隊，必然涉及龐大的經費開支，德國的國際銀行家在此過程中將會獲得巨大的收益。同時，德國的大海軍戰略勢必刺激到英國，英國的國際銀行家再誇大來自德國的海上威脅，提升到帝國存亡的戰略高度。英國政府的本能反應就是擴建海軍。於是，軍備競賽拉開了金融大餐的序幕。軍備競賽是「有組織的隱形暴力」，必須依賴大規模的融資。這樣一來，英、德兩國及其歐洲盟友一起擴軍備戰，全歐洲的國際銀行家無不「漫捲公債喜欲狂」！

麥克斯・沃伯格和鮑林已有二十多年的交情。在鮑林大力支持之下，麥克斯進入鮑林公司的董事會。同時，麥克斯在鮑林的推薦下，又加入其他多家鮑林供應商公司的董事會，包括一批德國最大的造船公司，如布羅姆沃斯公司。鮑林是布羅姆沃斯公司最大的客戶，如果鮑林要求把麥克斯安排進公司董事會，公司是無法拒絕的。

這麼一來，麥克斯很快就成為德國輪船製造業和貿易領域的核心人物。到一九二〇年，麥克斯和家族銀行的其他合夥人，已經在八、九十家大型公司裡面擔當董事會的董事職務，儼然是整個德國工業、商業和金融業的巨頭。在麥克斯和鮑林的大力遊說之下，威廉二世對海洋寄望甚深，準備大展宏圖了。

一八九三年，麥克斯接過家族沃伯格銀行，成為家族銀行的掌門人。十年彈指一揮間，當年的毛頭小伙子已經成為德國金融業的巨頭。

一九〇三年，三十六歲的麥克斯第一次被鮑林引見給德皇威廉二世。當時的德國首相布洛認為威廉二世需要金融方面的知識來推動金融改革，因此建議鮑林引見麥克斯給威廉二世，共進晚餐。

鮑林轉告麥克斯，說威廉二世希望召見他，但是只給他十分鐘來概述金融問題。麥克斯一聽就拒絕了，堅稱十分鐘不夠。於是威廉二世把時間延長為三十二分鐘。麥克斯為了覲見德皇，精心預備了二十五分鐘的演講，另外留七分鐘與威廉二世進行討論。

但是威廉二世的脾氣暴躁，非常任性。麥克斯才開口敘述，威廉二世就打斷：「沙俄很快就要完蛋了。」麥克斯回答：「陛下，不會的，沙俄不會完蛋。」因為俄國剛發行一筆新貸款，清償了舊的貸款，並沒有增加國家總負債。德皇聽到麥克斯居然直接反駁他，勃然大怒：「沙俄一定完蛋，怎麼都要完蛋。」說完就拂袖而去，留下無奈的麥克斯。後來麥克斯提起這事開玩笑說：「我的聽眾應該給我三十二分鐘，但最後我只用了三分鐘時間。」

由於麥克斯的重要地位，威廉二世對他仍是青睞有加。過了一年，威廉二世又召見麥克斯，說自己已經準備好聽取拖了很久的金融改革講座了。

以威廉二世驕傲而自負的個性，要他擺出妥協的姿態可不是易事，足見麥克斯在他心目中的地位。威廉二世勉強承認，沙俄確實不會馬上就破產。但麥克斯並不領情，當面就說：「我早就告訴過陛下了。」威廉二世氣得直敲桌子：「難道你每次都是對的嗎？」眼看威廉二世又要拂袖而去，麥克斯立刻道歉，才得以給威廉二世上了一堂精心準備的金融改革講座。❻

此後，麥克斯經常覲見威廉二世。麥克斯和威廉二世的關係不同於布雷施勞德跟俾斯麥的關係。俾斯麥對布雷施勞德往往言聽計從，但很有主見。威廉二世卻是固執己見，但耳根子軟，很容易被人說動。每次麥克斯認為他已把皇帝給說服了，誰知威廉二世轉身又聽了別人的說法，突然改變主意。

在當時的德國，容克貴族和普魯士軍官團之所以敵視、抵制猶太人，主要是基於利益。容克地主貴族階層在思想上相對保守，他們的階級利益在於保護農產品的價格，要求提高關稅，擋住外來競爭者。而海運公司和力主海洋貿易的猶太銀行家則反對貿易保護主義。原因很簡單，貿易保護主義一旦盛行，國際貿易就做不下去，國際貿易所帶動的金融服務業務也就沒了市場。因此，容克地主與猶太銀行家之間出現尖銳的矛盾。這跟當今國際貿易的爭端也有類似之處。凡是鼓吹自由貿易、降低關稅、推行全球化最力的，基本上都是跨國企業和國際財團；反之，反對自由貿易、主張貿易保護的大多是容易受到自由貿易傷害的國家和地方勢力。

全球化也好，自由貿易也罷，這不是理論與原則的口號，而是赤裸裸的利益問題。

當德國大手筆建造龐大的艦隊時，英國也不示弱，趕忙實施巨艦建造計劃。二十世紀初，以英國與德國為核心的兩大勢力集團在歐陸展開一場圍堵與反圍堵、遏制與崛起的頡抗，拉開世界近代史上最激烈、最血腥的一幕。

柏林—巴格達鐵路：德國反圍堵的戰略通道

一八八五年，德國工程師戴姆勒（Gottlieb Daimler）發明了使用石油的汽車發動機，這種發動機比當時使用的以煤炭為燃料的笨重而龐大的蒸汽機系統要精巧而高效。這種先進發動機技術也可以用在輪船、戰艦以及後來出現的飛機上，石油資源自然成為各國關注的焦點。當時英國及其殖民地尚未發現石油，全世界的目光都放在阿拉伯地區的石油資源。

戴姆勒

德國一時還難以超越英國強大的海上力量，面對來自海洋的壓力，不得不試圖往陸地尋找戰略發展機遇。從十九世紀末，德國就開始在安納托利亞半島經商投資、開辦銀行機構。安納托利亞半島北接黑海，西臨愛琴海，南達地中海，是歐洲通往中東的戰略要衝。德國的戰略目的非常明確，就是修建一條從柏林到巴格達的鐵路大動脈（「東方快車」線路已經修到伊斯坦堡），這條鐵路將把德國強大的工業生產能力與中東地區豐富的原物料、石油、糧食和龐大的潛在市場緊緊聯繫在一起，從經濟戰略上整合中歐、巴爾幹和整個中東地區的工業生產與資源，並將政治影響力延伸到整個西亞和南亞地區，進而打通從波斯灣到印度洋的海上通道。最重要的是這一通道將避開英國海軍的勢力範圍，繞過英法控制下的蘇伊士運河，並在德國的陸軍優勢保護下，成為德國安全的戰略大動脈。在此背景下，德國漢堡的沃伯格家族銀行與德意志銀行在一九〇〇年聯手向該鐵路專案提供大規模融資。

顯而易見，這一戰略企圖使得英國大為緊張。英德緊張關係逐漸升級。一九〇七年，英國前首相貝爾福（Arthur Balfour）曾憂心忡忡，對美國外交官亨利．懷特表示：「如果我們不趕在德國人修建更多的運輸系統並奪走我們的貿易之前向德國宣戰，那英國將犯下愚蠢的錯誤。」❼懷特對此不以為然：「如果你們希望與德國人在貿易上競爭，那就應該更努力工作。」貝爾福答道：「那將降低我們的生活水平，相對而言，發動戰爭更簡單一些。這只是一個簡單的對錯問題嗎？這是關係到英國霸權的問題。」

法俄一如英國，強烈反對巴格達鐵路專案，盡全力阻止鐵路的建設。英國力勸鄂圖曼帝國，暗示這是德國控制和摧毀土耳其的陰謀。法國在當地雖有二十五億法郎的投資利益，卻由政府發出指令，不准巴格達鐵路債券在巴黎股票交易所交易。應該說，巴格達鐵路專案是英法俄與德國之間圍堵與反圍堵爭奪中無法化解的僵局，也是導致一次世界大戰的重要原因之一。

阿加迪爾事件

一八一五年拿破崙戰爭後，英國牢牢控制著世界各大洋的主要水道，海上霸權地位無可置疑。

邱吉爾的父親蘭道夫是羅斯柴爾德家族的密友，英國的外交政策實質上就是羅斯柴爾德家族的外交政策。羅斯柴爾德是英國皇家海軍最重要的倡導者和積極促進者之一。由於燃油發動機的出現，海軍和一切工業領域對石油的需求必然暴漲，法國的羅斯柴爾德分支迅速與美國的洛克菲勒家族聯手瓜分世界石油資源。大海軍的發展離不開石油資源，羅斯柴爾德把這個觀念灌輸給邱吉爾。邱吉爾開始確信，未來的海戰必然大量使用由石油驅動的戰艦，海軍的建設規模要加大，更新速度必須要加快。

一八八八年，羅斯柴爾德英國銀行為「海軍建設公司」（Naval Construction and Armaments Company）發售了二十二・五萬英鎊的股票，❽大賺了一筆之後並不滿足，還極力主張擴張皇家海軍的巨艦工程，大規模撥款加快海軍建設，以應付德國海軍快速趕超所形成的「威脅」。而「摩洛哥炮艦事件」，或稱「阿加迪爾事件」，正好坐實了德國海軍造成的嚴重威脅。

一九一一年七月一日，德皇威廉二世派出戰艦「捷豹」號（Panther）到英國控制下的摩洛哥海邊去營救受到威脅的德國公民，這成為德國公然挑戰英國海上霸權的嚴重事件，震驚英國朝野，戰爭的陰雲開始積聚。

亞瑟・貝爾福

其實，整個所謂「阿加迪爾事件」完全是個烏龍事件。事情的緣由是這樣的，一九〇九年，麥克斯・沃伯格認識了一個神秘的年輕人，名叫雷根但斯（Dr. Wilhelm Charles Regendanz），非常崇拜羅德（Cecil Rhodes），此人我們後面還會詳細介紹。雷根但斯說他準備了一套為德國在非洲取得殖民地的完備計劃，主張德國必須採取果斷行動。德國是新興的帝國主義強權，沒有趕上前四百年葡萄牙、西班牙、英國、法國等歐洲國家在全球瓜分殖民地的盛宴。國力強盛，工業發達，但在海外幾乎沒有勢力範圍，這始終是德皇和俾斯麥的心病，所以任何有關海外殖民的計劃都能輕易煽動德皇。雷根但斯顯然心懷「遠大理想」，他在一九〇九年的日記中寫道：「我必須站在地圖前面，看看在哪裡給自己弄一塊殖民地。」

麥克斯・沃伯格很快與雷根但斯熟識，並邀請他擔任沃伯格家族銀行的「法律顧問」，工作重點就是策劃非洲殖民地。一九一一年六月十六日，麥克斯派雷根但斯覲見德皇，並遊說德皇在摩洛哥南部弄一塊殖民地。雷根但斯把摩洛哥南部說成一片「沃野良田，礦產豐富」的樂土，那也是德國核心利益之所在。其實呢，當地是一片荒漠。德皇最初激烈反對，擔心引發德國和英法之間的外交衝突。當時麥克斯・沃伯格不在德皇身邊，深受德皇寵信的鮑林馬上加進來，終於說動了德皇。最後，威廉二世勉強同意派軍艦去看看，雷根但斯等人欣喜若狂。

但問題是師出無名，當時摩洛哥南部連一個德國人都沒有。沒有德國人，就不能說德國人的生命受到當地土著的威脅。於是就派了一名「生命受到威脅」的德國的工程師。他本來應該在一九一一年七月一日到達指定位置，可是卻在山區迷了路。但這並不影響德國發出摩洛哥警報，說德國人在當地受到襲擊，柏林警告英法當局：德國將派軍艦到當地採取營救行動。德國軍艦抵達後，卻怎麼也找不到那位工程師。幾天之後，疲憊不堪的工程師終於來到海邊，軍艦上的人又沒看見他。工程師急得又喊又叫。德國軍艦雖然看見了他，卻把他當成瘋子沒有理會。這位「生命受到威脅的寶貴德國人」一直到七月五日晚上才上了船。❾

「阿加迪爾事件」之後，邱吉爾被任命為英國海軍部長，誓言要加強海軍建設，保護「日不落帝國」的霸權不受德國挑戰。這次事件被英法認定是德皇惡意挑釁，雙方言詞交鋒，你來我往。英國威脅將對德國宣戰，法國開始從德國撤資，戰爭的威脅傳染了整個歐洲。

從這個事件的來龍去脈來看，德皇威廉二世顯然被煽動和誤導了，這個來歷不明的雷根但斯和德國的沃伯格家族、英法的羅斯柴爾德家族、德國航運大王鮑林等人聯手設局，誘使德皇上當，英法與德國的對立更加尖銳，使得雙方投入鉅資建設海軍，增加石油需求，並透過資本市場的股票與債券發行進行融資，從而使國際銀行家大賺其錢。當然，除此之外，他們還有更大的戰略計劃。

一九一四年六月十七日，邱吉爾提出英國政府應該投資伊朗的盎格魯—波斯石油公司（Anglo-Persian），這間公司是羅斯柴爾德事先布好的一枚棋子，就等英國政府高價收購了。如此一進一出，羅家又是大賺一筆。該公司後來成為著名的英國石油公司（British Petroleum）。

《貝爾福宣言》與銀行家的夢想

德皇威廉二世因為不願得罪鄂圖曼帝國而放棄支持猶太人在巴勒斯坦建國，猶太銀行家在失望之餘，決定把籌碼壓在德國的對手英國身上。二十世紀初，英國政府透過盎格魯－波斯石油公司拿到在新波斯國（即伊朗）的石油開採特權，這是英國海軍當時唯一的石油來源。因此，英國必須牢牢控制中東。羅斯柴爾德利用其在英國的影響，使英國政府相信未來的猶太國家將是英國在中東的忠實盟友。同時，英國可以透過猶太國牢牢控制中東，從而將英國在非洲富有礦產資源的殖民地與中東連成一片。這是包括英國首相勞合・喬治（Lloyd George）和亞瑟・貝爾福（Arthur Balfour）等英國統治精英夢想的英聯邦帝國。

一九一四年，第一次世界大戰爆發。英國為了打敗德國，肢解鄂圖曼帝國，而後稱霸中東，以承認和支持鄂圖曼帝國境內阿拉伯人在戰後建立一個包括巴勒斯坦在內的獨立國家為條件，取得阿拉伯人的支持。但英國又背著阿拉伯人同法國簽訂了處理戰後鄂圖曼帝國領土的《塞克斯－皮科爾協定》，除了劃分兩國的勢力範圍之外，規定巴勒斯坦由「國際共管」。一九一七年十一月，英國發表了支持猶太復國主義的《貝爾福宣言》（Balfour Declaration），支持猶太人在巴勒斯坦建立一個猶太人的國家。

《貝爾福宣言》耐人尋味之處在於，這是一封英國外交大臣貝爾福寫給沃爾特・羅斯柴爾德爵士（按：第二代羅斯柴爾德男爵，第三代男爵維克多・羅斯柴爾德的叔叔，見第七章）的私人信件，並委託沃爾特・羅斯柴爾德爵士轉交猶太復國主義組織。信件原文如下：

英國外交部

一九一七年十一月二日

親愛的羅斯柴爾德勛爵，

我很榮幸能代表英王陛下政府向您傳達，以下有關同情猶太復國主義者的宣言，已經呈交內閣，並得到內閣的支持。

「英王陛下政府贊成猶太人在巴勒斯坦建立一個民族之家，並將盡力促成此目標的實現。但要明確說明的是，不得傷害已經存在於巴勒斯坦的非猶太民族的公民和宗教權利，以及猶太人在其他國家享有的各項權利和政治地位。」

我樂見您將宣言的內容轉交猶太復國主義聯盟。

亞瑟・詹姆士・貝爾福謹啟❿

英國統治精英的《貝爾福宣言》乃是一箭多鵰的妙計。首先，歐洲戰場陷入膠著，只有拉美國參戰才能取得最終的勝利，而猶太銀行家在美國的影響力將是關鍵；其次，全世界猶太人將在金融方面一面倒地偏向英國，這對於持續大規模戰爭必不可少；第三，阻止美國德裔猶太銀行家偏向德國，尤其是對德國感情深厚的希夫為首的華爾街猶太銀行家族；第四，牽制俄國高達四分之三的猶太布爾什維克高級領導在對德媾和方面的態度。

在第一次世界大戰陷入僵局時，誰能贏得猶太銀行家的支持，誰就會贏得最後的勝利；而誰支持以色列復國，猶太銀行家就支持誰！

美國雖然於一九一七年四月對德宣戰，但美軍卻在本土「熱身」了一年左右，遲遲不肯到歐洲參戰。直到一九一七年十一月《貝爾福宣言》發表之後，美軍才在一九一八年初來到歐洲前線，這叫不見兔子不撒鷹。

一九一七年十一月六日，在阿拉伯人大起義的有力支持下，英軍攻入巴勒斯坦，一九一八年九月佔領全境。一九二〇年國際聯盟給予英國以管轄巴勒斯坦的「委任統治權」。一九二一年，英國政府以執行《貝爾福宣言》為由，採取分而治之的政策，以約旦河為界，將巴勒斯坦分為東西兩部分：東部稱約旦；西部仍為巴勒斯坦，由英國委任總督直接統治。

《貝爾福宣言》發表和英國委任統治之後，巴勒斯坦猶太移民成倍增長。據統計，一九一七年四月，巴勒斯坦的猶太人不超過五萬，一九三九年猛增到四十四‧五萬人，占巴勒斯坦居民總數的三分之一。猶太移民憑藉其雄厚的資金和技術，以及英國委任統治當局的庇護，在巴勒斯坦建立了眾多城市和工業，使阿拉伯人的工商業大受打擊。猶太人還建立了「哈加納」、「伊爾貢」、「斯特恩集團」等秘密武裝組織，從而使阿拉伯人和猶太人的矛盾和衝突日益加劇。

美國華爾街的猶太銀行家從一開始就支持猶太復國主義，並不斷對美國政府施加壓力。早在一九一七年十月，美國總統威爾遜就向英國政府表示他對《貝爾福宣言》草稿的支持。一九一九年一月二十一日，美國在巴黎和會上提出「關於建立獨立的巴勒斯坦國家的建議」，「猶太國一旦成為事實，國聯就立刻承認巴勒斯坦為猶太人的國家」。一九二二年六月三十日，美國國會正式通過決議，支持《貝爾福宣言》，並在經濟上全面滲入巴勒斯坦。

在猶太銀行家的鼎力支持之下，猶太復國運動終於向前邁出一大步。

背信棄義：英國統治精英與猶太復國主義的矛盾

在一九一七年《貝爾福宣言》發表之後，以羅斯柴爾德爵士為首的猶太復國主義組織一心希望協約國在一次大戰獲勝，能打開猶太人在巴勒斯坦這塊上帝應許之地復國的大門，但是現實情況的發展，卻大大出乎預料。

從英國統治精英的世界觀來看，大英帝國在中東的戰略利益有三大支柱：一，控制中東地區豐富的石油資源；二，控制中東地區這一連接歐亞非三大洲的戰略樞紐，以確保英國勢力範圍與印度和其他遠東殖民地的要道；第三，防止其他勢力控制這一地區，從而對上述英帝國核心戰略利益造成威脅。因此，英國在中東地區的戰略就是牢牢掌握，壟斷一切政治、經濟、軍事權力，絕不願這一地區出現難以控制的獨立主權國家，不管這個國家是猶太人的國家還是阿拉伯人的國家。

於是，在戰爭勝利之後，英國背棄了戰時因為需要尋找打垮鄂圖曼帝國的盟友，而許給阿拉伯人建立獨立阿拉伯國家的諾言，一手將該地區納入英帝國託管的殖民地。在這種情況下如果再拘泥於

《貝爾福宣言》的原則，一來勢必激起阿拉伯人的反彈，二來也未必符合英帝國在中東的戰略利益。於是英帝國外交部、殖民地事務部和巴勒斯坦的英國託管當局執行了一條鼓勵猶太人移居巴勒斯坦，同時抵制猶太人建國的折衷方針。結果這一方針既惹惱了阿拉伯人：憑什麼我們世代居住的地方要讓給猶太人，而且這夥人很可能在我們的地盤上建立國家？同時也激怒了猶太人：建國希望破滅，背信棄義的英國人擺明了就是過河拆橋。

在阿猶衝突、巴勒斯坦當地人民與英國託管當局的矛盾日益激化、衝突不斷的情況下，英國政府不得不考慮對其巴勒斯坦政策進行進一步調整。

一九二二年七月，英國殖民大臣邱吉爾代表英國政府發表聲明，史稱《邱吉爾白皮書》，主要精神包括：（一）無意將整個巴勒斯坦變成一個猶太民族家園；（二）猶太社團有必要增加移民人數，但其數量不得超過當地經濟吸收能力。⓫

一九三〇年十月，英國殖民大臣帕斯菲爾德代表英國政府發表了另一項政策聲明，史稱《帕斯菲爾德白皮書》，其主旨在重申《邱吉爾白皮書》闡明的各項原則基礎上，將維護阿拉伯人的利益置於幫助建立猶太人家園的努力之上，宣稱如果猶太移民影響了阿拉伯人的就業，就應當減少或停止猶太移民的遷入。

一九三九年五月，英國政府又單方面發表了《關於巴勒斯坦事務的白皮書》，因為當時英國的殖民大臣是麥唐納，這份白皮書又被稱為《麥唐納白皮書》，其主要內容包括：（一）英國政府明確宣佈把巴勒斯坦變成一個猶太國家並不是其政策的一部分，（成立猶太國）違反委任統治書所規定的對阿拉伯人的義務，是違反以往對阿拉伯人的保證；（二）英國政府的政策是在十年之內建立一個獨立、與英國有聯繫的巴勒斯坦國，阿拉伯人和猶太人按人口比例加入新政府；（三）五年內允許七萬五千名猶太人移入巴勒斯坦，五年之後未經阿拉伯人允許不得移入猶太人；（四）過渡時期內授權英國託管當局，限制和禁止土地轉移。⓬《麥唐納白皮書》是對《貝爾福宣言》的全面修正，是英國巴勒斯坦政策的重大轉變，實際上放棄了對猶太復國主義運動的支持。

一次大戰之後的二十年間，英國中東政策的變化就是逐漸放棄支持猶太復國主義，這一點猶太復國主義運動領導人早在一九二二年的《邱吉爾白皮書》就看得很清楚。而戰後的英帝國挾著打敗德國之威，正是日不落帝國夕陽無限好的光景。

此時，擺在猶太復國主義者面前的戰略選擇就很清楚了：為了重建以色列，完成《舊約》中上帝的應許，他們在第一次世界大戰中，借外力打垮了鄂圖曼帝國在中東的地緣政治板塊。此時他們決定故技重施，借外力打垮英帝國在中東地區的頑固態度，在帝國中東統治的廢墟上重建以色列和「第三聖殿」。

那麼，這個外力是誰呢？放眼望去，有能力打垮英帝國的，無非美、德、蘇三國，而在這三國當中，挑撥美國來打垮英帝國是不可能的；蘇聯的史達林只能利用，卻無法控制。最有可能跳出來打擊大英帝國，在地緣政治上距離英帝國本土最近，又便於猶太資本控制的，當屬一次大戰戰敗國——德國。當時的德國蒙受凡爾賽和約羞辱，復仇主義籠罩全國而又急需外國資本恢復國民經濟，但是統治德國的卻是按照英美自由主義政治邏輯組織起來的威瑪共和國，其積弱不振完全符合英帝國既穩定德國局勢、又不讓德國壯大的戰略。這樣的德國是不足以承擔起迫使英帝國在中東問題上讓步的重任。

顛覆軟弱的威瑪共和國，重建強大的德國，為英國製造一個危險的敵人，以迫使英國重新依賴猶太銀行家，這是一個既能實現復國的戰略目的，又可從中大獲其利的戰略。只是人算不如天算，最後扶植的卻是比史達林更難以掌控的希特勒。問題是如何顛覆威瑪共和國？銀行家沒有武裝，同時，在戰爭剛結束的歐洲，立刻策動另一場戰爭的條件還不存在。一九二二年，銀行家唯一的選擇就是發動一場貨幣戰爭，來摧毀威瑪共和國的基礎。

國際銀行家著手運作時，很快就發現另外一股勢力也在朝著這個方向推進，這就是美國新興的金融勢力集團——摩根和洛克菲勒集團。美國的工業生產能力在十九世紀末、二十世紀初超越老牌的大英帝國，美國金融勢力也同步快速膨脹，原來跟著歐洲銀行家老大跑腿的小弟，逐漸萌生野心。早在一次大戰爆發之前，美國新興的精英集團就開始考慮取代英國全球霸主的地位了。

此時，兩股勢力相遇，兩者的戰略目標幾乎完全一致，戰術也可彼此協調。若能打垮大英帝國的全球霸權，猶太銀行家就能實現以色列復國的夢想，美國精英便能坐上世界霸主的交椅。能實現這一目標的理想打手就是強大、充滿攻擊力的德國，只要在德國頭上先套上緊箍咒，控制住中央銀行、金融系統、工業集團和原物料基地，再廢掉軟弱的威瑪共和國，建立強勢的新德國，就能執行這個大戰略。

如何才能徹底控制德國的經濟命脈呢？只要徹底摧毀德國的貨幣系統，把德國的所有資產變得廉價無比，就可遂行控制了。

用炒股的行話就是，先做空，逢低吸納；再做多，贏得暴利！

經濟武器與《凡爾賽和約》

英國的澤曼爵士（Sir Alfred Zimmern）在一次大戰時，曾寫過一本十三頁的小冊子，名叫《對付德國的經濟武器》（*The Economic Weapon Against Germany*, London: Allen & Unwin, 1918），第一次提到「經濟戰」的概念。⓭澤曼爵士被美國歷史名家奎格雷教授列為英美精英組織的重要成員。

澤曼爵士一針見血，指出戰爭中的中歐強權（德國、奧匈帝國、土耳其等）正處在被包圍的態勢，憑自己的力量無法打破這樣的包圍。澤曼爵士第一次提到大規模經濟封鎖所形成的「經濟戰」理念，而德國人當時認為這種可能性根本不存在。

一九一五年十二月，英國首相提到：「有人會認真去想，由於橡膠短缺，我們就將會輸掉這場戰爭嗎？」由於英國和美國能封鎖歐陸的德國，控制世界其他地區的原物料來源，使德國在戰時得不到補給。德國在戰爭準備時，假設最多只會打一年。既然一次世界大戰打了四年，德國在準備上顯然是不夠的，而且沒想到由於喪失制海權，英國對德國進行經濟戰略的大包圍，使德國難以補給原物料，因而逐漸喪失戰鬥能力，終至潰敗。這一點是德國作為大陸強權首次同海洋強權較量時碰到的戰略問題。

澤曼在書中也提到德國戰敗、簽訂和平協定之後的計劃和預測。英美並不想解除對德國港口的封鎖，如果沒有原物料，就不會有德國工業的就業；如果沒有就業，解甲返鄉的士兵就將形成龐大的失業人口，將會威脅社會秩序。英國和美國若是控制了原物料的供應，就控制了德國經濟重建的進程。德國若是發生物資全面短缺、甚至發生飢荒的話，經濟混亂的局面將至少持續三年。

這種短缺並不是一般的商業抵制，而是有組織、有系統的國家行為。在澤曼提出的經濟戰略思想指導下，一九一九年的《凡爾賽和約》其實是戰爭的繼續。起草《凡爾賽和約》的美國國務卿蘭辛（Robert Lansing）指出，《凡爾賽和約》並不會提供公平的和平，最終將成為持續戰爭的工具和手段。他當時就已經看出「《凡爾賽和約》產生的是失望、後悔和進一步蕭條，這種和平協定的條款，顯然是不同尋常的嚴厲並帶有侮辱性質的」。而剛成立的英美主導的國聯，「在複雜的貪婪情緒之中將會成為捕食者。」

蘭辛雖然是美國的主要談判代表，但在整個和談中能發揮的作用其實非常有限，因為談判的主導權握在擔任各國談判顧問的銀行家手上。「五月十五號，我收到了布利先生的辭呈，同時還收到了另外五位主要專家的辭呈，他們共同抗議和平條款的嚴厲和不公正。他們在辭呈中一致認為，這樣的條款有違美國當初參戰所捍衛的基本原則。」義大利總理弗朗西斯科也說過，「在當代歷史上，《凡爾賽和約》將成為一個非常糟糕的先例，它違反了所有的先例、所有的傳統，德國代表從來沒有聽過這麼不公正的條件。在他們面對飢荒、物資短缺和革命威脅的情況下，他們沒有其他選擇，只有簽字。在古老的宗教法律體系之中，每個人都必須有申訴的權利，甚至魔鬼都擁有這樣的權利，邪惡的人也應該擁有這樣的權利。但是當今新的國家社會，甚至不遵循黑暗的中世紀所形成的神聖原則。」

各國在一次世界大戰中的消耗，相當於德國全部資產的三倍，德國每年被迫賠償高達十七億馬克的鉅額戰爭賠款，而且要一直還到一九八八年。沙赫特也曾說《凡爾賽和約》這個設計的用意是在經濟上摧毀德國。這顯然符合大英帝國統治精英的想法。

在《凡爾賽和約》的規定下，由於外國政治勢力的控制，經濟不可能復甦，信心不可能恢復。在戰爭中，英國對戰爭的融資主要是透過稅收，占二十%，德國是六%。德國的貨幣供應在一九一四年到一九一八年之間，從七十二億馬克增加到二百八十四億馬克，以人均計算，貨幣供應量從一百一十馬克增加到四百三十馬克。當時德國整體物價水平，如果以一九一三年作為基準值（一百），一九一八年德國戰敗之後則上升到兩百三十四，通貨膨脹幅度跟英國大致類似。物價上漲程度對德國百姓生活的影響被德國政府有效抵銷掉了。德國當時的工資從一九一三年的基準值一百上漲到兩百四十八，上漲幅度甚至略高於通貨膨脹。所以第一次世界大戰儘管重挫德國經濟，但是並沒有摧毀德國的貨幣系統。德國的貨幣系統從一九一八年戰爭結束到一九二二年期間，處於相對穩定的狀態。

英國的統治精英試圖釜底抽薪，從根本上遏制德國再度崛起。一個採用所謂「自由經濟」體系的德國，在海洋強權的經濟圍堵戰略下，是不可能真正發展並強大的。一個經濟疲軟、政治渙散、武功全廢、「相對穩定」的德國，才符合大英帝國的利益。

一九二二年七月，英國統治精英發表了《邱吉爾白皮書》，宣稱「無意將整個巴勒斯坦變成一個猶太民族家園」，從而醞釀推翻《貝爾福宣言》對猶太復國的重大承諾，德國的貨幣系統遭逢巨變，通貨膨脹的風暴突然降臨。

一九二三年德國中央銀行「獨立」：超級通膨的風暴中心

德國一九二二年到一九二三年的超級通貨膨脹，普遍被西方視為政府控制貨幣系統帶來貨幣災難的經典案例，結論就是只有由銀行家控制貨幣發行權，才是「負責任」和「安全」的。其實，德國超級通貨膨脹的幕後黑手就是銀行家及其操縱下的中央銀行。

一八七六年成立的德意志帝國銀行是德國的中央銀行，基本上是私人擁有，但在很大程度上受到德皇和政府的控制。帝國銀行的總裁和董事都是德國政府官員，由德皇直接任命，而且是終身制。德國中央銀行的收入是在私人股東和政府之間進行分成，但是這些股東並沒有權力決定中央銀行的政策。這種中央銀行制度顯然有別於英格蘭銀行、法蘭西銀行和美國聯準會，其特點就是德皇以國家最高統治者的身分，牢牢控制貨幣發行權。從德意志帝國銀行成立以來，德國金馬克的價值非常穩定，推動了德國經濟的崛起，是金融落後國家趕超發達國家的成功典範。即使是在一九一八年德國戰敗，德國馬克到一九二二年的購買力仍然相對堅挺，德國通貨膨脹與英、美、法等戰勝國相去不遠。對於一個戰敗國，而且是一個處境極其悲慘的戰敗國而言，德意志帝國銀行的貨幣政策能達到這種水準和效果，已經是相當難得了。

然而，德國戰敗之後，戰勝國卻通過一系列法案，剝奪了德國政府對中央銀行的控制權。一九二二年五月二十六日通過立法，確立德意志帝國銀行的「獨立性」，不受德國政府的控制。德國的貨幣發行權完全交到私人銀行家的手中，其中就包括沃伯格等重量級的國際銀行家。

這是德國發生最嚴重的惡性通貨膨脹的關鍵因素之所在！

關於這場通貨膨脹的原因，西方普遍認為是當時的德國總理庫諾（Wilhelm Cuno）為了消極抵抗法國和比利時強佔德國魯爾區，於是大量印鈔票來應對。這是一個從各個角度都無法自圓其說的解釋。首先，是政府在超量印鈔票嗎？不是。德國中央銀行私有化是在一九二二年五月，而魯爾問題的出現是一九二三年一月，過量印鈔票的行為乃是國際銀行家控制下的中央銀行的所作所為。

第二，德國央行過量印鈔票是為了挽救財政危機嗎？不是。魯爾地區被佔領的確對德國財政造成嚴重困難，但還不至於讓德國央行採取「貨幣自殺」的手段來應付，而且也解決不了任何問題。德國政府總理庫諾其實有很多選擇，他曾經是鮑林在漢堡美國航線公司（HAPAG）的總經理。麥克斯・沃伯格既擔任 HAPAG 的董事，又是德意志帝國銀行的董事，沃伯格銀行此時與美國華爾街的庫恩雷波公司關係非比尋常，沃伯格兄弟是其高級合夥人，其中保羅更是美國聯準會的實際運作者。在這樣的情況下，無論是德國政府向國際銀行家發行高回報的特種國債，還是麥克斯代表的德意志帝國銀行向弟弟保羅代表的美國聯準會協商「國際救援」，要應付一年多的魯爾問題所導致的短期財政困難是沒有問題的。

第三，德意志帝國銀行過量印鈔是為了支付戰爭賠款，故意過量印刷本國貨幣能減免外債嗎？不可能。事實上，《凡爾賽和約》已經明確要求，德國必須使用黃金、英鎊和美元來支付戰爭賠款。這種情況下，過量發行本國貨幣根本於事無補，而且印越多，幣值跌得越厲害，也就越難以兌換外幣來還外債。這與亞洲金融風暴時，泰國不能靠印泰銖來償還美元外債是同樣的道理。

威廉・庫諾

後來德意志帝國銀行總裁沙赫特在一九二七年出版了《德國馬克的穩定》一書，提出的就是這種自相矛盾的解釋。他是傳統的自由主義經濟學家，認為通膨的危機是德國政府造成的。他認為帝國銀行在其許可權範圍之內，主要是控制通貨膨脹，但帝國銀行發現無法做出決策。當時帝國銀行的觀點是，只要德國魯爾工業區仍然被法國佔領，戰爭的外債總額仍然沒有固定，德國政府沒有足夠的財政來源，那麼任何穩定貨幣的措施和企圖都是沒有用的。帝國銀行狂發鈔票是為了拯救德國政府，他們創造新的帝國馬克，可以供給政府使用。沙赫特認為，當時戰敗的德國為了維持生存，不得不借助帝國銀行的發鈔權。德國當時面臨的是生存問題，所以中央銀行沒有辦法維持獨立的貨幣政策。

沙赫特的觀點其實難以自圓其說。⓮

顛覆威瑪共和國的「貨幣戰爭」

德國馬克究竟是如何被摧毀的呢？一言以蔽之，摧毀一種貨幣最簡單的辦法就是發行過量的貨幣。這種過多的貨幣發行，可以透過幾種方式進行：第一，中央銀行自己發行過量貨幣；第二，私人銀行創造過度的信用和貨幣；第三，市場中的貨幣投機商透過大規模的「裸做空」，在摧毀一國貨幣價值的同時，其效果等於貨幣投機商在大量發行貨幣。實際上，一九二二年五月，當德意志帝國銀行落入國際銀行家手中之後，同時出現了三種形式的貨幣過度發行。

從第一種情況來看，德意志帝國銀行大規模印鈔是事實，但並不是為了政府免除外債和解決財政困難。再看第二種情況，私人銀行的貨幣供應對超級通膨的影響。從時間上看：

一九二一年十一月，馬克兌美元的匯率為三三〇：一；

一九二二年一到五月，馬克兌美元穩定在三二〇：一；

一九二二年五月二十六日，德意志帝國銀行私有化；

一九二二年十二月，馬克兌美元為九〇〇〇：一；

一九二三年一月，魯爾危機爆發，馬克幣值狂貶，馬克兌美元達到四九，〇〇〇：一；

一九二三年七月，馬克兌美元達到一一〇〇〇〇：一；

一九二三年十一月，馬克兌美元的匯率為二，五〇〇，〇〇〇，〇〇〇，〇〇〇：一；

一九二三年十二月，馬克兌美元的匯率為四，二〇〇，〇〇〇，〇〇〇，〇〇〇：一；

一九二三年，平均每兩天德國的物價就要翻一番。

此時德國馬克已經被徹底摧毀了。在瘋狂拋售馬克的過程中，德國出現了超級通貨膨脹。很多私人銀行家開始發行自己的貨幣，這些貨幣可能有黃金或外匯來支撐。私有化的德意志帝國銀行卯足勁印鈔票，也趕不上私人銀行所發行的貨幣總量。沙赫特作了估計，在當時德國貨幣流通總量中，有大約一半是私人銀行家所發行的貨幣，而不是德意志帝國銀行的官方貨幣。所以，私人銀行的超量貨幣印刷幾乎佔據超級通膨的近一半！

第三種情況最不明顯，但卻最為致命，有人有系統地、大規模做空德國馬克，從而導致了馬克劇烈貶值，其效果等同大量印貨幣。

做空一個國家的貨幣基本運作機制大概可以分成幾個階段，首先該貨幣有明顯的內生性問題。德國當時的情況完全符合這個條件。一次世界大戰之後，德國需要使用外幣來進行賠償，顯然面臨巨大的外債壓力，德國馬克本身的確有非常明顯的缺陷。這與亞洲金融風暴時的亞洲四小龍情況類似，就是外債負擔過重，必須獲得美元才能償還外債。在正常的情況下，這個問題可以由經濟體自動調整來漸進解決。比如增加稅收，或是暫時降低生活標準來逐步償還外債。但是當貨幣投機在一個很大範圍內集中和突然發生，將會影響貨幣的價值，而且這種大規模的貨幣投機仍然被視為合法行為。在投機過程中，只要事先大規模賣空某種有著內生性的困難和問題的貨幣，往往就能獲得豐厚的利潤。

什麼是做空機制呢？當進行貨幣賣空的時候，他們並不真正擁有這種貨幣。只要在一定的時間內，這種貨幣出現大幅貶值，他們以貶值後的低價從市場買回這種貨幣，就可賺取鉅額價差。從這個意義來講，當貨幣投機者在賣空「聲稱擁有」的貨幣時，其實是在一定時間內獲得了創造這種貨幣的權力。這些貨幣投機者同時出動，在同時大規模做空，數量夠大，而且是在這個國家貨幣夠虛弱的時候，這樣的做空行為將會產生「自我實現」的效果，被做空的貨幣的價值有如自由落體般巨貶，情形嚴重的話，將會產生貨幣恐慌，引起連鎖反應，引發其他社會階層本能的恐慌，大量拋售本幣去換取外幣，從而導致更大規模的市場做空行為。

在這樣的貨幣暴跌過程中，投機家賺取的鉅額利潤，就是這個國家的生產者和儲蓄者積累多年的財富，社會生產和經濟活動將遭到毀滅性的打擊。此時所謂自由經濟主義者，將會指責所有的錯誤都是由於政府的貨幣政策出現問題，而忽略投機者所製造的巨大災難。

事實上，一九二三年德國的問題與一九九七年亞洲金融風暴出現的情況非常類似，本幣體系和本國經濟存在嚴重的內在缺陷，外債高築，外國貨幣投機者蜂湧而至，超大規模做空本幣，貨幣體系瀕於崩潰，本幣劇烈貶值，通貨膨脹捲走社會財富，摧毀國家經濟基礎。差別在於，德意志帝國銀行非但沒有制止貨幣投機，反而在變相提供充足的彈藥給投機者；國際銀行家的私人銀行在超級通貨膨脹中發行了全部貨幣流通總量的一半，等於是在火上澆油。

歷史之所以重演，原因在於重複歷史的人都是同一批人。今天的索羅斯及其背後的國際銀行家與一九二三年摧毀德國馬克的貨幣投機者師出一門。

不到一年，威瑪共和國的社會財富被洗劫一空。德國中產階級淪為赤貧，失去一切的憤怒和戰後所遭受的羞辱，使德國人心中的怒火升騰為報復心態。此時的德國社會已是一片乾柴，等待的只是一顆引爆的火星。

德國通貨膨脹時的兒童用紙幣玩堆積木遊戲（百度圖片）

沙赫特的「地租馬克」保衛戰

在經歷了十八個月的血雨腥風之後，德國馬克的信譽已經蕩然無存了，當時大多數人認為在心理上需要一種完全不同的貨幣。這種新的馬克在歷史上又稱為地租馬克（Rentenmark），它是以德國全部的土地和工業產品作為抵押來發行的新貨幣，總價值相當於三十二億馬克。地租馬克與美元掛鉤，兌換比價是四・二：一，地租馬克與舊馬克的兌換比價為一：一兆。為了在心理上隔絕地租馬克和舊馬克，具體做法就是成立一家新的「地租銀行」（Rentenbank）。地租銀行向德意志帝國銀行提供新馬克貸款，帝國銀行再向社會提供地租馬克的信用。但是地租銀行一直沒有獨立於帝國銀行之外運作，隔絕新舊馬克只是心理作用而已。地租馬克從一九二三年十一月十五日開始流通。新馬克並不是法幣，沒有支付政府債務和外國債務的能力。⓯

沙赫特被委以穩定德國馬克的重任時，已經有二十三年銀行從業經驗。沙赫特發明新地租馬克時，並沒有立刻穩定馬克的價值，打垮貨幣投機狂潮才是穩定馬克價值的關鍵點，這場鬥爭一直持續了一年。之後又祭出一連串的信用緊縮政策，才達到穩定馬克的目標。

沙赫特的第一個「新政」就是立刻停止其他私人銀行發行馬克的權力，把所有持有的舊馬克都進行即刻支付。第二招就是明令禁止把新的地租馬克借給外國人。沙赫特明白外國貨幣投機商是做空德國馬克的主要投機力量。他這個做法意味著外國的投機商在做空地租馬克後，在外匯市場上很難得到地租馬克來平倉，所以投機意願將會大為降低。這一招重挫境外貨幣投機商，制止貨幣投機是德國貨幣改革重要的第一步。

這些貨幣投機商現在開始意識到，如果中央銀行下定決心的話，他們可以終結所有在外匯市場對馬克的投機行為。沙赫特其實從一開始就明白怎麼來對付貨幣投機行為，但在幾個月之前，發生最嚴重通貨膨脹的時候，德意志帝國銀行卻袖手旁觀，任由外國投機商摧毀了馬克。

外國的貨幣投機商仍在不斷襲擊新的地租馬克，沙赫特忍無可忍。在一九二三年十一月底，沙赫特指出：「地租馬克的投機不僅對國家經濟利益而言大有惡意，同時這種行為本身也極其愚蠢。在過去的幾個月中，這樣的投機活動（所需要的馬克），要麼是透過德意志帝國銀行非常慷慨的貸款，要麼是通過私人銀行緊急印鈔票來交換帝國銀行的馬克而得到的。」「但是現在三件事情發生了，緊急貨幣（私人銀行自己印製的鈔票）已經失去價值，禁止它（私人銀行所印的鈔票）和帝國馬克進行交換；從前帝國銀行慷慨的貸款現在已經不再發放了；地租馬克在國外已經不能使用。這些原因導致投機者無法從外匯市場得到足夠的馬克來支付欠款，他們出現了大量虧損。」⑯

沙赫特的這段話已經透露德國馬克崩潰的關鍵。一、大規模做空馬克得到了德意志帝國銀行「慷慨」的資助，因為當時這些投機商輕易就能從德國中央銀行貸到大筆低成本的貸款，而這些貸款被用來做空馬克，這是打垮馬克的關鍵措施。換句話說，國際銀行家控制下的中央銀行，向貨幣投機商提供了做空馬克的彈藥。二、外國貨幣投機商向德國本土的私人銀行大量借入馬克，而私人銀行則透過印刷自己的鈔票，再拿到中央銀行兌換成馬克，來給外國貨幣投機商「供貨」，德國的私人銀行家顯然是外國投機商的幫兇，這些人是誰呢？沙赫特沒有點名，但他指出一些德國著名的銀行家族甚至在他主抓馬克的穩定後仍然頂風作案。沙赫特明確指出，「有些著名的銀行機構也參與貨幣投機的把戲，這個國家仍然充滿大量的貨幣投機商，這些人只要能賺錢，甚至可以把家族銀行美好的名聲和信譽不當一回事」。他的懲罰就是中央銀行暫停給這些銀行的票據進行再貼現。三、凡是違反禁令向外國投機商拆借地租馬克的本國銀行也一併懲罰。

從一九二四年四月七日起，沙赫特下令德國中央銀行拒絕發放新信用，時間持續了兩個月。這個做法是為了恢復德國馬克的穩定性。同時，沙赫特還採取了嚴厲的信用緊縮政策。他把當時一個月的拆借利息從三〇％漲到四五％，透支利息費用從四〇％一口氣漲到八〇％。此舉頓時令所有的外國馬克投機商陷入困境，迫使他們交出手上的外匯，換成德國馬克，來支付他們做空馬克的損失。德國中央銀行用這招大大增加了外匯儲備。一九二四年四月，德國外匯儲備約為六億馬克，到了八月，這個政策只執行了四個月，德國的外匯儲備就翻了不止一倍。⑰

在沙赫特嚴格執行了上述措施之後，終於切斷了大規模馬克絞殺戰的資金供應，從而一舉結束了投機家對德國馬克的瘋狂攻擊，之後德國馬克在外匯市場上重新恢復平穩。

一九二四年七月，德國馬克恢復穩定之後，拆借利息開始下降。當時由於沙赫特採取嚴厲的信用緊縮政策，諸多德國政府擁有的郵局和鐵路等機構紛紛組建自己的銀行。這些機構龐大且實力雄厚，很快就積累了鉅額資金，而且這種積累速度遠遠超過私人銀行體系。到一九二四年底，德國的商人紛紛把地租馬克和帝國馬克等值對待。此時，沙赫特再把地租馬克轉成德國中央銀行發行的馬克。

沙赫特的舉措與一九九七年亞洲金融風暴中香港金管局「任一招」的措施有異曲同工之妙，那就是將貨幣投機商的資金拆借成本提高到他們無法承受的程度，馬上就打垮貨幣投機狂潮！

沙赫特一輩子都在國際銀行家的圈子，其實他本來沒有必要抖出這些內幕，但他不甘心後人評論德意志帝國銀行在一九二三年超級通貨膨脹時束手無策，身為當事人的他覺得有必要做一番表白，他還是有本事的。而且，沙赫特也是一個強烈的民族主義者，力主德國馬克的穩定，也將此視為自己的神聖職責。他眼睜睜看著強大的馬克被超級通貨膨脹摧毀，內心深處的憤怒是無以名狀的。在一九二七年出版的《德國馬克的穩定》中，沙赫特還在為德意志帝國銀行的無所作為而辯護，到一九六七年的《金融的魔術》出版時，他終於想對歷史有個「說法」了。從一九二三年到一九六七年，經過了四十四年的沉默和對超級通貨膨脹真實原因的諱莫如深，他最終打破了盎格魯—撒克遜金融圈裡的潛規則，用極為隱晦的手法，給自己和歷史留下一個交代。

道威斯計劃：扶持德國的開始

通過超級通貨膨脹，國際銀行家喜獲豐收，不僅一舉席捲了德國幾十年的工業化財富，而且大規模控制了德國的金融和工業系統，同時又挑起德國人民對威瑪共和國的強烈憤怒，從而瓦解了威瑪共和國的民意基礎。接下來，就要開始強化德國的工業能力，積蓄實力準備挑戰大英帝國的霸權了。

事實上，國際銀行家在巴黎和會上就已經開始佈局了：華爾街律師約翰・福斯特・杜勒斯是凡爾賽和談的關鍵人物、和約的起草者之一，他負責起草和約第兩百三十一款，這也就是埋下德國復仇主義禍根的德國「戰爭罪」條款。曾任洛克菲勒標準石油公司首席律師的美國國務卿查爾斯‧伊文斯‧休斯說服美國總統柯立芝，任命與摩根財團關係密切的銀行家查爾斯‧道威斯擔任賠款問題委員會的主席。從一九二四年道威斯計劃開始執行到一九三一年，德國總共支付了一百零五億馬克戰爭賠款，卻從海外借入了一百八十六億馬克；[18]一九二三年以後，無論是德國IG法本公司、聯合鋼鐵，還是德國電力總公司，身後無不浮現著猶太銀行家、洛克菲勒、摩根財團的影子，德國的戰後恢復全部被華爾街的資本所控制，而這些資金是華爾街透過銷售德國債券募集公眾資金而來的，摩根和沃伯格家族從中又獲得額外的豐厚利潤。

一九二四年，美國方面啟動了道威斯計劃，該計劃的要點就是削減德國的戰爭賠款，從一千三百二十億德國馬克調降到三百七十億德國馬克。美國用這些錢向德國發放貸款，主要是為了償還德國欠法國和英國的債務。英國和法國得到德國償還的錢之後，再把這些錢還給美國，因為英國和法國都欠美國的錢。結果就是，美國人放貸給德國人還英法的錢，英法再把德國人還的一部分錢給美國，這樣資金轉了一圈又回到美國，虧損的是美國的納稅人。而在這個過程中，已經完成「抄底」的華爾街資本所控制的德國工業減輕了債務負擔，增加了盈利能力，同時，所有涉及資金交易的銀行家雁過拔毛，都獲得了巨大利益。道威斯計劃提出來之後，立刻受到國際銀行家的熱烈歡迎，因為大家在這個還錢循環遊戲中利益均霑。道威斯在一九二五年和張伯倫共同獲得諾貝爾和平獎，後來成為美國副總統。

沙赫特和國際銀行家還提出一個新的賠償條款，德國中央銀行所產生的全部利潤要進行分成，四五％的利潤歸德國中央銀行私人股東所有，五五％歸政府。最終中央銀行所有股東達成一致，第一個五千萬馬克的盈利中，有一半被私有的中央銀行股份持有者拿走，在第二個五千萬利潤中，有二五％被私人拿走，每年利潤的一〇％再歸私有的股東。[19]

道威斯的計劃開始實行之後，鉅額美國貸款湧進德國，大量外國信用緊隨其後，國際銀行家普遍對沙赫特抱持很高的信心。但是，沙赫特採取了異常嚴厲的外國資金使用限制，規定這些錢只能用在生產領域，不許用在奢侈品和消費方面的信貸。在這樣的政策下，從一九二四年到一九二九年，華爾街資本控制下的德國工業生產體系迅速被建成整個歐洲最先進的工業系統。沙赫特對於生產的信貸支持和嚴格限制進入其他類似股票市場、房地產市場和奢侈品消費市場的政策導向，獲得顯著的成效。德國的工業實力得以迅速恢復，逐漸具備挑戰英國的底氣。

在經濟和金融上控制了德國工業之後，下一步就是要扶持一個有能力與英帝國打一場世界大戰的政治領導人和政治組織。這時，希特勒及其國家社會黨出現在國際銀行家的眼前。在納粹運動之初，華爾街和美國國務院的圈內人就從多條管道獲得情報。早在一九二三年啤酒館暴動之前，美國國務院駐慕尼黑的官員羅伯特•墨菲就透過魯登道夫將軍親自接見希特勒，墨菲後來成為畢德堡俱樂部的核心人物。就是透過這些秘密接觸，納粹的思想和組織情報源源不斷流向華爾街和華盛頓的秘密決策圈子，為國際銀行家的核心圈子所矚目。而早在一九二六年，帝國銀行總裁沙赫特就開始秘密為納粹進行融資。到了一九二九年六月，控制美國聯準會的銀行家開了一個會，選派西尼•沃伯格代表他們去德國進一步「面試」希特勒，同時進行合作談判。華爾街銀行家開出的條件是「主張進攻性的外交政策，煽動對法國的復仇情緒」。希特勒要價也不低，拿出一億馬克（兩千四百萬美元），一切都好說。最後雙方以一千萬美元成交。而西尼回國後彙報希特勒的納粹主張深深打動了洛克菲勒，緊接著，《紐約時報》開始對希特勒進行定期報導，大學裡也開設了研究納粹的專門研究機構。[20]

國際銀行家沒有料到的是，希特勒居然有自己的「偉大計劃」，拿了國際銀行家的錢，幹的是自己的「私活兒」。

第五章　猶太復國進程圖

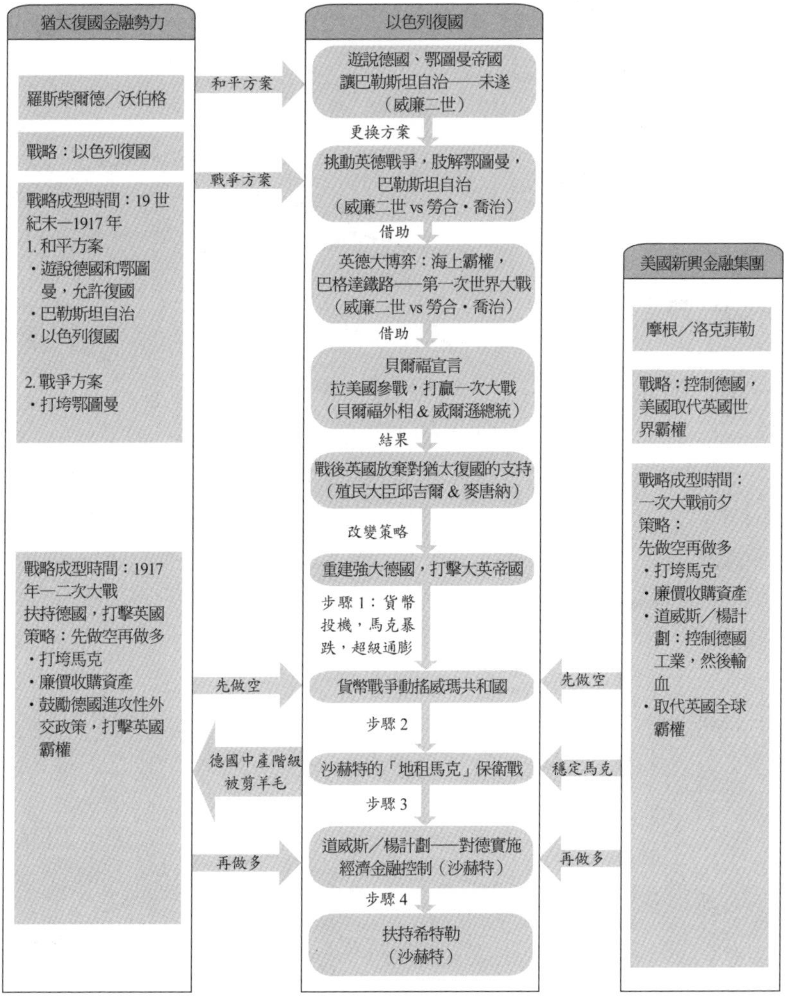
猶太復國金融勢力
羅斯柴爾德／沃伯格
戰略：以色列復國
戰略成型時間：19 世紀末—1917 年
1. 和平方案
・遊說德國和鄂圖曼，允許復國
・巴勒斯坦自治
・以色列復國
2. 戰爭方案
・打垮鄂圖曼
戰略成型時間：1917 年—二次大戰
扶持德國，打擊英國
策略：先做空再做多
・打垮馬克
・廉價收購資產
・鼓勵德國進攻性外交政策，打擊英國霸權
和平方案
戰爭方案
先做空
德國中產階級被剪羊毛
再做多
以色列復國
遊說德國、鄂圖曼帝國
讓巴勒斯坦自治——未遂
（威廉二世）
更換方案
挑動英德戰爭，肢解鄂圖曼，
巴勒斯坦自治
（威廉二世 vs 勞合・喬治）
借助
英德大博弈：海上霸權，
巴格達鐵路——第一次世界大戰
（威廉二世 vs 勞合・喬治）
借助
貝爾福宣言
拉美國參戰，打贏一次大戰
（貝爾福外相 & 威爾遜總統）
結果
戰後英國放棄對猶太復國的支持
（殖民大臣邱吉爾 & 麥唐納）
改變策略
重建強大德國，打擊大英帝國
步驟 1：貨幣投機，馬克暴跌，超級通膨
貨幣戰爭動搖威瑪共和國
步驟 2
沙赫特的「地租馬克」保衛戰
步驟 3
道威斯／楊計劃——對德實施經濟金融控制（沙赫特）
步驟 4
扶持希特勒
（沙赫特）
美國新興金融集團
摩根／洛克菲勒
戰略：控制德國，美國取代英國世界霸權
戰略成型時間：
一次大戰前夕
策略：
先做空再做多
・打垮馬克
・廉價收購資產
・道威斯／楊計劃：控制德國工業，然後輸血
・取代英國全球霸權
先做空
穩定馬克
再做多

第六章

希特勒的新政

一次世界大戰之後，簽訂《凡爾賽和約》，由德國承擔發動戰爭的責任，被迫接受嚴苛而屈辱的割地與賠款。經濟蕭條、失業狂潮以及受挫的民族尊嚴，成為納粹與希特勒崛起的溫床。鮮為人知的是，希特勒外有華爾街為首的國際銀行家支持，對內任命猶太人接掌財政大任，透過中央銀行國有化、發行「創造就業匯票」，帶領德國走出經濟蕭條，但也走向另一次世界大戰。

「憤青」希特勒

一九一八年十一月的一天，德意志帝國國防軍李斯特團陸軍下士阿道夫．希特勒和其他傷員一樣，靜靜躺在陸軍醫院的病床上，品味著因協約國施放毒氣而暫時失明的痛苦以及榮獲帝國鐵十字勳章的幸福。就在這時，一個消息如晴天霹靂般傳來，希特勒下士從病床上一躍而起，德國宣佈向協約國投降了！憤怒和失望如毒蛇一般噬咬著年輕的希特勒，這一切是為什麼？難道自己和無數的戰友同胞奮戰四年，得到的就是這樣一個苦澀的結果嗎？

不久，威瑪共和國政府承認《凡爾賽和約》的消息傳來：德國失去了約十分之一的領土和八分之一的人口，丟掉了全部的殖民地，萊茵谷地非軍事化，讓法國佔領薩爾區，付出大量賠款（分七十年還債，直到一九八八年），最重要的還是戰爭罪責條約：德國必須承認發動戰爭的全部責任。❶像大多數德國百姓一樣，希特勒怒不可遏。

希特勒與沙赫特

在一九一八年十一月革命之前，德國的形勢雖然不妙，但還沒到戰敗的地步。在西線戰場上，協約國從沒有佔領德國領土，而德軍卻深入法國北部，一九一八年三月到七月，德軍接連於西線發動了五次大規模的攻勢。五月底，德軍發動第三次攻勢，成功突破法軍的防線，推進到離巴黎只有三十七公里。七月十五日，德軍發動第五次攻勢，未能達成戰略目的，隨著美軍到達歐洲，協約國的力量大增。德軍隨後在法國轉為戰略守勢。在東線，一九一七年俄國十月革命之後，蘇俄政權初定，國內形勢極其嚴峻，俄軍極度厭戰，繼續打下去已無可能。列寧決心與德國議和，一九一八年三月，俄國被迫與德國簽訂了條件極為苛刻的《布列斯特—立陶夫斯克和約》，根據該條約，德國將獲得俄國近一百萬平方公里的土地和近五千萬居民。而且割讓給德國的地區佔俄國煤炭開採量的九成，七三%的鐵礦石，五四%的工業以及三三%的鐵路。此外，條約還規定，蘇維埃政府必須復員軍隊，包括剛剛組建的紅軍部隊。❷同年三月二十七日，又在柏林簽訂蘇德間三個附加條約，規定蘇俄以各種形式向德國賠款六十億馬克。

東線戰爭已經結束，如果德國能在西線的法國戰場牽制並消耗協約國的攻勢，就能集中力量全力西進，加上俄國割讓的大片土地和豐富的資源，以及六十億馬克的鉅額賠款，將大幅提升德國的戰爭能力。就算德國沒打贏，協約國也會因大量人員物資消耗和內部爭議，不見得願意長期對峙。如果德國以拖待變，確實有可能體面結束戰爭。

很多德國人都深信德軍所向披靡，根本不會戰敗。換句話說，只要政府代表沒有「賣國求榮」，而國家又沒有因革命而崩潰，德軍一定會取勝。對一些德國人而言，即使必須求和，他們也相信盟軍會根據美國十四點和平原則寬待德國，依據威爾遜許諾的「民族自決」原則，❸德國或許還可以兼併前奧匈帝國操德語的地區，實現德奧合併，建立大德意志──然而，德國民眾卻嘗到被欺騙出賣的苦果。除了協約國列強之外，在德國國內是不是還有賣國賊呢？幾乎立刻就找到戰敗的代罪羔羊：承認《凡爾賽和約》的社會民主黨軟弱分子以及「國際猶太人」，他們被稱為「十一月罪人」，是出賣德國利益的罪人。

希特勒懷著對所謂「十一月罪人」的刻骨仇恨，帶著一套舊軍裝和鐵十字勳章退伍了。待業的希特勒很快找到新工作，為德國陸軍情報部門當密探，去瞭解德國工人黨──當時只有五十五人的小政黨──的底細。希特勒並沒有什麼理論基礎，但他悟性奇高，在「刺探」的工作中不斷吸取那些慷慨激昂的各派演說家的精華，在不斷充實自己「理論體系」的同時，也很快抓住對方觀點的缺陷。

一九一九年九月某天，希特勒再次來到德國工人黨聚會的地方打探虛實。一位演講者的內容引起希特勒的興趣，他就是費德爾（Gottfried Feder）。希特勒在一九二四年出版的《我的奮鬥》中特別提到：「在我第一次聽了費德爾的講演以後，腦海中立刻就產生了一種觀念，我已經發現我們（納粹）黨的一個重要原則。」正是在費德爾的感召之下，希特勒加入了德國工人黨。❹

費德爾究竟是何方神聖，又講了什麼樣的高論，居然能讓希特勒茅塞頓開，從而找到了納粹建黨的原則呢？

費德爾：希特勒的金融導師

在希特勒加入德國工人黨後，費德爾成為希特勒經濟方面的導師。希特勒在費德爾的啟發下，對貨幣、金融、就業、貿易、經濟危機等問題產生濃厚的興趣。

費德爾在經濟金融方面並非科班出身，他從一九一七年開始自習金錢、經濟、蕭條、就業、戰爭與國家這些問題之間的聯繫，跳脫傳統學院派的框架，提出一系列驚人的結論。他認為，國家必須要有權力控制貨幣供應，一定要對中央銀行進行國有化，而絕不能讓私人控制中央銀行。因為私人控制中央銀行最大的問題就是，其產生的利息等收益將歸私人所有，而不是造福國家和公眾。[5]

行伍出身的希特勒原本對經濟金融方面一無所知，他一直以為德國一戰的失敗和後來的超級通貨膨脹純粹是政治問題。經過費德爾的點撥，希特勒看出金融才是這一切問題的核心，也掌握到「創造性工業資本」與「貪婪、掠奪性金融資本」之間有著本質上的區別。希特勒再回頭想很多從前令他困惑的問題，便有了新的角度和看法。他對未來德國的運作和納粹的「重要原則」逐漸形成清晰的輪廓。

一九二〇年，希特勒經過與費德爾等人反覆激烈的爭論和思考，提出了納粹運動的哲學原理，被歸納為《二十五點綱領》，一九三二年紐倫堡納粹代表大會再度肯定了此政綱的地位。[6]

《二十五點綱領》包含納粹所有的基本觀念和政策。有關經濟方面的要求和主張體現了費德爾的主要經濟思想，關鍵點有：

第十一點：「取締不勞而獲的收入，打碎利息奴役制。」這符合費德爾一貫廢除「利息奴役制」的主張，區分「創造性的工業資本」與「食利性的金融資本」。他認為資本只有真正進入實體經濟才能創造價值，只在金融系統「滾動與食利」的「掠奪性」金融資本，其實是在剝削其他勞動者的成果。

第十二點：「取締和沒收一切靠戰爭發財的非法所得。」希特勒號稱德軍在一戰中沒有敗在軍事上，而是前線的將士被「出賣國家利益」的大資產階級、猶太金融家從「背後捅了一刀」，如果這些人繼續發戰爭財，那簡直天理不容。

第十三點：「我們要求對所有（到目前為止）已經組合起來的企業（托拉斯）實行國有化。」費德爾建議組建國有企業的「航空母艦」，以實現國家壟斷社會主要資源，從而避免資本過度追逐利潤所引發的惡性競爭和貧富分化。他認為國有化的托拉斯是在資本家合理利潤與工人穩定就業之間的某種平衡。

第十四點：「我們要求參加大企業的分紅。」費德爾堅持大企業必須反哺社會，與社會各階層共同分享經濟繁榮。

第十六點：「我們要求建立和維護一個健康的中產階級，要求立即將大百貨公司充公，廉價租賃給小工商，要求在國家和各邦收購貨物時特別照顧一切小工商。」費德爾的觀點反映了小資產階級和社會平民的經濟利益訴求，不過這已完全不是所謂的哲學原則，而是屬於具體的政策層面了。

第十七點：「我們要求實現一種適合民族需要的土地改革。要求制定一項為了公益而無代價地沒收土地的法令，要求廢除地租，要求制止一切土地投機。」費德爾最無法容忍的就是「不勞而獲」和「投機」，他恨不得把每一分社會資源都用在實實在在的生產活動中去。他其實活在抽象和理想化的世界裡，忽視了人的天性。中國有句古話：「君子如水，小人如油。」君子當然很好，但與君子長久生活，只怕誰也受不了那種枯燥和平淡；小人固然有毛病，但小人挖空心思，製造各種麻煩的同時，也帶來了生活的起伏和變化。創造和投機也是一個道理，沒有創造，大家都沒飯吃，沒有投機，人生不免過於沉悶。費德爾的毛病在於，他試圖將矛和盾分割開來，只取自己想要的那一面。

第十八點：「對賣國賊、高利貸者、投機商處以死刑。」

除此之外，費德爾還主張依靠「國家的權威」，成立「建設經濟銀行」，發行國家證券，為社會公共專案投資籌集資金。鑒於國際銀行家對黃金早已形成壟斷的現實，他提出擺脫金本位制，由國家決定流通資金數額，以國家實體經濟的生產能力來支撐貨幣，用商品與他國進行交換，從而擺脫外國資本對德國貨幣與外匯的控制。❼

希特勒支持費德爾的很多觀點，但他是政客，對理論本身沒有什麼興趣，對他而言，理論永遠只是工具，合用就用，不合適就扔。政治家不變的法則就是權變，因追求權力而變，因變而擁有更多的權力。

為了獲得更多的權力，希特勒必須與握有「實權」的人合作。在希特勒看來，所謂實權就是「暴力加財力」，兩者相輔相成，缺一不可。一窮二白的希特勒當時還不太可能得到鉅額的金錢資助，但是，暴力支持已經有點眉目了。

啤酒館暴動：希特勒聲名大噪

如果說費德爾為希特勒提供了經濟金融的理論武器，那麼羅姆（Ernst Rohm）的貢獻就在於提供暴力的實踐武器。

羅姆在十九歲加入帝國軍隊，在一戰中三次負傷，最後官至少校。德國投降以後，羅姆加入准軍事組織「自由軍團」，出任巴伐利亞地區自由軍團司令官埃普的副官，成為慕尼黑屈指可數的實力派軍人。一戰結束之後，大批官兵回到家鄉，在英國經濟武器的打擊下，物資短缺，就業無望，這些精力旺盛的老兵自發聚集，在軍官的領導下組成自由軍團。自由軍團由德國軍方秘密資助，提供裝備，最初負責駐守東部邊境，以解國防軍人手不足的窘境。在威瑪共和國的體制裡，軍隊屬於國家，不允許參與國內黨派政治。德國在一戰之後政局動盪，共產黨領導的工人革命風起雲湧，自由軍團於是為政府和軍方代表的保守勢力所倚重，披掛上陣大打出手，血腥鎮壓了各地的革命運動。

一九一九年十月，希特勒在德國工人黨的一次集會上首次發表演講。希特勒充分展示了他真正的天賦──極富煽動性的口才，不管多麼荒謬和離譜的觀點，都會產生電閃雷鳴般的效果。他已經不是在表達觀點，而是在強烈的情感宣洩和犀利冷酷的理性解析中激蕩出令人難以抗拒的力量。也許是德國人被剝奪得太徹底、被羞辱得太無情、被出賣得太赤裸，日耳曼民族骨子裡的那種狂野和極端，潛意識中的自卑與傲慢，被希特勒的辭藻所激發，人的理性蕩然無存，剩下的只有狂熱的信念和復仇的衝動。

羅姆當時就在台下，對希特勒崇拜得五體投地，認定此人前途無量，具有領導極端民族主義運動的潛質。後來羅姆主動和希特勒結交，不但極力鼓勵他施展政治抱負，自己也加入德國工人黨為希特勒搖旗吶喊。一九二〇年春天，羅姆正式將希特勒引介到實力派軍人圈子。希特勒有了暴力集團的支持，頓時雄心萬丈，開始籌劃如何實現富國強兵的理想。

一九二〇年，希特勒在費德爾的幫助下，形成《二十五點綱領》的理論體系，在羅姆的輔佐下，又掌握了暴力手段。此時，他將德國工人黨更名為「國家社會主義德國工人黨」(Nationalsozialistische Deutsche Arbeiterpartei)，簡稱納粹。在羅姆的鼓動之下，巴伐利亞軍政長官埃普大力扶植弱小的納粹，不僅提供資金援助，還把希特勒請到軍營裡為納粹招兵買馬。希特勒喜出望外，用他的話來說，自由軍團充滿了「精力旺盛的年輕人，他們有組織、有紀律，在軍旅中被灌輸了世上無難事的進取精神」。在羅姆的組織下，納粹建立了自己的武裝力量——衝鋒隊。

一九二一年，希特勒眾望所歸，成為納粹黨黨魁。此時的納粹既有思想武器，又有武力後盾，再加上希特勒驚人的煽動力，威瑪共和國的其他極右組織紛紛入夥，納粹聲威大震，到一九二三年納粹黨黨員劇增到五・五萬人。

一九二三年，精心策劃的德國超級通貨膨脹爆發了，馬克暴跌，金融界一片混亂，德國中產階級的財富大失血，法國、比利時又出兵佔領魯爾。這一切激起了德國民眾對威瑪政府的憤怒，愛國熱情升騰。希特勒認為奪取政權時機已到，他聯合德軍前總參謀長魯登道夫，企圖學墨索里尼向羅馬進軍，用暴力推翻威瑪共和國。一九二三年十一月八日，希特勒和魯登道夫帶領衝鋒隊，利用巴伐利亞軍政頭目在慕尼黑一家啤酒店宴飲之際發動政變。這就是史上著名的啤酒館暴動。

❽ 暴動雖然最後失敗，但卻引起舉世震驚，給納粹一次難得的國際宣傳曝光機會。希特勒在法庭上展現了驚人的口才，滔滔不絕的憤怒宣洩，激起德國民眾極大的共鳴，大批民眾到法庭外聲援納粹，全球各大報都在頭版刊登了希特勒的照片，希特勒在一夜之間從暴動被告搖身一變，成了「拯救德國命運的英雄」。

希特勒試圖把法庭的辯護變成自己的政治演說，但他還是被判了五年監禁。他在監獄中關了九個月，並口授了《我的奮鬥》一書，為納粹統治下的未來德國描繪了一幅令人震驚的藍圖。在獄中，希特勒認識到威瑪共和國羽翼豐滿，暴力革命無

希特勒與黨徒在啤酒館外集合，站在他左邊的是被稱為納粹黨「思想領袖」的羅森堡，右邊則是希特勒當時的助手佛德里希・韋伯。希特勒本人一手叉腰，一手抓著自己的禮帽，雙眼怒視前方，彷彿那是他奪權障礙的所在。

望，唯一的選擇就是「合法奪權」。他出獄之後，立刻調整納粹黨的思路，準備利用議會民主體制合法奪取政權。

啤酒館暴動還有一個意外的效果，原本是街頭小混混的希特勒一夜之間成了「國際名人」，來自四面八方的勢力出於種種目的，找上門來要與希特勒談合作。希特勒忙於接待洽談，幾輪下來，覺得真正有實力的人並沒幾個。

希特勒沒想到，他的一舉一動正在引起某些能量極大的圈子的高度關注。

國際銀行家相中希特勒

國際銀行家早在一九二〇年前後就開始在德國物色能承擔歷史重任的政治代理人。他們關注德國戰後如雨後春筍般成立的各色政治黨派，試圖從中找到能帶來驚人回報的績優股，希特勒的小黨也被他們注意到。

國際銀行家的情報系統效率驚人。早在一九二〇年二月，摩根就拿出二十萬美元，安排多諾凡到歐洲進行秘密訪問，考察歐洲戰後的種種狀況。多諾凡在巴伐利亞的貝希特斯加登（Berchtesgaden）遇到希特勒，並和希特勒長談了一夜，他認為跟希特勒談話「很有趣」。多諾凡創設了美國戰略情報局（OSS）的創始，這是中央情報局（CIA）的鼻祖。

當然這次只是初步接觸而已，德國當時的政治黨派多如牛毛，華爾街還要從過江鯽之中發掘出真正的潛力股。一九二四年德國馬克投機風潮結束後，通貨膨脹才算告一段落。華爾街抄了德國經濟的大底，美國的道威斯計劃開始正式實施，大量的外國資本蜂擁而來，德國經濟很快出現了強勁的復甦勢頭，納粹的影響力迅速萎縮。其實，老百姓追求的是安居樂業、豐衣足食。一旦天下太平，德國百姓很快就淡忘了過去的痛苦和災難。從一九二四年到一九二九年，德國納粹的活動陷入低潮，希特勒只能守本分，玩起他並不擅長的議會政治。

雖然納粹基層組織在德國各地出現，納粹的支持率卻相當低。究其原因，納粹蒙著濃厚的激進和暴力色彩，而此時德國社會逐步趨於穩定，經濟有所好轉，民眾對納粹自然敬而遠之。一九二八年五月進行的德國大選中，納粹只贏了十二個席位，得票率只有二・六%。這一年的德國選情，以社會民主黨和德國共產黨為代表的左翼聯盟贏得四〇・四%的選票，天主教中央黨贏得一五%，而其他幾個右翼黨派如德國人民黨則瓜分了剩下的四二%選票。

希特勒本是個亂世梟雄，國家大治，天下安定，他是絕無出頭之日的。可正在此時，一九二九年席捲全球的經濟危機爆發了，德國經濟急轉直下，一九三〇年，德國失業人口達到兩百萬，一九三二年飆升到六百萬。納粹抓住機會，指責《凡爾塞和約》和戰爭賠款導致德國的經濟危機，抨擊政府軟弱無能，陷人民於水深火熱之中。經濟蕭條，社會動蕩，使德國人民對威瑪共和國徹底喪失信心，七年前的痛苦回憶又浮現心頭，只是這次危機的程度和時間都遠遠超過一九二三年，德國人開始轉而支持納粹。一九三〇年九月的大選中，納粹獲得一八・三%的選票，首次超過德國共產黨，成為僅次於社會民主黨的第二大黨。一九三二年七月的大選中，納粹獲得三七・四%的選票，一舉超過社會民主黨的三六・二%，躍居第一大黨。

眼看納粹竄升，氣勢如虹，國際銀行家終於決心把寶押在希特勒的身上。

一九三三年十一月，荷蘭突然出現一本小冊子，有個名為西尼・沃伯格的銀行家與希特勒的幾段對話，披露了美國金字塔頂端的工業家和金融家——包括洛克菲勒與亨利・福特——在希特勒上臺前後，透過JP摩根與大通曼哈頓銀行集團資助了三千兩百萬美元。這本小書在一九三四年就被查禁了，它所影射的法本公司美國和德國的董事沃伯格兄弟也矢口否認和這本書內容有關，但是，書中的細節與現實卻是若合符節，因而被人視為華爾街的國際投資者與納粹合作的證據。❾

另一位被公認資助希特勒的國際銀行家就是庫特・馮・施羅德男爵(Baron Kurt von Schroder)。施羅德家族也是「十七大國際銀行家族」之一，在倫敦和紐約都設有銀行。施羅德和洛克菲勒一九三六年在紐約成立合資銀行，由約翰・洛克菲勒的侄兒擔任副主席和董事。❿

施羅德畢業於波昂大學，在一次大戰期間加入帝國國防軍。戰爭結束後，他加入科隆的斯坦銀行並當上合夥人。他的右翼政治信仰使他同情並資助納粹。他促成了德國人民黨黨魁巴本和希特勒的會面，這次會面使希特勒後來得以當上總理。

施羅德也是納粹核心圈子「經濟同仁圈」的關鍵人物，由威廉・凱普勒所創，所以也稱為「凱普勒圈子」。凱普勒是典型的紅頂商人，在政界人脈廣泛，政治嗅覺敏銳。「凱普勒圈子」於一九三一年成形，希特勒曾與凱普勒有過一番深談，表示想找到一批可靠的企業家為納粹掌權後提供諮詢：「找一些企業界的領袖，他們現在可以不是納粹黨員，我們上臺後會為我們服務。」⓫

凱普勒果然不辱使命，他找到了——

克蘭夫斯（Fritz Kranefuss），凱普勒侄兒，希姆萊的助手；

克洛格曼（Karl Vincenz Krogmann），漢堡市長；

羅斯特格（August Rosterg），法本子公司的總經理；

梅耶（Emil Meyer），ITT子公司和GE德國的董事；

斯坦布林克（Otto Steinbrinck），聯合鋼鐵公司的副主席；

沙赫特（Hjalma Schacht），帝國銀行董事會主席；

赫爾弗里奇（Emil Helffrich），美孚控股公司德美石油的董事會主席；

倫哈德（Friedrich Reinhardt），商業銀行的董事會主席；

海克（Ewald Hecker），ILSEDER HUTTE的董事會主席；

俾斯麥伯爵（Graf von Bismarck），斯德丁的執行主席。⓬

凱普勒一九三三年被選進帝國議會，還一度成為希特勒的財務顧問。短短幾年，他就佔了幾家公司董事的肥缺，包括法本集團兩家子公司的董事會主席。法本和美孚石油關係密切。法本曾從美孚石油得到生產合成汽油的技術，歐戰爆發後，曾緊急轉讓給美孚石油兩千多項外國專利。

美國國際電報電話公司ITT由索申尼斯．奔恩（Sosthenes Behn）和荷南德．奔恩（Hernand Behn）兄弟於一九二一年成立，受摩根家族控制。一九三三年八月，奔恩和希特勒在貝希特斯加登第一次會面。⓭後來奔恩和凱普勒圈子搭上線而認識了施羅德。奔恩看中施羅德和希特勒及納粹的淵源，邀請施羅德成為ITT在德國利益的守護人。施羅德幫ITT在德國投資利潤豐厚的軍工企業（包括生產戰鬥機的Focke-Wulf公司），並在這些公司的董事會任職。ITT的利潤又再投資到這些企業中。希特勒在二戰中是以美國投資生產的戰鬥機對抗美國和盟軍，施羅德當屬其中關鍵人物。不僅如此，他還把ITT的資助轉給特務頭子希姆萊的蓋世太保。ITT的捐款占戰爭中美國公司對蓋世太保捐款的四分之一。

二次戰後，盟軍在一九四五年十一月十九日對科特・馮・施羅德的審問記錄說明施羅德、ITT和納粹之間的關係：

問：在以前的記錄中，你說曾經和ITT或標準電氣有關的幾家德國公司有往來，那麼ITT或標準電氣和其他德國公司往來嗎？

答：是。洛倫茲公司在戰前持有不來梅的Focke-Wulf公司二五％的股份。Focke-Wulf為德國空軍製造戰鬥機。我相信後來Focke-Wulf因擴展而吸收更多的資本，洛倫茲下降到二五％邊緣。

問：那麼，這是發生在上校奔恩透過ITT持有洛倫茲近百分之百股份之後？

答：是。

問：奔恩上校批准洛倫茲購入Focke-Wulf的股份？

答：我確信奔恩上校在他的駐德國的代表正式批准以前就已經同意了。

問：洛倫茲在哪一年購入Focke-Wulf公司二五％的股份？

答：我記得就在戰爭爆發之前，也就是入侵波蘭之前。

問：威斯特里克知道洛倫茲購入Focke-Wulf公司二五％的股份的所有細節嗎？（威斯特里克在兩次大戰中充當德國間諜）。

答：是。比我更清楚。

問：洛倫茲投資的金額是多少？

答：最初是二十五萬馬克。後來又增加不少。具體數字我記不清了。

問：奔恩上校在戰爭爆發之前有機會把在德國賺到的利潤轉回美國嗎？

答：是。轉回美國的利潤會因為匯率減少一點，但絕大部分能回到美國。奔恩上校沒有這樣做，也沒有要求我這樣做。他似乎願意將利潤留在德國投入廠房和設備以及其他軍工企業。柏林的哈斯公司是其中一個。哈斯生產軍用無線電和雷達部件。我記得洛倫茲持有哈斯五〇％的股份。

問：你從一九三五年擔任洛倫茲的董事。這期間洛倫茲和Focke-Wulf從事軍工設備生產。你知道或聽說奔恩上校或他的代表對這些為德國備戰的企業提出抗議嗎？

答：沒有。⓮

凱普勒圈子和希姆萊越走越近，也被稱為「希姆萊圈子」。在一九三六年二月二十五日給希姆萊圈子的同仁埃米爾·梅耶的信中，施羅德描述了希姆萊圈子的目的和要求，以及在科隆的斯坦銀行開設的特別「S」帳戶的長遠目標。

第三帝國領袖的朋友圈子：

應第三帝國領袖邀請的慕尼黑兩天之行結束時，朋友圈子同意在科隆的斯坦銀行開設由帝國領袖支配的特別「S」帳戶。其中的資金用於預算外的任務。這樣帝國領袖可以依靠他所有的朋友。在慕尼黑，大家決定應由簽署人來設立和處理該帳戶。同時，我們想告訴每一位參與人，如果他代表公司或朋友圈子為以上說明的帝國領袖的任務捐款，捐款應存到朋友圈子同意在科隆的斯坦銀行開設的特別「S」帳戶（帝國清算帳戶，郵政支票帳戶號一三九二）。

希特勒萬歲！

科特・馮・施羅德

這封信解釋了為什麼戰後陸軍上校波格丹（前紐約施羅德銀行主管）千方百計把調查從科隆的斯坦銀行引開，轉到納粹時期的大銀行上。因為斯坦銀行藏著美國跨國公司和納粹當局在二戰中勾結的秘密。

納粹上臺之後，施羅德的支持得到豐厚的回報，擔任了以下職務：

國際清算銀行的德國代表；

德意志帝國銀行的首席私人顧問；

蓋世太保的高級領導，一、二級鐵十字勳章；

德意志 Verkehrs-Kredit-Bank 銀行（受帝國銀行控制）的董事會主席；

駐瑞典總領事。

戰後，科特・馮・施羅德被德國法院裁定犯「反人類罪」，這位著名的國際銀行家最終被判處有期徒刑三個月。「反人類罪」可不是個小罪名，而在二戰中直接為希特勒提供資助，卻只被象徵性地關了三個月。但是後面我們還會看到當過納粹財政部長和中央銀行首腦，在整個戰爭進程中主管籌資的沙赫特被當庭釋放。看來施羅德還有理由為自己獲刑三個月叫屈了。

麥克斯・沃伯格

除了「十七大國際銀行家族」之一的施羅德參與資助希特勒之外，麥克斯・沃伯格也是個重要人物。

哈瓦拉計劃

希特勒口口聲聲說他有兩大敵人和一個世仇：首要敵人就是布爾什維克，在希特勒看來，沒有布爾什維克在德國後方生事暴動，德國是不會戰敗的，這是德國背後挨的第一刀。第二個敵人就是國際猶太金融勢力，在費德爾的啟發下，希特勒看清了金融勢力的強大威力，也對猶太銀行家在一次大戰中資助協約國導致德國戰敗，以及麥克斯・沃伯格等人在《凡爾賽和約》中出賣德國利益的行為深惡痛絕，更別提通膨對德國經濟的摧毀，希特勒把這些帳全算在猶太人頭上。希特勒的世仇就是迫使德國簽訂喪權辱國條約的百年老冤家法國。

納粹上臺之後，對蘇聯和法國還無法立刻下手，但反猶、排猶卻沒有任何障礙。他的第一個方案就是排擠猶太人的「哈瓦拉計劃」（Haavara Agreement）。

「哈瓦拉」是希伯萊語「轉移」的意思，哈瓦拉計劃是一九三三年八月德國納粹政府與巴勒斯坦的猶太人組織簽署的計劃，鼓勵猶太人向巴勒斯坦移民。對於納粹而言，將猶太人從德國的土地上趕走是大政方針，但考慮到德國當時的實力，又不能過於得罪在全世界掌握龐大資金管道的國際銀行家。他們大多數是猶太銀行家，且是德裔猶太人。希特勒的排猶主義本來就在國際上聲名狼藉，歐美猶太人聯合抵制德國產品的大規模抗議行動，已使德國的工業產品出口受到沉重打擊，不願過度刺激國際猶太勢力的反制行動符合剛掌握政權、羽翼未豐的納粹政府的利益。於是，排擠和驅趕政策改頭換面為「鼓勵向外移民」。

德國在一次大戰之後的鉅額戰爭賠款全部以美元和英鎊結算，因此德國政府對外匯和黃金外流進行嚴格管制。一九三一年，從德國向海外轉移資本將課徵二五%的懲罰稅，納粹上臺之後對資本外流管制更為嚴苛。錢財外移成了猶太人海外移民的最大難題之一。而麥克斯・沃伯格此時已是德國最重要的金融巨頭之一，在倫敦、巴黎、紐約的資本市場人脈雄厚，籌集資金，促成「哈瓦拉計劃」順利進行成為麥克斯義不容辭的責任。

經過麥克斯、巴勒斯坦的猶太人組織和納粹三方的反覆商議，最終形成了一個對三方都有利的模式。準備移民的猶太人將他們在德國的馬克和所有不動產交給納粹政府，一年之後，他們在巴勒斯坦得到等價的英鎊，條件是這些猶太移民不能動用這筆錢，全部資金將用來購買德國的工業產品，如機器設備、管道、肥料等，等這些德國產品在巴勒斯坦完成銷售之後，所得的資金再還給猶太移民。實際上，納粹政府並不真正支付英鎊，這筆錢由沃伯格家族和其他國際銀行家在各大銀行戶頭上轉一下，最後納粹政府透過工業產品出口而得到這些寶貴的英鎊。

這其實是個三全其美的辦法。對於猶太復國主義者而言，大批猶太新移民和他們所帶來的雄厚資本挹注了當地猶太社區的發展，為最終建立一個猶太國家打下堅實的人力和物力基礎。對於納粹政府而言，他們一方面擴大德國產品的出口，創造德國的就業機會，並獲得寶貴的國際硬通貨——英鎊；另一方面在不動用政府一分錢的情況下實現了排擠猶太人的戰略目標，同時可以示好於國際猶太銀行家勢力集團，減輕他們發動全世界抵制德國產品給德國進出口貿易帶來的嚴重打擊。對於國際銀行家而言，這也是一個發財的好機會，為了監督計劃的實施，德國猶太人成立了巴勒斯坦信託公司，「哈瓦拉計劃」所需資

希特勒與沙赫特

金總額的四分之三和向德國出口產品提供的信用都透過沃伯格家族和其他國際銀行家族的管道，源源流向巴勒斯坦地區，在巴勒斯坦則成立了盎格魯—巴勒斯坦銀行負責接收資金，從一九三三年到一九三九年二戰爆發之前，五萬兩千名德國猶太人（主要是富人）移民到巴勒斯坦，總額高達一・四億馬克的資金從這個管道匯出德國，沃伯格家族在中間得到豐厚的各種金融「服務費用」。⑮

簡單地說，這個計劃就是納粹德國以工業產品支付移民巴勒斯坦的德國猶太人在德國的不動產和在巴勒斯坦的安家費，並得到外匯英鎊，同時允許一部分資金流出德國。這個計劃並不符合納粹的原則，但卻符合希特勒的政治權變之術。國際銀行家除了直接插手德國金融系統外，還培植了一個重要的代理人，那就是沙赫特。

沙赫特：國際銀行家的中間人

霍勒斯・格利萊・雅爾瑪・沙赫特（Horace Greeley Hjalmar Schacht）於一八七七年一月生於特因利夫（原屬德國，現屬丹麥），父親威廉・沙赫特是德裔美國公民，母親孔斯坦賽・馮・埃格斯女男爵是丹麥裔。威廉一生顛沛流離，做過鄉村教師、報刊編輯、簿記員，最後在美國人壽保險公司安頓了下來。威廉對於美國式的民主政治和自由主義心有所屬，他最崇拜的政治家是紐約的廢奴派和自由主義政治家、記者霍勒斯・格利萊，為了紀念這位自由主義政治家，威廉給小雅爾瑪取了霍勒斯・格利萊，由此可見沙赫特一家與美國的淵源。⑯

沙赫特自幼聰明而勤奮，先後專門學過文學、新聞、社會學、哲學和政治學，年僅二十二歲就得到哲學博士頭銜，後來到金融界發展，進入德勒斯登銀行工作。沙赫特對金融的本質有一種直覺的透視力，工作能力極佳，很快使他成為引人注目的金融精英。[17]一九二三年，沙赫特臨危受命，出任帝國銀行行長，拯救災難中的德國馬克。[18]一九三〇年，沙赫特離開帝國銀行。[19]

從一九三一年開始，沙赫特開始積極為納粹工作。一九三三年三月份，希特勒上臺後，任命沙赫特為帝國銀行行長，任命文件由希特勒和興登堡總統共同簽署。在這份文件上簽字的還有帝國銀行的八名董事，其中包括三名猶太銀行家──孟德爾頌、瓦斯曼和沃伯格。

沙赫特和沃伯格實際上成為溝通華爾街金融集團和納粹核心圈子的關鍵人物。一九三三年七月，希特勒成立「經濟事務委員會」，開始規劃振興德國經濟。該委員會的十七名成員全部是大資本家和銀行家，包括克魯伯、西門子、博世、泰森、施羅德等人，資本家集團推舉沙赫特主持委員會。

一九三三年八月，沙赫特代表納粹德國政府與美國銀行家協會就貸款問題進行談判。華爾街同意德國延期償還以前的貸款，並答應今後美國在德國的資本和產業的全部收入只在德國使用，這些錢將被用來興建新的軍火工業或擴建原有的武器製造企業。

在一九三四年七月的一次會議上，希特勒問沙赫特，如果任命沙赫特為德國經濟部部長，他有什麼意見。沙赫特沉吟片刻，慎重提出，在接受經濟部長任命之前，他想知道希特勒希望他如何處理猶太人的問題。希特勒答道，就經濟問題而言，猶太人可以做他們到目前為止可以做的一切正常經營活動。[20]沙赫特問的當然不是普通的猶太人，而是試探希特勒對沃伯格等人的態度。希特勒當時顯然不能動沃伯格，於是如此回答。從某種角度看，沃伯格其實是華爾街安插在希特勒身邊，監視其金融政策的眼線。

一九三四年八月二日，興登堡總統去世、希特勒大權獨攬的那一天，沙赫特被任命為希特勒的經濟部長。㉑

沙赫特與沃伯格的關係非同尋常，可以說是榮辱與共。一方面，沙赫特在希特勒面前巧妙保護著沃伯格，另一方面，沃伯格又是國際銀行家考察希特勒的試金石。如果希特勒起了異心，那麼華爾街對德國的資助就可能中斷，這對於剛上臺面對經濟危機焦頭爛額的希特勒來說，後果將是致命的。如果沒有華爾街的支持，希特勒整軍備戰的經費來源也將吃緊。

希特勒深諳「小不忍則亂大謀」之道。他利用沙赫特的金融才華，穩住沃伯格的華爾街「直通車」，從一九三三年到一九三九年，在德國為第二次世界大戰做準備的六年時間裡，充分利用了華爾街資本控制下的杜邦財團與化學公司、洛克菲勒財團和美孚石油公司、摩根財團及其控制的電報電話公司、福特汽車，將德國鉅額軍火訂單的大餅高高掛起，引誘貪婪的資本爭相撲來。

IG 法本公司標誌

馬克思說過，資本家為了利潤，可以將絞死自己的繩索賣給無產階級，這話真是一針見血！美國汽車大王亨利・福特由於與納粹的合作有功，獲頒鐵十字勳章，同時獲此殊榮的還有 IBM 總經理兼美國國際商會會長托馬斯・丁・沃森。㉒光是飛機一項，一九三四年的八個月中，美國對德國的出口數量就比一九三三年增加了五倍以上；在納粹德國的軍火工業體系中，美國公司竟然超過了六十家。除了軍工尖端產品銷售，美國還向德國轉讓各種先進的軍事技術。杜邦公司透過IG法本把氯丁橡膠和飛機防爆劑的技術賣給德國；美孚石油公司積極推銷坦克潤滑油技術；德國空軍的航空汽油由美孚在德國的航油工廠供貨；摩根麾下的國際電報電話公司參與德國新型戰機的研製。後來在戰爭中，連美國的海軍部長都承認是美國向希特勒提供了最先進的飛機發動機。

沒有沙赫特和沃伯格的鼎力協助，希特勒的戰爭準備恐怕不會這樣順利。

正是因為這層原因，到一九三六年希特勒上臺三年以後，沃伯格在德國漢堡的家族銀行仍在獲利。他們照常支付利息和分紅給債券持有人和其他股東，沃伯格家族銀行生意基本上沒有被納粹所騷擾。甚至直到一九三八年，沃伯格家族銀行還在獲利。

沙赫特除了借助沃伯格與華爾街庫恩雷波公司的密切聯繫之外，他與英美金融界也頗有淵源。早在一九〇五年他隨德勒斯登銀行董事會訪美時，就會晤過JP摩根本人。㉓一九二三年，他就任德意志帝國銀行行長後的第一件事，就是前往倫敦拜會英格蘭銀行行長諾曼，兩人結為好友，後來諾曼還當了沙赫特孫子的教父。㉔沙赫特的英語說得比德語還流利，戰後在紐倫堡對他的審判甚至採用英德雙語進行。當時只有三名被告的罪名沒有成立，被當庭釋放，當過納粹經濟部長和中央銀行行長、為整個戰爭籌集資金的沙赫特就是其中之一，蘇聯

一九四一年IG法本公司的生產廠房

代表直言指責「資本家永遠不會受懲罰」。

隨著希特勒「新政」的全面實施，德國經濟日益好轉，失業人口下降，軍事力量迅速強大，特別是一九三六年柏林奧運圓滿舉行，使德國民眾「四海歸心」，希特勒的羽翼漸漸豐滿。

柏林奧運之後，沙赫特開始感到形勢不妙，不僅經濟過於偏重軍工造成結構失衡，更令沙赫特擔心的是希特勒的最終目的似乎「不單純」。此時，希特勒不動聲色，暗中著手分化他的經濟大權。一九三六年秋，希特勒任命戈林負責執行復興德國經濟的「四年計劃」，並設立新的政府機構負責實施。新機構的設置顯然與沙赫特的帝國經濟部有嚴重的功能重疊，勢必引發沙赫特與戈林的權力鬥爭。

沙赫特是自由主義學派在德國的掌門，對於一切國家計劃的經濟頗為感冒，又看到該計劃弱化了自己的權力，自然對所謂的「四年計劃」深惡痛絕，他立刻採取行動抵制和抗爭。希特勒卻不斷在沙赫特與戈林之間使出拖字訣。眼看著大量的工業與軍火訂單不斷湧向戈林，自己這邊卻是「門前冷落鞍馬稀」，沙赫特逐漸明白希特勒的態度了。

於是，一九三七年八月，沙赫特向希特勒遞交辭呈，希特勒經過三個月的「好言挽留」，最後於十一月正式免去沙赫特的經濟部長職務。沙赫特不甘心就此認輸，他仍是德國中央銀行的行長，還想利用貨幣發行權做最後的抗爭。從一九三八年開始，沙赫特拒絕對「創造就業匯票」進行再貼現，他與希特勒的矛盾終於浮上檯面。此時的希特勒已經從法律上完成了國有化中央銀行的準備，一九三九年一月，沙赫特被免除帝國銀行行長職務，雖然還保留內閣成員的虛銜，但其實已被希特勒踢出了權力核心。沙赫特離開中央銀行的消息被隱瞞了五個多月，直到大戰爆發前前夕。希特勒的政治權術與沙赫特的金融謀略堪稱高手過招，不過政治終究壓倒了金融。

一九四四年，沙赫特涉嫌參與謀刺希特勒的史陶芬堡事件，被送進達豪集中營。㉕沙赫特不但沒有完成監視希特勒的重任，反而被希特勒玩於股掌而不自覺，報復的念頭油然而生。

大棋局

一九三三年，希特勒在國際銀行家的扶持下，終於登上德國元首的寶座，世界上的幾個重要的勢力集團正在打著各自的算盤。

大英帝國的統治精英階層堅信英國的制度是歷史上最完美的社會組織形式，不僅應該在現有的大英帝國版圖之內實施，而且應該在各國予以推廣，其核心利益在於鞏固大英帝國的全球霸權體系。此時大英帝國的勢力範圍，在歷史上前無古人，在歐陸最大的戰略挑戰者德國已被徹底打垮，在凡爾賽體系之下，其經濟潛力和軍事潛力已受到壓制。德國的世仇法國已被英國牢牢拴在了自己的戰車上，戰爭的巨大損失和德國的潛在威脅，使法國必須依賴英國才能生存。

在非洲，英國的勢力範圍包括大部分非洲大陸，多達二十一個國家臣服於大英帝國，大量原物料和自然資源任英國予取予求；在中東，英國控制從巴勒斯坦到伊朗、伊拉克的大部分中東地區，掌握中東石油的源頭；在亞洲，英國統治從印度、馬來亞到緬甸、香港的大片地區，龐大的人力資源、自然資源和戰略要道全被英國所控制；在大洋洲，有澳大利亞、紐西蘭等英聯邦附屬國作為工業原料後盾；在美洲有加拿大、圭亞那、牙買加、巴哈馬等為大英帝國提供從海軍基地到自然資源無窮無盡的戰略補給。

英國還擁有世界上最強大的海軍霸權力量，控制全球所有重要的水道。一九三〇年代初的大英帝國，睥睨全球，志得意滿。

當然，英國也有隱憂，如美國驚人的工業潛力。不過在英國統治精英的思維慣式裡，美國仍是一個英國的前殖民地，缺少全球戰略。金融中心剛剛起步，投機嚴重，監管混亂；生產能力嚴重過剩，本國市場無法消化，嚴重依賴英國控制下的全球市場需求；幾乎沒有海外殖民地，缺乏資源定價權；美國的軍隊當時還不成氣候，也缺乏全球軍事基地。

因此，英國控制美國的方式非常簡單：英國決定世界資金成本，英國壟斷世界資源價格，英國控制全球訂單流向，英國劃分世界市場需求，英國保護貿易航運通道。這五個戰略制高點牢牢掐住了美國的咽喉，美國就永遠只是大英帝國的全球工廠，而且工廠的股東還是英國資本。簡而言之，英國將自己定位成全球市場的組織者，美國只是生產者。只要沒有顛覆全世界格局的大規模戰爭，英國完全不必擔心美國奪權。

唯一令英國人擔憂的是蘇聯的潛力。一九三〇年代初的蘇聯剛剛從戰爭的混亂中喘一口氣，百廢待舉，但是蘇聯的經濟發展模式卻讓大英帝國很緊張。如果社會主義的經濟模式能在不進行殖民擴張的前提下實現工業化，並建立起一支強大的武裝力量，這不僅形成嚴重的軍事挑戰，更危險的是蘇聯模式將「搞亂」全世界的思想意識。如果蘇聯自力更生，實現了富國強兵的目標，那麼相比之下，英國的殖民模式將顯得醜陋無比，無法維持其合理合法的統治秩序。因此，蘇聯被英國鎖定為最危險的敵人。

在英國看來，德國納粹的興起有利有弊，壞處是德國重整軍備，對英國是個威脅，好處是英國有了一個得力的打手去對付蘇聯。英國並沒有把納粹太放在心上，首先是一種優越感，德國的經濟在凡爾賽體系的消耗下，已經脆弱不堪，國際銀行家又徹底控制了德國的中央銀行、金融系統以及重化工業的命脈，希特勒不過就是個傀儡。只要能控制納粹的命脈，就不怕他們反戈一擊。如果讓德國強大後去對付蘇聯，對英國來說，還真是件好事。所以，英國的統治精英在納粹問題上分為兩派，一派是親德派，代表人物就是著名的溫莎公爵，另一派是恐德派，堅決反對任何讓德國重新崛起的主張，代表人物就是後來的首相邱吉爾。

美國的新興金融勢力集團卻有自己一套戰略考慮。早在一次世界大戰爆發之前，隨著美國工業實力的突飛猛進，美國的統治精英就已經開始謀劃如何取代大英帝國而成為新的世界霸主。畢竟是實力決定心態，心態決定視野，視野決定戰略！

在美國看來，英國最大的強項也就是最大的死穴。英國的全球生產、資源、市場的分工，最核心的問題就是英國本土工業的空洞化，而英國引以為傲的金融中心如果離開了實體經濟，僅依附在全球分工的鬆散利益共同體上，一旦天下有變，就會立刻變得脆弱不堪而土崩瓦解。

因此，美國既能從一場大規模的戰爭中大獲戰爭紅利，又能削弱英國的統治地位，創造取而代之的機會，這完全符合美國新興金融勢力集團的戰略利益。而國際猶太金融勢力在打垮英國殖民體系、奪取巴勒斯坦以重建大以色列國的戰略思路上與美國新興金融勢力集團一拍即合，華爾街的兩大勢力集團彼此互相借力，共圖大事。

此時的歐洲，英國鎖定蘇聯為首要敵人，美國新興金融勢力的目標是取代英國，猶太金融勢力是要以色列復國，這三股勢力各有不同的目的，但都希望扶植一個強大的德國。希特勒明白各派勢力都在利用他以實現各自的目的，但他也有自己的盤算，決心要主導複雜的國際戰略遊戲。

納粹德國的社會權力平臺

很多人誤認納粹政權是個獨裁政權，擁有社會運作的權力，可以支配一切社會資源，希特勒可以決定每個人的命運。其實，希特勒必須得到德國社會的四大權力平臺的配合，才能運作政府。

在一次大戰爆發之前，德國社會權力平臺中居首位的是軍隊，第二是容克地主階級，第三則是官僚階層，最後是工業資本家。在帝國時代，最重要的權力是皇權，皇帝代表四大權力體系來運作政權。到了威瑪共和國時代和納粹上臺前後，雖然皇權崩潰，但社會權力基礎卻未受根本影響，只是權力的順序發生變化，工業資本家變成老大，軍隊退居二線，官僚階層仍排第三，容克地主階級敬陪末座。容克地主階級可說成了一次世界大戰後德國權力體系的最大輸家。

德國容克地主階級從一八八〇年開始沒落，由於工業興起、農業勞動力的轉移、各種自然災害和一八九五年關稅保護的變化等因素，德國農業已步入衰退。此時的容克地主階級已經逐漸陷入破產邊緣，而經濟地位的滑落必然會削減在政治上的影響力。

納粹上臺後，對農業的控制力已經掌握在政府和納粹手中。所謂控制力的關鍵就是掌握定價權，誰能控制某個領域的定價權，誰就擁有著對這個領域相應的控制權。當容克地主階級失去農業領域的定價權後，也就失去了對應的政治權力。由於歷史上以普魯士軍官團為核心的軍隊勢力與容克地主階級淵源極深，為了保持軍隊對納粹的支持，希特勒不得不維護容克地主階級的利益。所以，納粹在經濟上對容克地主階級做了補償，使他們得到經濟上的實惠。

德國當時推行的多項農業計劃，主要目的就是為容克地主階級提供比較穩定的農產品市場價格體系，在市場上保護其產品。由於納粹對社會的嚴密控制，剷除了自由主義所導致的社會動蕩，政治動蕩造成的不穩定和價格波動也告排除。納粹政府還對農產品實施價格管制，把價格固定在能給容克地主階級保證足夠利潤的範圍之內。此外，納粹還給容克地主優厚待遇和特權。容克地主在一九三七年享受僅比一九三三年高三%的農產品價格。政府還提供擔保和各種優惠政策，例如不准農業工會成立，不准農人罷工，也不准農人要求提高工資。納粹政府透過管制工會、管制罷工和管制工資上漲，為容克地主階級提供了相對穩定的收入和利潤空間。納粹對於容克地主階級貸款的利息和稅收也進行減免，一九三三年到一九三六年容克地主階級的各種貸款的利息支出從九・五億馬克下降到六・三億馬克，納粹上臺的三年裡，容克地主的農業貸款利息支出下降了三・二億馬克，稅收從七・四億馬克下降到四・六億馬克，大大減輕了容克地主階級的經濟負擔。

除此之外，容克地主階級完全免除了向政府和國家上繳失業保險的義務。德國當時建立的失業保險系統是全世界最早的社會福利系統，但是容克地主階級可以免予負擔。一九三二年到一九三三年，容克地主階級從減少失業保險負擔中總共得到一千九百萬馬克的好處。長期以來一直困擾和威脅容克地主階級的最大問題就是由於各種原因造成的破產。這種破產威脅又被納粹政府「體貼」地消除掉了，不管是政府還是私人的放貸者都不能向容克地主階級討債，以免容克地主階級被逼破產。

納粹所推行的這套農業政策對大型農場主比對小型農場主更有利，越大的容克地主階級得到的好處越多，這些人對納粹的支持也就越高，透過這些政策鞏固了容克地主階級對納粹的支持。

希特勒拉攏容克地主階級的主要目的之一就是贏得軍隊的支持。普魯士軍官團的精英都是出身容克階級，德軍中所有姓氏中帶有「馮」（von）的將軍都是容克家族的後裔，容克與軍隊是同氣連枝，打折了骨頭連著筋。

納粹對普魯士軍官團的影響要遠遠超過威瑪共和國的影響。在威瑪共和國時代，軍官團是絕不會去謀殺將軍的，而在希特勒時代，這種事情卻頻頻發生。這代表軍隊力量逐漸衰落。

其實，納粹並沒有完全控制軍隊。在第三帝國時期，軍隊主要還是由政府來控制，而納粹並不直接控制軍隊。正是因為納粹不能直接控制德國的軍隊，才組建了自己的黨衛軍，和德國正規軍之間始終有摩擦。換句話說，德國軍方並沒有受到希特勒的完全控制。

當時德國的法律明文規定，納粹的黨員不能擔任軍隊的武裝成員。由於德國軍隊有服從國家元首的傳統，當希特勒成為國家元首時，他巧妙利用這個機會，要求軍隊向他宣誓效忠。而軍方之所以允許這件事，主要是他們基本上認同納粹所推行的政策。在一九三八、三九年，幾乎沒有德軍將領反對希特勒，希特勒的政策所造成的結果正是這些軍方將領希望達成的。但是一九三九年以後，有些將領開始質疑希特勒的決策，同時對希特勒的判斷力產生懷疑。不過這些將領卻無法組成統一的陣線，也就無法形成一股反對希特勒的力量。

至於官僚階層，總體而言，其權力遭到大幅削弱。很多在政府任職的猶太人和反納粹的人士被要求提前退休。舊德意志帝國的官僚體系中，有學術背景的官僚屬於中上層，納粹執政對他們的衝擊不大。納粹在一九三三年制定排斥非亞利安人和政治不穩定分子的政策，只對一・一%的高級公務員造成影響。但是一些低層、沒有特殊技能的官僚則被納粹黨員所取代。到了一九三九年，德國的一百五十萬公務員中有二八・二萬是納粹黨員。

大體而言，德國的資本家沒有受到納粹太多的影響和干擾。資本家靠的是自律，而不是靠被納粹管制。在納粹上臺之後，工商業資本家大幅獲得權力，但是他們並沒有被組織起來，也沒有規定要向元首盡忠。納粹除了處在戰爭的緊急狀態之下，基本上是不干擾工商業的自由運作。

所以說，納粹德國實行的並不是國家資本主義和完全獨裁的政治體系，而是一種專制資本主義，其特色是對整個社會進行有效的組織，以滿足資本主義追求利潤的目的。

納粹德國的經濟系統

如果說傳統的資本主義是一種以利潤為中心的經濟系統，那麼它所關切的並不是生產、消費、繁榮、就業、國家福利或其他東西，它的焦點全放在利潤。這種只考慮利潤卻忽視其他因素的做法，勢必在社會各領域廣泛樹敵，從而引發社會其他權力階層的反彈，當其他各種社會權力平臺聯合起來對付利潤系統時，最終會傷害到資產階級的利潤系統本身。

納粹的經濟系統設計必須建築在德國社會的四大權力平臺之上，旨在平衡這種以利潤為中心的系統與它所樹立的各方敵人之間的利益。納粹一方面壓制利潤系統極端自我的傾向，以緩和社會的反彈；另一方面，納粹又壓制威脅利潤系統的各種潛在因素，來維護利潤系統的運轉。

納粹主要是從六方面來壓制利潤系統的各種潛在的威脅：一，壓制政府本身對利潤系統的威脅；二，壓制有組織的勞工；三，壓制競爭；四，避免蕭條；五，避免商業失敗；六，壓制經濟活動中以生產為中心或以非盈利為中心的其他經濟模式的發展。

由於政府本身不是以利潤為導向，所以政府的行為對於利潤系統是一大威脅。但在納粹德國，政府的威脅被消除了，原因是工業資本家支持並控制了納粹，而政府由納粹運作，因而納粹成了工業資本家間接控制政府的代理人。

其實，勞工組織並不直接威脅到利潤系統，因為勞工利益本身跟利潤系統有密切的關係。但是有組織的勞工，特別是有政治信仰的勞工組織，將直接威脅資本主義的利潤系統。所以納粹如果要控制勞工組織對利潤系統的破壞，必須要控制民眾的思想和勞工團體，其方式是控制勞工的自由時間和娛樂方式。人有很多閒暇時，總會東想西想。納粹並不是要取消工會，而是要監管所有有組織的工會機構。

在納粹的機制下，勞工的工資和生活條件逐漸惡化。不過，納粹採取了其他方式來進行補償，其方式主要包括：禁止工業資本家解雇員工，保證工人不失業。從德國的就業數字來看，一九二九年就業人口是一千七百八十萬，在經濟危機惡化的一九三二年，也就是納粹上臺前一年，就業人口僅有一千兩百七十萬。但是到了一九三九年，納粹上臺六年後，就業人口達到兩千萬，而此時歐美其他國家的失業率卻是居高不下。

在壓制商業競爭方面，納粹主要採取對價格競爭的壓制。對於公司經營而言，資金、原料、機器設備、技術專利、勞工等市場要素都有價格競爭，競爭是潛在困擾公司穩定運行和生產計劃的不確定因素，並威脅公司的利潤。一般來說，公司傾向於和競爭對手合作達成價格一致，然後一起把成本轉嫁到消費者身上。納粹主要是透過不同的制度安排來進行競爭壓制，首先是壟斷性行業協會，其次是貿易協會，還有雇主協會這三大協會來進行公司競爭者之間的利益協調。壟斷性行業協會出面規定價格、安排產量和劃分市場；貿易協會主要作為政治團體，是對商業和農業活動進行有效組織；雇主協會用來控制勞工。由於實施了徹底的管制，成本變化、原料價格起落、工人罷工、社會對抗等商業競爭因素得到有效控制。在這樣的經營環境下，公司的商業不容易失敗，替代利潤系統的其他商業模式無法存活。

這些威脅消除之後，德國的社會運作試圖進入一種徹底避免蕭條的軌道。但是，這種社會生產經營系統將出現更大的危險：整個社會系統並不是繞著利潤來進行，很可能會出現畸形的發展。

從納粹德國的運作模式來看，納粹必須依附於德國的四大權力平臺，並開發出一套平衡而受管制的利潤系統。離開了這些權力平臺和經濟運作系統，納粹不僅無法發展，也無法存活。

希特勒「新政」

希特勒在一九三三年上臺，面對的是經濟的爛攤子。從一九二九年到一九三二年，德國工業設備利用率下降到三六%，整體工業生產下降四成，對外貿易額下降六成，物價下跌三成，鐵產量減少七成，造船業產值下跌八成。工業危機又引發金融危機。一九三一年七月，德國達姆斯達特銀行倒閉，引發銀行擠兌風潮，德國黃金儲備由二三・九億馬克減少到十三・六億馬克，柏林九大銀行倒了五家。失業率急劇上升，一九三二年高達近三〇%，加上半失業者的話，一九三二年德國全失業和半失業人數高達工人總數的一半。經濟危機加劇了社會階級矛盾，三年間，共爆發一千多次罷工。

德國所遭受的經濟危機衝擊的嚴重程度，遠遠超過歐美其他資本主義國家。希特勒一上臺就著手救經濟。特別值得一提的就是希特勒「新政」。在一系列強有力的經濟措施之下，德國經濟迅速發展，失業率直線下降，一九三八年的失業率降至一・三%。從一九三二年到一九三八年，德國生鐵產量由三百九十萬噸上升到一千八百六十萬噸，鋼產量由五百六十萬噸上升到兩千三百二十萬噸，而鋁、鎂和車床的產量竟高於美國。從一九三三年到一九三九年，德國重工業和軍火工業增長二‧一倍，消費生產也增長了四三%，國民經濟總值增長超過百分之百，同時完成了全國高速公路網，重整了重工業基礎體系，還裝備了一支現代化軍隊。

只要看看蘭妮‧萊芬斯坦《奧林匹克》（《意志的勝利》），一定會對一九三六年德國的綜合國力和精神狀態留下深刻印象。歡呼響徹雲霄，手臂屹立如林，建築氣勢宏偉，運動員健美如神，無一不表現出志在天下的實力與霸氣。希特勒的聲望也達到頂峰，他甚至無需施展早年那樣「激情燃燒」的演講，只要在公共場合露露臉，成千上萬群眾就已是如醉如癡。德國人並不只是因為納粹宣傳得法才支持納粹，而是在執政前期救經濟的突出表現，使德國百姓受惠，那要比宣傳更有說服力。

相比之下，一九三三年開始的美國「羅斯福新政」只是暫時緩解了蕭條，美國經濟進入長期的蕭條，儘管有「新政」等措施緩和危機，但美國經濟仍然復甦乏力。一九三七年，美國再度陷入嚴重的經濟危機，直到一九四一年美國參加二戰後，才徹底擺脫了大蕭條。在整個「羅斯福新政」時期，美國平均失業率高達一八%，國民生產總值到一九四一年才回到危機前一九二九年的水平。

希特勒的「新政」創造了經濟奇蹟，儘管這種奇蹟有其內在缺陷，但就救經濟危機而言，它的確卓有成效。今天，全世界再次面臨類似一九三三年的嚴重衰退，分析希特勒「新政」的功過得失，的確有其意義。

希特勒「新政」的第一招：中央銀行國有化

早在一九一九年九月，希特勒第一次聽到費德爾關於金融貨幣的講演，就被深深觸動。這次演講吸引希特勒加入了德國工人黨。

希特勒沒有任何財經理論基礎，但是他悟性極高，能一下就抓住問題的本質。這種人從對話中學習，在提問時思考，在辯論中頓悟。領導者不需要成為某個領域的專家，但須有敏銳的辨別力和深刻的洞察力，在眾聲喧嘩中聽到正確的聲音。

希特勒從和費德爾的討論中悟出一個根本道理，就是私有的中央銀行透過控制國家的貨幣發行獲得巨大的利益，從而資助他們對整個社會人口的控制和剝削。費德爾試圖從人與人的利益博弈的角度去解釋現象，而理論僅探討剝離了七情六欲的人性之後的「客觀」事實，正統學界容不下費德爾這種離經叛道的謬論。沙赫特就與費德爾的觀點背道而馳，特別是涉及中央銀行制度的原則問題時。其實，沙赫特的「理論觀點」和他與華爾街關係密切的「實際背景」是分不開的，關鍵還是在利益。

希特勒在聽雙方的激辯時，心已如明鏡，他表面上重用沙赫特，但其實接受並付諸實踐的是費德爾的觀點。費德爾奠定了納粹前期經濟思想的基礎，但是在納粹上臺執政後，卻被排擠到大學去教書。原因很簡單，大工業家和大銀行家不喜歡費德爾的理論，他們正是希特勒的納粹黨賴以生存的基礎。希特勒從骨子裡痛恨這些「十一月罪人」，卻又不得不和他們攪和，逢場作戲。

但是，在中央銀行國有化的重大原則上，希特勒沒有向沙赫特等人妥協。一九三三年，希特勒政府剛上臺，就立刻修訂《銀行法》，取消帝國銀行董事會的獨立性，帝國銀行行長及董事會成員的任命權歸國家元首；賦予帝國銀行執行公開市場政策的權力，但很少使用它；帝國銀行可以對「創造就業匯票」進行貼現，以便新政府為創造就業提供資金。這個「創造就業匯票」就是「費德爾貨幣」，最早由費德爾提出，後來在實現希特勒「新政」奇蹟中立下汗馬功勞。

當然，納粹削弱帝國銀行獨立性的做法遭到帝國銀行董事的強烈反對，但卻無力阻止。一九三七年二月，《帝國銀行新秩序法》頒佈，規定帝國銀行董事會由元首直接領導，帝國銀行的獨立性被徹底剝奪。到一九三九年，帝國銀行董事會也被解散。同年，納粹又頒佈《帝國銀行法》，停止黃金兌換紙幣；由四〇%黃金和外匯構成的發行準備可全部由就業匯票、支票、短期國庫券、帝國財政債券和其他類似債券替代；中央銀行對帝國提供的貸款數額最終由「領袖和帝國元首」決定。這意味著德國在貨幣制度上，已經從羅斯柴爾德的「黃金十字架」下爭得自由。至此，納粹政府完成了中央銀行在法律和政治上的國有化。

為了避免國際銀行家的強烈反彈而壞了大事，希特勒只能徐圖緩進，用了整整六年時間，才將中央銀行大權抓到自己手中。

「費德爾貨幣」：德國的林肯綠幣

費德爾一直堅持的理論就是葛奧格・克納普（Georg Friedrich Knapp）的貨幣名義價值理論，他的《國家貨幣論》（*The State theory of Money*）提出了貨幣是法律的產物，所以研究貨幣理論必須研究法律的歷史。社會發展的一個里程碑，就是支付手段的法律化。判斷什麼是貨幣，什麼不是貨幣，只有一個標準，就是這種貨幣能不能作為被政府接受的支付手段。在這個理論之下，政府擁有貨幣定義權，而不再依賴控制在國際銀行家手中的黃金。只要政府願意，它可以任意指定一種石頭或一根木棒作為法定貨幣，用於向政府繳納稅收。換句話說，貨幣將完全沒有稀缺性可言，也不作為財富儲藏，它僅僅是一個用作交易的流通符號，不需要任何內在價值。

一九三二年，《納粹經濟緊急綱領》將這種理念進行了政策化闡述，它反駁當時流行的「資本缺乏之論」的觀點，如果貨幣僅是作為交易符號使用，當然就不存在「稀缺」的問題。綱領指出：

我們經濟上的問題並不是由於缺乏生產資料，而是由於現存生產資料沒有得到充分使用造成的。要減少失業，現今最緊迫的任務就是要使閒置的生產資料被利用，並透過大量公共勞動計劃，如開墾荒地、改良土地、修築高速公路與運河、興建工人居住區等來復甦內部市場。為資助這些計劃，應投放生產性貸款。這種貸款的二〇—三〇％可透過籌措來滿足，餘下部分主要可透過節省下來的失業資助金、提高的稅收來滿足。

「投放生產性貸款」的錢從哪兒來呢？費德爾的看法是，完全繞開傳統的貨幣理論的限制，擺脫黃金儲備和外匯儲備的制約，政府可以創造一種新形式的貨幣——「創造就業匯票」（Mefo Bill）——來進行生產性貸款。費德爾的想法帶有強烈的「野路子」色彩，在他看來，一邊是大量「閒置的生產資料」和勞動力，一邊是「資本缺乏之論」，而正統理論家強調，由於缺乏貨幣，所以造成了生產資料和勞動力的閒置。書上說貨幣必須由「負責任」的銀行家提供，而現在銀行家不願提供，所以經濟危機就沒法治了。費德爾則認為，這種邏輯很荒謬，如果銀行家不願提供貨幣，那麼政府可以直接創造貨幣，這些「創造就業的新貨幣」一旦進入實體經濟，就可以活化閒置的生產資料和勞動力，從而創造財富和就業。

科班出身的沙赫特就「新貨幣」方案與費德爾進行論戰，代表銀行家利益的沙赫特對這種繞開銀行家由政府直接創造貨幣的方式，打心底就極端反感，他甚至直斥費德爾的建議是「來自利益集團的非常瘋狂和極端的聲音，這些利益集團的目的是徹底顛覆我們的貨幣和銀行系統」。沙赫特勸希特勒不要把這種「最愚蠢、最荒謬和最危險的想法付諸實踐，這些愚蠢的想法往往源於納粹內對銀行和貨幣非常愚蠢的見識」。

老謀深算的希特勒聽懂了費德爾的理論，也明白沙赫特的立場，剛上臺不久的希特勒不願得罪沙赫特和他背後的金融勢力，所以就把建黨元老和奠定納粹經濟理論的費德爾「請」去擔任閒職，並任命沙赫特就任經濟部長，以示對金融勢力集團言聽計從。不過，希特勒決心已定，「創造就業匯票」的實踐一定要進行，而且下令沙赫特儘快拿出方案來。

於是沙赫特拿出一套實施方案，建議成立一家註冊資本金僅為一百萬馬克的「影子公司」MEFO（Metallurgische Forschungsgesellschaft），這家公司可以視為代表德國政府，由 MEFO 向能創造就業機會的各種公司「採購」商品和服務，支付方式就是「創造就業匯票」，這是一種利息為四・五％，期限三個月的短期匯票，期滿後可以反覆展期，最長不超過五年。當企業主拿到「創造就業匯票」，就可以到任何一家德國銀行進行「貼現」，取得德國馬克現金，然後雇用工人，採購原料，組織生產。拿到「創造就業匯票」的銀行可以持有這些匯票，也可送到中央銀行進行「再貼現」，得到現金。[26]

「創造就業匯票」是納粹相當前衛的「金融創新」，而且效果非常明顯，其目的在於解決一系列重大難題：

第一，協約國——尤其是法國——對德國中央銀行向德國政府直接發放信用設定了一億馬克的法律上限，美其名曰防止再次出現超級通膨，實則是嚴格限制德國政府的開支能力，從金融上防止德國重新大規模整軍備戰。「創造就業匯票」的設計將繞過此一法律限制，幫助德國政府從中央銀行取得更多的信用；

第二，由於「創造就業匯票」被納粹政府透過MEFO公司直接支付給創造就業的公司，它實現了一種類似貨幣的功能。從這個意義上講，「創造就業匯票」相當於林肯政府在美國南北戰爭中發行的「林肯綠幣」。不過「創造就業匯票」用於創造就業，而「林肯綠幣」直接被投入戰火，結果政府重新獲得了貨幣發行權；

第三，「創造就業匯票」是由政府直接支付給能創造就業的企業，從而使政府得以貫徹以「就業」為中心的經濟政策，避開了商業銀行放貸中的「利潤導向」在衰退時期必然產生的「惜貸」傾向及通貨緊縮的問題，並確保新增貨幣直接進入實體經濟循環，將閒置的生產資料和工人重新組織起來進行生產，從而創造出更多的財富來對應擴張的信用；

第四，由於德國中央銀行嚴重短缺黃金和外匯儲備，在一九二九年到一九三三年間，從二十六億馬克劇降到四・〇九億馬克；到了一九三四年，只剩下八千三百萬馬克，貨幣供應量嚴重不足。按照傳統的貨幣理論，德國已經瀕臨破產，強大的生產能力將在嚴重的資本短缺下被活活餓死。「創造就業匯票」的金融創新，擺脫了黃金和外匯的制約，德國人用實踐證明了所謂經典貨幣理論並非鐵律；

第五，「創造就業匯票」實現了秘密重整軍備而難以被外界察覺的作用；

第六，年息四・五%的「創造就業匯票」為企業提供了一種方便和低成本的融資方式。

儘管「創造就業匯票」的實際執行者是沙赫特，但它的思想和靈魂來自費德爾。

「金融創新」挽救了德國經濟

一九三三年五月三十一日，德國政府宣佈發行十億馬克的「創造就業匯票」，其目的主要是為了支付特殊的技術工程項目。這些可再展期的票據被政府支付給雇主，雇主將承辦大型專案並雇用大量工人，這樣從企業主一直到普通家庭，都能從「創造就業匯票」獲益。當這些票據流入銀行系統中之後，將會不斷產生放大效應，而且這種票據可以在德國中央銀行進行再貼現，這意味著「創造就業匯票」和黃金、外匯、長期國債一同構成了德國貨幣供應的基礎。

初期的「創造就業匯票」，大部分都沒有拿到德國中央銀行進行再貼現，其中一個最主要的原因就是它四・五%的利息比較有吸引力，大量銀行和其他機構選擇持有這些票據，而不是進行再貼現。據統計，從一九三三年到一九三八年，「創造就業匯票」的發行量逐年上升，到一九三八年的餘額高達一百二十億馬克，占全部政府赤字開支的八五％。其中大約有一半用於向直接創造就業的企業進行融資，另一半被用於德國秘密的軍事擴張。

「創造就業匯票」的一個重大優點就在於，它把真正的購買力放到德國剛受雇的工人手上。隨著這些票據流通量的加大，閒置的資源利用率大幅上升，而失業率迅速下降。

年份	「創造就業匯票」（億馬克餘額）	失業人口（萬）
一九三三	一〇	六〇〇
一九三四	二一	二七〇
一九三五	四八	二二〇
一九三六	九三	一六〇
一九三七	一二〇	九〇
一九三八	一二〇	四〇
一九三九	一二〇	二〇

在公共工程方面，特別是在建設新興中產階級的住房領域，「創造就業匯票」發揮了關鍵作用。一九三二年，德國大約有一四・一萬棟住房，而到一九三四年，大約有二八・四萬棟各種住宅。顯然「創造就業匯票」使德國的住宅總面積在兩年之內翻了一番。同時，這些錢還用於修建德國的公路系統，「創造就業匯票」建成的公路里程高達數千公里，形成了覆蓋全德四通八達的高速公路網。

希特勒所採取的經濟政策，對德國中產階級和貧困階級產生了強有力的保障作用，也招致外國銀行家的強烈不滿和嚴重關注。德國由政府直接發行的「創造就業匯票」近似貨幣，可說繞過了國際銀行家對德國經濟的控制。一些經濟學家相信，二次世界大戰爆發的根本原因之一，在於德國政府靠自己發行貨幣，完全擺脫了英美對它的控制。由於外匯和黃金緊缺，德國必須向英美的國際銀行家借貸，這種債務關係就使得德國的政治、經濟、政策和相關重要利益，受到國際銀行家直接、間接的影響。但如果繞過這個環節的話，希特勒就掌握了德國經濟發展的決定權。

希特勒執政初期，取得了社會認同感和民眾的支持，基本上是由於他使德國的經濟發展擺脫了英、美主流經濟學理論的束縛，重建德國經濟。可以說，國際銀行家押寶在希特勒身上，顯然是錯了。希特勒是不會甘於當別人傀儡的。

紐倫堡審判中的前帝國銀行總裁沙赫特

沙赫特對於「創造就業匯票」的看法，顯然是比較矛盾的。他一開始在跟費德爾論戰的時候，曾說這是一個非常愚蠢而糟糕的主意，但後來他也不得不自食其言。幾十年後，有很多人不斷問他，這種就業匯票到底是不是成功的設計，這種不管什麼時候一旦出現儲蓄短缺，都用中央銀行的信用來替代資本儲蓄到底能不能持久？沙赫特從理論上也承認了就業匯票的有效性，不過他仍然提出一系列限制條件，那就是只能在特定的情況下，這個措施才能奏效。當時的德國原料沒有庫存，工廠空蕩，機器設備完全閒置，有六百多萬就業人口處在失業狀態下——只有在這種情況下，當信用被授予企業主，而讓工人重新利用工廠，利用原料，利用機器開始生產，這一副藥方才能挽救資本創生力。

但沙赫特還是對這樣的做法表示不滿，他最後下臺也與拒絕再給就業匯票進行「再貼現」有直接關係。據他透露，在一九三九年一月，德國中央銀行向希特勒遞交一份備忘錄，提出拒絕再給德國政府更多的信用，㉗這份備忘錄後果嚴重。一月十九日，沙赫特被政府解職。㉘第二天，希特勒下令德國中央銀行必須授予政府所有的信用，這個信用只要是政府需要的，德國中央銀行就必須授予。

沙赫特被解職之後，德國政府一直保密了五個多月，直到一九三九年七月二次世界大戰爆發前夕。他拒絕為德國政府提供進一步的信貸，這可能是他後來在紐倫堡審判中逃過一劫的重要原因。

在戰後的一九四八年，一批美國教授為當時戰敗的德國再次設計了一套貨幣改革方案：引入德意志銀行的馬克，一開始每個人都會收到四十馬克的支付，而企業雇員收到六十馬克，政府部門收到一個月工資相對應的馬克。但是所有帝國馬克貨幣，不管是儲蓄帳戶還是債務數額，統統減少到票面價值的十%。在另一方面，股票、資產和其他有形資產保持不貶值。窮人的財富存在儲蓄賬戶中，而富人的財富主要是在資產上。這種類型的「定向爆破式」的貨幣貶值，實質上形成了一個巨大的財富轉移過程，社會結構為之巨變，在某個意義上，它的嚴重程度和衝擊的廣泛程度，不亞於一九二三年的超級通貨膨脹。

羅斯柴爾德與希特勒

一九三八年三月十二日，德軍開進奧地利。希特勒手中握有一份重量級奧地利公民的逮捕名單，路易・羅斯柴爾德男爵——奧地利羅斯柴爾德分支負責人——的大名赫然在列。

在希特勒進入奧地利之後的三小時，納粹軍官就開車來到羅斯柴爾德在奧地利的豪宅門前，準備逮捕羅斯柴爾德。德軍在門口按了門鈴之後，等了一會兒，羅斯柴爾德的管家出現在門口，不慌不忙打開大門。納粹軍官要求見男爵。管家讓他們在門外等候，自己進去通報。納粹軍官老老實實在門口等著。過了很久之後，管家再次現身，男爵現在正在用餐，不能被打擾。說完管家取出一支筆來，彬彬有禮地說：「您要見男爵，就先請預約吧。」這軍官傻了半天，不知道如何是好，只得悻悻然離開了。

由此看來，納粹對於猶太銀行家的迫害，在一九三八年還沒有開始。納粹對於猶太銀行家的態度是嘴上大喊反對，實際上希圖利用，因為大家都心知肚明，希特勒要打仗，最缺的就是錢。因此，羅斯柴爾德家族並沒把希特勒的舉措放在眼裡。

希特勒如果在這時跟國際銀行家翻臉，就休想從金融市場上再拿到一分錢。希特勒並沒打算此時決裂，至少在一九三八年他還沒做好準備。第二天，維克多從英國打來電話，勸路易儘快離開奧地利。路易答應，一邊好整以暇收拾行李，用了半天的時間，讓他的銀行部員也打點行裝，直耗到那個納粹軍官再次登門，「未經預約」抓走了路易。

維克多和其他家族成員開始對納粹政府施壓，要求儘快釋放路易。納粹政府提出條件，放人可以，但是得沒收路易在奧地利的資產。納粹看上了羅家在捷克斯洛伐克和其他中歐地區擁有的大片鐵礦和煤礦。納粹正在大舉備戰當口，急需攫取原料來源作為德國軍火工業的補給。羅斯柴爾德家族在維也納和其他地區的密探，馬上把資訊傳遞給獄中的路易・羅斯柴爾德。

路易・羅斯柴爾德收到消息就開始運作，把在捷克和奧地利的煤礦和鐵礦資產轉移給英國的羅斯柴爾德家族分行。路易人在獄中，照樣情報靈通，資產「乾坤大挪移」也不耽誤，所需的法律文件一一完成，順利將資產控制權轉移到英國的聯合保險公司，也就是英國的羅斯柴爾德家族名下。

這一整套秘密法律文件被維也納和葡萄牙的官方認可之後，在納粹神不知鬼不覺的情況下，簽署完畢。資產轉移的法律程式生效之後，納粹才發現，原以為到手的羅家奧地利資產現在已屬於英國羅斯柴爾德家族，他們的手搆不著了。希特勒聞訊大怒，指示納粹政府威脅路易，如果不把資產交出來，就別想出獄。

路易斯氣定神閑，告訴納粹軍官，這些資產已經不是他的了，而是屬於英國羅斯柴爾德名下。如果納粹想買這些資產，應該跟倫敦方面直接聯繫。納粹政府束手無策，只得提出交換條件，路易斯要想重獲自由的話，得替他們做一些工作。路易想都沒想，就拒絕了納粹的要求，他告訴希特勒，如果納粹想擁有這些資產，就只能透過英國的羅斯柴爾德家族。希特勒此時可不想直接跟英國發生正面衝突，只有再降價碼，提出只要路易交出兩百萬英鎊，就可以走人。

英國這邊一聽條件，馬上付了兩百萬英鎊。希特勒拿到錢就簽署釋放令。當天，路易剛吃了晚餐，正在休息，納粹軍官來到獄中放人。路易伸了個懶腰，說是今天太晚了，他決定在監獄裡再住一晚，第二天再走。說完翻了個身，繼續睡他的覺。納粹軍官無計可施，只能等路易在監獄裡睡飽了再動身。

希特勒的權術

從希特勒上臺和拯救經濟危機的手法來看，這人不是一般人認為的喪盡理性的瘋子，他的政治權術相當高明。

他倚重、真心相信費德爾的思想，最後卻選擇了志不同、道不合的沙赫特當經濟部長，這是因為希特勒明白沙赫特是「有來頭」的人。希特勒執政之初，經濟凋蔽，失業嚴重，社會動蕩，政權不穩，此時他必須穩住國際銀行家勢力，不能過早暴露自己真實的戰略目標，以免落得個「出師未捷身先死」的下場。他利用了沙赫特的金融才華，卻始終對他保持強烈的戒心。

剛上臺的希特勒雖然手握反猶這面政治大旗，但在實際政策操作時，卻常常進行利益交換。在哈瓦拉計劃上如此，在奧地利對待羅家如此，在下一章中講述的與猶太復國組織秘密接觸也是如此。

沃伯格家族是猶太人，本應受到納粹的迫害，但沃伯格在德國的家族銀行在納粹上臺五年之後的一九三八年仍然照常營業，還獲得鉅額盈利。不僅如此，麥克斯・沃伯格就在希勒特眼皮底下擔任德國中央銀行的董事和德國最大的工業托拉斯 IG 法本集團的董事，直到一九三八年移民美國。希特勒不想打草驚蛇，暴露自己的企圖，引起國際銀行家的警覺，因此始終不動麥克斯。

直到希特勒控制了經濟危機，納粹羽翼漸豐，並準備在歐洲發動戰爭的前夕，才著手清算國際銀行家的勢力。他在一九三八年將麥克斯趕到美國，一九三九年解雇了沙赫特，並解散德國中央銀行董事會。

希特勒明知自己被國際銀行家所利用，卻選擇將計就計，讓對方以為自己很聽話，以爭取時間和條件，悄悄執行自己的計劃。在建立德國強大的戰爭機器過程中，為了迷惑英國的統治精英，他口口聲聲號稱與蘇聯勢不兩立，從而贏得了英國首相張伯倫的「綏靖政策」，甚至在一九三九年九月進攻波蘭的時候，西線的英法聯軍還在等著希勒特拿下波蘭之後繼續進攻蘇聯。沒想到德國和蘇聯媾和，瓜分波蘭領土，然後突然殺了一記回馬槍，向西突擊，將英法聯軍三十三萬人合圍在敦克爾克海邊，正在英法聯軍上天無路、入地無門，眼看著就要覆滅，希特勒卻突然下令前線大軍停止發動最後進攻，放英法聯軍一條生路。這是二戰期間最大的懸案之一。

希特勒骨子裡是個強烈的民族主義者，他打垮法國完全是為了報《凡爾賽和約》的一箭之仇，他不想、也不能與國際銀行家徹底決裂，所以他留了三十三萬英法聯軍一條生路，並給法國南部劃出一塊維琪政府的自留地。希特勒的想法是，既報了大仇，又留下餘地，然後自己向東去滅掉蘇聯，控制蘇聯西部的廣大國土和資源，再與英、美分庭抗禮。轟炸英國無非是一種流氓慣用的威脅手段，試圖增加自己與老牌殖民帝國和平分贓的談判籌碼。因此，希特勒在發動進攻蘇聯的戰爭前夕，派出心腹納粹黨的副元首赫斯（Rudolf Hess）飛到英國進行秘密和談。希特勒提出的條件是，歸還全部佔領的西歐國家領土，賠償重建這些國家的費用，德國僅在這些國家派駐警察，與英國簽訂和約。然後進攻蘇聯，要求英國保證大力支持。赫斯開著最新式的戰機在英國蘇格蘭地區跳傘時，被當地民兵抓獲，事情敗露，英國輿論譁然。

希特勒的算盤倒是不錯，但是他犯了「江湖大忌」。在國際銀行家看來，此時的希特勒已如脫韁野馬，如此強悍的軍事力量和沒有底線的風格，甚至比蘇聯更危險，必須聯合一切力量滅掉希特勒。

結果赫斯在英國被「鑒定」為瘋子，邱吉爾把赫斯的停戰條件稱為一個「精神病學研究的課題」。這個「精神病患者」被英國情報部門嚴加看管，不許任何人探視。在戰後的紐倫堡審判中，赫斯被判犯了「反和平罪」，但卻沒有「戰爭罪」和「反人類罪」的罪名。不過「精神病患者」赫斯卻被判終身監禁，甚至到一九七〇年代，大多數納粹戰犯紛紛被提前釋放之後，赫斯仍然被嚴密關押。直到一九八七年，九十三歲高齡的赫斯，居然在獄中爬上高處，用電線勒住脖子，進行了高難度的「自殺」。從此，跟隨希特勒從監獄中記錄《我的奮鬥》到納粹掌權全過程的元首最貼身的秘書赫斯，永遠閉上了眼睛。

第六章（1） 希特勒和銀行家

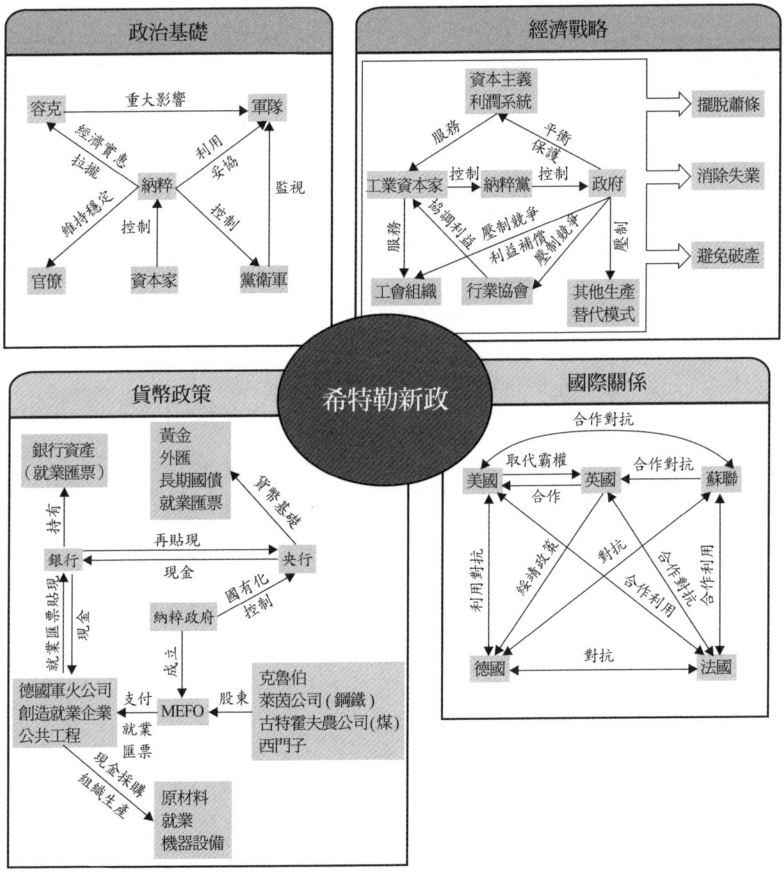

第六章（2） 希特勒和銀行家

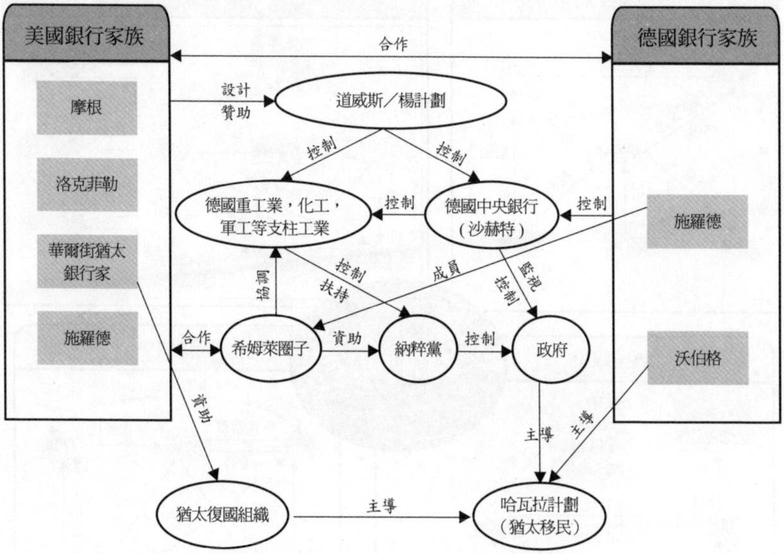

第七章

銀行家與情報網

在金融的世界，賺賠在於電光火石之間，取決於資訊情報的暢通與周延。事實上，現代情報系統的建構與猶太銀行家有很深的關連。猶太能否建國，取決於幾個強權的態度。為了交換蘇聯支持以色列建國，居於英國情報單位高層的「劍橋五傑」提供蘇聯製造原子彈的絕對機密。而二戰名將巴頓將軍的意外死亡，其實是因為他成為以色列建國的阻礙，必須剷除。

對國際情報組織有所瞭解的人，恐怕無人不知金・菲爾比（Kim Philby）的大名。菲爾比是蘇聯格別烏（KGB）的間諜，在英國情報部門臥底長達二十餘年，也是英國派駐美國中情局的高級聯絡官，負責協調英美兩國情報系統的反蘇聯間諜行動，其位置之關鍵，潛伏時間之長，對英美間諜網路破壞力之大，堪稱冷戰之最。

英美反蘇聯間諜行動的最高首腦竟然就是蘇聯間諜，天下恐怕沒有比這更諷刺的事了。菲爾比在一九六三年經貝魯特叛逃蘇聯，並在一九六五年獲得蘇聯紅旗勳章，一九六八年出版了回憶錄《我的無聲戰爭》（*My Silent War*），很快登上世界各國的暢銷書榜。菲爾比事件堪稱英美情報機構有史以來最大的醜聞。

其實，菲爾比在英美情報系統內部並非孤軍奮戰，他身邊有一個舉世聞名的核心團隊——「劍橋五傑」（Cambridge Five）。這五個金・菲爾比劍橋大學時代的「換帖」，後來成為蘇聯格別烏打入英美情報圈的中堅力量。

金・菲爾比

其中最早暴露身份的是麥克林（Donald Duart Maclean）和伯吉斯（Guy Burgess）。麥克林曾在英國情報五局（反間諜）和六局（對外情報）擔任要職，後來轉到駐美大使館負責情報工作。大量有關原子彈研發以及邱吉爾與羅斯福、杜魯門總統之間政策制定進展等關鍵資訊，透過麥克林之手不斷傳到蘇聯格別烏。值得一提的是麥克林最早向蘇聯透露了「馬歇爾計劃」的真正企圖。

本質上，馬歇爾計劃是一石數鳥的妙計，其核心就是透過該計劃替代德國的戰爭賠償，在實現以美國金融勢力集團主宰歐洲重建的同時，嚴重打擊蘇聯經濟的重建進程。《雅爾達協定》和《波茨坦宣言》中確定了蘇聯從德國獲得戰爭賠償，可以用德國的機器設備、工業企業、汽車、輪船、原料等形式來支付，蘇聯受到的戰爭損失極其嚴重，幾乎喪失了出口賺取外匯的能力，因此德國的戰爭賠償將成為重建蘇聯經濟最重要的外部資源。「馬歇爾計劃」的核心就是變相廢除德國對蘇聯的戰爭賠償，代之以美國向歐洲提供金融援助。雖然表面上該援助也向蘇聯和東歐開放，但馬歇爾計劃所提出的經濟自由化等條件與蘇聯的計劃經濟體制格格不入，從而將蘇聯「被迫」排除在援助範圍之外。

馬歇爾計劃的另一妙處在於將美國納稅人的錢用於「賠償」歐洲國際銀行家在戰爭中的損失。馬歇爾計劃其實就是一次世界大戰後的美國道威斯和楊計劃的翻版，這筆高達一百三十億美元的鉅款「借給」歐洲的銀行家，除了德國之外，根本沒人還過錢。其實，對於國際銀行家而言，戰爭的輸贏並沒有什麼分別，無非是由誰來付債還錢罷了。怪的是，戰勝國美國的納稅人卻成了兩次世界大戰最大的買單者。

麥克林的情報使蘇聯從一開始就看透了「馬歇爾計劃」的底牌。蘇聯不僅拒絕加入該計劃，同時還力阻其他東歐國家加入，並加速從德國撤除各種重工業裝備。一九五一年五月二十五日麥克林三十八歲生日那天，已經被英國情報部門懷疑的麥克林與另一位「劍橋五傑」伯吉斯一起叛逃蘇聯，獲頒蘇聯格別烏的上校軍銜。

二戰正酣時，伯吉斯在英國外交辦公室（Foreign Office）工作期間與另一位「劍橋五傑」安東尼・布朗特爵士（Sir Anthony Blunt）一起將大量盟軍戰略計劃和外交政策轉給格別烏。伯吉斯後來也被派到華盛頓的英國大使館工作，並與菲爾比住在一處。他叛逃蘇聯之後，死於酗酒。

「劍橋五傑」中第四位暴露的就是安東尼・布朗特爵士。他曾在英國情報五局從事反間諜工作，將大量破譯的德國軍事情報洩漏給蘇聯。戰爭結束前，他被英國王室秘密派往德國，尋找英國溫莎公爵與希特勒之間的密信，還有英國維多利亞女王與德國親戚之間的通信。維多利亞女王是德國皇帝威廉二世的外祖母。一九五六年安東尼被英國王室晉封為爵士，後來擔任劍橋大學藝術史教授。他的蘇聯間諜身份暴露後，爵士封號被伊麗莎白二世剝奪，隨後英國首相柴契爾夫人公開點名布朗特爵士是蘇聯間諜。英國輿論譁然。一九八三年，安東尼・布朗特死於倫敦的家中。

「劍橋五傑」第五個人的身份一直沒有曝光，這已成為情報界的懸案。但是，國際著名的情報學家羅蘭・培瑞（Roland Perry）明確指出，維克多・羅斯柴爾德正是那個神秘的「第五個人」。❶

「第五個人」

羅斯柴爾德家族堪稱國際情報系統的鼻祖。早在拿破崙戰爭期間，羅家就以早於市場二十四小時的戰情通報系統，在倫敦金融市場上獲取暴利。對於大量從事跨國金融市場套利的國際銀行家族來說，情報的準確和快速是賺錢的關鍵。技術發明左右了情報系統的發展方向。在沒有電報電話的時代，羅家率先用信鴿來傳遞金融市場的資料和交易指令。為了防止資訊在傳遞過程中被截獲，羅家還創造了一整套資訊加密技術。情報學可說是羅家的家學。

羅家第三代男爵傳人維克多・羅斯柴爾德就是在這樣的環境中長大的。維克多是家族英國分支的繼承人，承載著家族的榮譽和殷切期望。從老梅耶・羅斯柴爾德起家以來，歷經太祖內森在拿破崙戰爭中稱雄倫敦金融城，高祖萊昂內爾拿下蘇伊士運河，祖父奈提（Natty）資助羅德家族開發南非、壟斷全球鑽石生意，並設立後來深深影響英美精英的羅德獎學金，但是他的父親查爾斯卻患有嚴重的憂鬱症，最後由於無法忍受長達六年失眠的痛苦而選擇自殺。當時，維克多年僅十二歲，就要扛起家族事業的接班人的重任。

第一重壓力是種族問題。身為猶太人，他既有被歧視的情結，也有極強烈的優越感。猶太人雖然飽受排擠和歧視，但是堅信唯有自己是上帝的選民。這種心理落差往往能產生強大的動力和韌性。

第二重壓力就是家族的盛名。由於羅斯柴爾德縱橫國際金融界已達百年之久，盛名之下的壓力也決不輕鬆。小維克多所在的貴族學校，大部分同學都出身顯貴家族。但當小維克多說出家族姓氏時，同學還是會流露出敬畏的神情。不過，這種顯赫的名譽和地位更是一種壓力，在這樣的盛譽之下，容不得小維克多有半點失態和不及別人之處，他必須、也只能永遠是第一。

第三重壓力就是智商的挑戰。維克多絕頂聰明，智商高達一八四。這是後來納粹專家根據他各方面的表現做出的評估。維克多的確是多才多藝，又不斷學習各種新的知識。他既是卓越的銀行家，也是著名的反間諜專家，同時還是生物學家，又精通物理學，在繪畫、藝術和音樂也有很深的造詣。

維克多進入劍橋大學的三一學院，喜歡冒險，廣泛涉獵物理學、生物學、心理學等學科。他對自然科學一直有著濃厚的興趣，也喜歡法語。他還找了一個大他三歲的學長來當法語家教。此人就是後來的安東尼・布朗特爵士。

布朗特經常一對一地教維克多法語，兩人的關係發展得很快。一九二八年，布朗特上大二時加入劍橋大學三一學院著名的秘密組織「使徒會」（Cambridge Apostles）。這是在一八二〇年由十二個所謂的「使徒」發起的秘密組織，成員是全校最聰明的十二名本科生，不僅如此，這十二人必須出身顯貴，在英國上流社會人脈廣布。這樣的兩個要求確保了「使徒會」的成員未來必定是英國的統治精英。布朗特後來成為維克多加入「使徒會」的「入會介紹人」。❷

布朗特除了介紹維克多加入「使徒會」之外，還引介伯吉斯「入門」。一九三二年十一月十二日，伯吉斯和維克多兩人雙雙加入「使徒會」，從此形成了以布朗特、維克多、伯吉斯等人為核心的小團體。

「使徒會」的圈子有一套完備的信仰價值體系、組織形式、選拔機制和活動儀式。他們聚在一起不是大家吃吃喝喝而已，而是基於深刻的歷史淵源、家族背景關係、聰明才智，進行旨在未來管理社會的嚴格訓練。他們都很想改造社會。換句話說，這是一群政治野心遠大的人，他們不僅是學術團體，也不僅是同學會，也不僅是一個普通的秘密組織。由於他們高人一等的家世、財富、智商和能量，尤其重要的是，他們都秉承讓社會按照他們的意志運轉的「精英」情結。這樣一群人組織在一起，並成為終身永不背叛的盟友，他們相互提攜鼓勵，結成一個堅不可摧的利益共同體，這就是「使徒會」的傳統。能把這樣一群聰明絕頂的人凝聚在一起的絕不僅僅是利益，信仰才是更深層的力量。

透過使徒會的朋友介紹，維克多認識了當時在劍橋非常有名的蘇聯科學家彼得・卡皮察（Peter Kapitza）。卡皮察是物理學家、諾貝爾獎得主。卡皮察當時接受了英國皇家科學院之邀，來到劍橋的盧瑟福實驗室工作。卡皮察一到劍橋，就組成「卡皮察俱樂部」，在劍橋頗有名氣。這個俱樂部網羅了當時劍橋最優秀的一批物理學家，一起討論物理學的最新進展。劍橋的物理學家開玩笑說，卡皮察發起這個活動，就可以定期從這幫傑出物理學家的交流中得到最新的物理學進展，就不必再去讀那些枯燥的論文。其實，卡皮察還負有不為人知的任務，就是將從劍橋蒐集到的各種物理學的最新資訊，整理成物理學發展報告，定期送往莫斯科。❸

年輕的維克多和一些使徒會的成員被卡皮察的社會主義政治系統理念所吸引。這種所謂的「科學社會主義的政治系統」以科學為理論基礎，構建完整的社會和經濟體系。使徒會經常組織各種討論活動，每個人都要以社會運作的問題發表論文。有很多人研究蘇聯的這種模式和蘇聯的相關經驗，也認為這種模式可以解決各種危機和問題。

許多維克多提交的論文都在探討銀行業在社會運作中的作用，其中有一篇文章的題目就是「共產主義和銀行業的未來」，❹文中有許多新觀點和可行的提議，但使徒會的反應並不太大，因為多數成員欠缺金融領域的知識，對商業運作也不熟。

其中的布朗特已經接受了科學社會主義的理論體系，他也想把維克引到同樣的道路，有時會問起維克多對家族銀行的看法。這不免令維克多為難。他一方面覺得自己家族的整套銀行營運只是把錢從一處移到另一處，以從中獲利，而由國際銀行家族所構建的金融體系並不能給社會帶來更多的益處；

另一方面，他又不想或不願意與自己家族所代表的國際銀行家勢力集團對立。

布朗特反覆灌輸維克多一種觀點：國際銀行家所構建的銀行壟斷體系並不是毫無益處，如果爆發革命，整個銀行體系被全面國有化，由國家來控制的話，也能為社會帶來極大的益處。

維克多並非布朗特和卡皮察眼中思想單純的「小白兔」。維克多性格早熟，有深厚積澱的宗教信仰，還有他與生俱來的家族烙印，從小就是個思維活躍複雜，有強大意志力和偉大志向的人。而且他極有主見，絕不會輕易因為外來的勸說和理論就改變想法。他的心態始終如一，深謀遠慮，深藏不露，方向明晰。他顯然有自己的考慮和打算，這也是世代家族傳承所積澱下來的思維方式。

他在心中醞釀一個更遠大宏偉的目標，甚至遠遠超過意識形態的社會發展規劃。他在接觸身邊這些人的思想理念的同時，也在琢磨著如何利用這些人，為自己的目標來服務。維克多獲取利益的欲望始終淩駕於對理論的興趣之上。

大名鼎鼎的英國經濟學家凱因斯也是使徒會的成員。維克多和凱因斯走得非常近。一九三〇年代，凱因斯曾在劍橋大學教書，他在國王學院還有一間私人辦公室。凱因斯並不信仰共產主義，但是他對政府應該介入經濟運作的理念極感興趣，一直在密切觀察蘇聯的經濟改革和動態。一九二九年的經濟大蕭條陷資本主義思想體系於重大危機之中，各種社會思潮都在試圖尋找社會發展的出路，經濟學家也不例外。當時的凱因斯可說也受到蘇聯計劃經濟模式思潮的影響。

維克多常到凱因斯的辦公室找他聊天。他每次去的時候，都看見他坐在搖椅上，讀洛克或休謨的哲學著作。維克多幾乎沒看過凱因斯在研究經濟學。兩人都喜歡收藏圖書，相見總是談天說地，很是投機。但是維克多心中一直有個疑問，凱因斯什麼時候專研他的本業呢？5

凱因斯比維克多大二十幾歲，兩人結為忘年之交。維克多找凱因斯從來不需事先約好，興之所至，隨時登門。維克多與凱因斯經常聊到對英國金本位的看法。羅斯柴爾德家族在世界黃金領域的特殊地位不可忽視，維克多對黃金在英國銀行體系和世界貨幣體系中的作用自然非常關注。

在使徒會的討論會中，最受歡迎的就是凱因斯的演講和論文。凱因斯當時已年近五十，社會閱歷見識豐富，加上對社會經濟、政治、外交等方面第一手資訊和材料的掌握，當然令這些二十歲出頭的大學生大為嘆服。凱因斯在使徒會的一次討論會上，作了一次題為「政府干預」的報告，令使徒會的成員——包括維克多——深受啟發和震撼。維克多的興趣從來不在純理論和抽象的事物上，他更關心實務操作細節。維克多在給朋友的信中提到了凱因斯的這篇論文，並且抱怨：「使徒會這幫人總是喋喋不休，探討共產主義社會應該是什麼樣的，這個題目其實相當枯燥。伯吉斯、沃特森還有理查・戴維斯說起這種理論問題都兩眼放光，興高采烈，但是他們說的這些話都缺少內在邏輯的連貫性，至少對我來說是如此。」6維克多有一篇論文題為「共產主義和科學的希望」，論點空泛務虛，卻在使徒會中大受好評。7

這時又加入了一位新成員，他是社會學系的學生菲爾比，「劍橋五傑」中第三名暴露身份的格別烏間諜。

菲爾比的父親約翰・菲爾比也是一號傳奇人物。約翰・菲爾比也畢業於劍橋三一學院，他的同窗尼赫魯後來成為印度總理。約翰・菲爾比是猶太人，擔任英國殖民地情報系統的官員，非常關切中東和巴勒斯坦地區的局勢，對中東的地緣政治影響甚深。他曾參與策劃了阿拉伯大起義，反抗鄂圖曼帝國的統治，並保護巴斯拉地區的油田，這是當時大英帝國海軍唯一的石油來源。約翰・菲爾比承諾阿拉伯人，支持他們建立一個統一的阿拉伯聯邦國家。與約翰・菲爾比同時參與阿拉伯大起義的還有著名的「阿拉伯的勞倫斯」（Thomas Edward Lawrence），但是雙方支持的阿拉伯領袖卻不一樣，約翰・菲爾比看好阿拉伯部落酋長紹德（Ibn Saud），而勞倫斯支持赫賈茲國王胡賽因。

赫賈茲地區的哈什米特家族（House of Hashemite），是先知穆罕默德的直系後代，在過去的七百年裡一直是聖城麥加和麥地那的法定守護者。國王胡賽因作為阿拉伯人的大酋長，在伊斯蘭世界受到普遍尊敬。一九一五年十月，英國代表麥克馬洪和胡賽因達成協定，答應他如果阿拉伯部落發動起義加入戰爭，戰後將贏得獨立。

無論是紹德還是胡賽因都不知道，英、法兩國早已秘密議定近東地區戰後的勢力劃分。一九一六年五月，英、法簽訂《西克斯—皮科特條約》（Sykes-Picot Treaty），規定戰後鄂圖曼土耳其的阿拉伯省份中，法國將得到敘利亞和黎巴嫩，英國則分得約旦、巴勒斯坦和伊拉克。❽一九一七年十一月，英國又發佈「貝爾福聲明」（Balfour Declaration），將巴勒斯坦列為猶太人的家園，❾以換取猶太科學家魏茲曼（Chaim Weizmann，以色列第一任總統）的軍事科研成果。英國許諾的大阿拉伯聯邦只是一個騙局而已。英國的背信棄義，在往後許多年裡給阿拉伯世界和西方的關係蒙上揮之不去的陰霾。菲爾比與勞倫斯不過都是英國政府的馬前卒而已。最後，約翰・菲爾比支持的紹德（Ibn Saud）成為沙烏地阿拉伯國王，而勞倫斯支持的胡賽因的兒子費薩爾（Feisal），成為伊拉克國王。

一九二一年，約翰・菲爾比被英國政府任命為英屬大巴勒斯坦地區情報部門的首腦，管轄地區包括今天的以色列、巴勒斯坦和約旦全境。正是在這裡，約翰・菲爾比與後來美國中情局局長杜勒斯（Allen Dulles）建立起長期合作關係。這也是為什麼金・菲爾比能長期潛伏在中情局而沒有引起懷疑的一個重要原因。

一九二二年底，約翰・菲爾比被召回倫敦，與英國國王喬治、後來的首相邱吉爾、羅斯柴爾德和猶太復國主義運動的領袖魏茲曼討論巴勒斯坦的政策。此後，約翰・菲爾比開始擔任紹德的高級顧問，幫他擴張和強化沙烏地阿拉伯控制的地區，成為紹德最有權勢的人物之一。

一九三三年，約翰・菲爾比與美國標準石油公司簽定了波斯灣哈撒地區（Hasa）六十年的獨家開採權，從而將美國石油勢力引入中東。事實上，約翰・菲爾比正是美國與紹德特殊關係最重要的聯繫管道。一九三六年，美國加州標準石油公司和東蘇伊士公司合資成立阿拉伯—美國石油公司（Arabian–American Oil Company, ARAMCO），約翰・菲爾比出面代表紹德的利益。ARAMCO 擁有世界上最大的油田資源。

一九三七年，約翰・菲爾比開始策劃向巴勒斯坦地區進行大規模猶太移民，沙烏地阿拉伯將提供秘密保護。約翰・菲爾比同時與納粹德國和法西斯的西班牙商談，如果爆發大戰，中立的紹德將把石油賣給中立的西班牙，再從西班牙轉運德國。美國司法部的納粹特別調查小組曾認定德國蓋世太保猶太部頭目艾希曼（Adolf Eichmann）曾在一九三〇年代中與約翰・菲爾比在中東見過面。

一九三五年，艾希曼成為黨衛軍排猶政策的主要策劃者和執行者。一九三八年，德國吞併奧地利之後，艾希曼負責在奧地利遷移猶太人的工作，並與猶太復國主義者的「非法移民」（Aliyah Bet）代辦處合作，以提高遷移的高效。

一九三九年二月，約翰・菲爾比在倫敦與本古里安（以色列的第一任總理）和魏茲曼討論巴勒斯坦的猶太移民問題。約翰・菲爾比提議魏茲曼的猶太復國主義組織支付紹德兩千萬英鎊用於重新安置巴勒斯坦的阿拉伯人，魏茲曼說他要和美國羅斯福總統商議此事。當時，金・菲爾比也參加會議。十月，猶太復國主義組織答應了「菲爾比計劃」，但由於消息走漏，阿拉伯人堅決反對該計劃。鑒於巴勒斯坦的宗教敏感性，此計劃被擱置了三年。一九四〇年八月三日，約翰・菲爾比在孟買被英國逮捕，罪名是同情納粹（Defence Regulation 18B），隨後被押回英國。由於凱因斯等人的營救，七個月後被釋放。

一九四三年八月，美國總統羅斯福的中東特使豪斯金斯（Harold Hoskins）來到紹德重提「菲爾比計劃」，並指出這筆兩千萬英鎊的費用由「美國總統羅斯福來擔保」。紹德國王在這筆鉅款面前百般為難，因為消息早已洩漏，如果他接受這筆錢，然後將阿拉伯人遷離巴勒斯坦，無疑將被整個阿拉伯世界視為「賄賂」。思忖再三，紹德國王終於放棄這塊燙手金磚。「菲爾比計劃」無疾而終。

一九三三年六月，金・菲爾比剛在劍橋大學考完經濟學，以全優成績獲得三一學院的獎學金。他拿這筆錢買了馬克思全集，和一台二手摩托車，準備騎摩托車遊歷歐洲。畢竟是約翰・菲爾比的兒子，他血液中流著冒險的衝動。❿

這對維克多・羅斯柴爾德無疑是一大刺激。他的家庭背景、特殊地位、財富和名望編織成無形的枷鎖，讓他永遠無法像菲爾比這般「瀟灑走一回」，這個誘惑的吸引力也就更加強烈了。維克多忍不住問菲爾比能否帶他同行。或許是因為這願望不可能實現，菲爾比翩然離去的身影在維克多眼中充滿了非凡的豪氣和魄力。

菲爾比用了大約一年的時間完成歐洲遊歷，在一九三四年五月再次見到維克多，身邊多了未婚妻李特茲・弗里德曼，一名奧地利猶太地下共產黨員。這次遊歷對菲爾比的一生影響重要。他在奧地利結識李特茲，參與地下工作，包括拯救當時被納粹迫害的猶太人，掩護共產黨人的地下活動，募集資金，反對法西斯，營救被困的工人逃離納粹的迫害，還有傳送一些秘密信件，甚至喬裝記者去打探納粹的秘密等等，菲爾比這一年跌宕曲折的經歷把年輕的維克多聽得目瞪口呆。⓫維克多在菲爾比身上看到了一種他這輩子無法親身嘗試的生活，深心嚮往這種冒險刺激的日子。

菲爾比問維克多是否願意做一些比捐錢支持猶太人移民更直接的工作。維克多已經知道菲爾比與蘇聯有所接觸，他知道如果他答應了菲爾比，自己也就成了蘇聯的支持者。

這是維克多的一個重大抉擇。他選擇幫蘇聯不僅是出於理論的好惡，也有他的一番盤算。維克多出身情報世家，對情報的價值有深刻的理解。在一個日漸接近戰亂的世界，喪失了情報就意味著家族百年基業將面臨重大的危機，而向蘇聯提供情報則將積累羅斯柴爾德家族與蘇聯這個未來世界超級強權的籌碼。羅家之所以能屹立百年不搖就是兩邊下注，永遠與贏家站在一起。於是，維克多決心玩一場世界超級強權之間的遊戲。

「劍橋五傑」打入英國情報系統

由於羅家在英國早已佈建龐大的人脈關係網，當使徒會的成員畢業之後、準備進入社會時，維克多也就義不容辭，伸出援手。他先把好友伯吉斯介紹給當時英國保守黨的重量級人物喬治・波爾（George Ball）。喬治・波爾是英國情報五局的要員，也是保守黨情報機構的創建者。後來經維克多和喬治・波爾的推薦，伯吉斯進入了英國情報六局D部，他的第一個任務就是研究巴勒斯坦的猶太人問題，在猶太人中間建立起魏茲曼領導下的猶太復國主義組織的對立勢力，以分散猶太人對英國議會的遊說力量，利於英國政府與阿拉伯人達成妥協。政府要讓維克多掌控這股勢力。其實，維克多是猶太復國主義堅定的支持者，由於傳統的低調和策略，外人一般認為羅家的立場較為中庸。

由於伯吉斯工作出色，他又將菲爾比也介紹進情報六局D部，伯吉斯還將情報五局B部的常務副部長蓋・利德爾（Guy Liddell）引薦給維克多，為後來維克多進入情報五局鋪了路。

羅斯柴爾德家族與邱吉爾的關係也非同尋常。從維克多的祖父奈提時代開始，邱吉爾就是他們家的座上常客。邱吉爾是看著維克多長大的。邱吉爾在羅斯柴爾德家的來賓簿上的簽名從一八九〇年到一九三〇年，前後長達四十年之久，更與維克多的叔叔沃爾特交情匪淺。沃爾特提出要在巴勒斯坦建立猶太人的國家以色列的觀點，邱吉爾始終大力支持。

一九三九年，維克多向邱吉爾遞交了一篇關於德國銀行系統的分析報告。羅斯柴爾德家族在各國的分支機構蒐集各種金融交易的資訊，其中也包括德國各類物資的採購和交易，納粹政府只要透過銀行交易進行物資採購，都會在羅斯柴爾德家族的監控範圍之內。維克多透過對這些金融資料進行細緻分析，得以預測德國在軍事物資和武器裝備方面未來的採購，結論是納粹正在執行軍事擴張計劃。邱吉爾的戰爭辦公室對這個年輕人的研究大為讚賞，這篇文章也使得維克多在一九四〇年順利加入英國的情報五局B部，主要進行商業反間諜工作。⑫維克多在英國情報五局的出色工作和表現，助他順理成章把布朗特引進到情報五局的D部，將麥克林推薦到情報六局工作。

此時，劍橋五傑已經全面滲透進英國的情報部門和外交決策部門，而羅斯柴爾德則是「劍橋五傑」中最核心的成員，所有的關係都從他發散，又在他這裡收攏。

蘇美之間，左右逢源

一九三七年維克多的叔叔沃爾特爵士去世了。沃爾特沒有子嗣，於是爵士頭銜就由二十六歲的維克多繼承，維克多成為第三代羅斯柴爾德爵士。維克多成為英國的世襲勳爵，遞補為英國上議院的議員，大大增強了他的社會活動能量。

當時在英國的物理學家卡皮察已經回到莫斯科，而維克多一直與卡皮察保持聯繫，定期寄送各學科的研究報告，其中包括原子物理學的最新進展，也包括在內部刊物上發表的其他學科的重要成果和資料。這些機密資訊從一般的國際科學研究管道無法獲取，卻源源不斷傳入蘇聯的科學家手中。⑬

維克多在英國情報五局的第一項任務，就是分析所有在英國開業的德國商業和工業公司的經營活動是否對英國構成安全威脅。他在一九四〇年就已經發現為數眾多的商業機構，背後其實在為納粹政府工作。他指出這些機構很有可能對英國進行間諜活動，而這個網路是如此廣泛，卻如此不起眼，很難用正常手段去甄別組織複雜而龐大的商業間諜網路。

當時英國的機械加工業的模具生產多賴德國的供應商。這引起維克多的注意。他建議把所有德國供應商的供應鏈全部轉到美國公司。美國官方聽到維克多的建議，欣喜若狂，忙不疊把維克多請到美國大使館商談具體的轉移事項。這一行動使維克多與美國官方建立了重要的信任關係。

由於維克多在反間諜方面的出色表現，他被美國中央情報局的前身美國戰略情報部（Office of Strategic Services, OSS）請去培訓美國未來的情報官員。維克多所編寫的反間諜資料成為美國情報部門的教材。維克多還獲頒英國的喬治鐵十字勳章，美國總統杜魯門也專門表彰維克多・羅斯柴爾德對美軍的貢獻。

羅斯柴爾德家族很早就與哈格納（Haganah）建立了密切的關係。哈格納是一九二〇年成立的一個猶太復國主義的秘密情報組織，是後來以色列穆沙德的前身。哈格納的主要使命就是建立以色列，該組織在羅斯柴爾德家族的大力資助之下，在整個歐洲建立起龐大的間諜網路和監控系統，在各大城市秘密監控所有反對猶太復國主義的政治組織。⑭

維克多在提升自己政治和軍事情報的「資產價值」的過程中，最關注的就是如何拿到更大的交易籌碼，為以後的計劃架橋鋪路。他已經在反商業間諜的運作中，透過選擇美國製造商，成功牽住美國的利益。同時，他更關注尖端軍事技術的研究進展，準備用提供蘇聯急缺的軍事技術情報來吸引蘇聯。維克多身處英國情報的核心，掌握美蘇的情報動態，又與猶太復國主義的情報網哈格納的密切關係，自然成為二次世界大戰中最重要的資訊和情報中樞。

核心機密

維克多利用劍橋的人脈關係，為自己在英國國防科技實驗室波登當（Porton Down）的關鍵研究部門謀得要職。波登當實驗室進行的是極機密的專案，主要是生化武器的研究，其研究計劃的目標是在三年之內，能實現武器化和量產化，以作為對付德國的最後武器。希特勒一旦真正具備登陸英國本土作戰的實力，英國將會動用生化武器殺手鐧。

當然，生化武器研究一方面在發明毒藥，同時也在製造解藥。維克多密切關注這兩方面的關鍵資料，暗中蒐集美國馬里蘭細菌戰研究機構的資料以及在密西西比州進行的實際測試。波登當實驗室進行的是整個戰爭中極機密的專案之一。維克多來到波登當實驗室四個月內，蘇聯格別烏就收到大量實驗資料，蘇聯生化武器研究的步伐也大幅提昇。維克多的「情報資產」在蘇聯也迅速升值。⑮

在戰爭中，維克多的科研興趣主要集中在大規模殺傷武器的研究領域。從「情報資產」的價值來看，越是能在戰爭中大規模殺傷對手的武器，其研究難度和潛在影響力就越大，各國就越是不惜代價想得到，這種情報就是具備大幅增值潛力的「優良資產」。維克多從不缺錢，經濟利益並不是他的追求。他心中的深謀遠慮是要把這些「優良資產」轉化為重要的國際地緣政治籌碼，交易的對價就是支持以色利在巴勒斯坦建國。

與生化武器相比，原子彈是更大的「優良資產」，維克多當然不會忽略它的價值。在二戰初期，維克多就發現了原子彈在未來戰爭中的戰略價值。當時他強烈建議邱吉爾加強對原子彈的研究，於是邱吉爾將當時英國科研的優先順序定為：首先發展雷達，以解德國空襲預警的燃眉之急，其次就是原子彈的研製。在原子彈的研製過程中，維克多是整個專案的重要參與者。英國的原子彈秘密研製工作主要由威廉・阿克斯爵士負責，研究工作在帝國化學公司（Imperial Chemical Industries, ICI）進行，專案代號「合金管」（Tube Alloys）。⑯

一九四一年十月，維克多進入核心委員會，監控原子彈研發的所有步驟，又廣泛施展他在英國的影響力幫助威廉・阿克斯爵士爭取政府的各項研究資助。整個二戰期間，維克多是英美情報系統中對原子彈最熟悉、知識最淵博、對情況最瞭解的專家。

一九四一年底，珍珠港事件爆發後不久，兩名美國哥倫比亞大學的科學家來到英國，提議英美應該整合核武器研究的資源。雙方一致認為要趕在納粹之前，成功研製原子彈。邱吉爾非常關注原子彈的研究進展，幾乎每天都要聽維克多簡報原子彈研究的進展。

此刻，維克多獲得授權可以查閱所有的保密論文和實驗資料。在劍橋大學時，他就對核子物理學很有研究。在研讀保密論文時，他不斷請教一些重量級的科學家，很快就成了原子彈研究的專家，甚至可以對研製原子彈的實驗提出修改意見。

維克多不僅對研究細節瞭若指掌，對英美兩國原子彈專案的進展和涵蓋的環節也有全面的掌握。

維克多此時手中掌握的「情報資產」，已經足以對整個戰爭的進程產生影響。

一九三三年移民到英國的猶太核子物理學家魯道夫・皮爾斯（Rudolf Peierls）已經在理論上證明了原子核鏈式反應是可能的，因此興建反應堆來製造原子彈的燃料是可行的。皮爾斯首次提出一公斤左右被分離的鈾二三五足以製造一顆原子彈。直到一九四〇年，所有科學家都認為要製造一顆原子彈必須使用成噸的鈾二三五才能實現，但皮爾斯的計算打破了所有人的預期。緊接著，皮爾斯和伯明罕大學的馬克・奧里芬爵士共同驗證了其技術的可行性，提出一整套設計方案。這個方案很快被維克多所接受，並對此方案進行詳細的分析和研究。

蘇聯很快就拿到這個計劃。蘇聯對原子彈的進展情況也很關注。當時希特勒對蘇聯的壓力正在不斷增加。史達林格勒戰役之後，蘇德戰場陷入膠著，蘇聯當然也想得到原子彈的研製進程資訊，但是卡皮察等物理學家的研究遇到瓶頸，維克多送來的資訊使卡皮察等人大獲啟發，也加快了原子彈研製步伐。美國方面，費米根據皮爾斯鏈式反應理論，在一九四二年的芝加哥實驗中提出了原子彈可以使用鈈，並建成了世界上第一個核反應爐。

費米的途徑在英國卻受到皮爾斯等人的質疑。維克多為了釐清鈈能否成為反應堆的燃料，必須實地走訪幾乎各個國防科技的研究部門，與研究人員廣泛面談，才能瞭解整個原子反應堆的關鍵技術環節。但是如此大動作調查原子彈的細節，勢必引起懷疑。

於是，維克多給英國情報五局B部的常務副部長蓋・利德爾寫了一份報告，提出整個國家實驗室和在商業領域中的合作機構安全意識淡漠，不能有效防範德國間諜的滲透。他建議加強安全管理，建立安全意識。利德爾覺得維克多說的很有道理，就讓維克多負責整個國防尖端科學研究專案的安全工作。維克多有此尚方寶劍，得以任意檢查所有專案進展的「安全情況」。維克多成為英國所有敏感專案的「安全檢查官」。

一九四二年他走訪伯明罕大學，「隨意」檢查了皮爾斯和福里克實驗室工作進展情況，再「順便」到另一個辦公室檢查奧里芬的工作。當時奧里芬正在做關於雷達方面的研究。奧里芬在一九九四年回憶錄中提到：「這是我跟他（維克多）唯一的見面，維克多想要知道這個專案進展的所有情況，他走訪整個實驗室，讀了每一份研究報告，把這些報告中細節資訊全部吸納，他並不是專家，但是他也並不裝出他懂所有事情，而是不斷問問題，再做筆記，然後和我進行長時間的討論。討論圍繞科學實驗中所面臨的各種問題。他是個非常聰明的人，我非常喜歡羅斯柴爾德爵士。」⑰

情報五局的這種安全檢查已經遠遠超出一般安全保護的範圍。維克多其實在瞭解所有專案進展的具體情況，尤其是技術性的細節。他趁奧里芬不注意的時候，從奧里芬的辦公室拿走了一個三英寸直徑的磁控電子管，這個磁控電子管有三個磁極用來產生短波，是用於雷達的尖端裝置。當晚維克多在劍橋的家中，仔細畫了這個裝置的零件。維克多的繪畫功底相當了得，他畫的立體要比相機拍的照片更明白易懂。這張圖的照片很快就送到格別烏去了。

第二天早上，維克多派人將磁控電子管送回給奧里芬，並附上一張紙條，上面寫著：「也許你應該加強安全管理。非常高興與你的會談。你忠實的朋友，維克多・羅斯柴爾德。」⑱

奧里芬接到紙條時嚇出一身冷汗，因為磁控電子管丟了，他居然沒有發現。奧里芬完全沒有懷疑維克多，甚至還心存感激，因為以維克多的位置和職責，他大可打報告批評奧里芬團隊的安全漏洞。但是維克多只寫了一張便條提醒，真是高抬貴手。奧里芬不敢怠慢，立刻回覆，馬上加強安全管理，確保所有的實驗設備不會在沒有登記的情況下被拿走。

一九四三年年初，維克多也是用安全檢查的名義，再次走訪倫敦帝國學院湯姆森教授的實驗室。湯姆森教授向維克多詳細解釋了如何用鈈製造原子彈的細節。但是湯姆森團隊雖然理解無誤，卻在反應堆中錯用了重水作為中子減速劑，導致了實驗失敗。

維克多又把湯姆森團隊的研究進展用精密的立體圖畫了出來，然後轉交給布朗特，布朗特再發給格別烏。後來蘇聯物理學家反映，維克多的情報大大縮短了研究時間。蘇聯多年之後承認一九四九年試爆的第一顆原子彈是美國人設計的翻版，這種設計幫蘇聯的核子物理學家理解原子能反應堆的基本原理。在當時英、美兩國，包括邱吉爾在內的政府高層和首席科學家，恐怕沒有一個人能像維克多一樣對原子彈知道得這麼全面而細緻。⑲

維克多此時已經成為蘇聯不可或缺的戰略情報資訊來源。他終於向蘇聯開價了。

維克多的對價：原子彈的機密交換以色列建國

蘇聯從一九四七年開始，在以色列建國問題上突然改變了一貫主張，明確支持以色列在巴勒斯坦重新建國。

世人對此事一直大惑不解。要知道馬克思從一開始就堅定反對猶太復國主義。馬克思明確指出，建立猶太國家是一種幻想。他堅決批判猶太復國主義，史達林對猶太復國主義也是採取這種態度。蘇聯政府的官方態度立場鮮明，猶太復國主義被視為猶太資本家用來剝削猶太工人的一種反動意識形態，而在巴勒斯坦成立猶太民族之家的思想被視為歷史倒退，與無產階級國際主義運動是背道而馳的。一九三九年五月，英國發表了白皮書，反對猶太復國主義。⑳一九四一年蘇德戰爭爆發之後，蘇聯在反對猶太復國主義方面有所緩解，但基本立場並未改變。

一九四七年四月，聯合國召開巴勒斯坦特別會議，蘇聯的立場有了一百八十度的大轉彎，表示支持以巴分治。㉑蘇聯駐聯合國的代表葛羅米柯在聯合國作了長篇發言，對猶太人在戰時「遭到的極端不幸和苦難」寄予同情。因此，不能無視猶太人建立自己國家的願望。他代表蘇聯政府建議在巴勒斯坦「建立一個獨立、二元、民主的和同樣性質的阿拉伯—猶太國」。如果這一方案不能得到實施，就應考慮「把巴勒斯坦分成兩個獨立的自治國家，一個是猶太國，一個是阿拉伯國」。他說，拒絕考慮或否定猶太人有實現這一願望的要求和權利「將是不公平的」。以色列宣佈建國之後不久，蘇聯於一九四八年五月十五日予以承認，並於五月二十六日在以色列設大使館，之後還多方支持以色列。一九四九年五月十一日，蘇美共同支持以色列正式加入聯合國。以色列的建國獲得兩個超級大國的支持，是極為罕見的。

維克多・羅斯柴爾德向蘇聯提供了大量重要的情報，尤其是原子彈設計方面的戰略情報與蘇聯對猶太復國主義的態度轉變有明顯的相關。蘇聯的第一顆原子彈是在一九四九年八月二十九日成功試爆的。換句話說，蘇聯突然對以色列問題進行政策調整，也正是蘇聯積極準備原子彈試爆的時候。

核武器對蘇聯無疑具有重大戰略意義。美國於一九四五年擁有世界第一顆原子彈，自此蘇聯就活在美國核武器的陰影之中，令克里姆林宮寢食難安。只有擁有原子彈才能穩固蘇聯的超強地位，以支持以色列建國來交換關鍵情報，似乎不無可能。

美國專業刊物《原子科學家新聞簡報》曾指出，根據格別烏檔案館的檔案，克里姆林宮收到的第一份原子彈情報是在一九四一年十月，這是英國核子物理學家呼籲邱吉爾製造核武器的一份備忘錄副本。它引起蘇聯高層一片驚慌，史達林則認為這是假情報。而維克多「恰好」在一九四一年十月加入英國原子彈專案「合金管」的核心委員會，負責監控原子彈研發的所有步驟。

《原子科學家新聞簡報》中還指出：「一九四三年初，他（史達林）任命物理學家、愛國青年庫爾恰托夫為蘇維埃原子彈專案負責人。與美國人的白手起家不同的是，庫爾恰托夫手上已掌握了貝利亞的間諜弄來的西方核研究的精髓。這些秘密資料運往莫斯科，然後轉往距莫斯科四百公里的薩魯核武器製造場。在嚴格保密的情況下，蘇聯科學家開始仿製原子彈零件。」而維克多又是「恰好」在一九四三年初，以「安全檢查」為名訪問了倫敦帝國學院湯姆森教授的實驗室。湯姆森教授向維克多詳細解釋了如何用鈈製造原子彈的每一個細節。

維克多不僅對英國原子彈的研發有全面而深入的瞭解，對美國原子彈的情況也很熟悉。維克多與美國原子能委員會主席萊威斯・史特勞斯（Lewis Strauss）是密友。史特勞斯也是庫恩雷波公司的高級合夥人，與國際銀行家族關係非常緊密。

基於羅斯柴爾德家族在國際金融界舉足輕重的地位和維克多在英國情報部門所掌握的原子彈以及生化武器方面的核心機密，加上他在英國政界的強大影響力和人脈，維克多的「情報資產」價值在蘇聯方面重重加碼。

此時維克多開口要價，讓蘇聯政府放鬆限制猶太人向巴勒斯坦移民的控制，並支持猶太人在巴勒斯坦建立以色列。

戰爭結束後，維克多越來越公開而強烈地呼籲猶太人重返巴勒斯坦建立以色列國。當時他在英國議院發表了一系列的演講，呼籲公眾關注此問題，引起英國社會各階層的普遍關注。

猶太人和阿拉伯人在以色列建國的問題上發生激烈的利益衝突，阿拉伯國家都堅決反對任何形式猶太國家的建立。站在阿拉伯國家的立場，這些土地世代是阿拉伯人的根基，不可能允許猶太移民重新建立一個以色列國。

在錯綜而微妙的國際政治博弈中，維克多長袖善舞，他透過家族集團對媒體的影響力，把自己塑造成一個中立溫和的猶太理性主義者，是在整個猶太世界中最親阿拉伯的政治人物。

一九四六年七月三十一日，在一場針對巴勒斯坦地位問題的論戰中，維克多走上前臺。這場爭論由巴勒斯坦地區爆發的一系列恐怖主義行為引發，其中最引起矚目的是由猶太恐怖主義分子發動的大衛王賓館大爆炸，造成多名英國士兵喪生。在演講中，維克多首度明確回應美國把巴勒斯坦分區的建議。㉒他先否認自己是猶太復國主義者，或是和猶太復國組織有任何聯繫，然後就開始回顧幾百年來猶太人在歐洲所受的種種迫害和欺壓。他話鋒一轉，就談到一九三九年英國外交辦公室所發表的白皮書，明確反對猶太人在巴勒斯坦的定居。這被全世界猶太人認為違背了一九一七年英國的「貝爾福宣言」，是一種可恥的背叛。維克多還引述邱吉爾對白皮書的看法，「這明顯是對以前承諾的背叛，這是另一個《慕尼黑協定》」。對於美國分區的建議，維克多的回覆是，此建議的首要條件就是停止一切恐怖主義行動，巴勒斯坦地區的武裝力量必須全部解除武裝，這是新猶太人移民到巴勒斯坦的先決條件。他認為當前局勢對猶太人明顯不利，因為在巴勒斯坦強敵環伺，阿拉伯國家隨時都準備使用武力。換言之，維克多認為在巴勒斯坦地區的猶太武裝組織，應有必要存在並發展。

維克多回顧歷史，猶太人經過兩千多年的流浪，終於能回歸屬於他們自己的土地和曾經生活過的家園。他怒斥納粹對猶太人的迫害，強調猶太人在二戰中遭受極端恐怖的對待，使猶太人現在必須擁有真正屬於自己的避難所，從而防止未來任何迫害的發生。這席話引起全世界的關注。對於羅斯柴爾德家族來說，戰爭並沒有結束，他們對以色列建國的決心是絕不會動搖的。

此時，擺在蘇聯面前的牌局則越來越清楚，如果蘇聯想繼續得到維克多和其他猶太科學家在原子彈研製上的合作，就必須要在外交上作出妥協，支持以色列建國。蘇聯對以色列建國的支持從一九四七年開始到一九六七年為止，僅持續了二十年，其後蘇聯對以色列的態度，再次回歸到幾百年來俄國的傳統立場。而「劍橋五傑」也正是在這段期間紛紛暴露身份，維克多本人則是在一九六〇年代初停止了同格別烏的合作。

維克多・羅斯柴爾德爵士面對質疑他與格別烏關係的大量「傳聞」，特意於一九八六年十二月在英國報紙發表一封公開信：「我不是、也從來不曾是蘇聯間諜。」㉓

「目標巴頓」

二〇〇八年十一月，美國出版了一本極具爆炸性的書──《目標巴頓》（*Target Patton*），認為美國二戰名將巴頓將軍並非死於車禍，而是被謀殺。

在美國軍界和史學界很早就有類似的說法，歸納起來有幾種動機的推測：一種說法是納粹幹的。可是戰爭已經結束，納粹基本上已經瓦解，謀殺巴頓對影響戰爭已毫無意義，這種可能性不是很大。

另一種說法是蘇聯方面所為。因為巴頓向來敵視蘇聯，他在二戰結束時，甚至要求美國釋放納粹黨衛軍，讓他帶領部下和納粹黨衛軍一起向蘇軍發動進攻，因此蘇聯倒是有謀殺巴頓的動機。

還有一種說法是巴頓功高蓋主，在歐洲戰場戰功彪炳，引起美國軍方高層──特別是艾森豪和布萊德雷──的嫉妒。此說法的根據是當時艾森豪和布萊德雷對巴頓的諸多軍事行動都加以拖延阻攔，將重要物資裝備和汽油給了蒙哥馬利，卻不給巴頓。由此推測巴頓的上司出於嫉妒或是為了阻止巴頓把他們的無能和瀆職捅出來，最後痛下殺手。

「瘋狂的比爾」多諾凡

《目標巴頓》卻提出一個令人震驚的說法，美國戰略情報局（中情局的前身）才是策劃謀殺巴頓的真正幕後主謀，主導整個事件的就是戰略情報局的創始人比爾・多諾凡（Bill Donovan），國際情報界稱他為「瘋狂的比爾」。㉔

書中提到一個名叫巴札塔的人，他也知道刺殺巴頓一事。二次世界大戰期間，巴札塔曾是盟軍的間諜，槍法奇準。一九四五年四月，歐洲戰事快要結束時，多諾凡約巴札塔見面，說有一個任務「事關某種複雜的美國利益」，「需要你敢作敢當的愛國品質」。這個任務就是謀殺巴頓。多諾凡指示巴札塔，行動時須自己找幫手，沒有哪個機構會認賬，更沒有官方的支持。巴札塔心裡盤算，如果不接受這項任務，他確信自己會被幹掉。一九四五年秋季，他跟多諾凡簽了謀殺巴頓的合約，報酬是一萬美元。多諾凡聲稱：「我是從上頭接受命令的，很多人都希望辦成這件事。」[25]

一九四五年十二月九日上午，巴頓和隨員乘坐凱迪拉克專車行進在一條兩車道的公路上。那是一個星期天，路上車輛不多，道路筆直，視野可達一公里遠。車禍發生時巴頓正在眺望窗外的景色。此時，對面車道上開來一輛軍用卡車，在離巴頓的車不到六公尺處突然急轉彎，直撞過來，卡車一下橫到凱迪拉克前面。司機只來得及踩了一下剎車，同時試圖把車向左打，但已來不及了，凱迪拉克一頭撞上了卡車。巴頓從後座被甩到前座，從鼻梁到頭頂的一道裂口血流如注。巴頓說他脖子很痛，接著又說：「我喘不過氣來。幫我活動活動手指。」當天中午十二點半，急救車載著重傷的巴頓，向距離最近的位於海德堡的第一三〇駐地醫院疾馳而去。[26]

巴頓生命垂危，醫護人員日夜搶救，居然從鬼門關前撿回一條命。到車禍之後第十天，十二月十八日，巴頓的傷勢穩定，準備回美國過耶誕節。十二月十九日，就在巴頓動身的前一天，病情忽然惡化，出現了血栓，病情急轉直下。十二月二十一日下午，巴頓去世。屍體沒有解剖。

書中透露，謀殺計劃並不打算讓巴頓死於車禍，而是使用藥物。在醫院裡用「可以引起血栓、心臟衰竭之類的氰化物提煉藥劑」結束了巴頓的性命。藥劑是在捷克斯洛伐克製造的，只要少量就可以在「十八到四十八小時之內」奪命。[27]

在巴頓車禍事件中，所有跟巴頓車禍有關的記錄，如官方的事故報告、目擊者證詞等記錄都失蹤了。巴頓的凱迪拉克座車，事後沒有做任何事故記錄和檢驗，就被草草拖走，從此下落不明。如果是蘇聯下手在醫院裡毒死巴頓，還要銷毀由美國軍方掌管的相關檔案資料，恐非易事。

曾有人向巴頓透露風聲，「自己人」要出手傷害他。巴頓當時回答說：「來吧，他們得跑得快，才能追得上我。」巴頓可能知道有人準備謀害他，因為他曾在一個月內經歷了三次離奇的車禍。

如果主謀是中情局的創始人比爾・多諾凡，也著實令人費解。身為美國戰略情報體系的創始人，他曾被美國總統杜魯門譽為「一個對美國做出重大貢獻的人」。況且多諾凡和巴頓並無過節，他謀殺巴頓的真正動機究竟是什麼呢？

多諾凡的來歷[28]

一八八三年一月一日，多諾凡生於紐約州的水牛城，一九〇三年就讀於哥倫比亞大學法學院，後來當上總統的佛蘭克林・羅斯福是他的同學。在哥倫比亞的時候，一位名教授很欣賞他，他就是美國最高法院大法官哈蘭・史東（Harlan F. Stone）。

除了多諾凡之外，哈蘭・史東教授也很賞識一個學生，就是後來美國聯邦調查局局長胡佛（John Edgar Hoover）。胡佛從一九二四年擔任調查局的第一任局長，一直當到一九七二年去世為止，在位時間長達四十八年之久，是美國歷史上最有權勢而令人生畏的情報頭子。

多諾凡在哥倫比亞大學期間遇到的另一位貴人是傑克森・雷洛茲教授（Jackson E. Reynolds）。他後來成為紐約第一國家銀行的總裁，是摩根財團的大將，正是靠他力挺，多諾凡才坐上美國戰略情報局的頭把交椅。

多諾凡的社交往來皆為顯貴，其中有一位名演員艾琳娜・羅布森（Eleanor Robson），她就是羅斯柴爾德家族在紐約的代理奧古斯特・貝爾蒙特的兒媳。

多諾凡在紐約州的水牛城開一家律師事務所，結識了羅斯・羅姆賽。羅斯・羅姆賽出身赫赫有名的富豪家族，父親德格斯特・羅姆賽和叔叔布朗森曾在水牛城擁有龐大的土地，在一八九〇年時，家族資產超過了一千萬美元。羅斯・羅姆賽的母親也是豪門富家女，祖上曾經擁有上千名奴隸，可能是在美國史上擁有奴隸最多的奴隸主。幾經波折，羅斯・羅姆賽最後嫁給了多諾凡。

巴頓將軍

巴頓將軍墓

多諾凡在哥倫比亞大學和華爾街朋友的提攜下，在一九一五年一次世界大戰期間，被洛克菲勒基金會派往歐洲參加「戰爭救助團」。當時同受基金會派遣執掌此專案的同事赫伯特・胡佛（Herbert Hoover）後來成為美國第三十一任總統。

美國加入一戰之後，多諾凡曾經親上前線，並光榮負傷。他在一九一八年十月十五日，俘虜過德國的一個機槍班，因此被授予「國會榮譽勳章」。他的勇敢事績被美國媒體廣為傳播，並受到華爾街銀行家的賞識。一九一九、二〇年，多諾凡曾肩負華爾街的秘密使命，到過中國和西伯利亞。

一次世界大戰結束之後，JP摩根成立了海外商業公司，準備發行二十億美元的債券，為戰後的歐洲融資。多諾凡既有歐洲戰場的經歷，又在歐洲生活多年，廣結人脈。一九二〇年二月，摩根以二十萬美元的酬勞邀請多諾凡再次到歐洲進行秘密訪問，主要目的在蒐集債券市場的情報。多諾凡在這次歐洲之行，在巴伐利亞的貝希特斯加登（Berchtesgaden）見到希特勒，兩人徹夜長談。他認為跟希特勒談話很有意思。

一九二四年，多諾凡應哈蘭・史東之召到了華盛頓。多諾凡見到老師的第一個要求就是希望撤掉胡佛的聯調局局長之職。史東既是多諾凡的保護人，也是胡佛的靠山，因此多諾凡並沒有如願以償。

聯邦調查局首任局長胡佛

由此可以看出，多諾凡跟胡佛之間顯然有過節，這也可能是中情局和聯調局在往後合作始終不順暢的原因之一。

一九二四年到一九二八年間，多諾凡跟後來當上總統的赫伯特・胡佛走得很近。赫伯特・胡佛建議柯立芝總統任命多諾凡全權負責胡佛大壩的組織和協調工作。當赫伯特・胡佛在政壇平步青雲時，多諾凡還襄助了四年。赫伯特・胡佛在競選總統時甚至邀多諾凡擔任競選搭檔，但是因為多諾凡是天主教徒，胡佛擔心會流失非天主教徒的選票，幾經考慮後放棄了多諾凡。赫伯特・胡佛入主白宮後，擔任競選團隊核心成員的多諾凡竟然沒有獲得一官半職。鬱悶之餘，多諾凡準備退出華府政壇。

一九三六年到一九三七年，納粹政府的朋友邀請多諾凡觀察西班牙內戰的情況，於是碰到了「劍橋五傑」中的金・菲爾比。一九三七年，納粹吞併捷克，衝擊羅斯柴爾德家族在捷克的貸款，羅家在維也納的銀行碰到麻煩。於是羅斯柴爾德請多諾凡出面，打探納粹政府的風聲。幫了這個忙，多諾凡跟羅斯柴爾德家族的關係更加鞏固。

一九四〇年五月二十九日，曾和多諾凡在一九一五年「歐洲救助團」共事的威廉・史蒂芬森來到紐約，他帶來曾是歐洲舊識、時任英國情報部門官員的布林克・豪將軍的一封信，信中建議美國儘快建立戰略情報部門。

多諾凡從帶著這封信，找到了華爾街的朋友遊說哥倫比亞大學法學院的同學——美國總統佛蘭克林・羅斯福。羅斯福於是命多諾凡到倫敦籌建美國戰略情報局。多諾凡還順道到東南歐去瞭解德國佔領區的情況，儘管德國方面知道他肩負籌建美國間諜機構的使命，卻沒找他麻煩，其中考量是德國並不想招惹美國。

多諾凡歐洲歸來，把情報呈給羅斯福總統。一九四二年六月十三日，羅斯福總統正式任命多諾凡為戰略情報局局長。從此，羅斯福說多諾凡是「我的一條秘密的腿」，主要幫羅斯福執行秘密計劃。

在多諾凡領導下的美國戰略情報局，JP 摩根的兒子尼爾斯是負責財務的大掌櫃，梅隆家族的保羅任要職，他的小舅子大衛・布魯斯執掌戰情局倫敦分支，後來出任美國駐法國大使。「聯準會的總設計師」沃伯格家族的保羅・沃伯格的兒子詹姆斯・沃伯格是多諾凡的私人助理。范德比、杜邦和萊恩家族都不甘落後，紛紛把家族成員安排進戰情局擔任重要職務。難怪有人稱戰情局（OSS）是「全是關係戶」（Oh So Social）的縮寫。戰略情報局簡直就是國際銀行家的社交圈子，主要服務對象是洛克菲勒、摩根、羅斯柴爾德、沃伯格、范德比、梅隆、杜邦和萊恩等重量級的富豪金融家族。情報和金融永遠是一家人。

謀殺巴頓的動機

瞭解了多諾凡和戰情局的人脈之後，我們再回到《目標巴頓》這本書。如果多諾凡與巴頓並沒有私仇，那麼多諾凡聲稱，「我是從上頭接受命令的，很多人都希望辦成這事」，這個「上頭」究竟是誰呢？是美國總統呢，還是他的實質「上頭」、並有「很多人」的國際銀行大家族呢？

巴頓極端敵視蘇聯，他不斷製造與蘇軍的摩擦，如果無法控制的話，有可能引發美蘇的軍事衝突，甚至引爆戰爭。此時美蘇的交戰，完全不符合國際銀行家的利益，尤其是一九四五年到一九四八年間，正是以色列建國的關鍵時期。猶太復國主義者準備了近百年的宏圖大業，就在此一舉。

一次大戰之後，鄂圖曼帝國轟然倒下，巴勒斯坦地區終於得以重新分離出來；透過二次大戰，大批猶太移民到了巴勒斯坦。當納粹德國灰飛煙滅，英法還在戰爭廢墟中喘息，美國出於金權的壓力，蘇聯難耐對原子彈的渴望，各國出於不同的原因在以色列建國問題上出現百年難遇的共識，如果任由在美國擁有強大聲望、豐沛人脈和軍隊死忠的巴頓胡來，使得美蘇交惡甚至開戰，猶太復國的百年夢想將會複雜化，甚至可能就此斷送，這個代價是無法承擔的。

一小撮精英決策人物的目光，深邃冷峻，投射向他們信仰的共同終極目標。路上出現的任何障礙和干擾，都將被瞬間剷除。

第七章　國際情報網與銀行家人脈關係圖

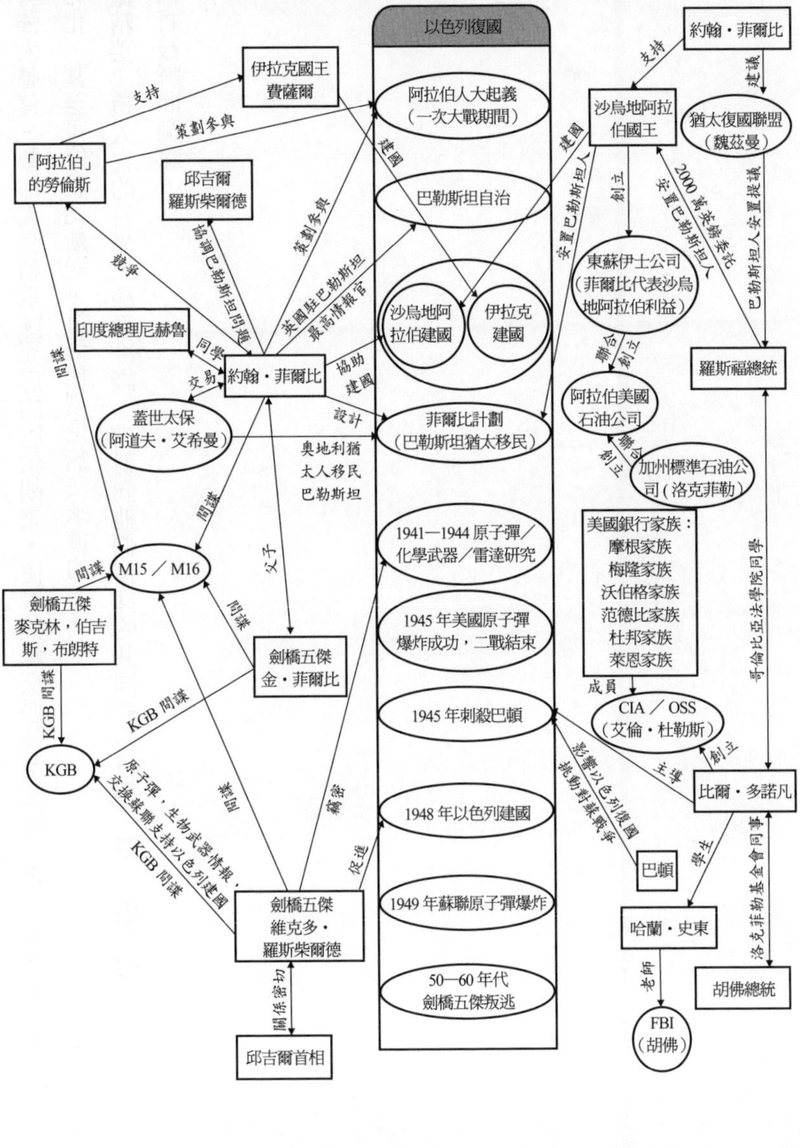

第八章

統治精英與「隱形寡頭」

雖然民主已經成為普世價值，但是，從資本主義發展以來發跡的豪門世家，並未就此消失。他們透過各種基金會、股東身份隱藏了財富，直接間接地控制整個世界的運作。他們培養政治明星，左右立法方向，控制媒體言論，影響教育的意識型態，隱身幕後的這群人，才是這個世界的主宰！

韓航〇〇七航班的神祕空難

一九八三年八月三十一日凌晨，蘇聯庫頁島防空雷達螢幕上，一架身份不明的大型飛機正闖進遠東洲際導彈發射基地的防空識別區上空，兩架蘇聯蘇愷－一五戰鬥機奉命緊急升空攔截。五分鐘後蘇軍飛行員向基地請求行動指示，基地司令官發出「擊毀入侵飛機」的命令。當日世界各通訊社都發出消息，韓航〇〇七航班的波音七四七客機在庫頁島上空被蘇聯軍機擊落，客機上兩百六十九人全部罹難。這一消息震驚了全球，成為冷戰時期最嚴重的事件之一。

美國方面的說明指出，八月三十一日凌晨，由阿拉斯加的安克拉治（Anchorage）飛往漢城的韓航〇〇七班機，誤入蘇聯堪察加半島和庫頁島領空，這是機械故障的意外，而並非人為的故意。結果凌晨三時二十七分，韓航〇〇七班機在庫頁島上空被蘇軍以導彈擊落，全機乘客和機組人員無一倖存。當時美國總統雷根將這次事件斥為對手無寸鐵平民的冷血屠殺暴行，不可原諒，應受到國際制裁與譴責。蘇聯方面則指出韓航〇〇七班機入侵領空，執行間諜任務，試圖刺探堪察加半島和庫頁島上的軍事設施，因此蘇軍只有將其擊落，以捍衛國家安全，這是被迫做出的正當自衛，所以並不應受到誤解和譴責。

二十多年來，圍繞著韓航〇〇七航班神祕空難的爭論一直沒有間斷過，其中最具震撼力的說法就是，一九九二年以色列情報機關穆沙德的情報員從前蘇聯獲得的極機密情報指出：韓航〇〇七航班在受到空對空導彈襲擊後，並未立即爆炸，而是繼續飛行了大約十二分鐘，最後迫降在庫頁島或鄰近海域。在班機迫降後，蘇聯當局將機上乘客分散轉移到莫斯科附近盧比揚卡監獄和遠東弗蘭格爾收容所。一九九六年一月十五日，韓國電視臺也報導了這件事，公佈了一份三十八頁的中情局極機密文件，指出韓航〇〇七班機班機遭到擊落之後迫降海上，機上人員大多生還，但下落不明。❶

在韓航〇〇七航班上的乘客中，還包括美國眾議員勞倫斯・巴頓・麥唐納（Lawrence Patton McDonald），他是美國二戰名將巴頓的表弟。這對表兄弟都堅決反對所謂「新世界秩序」（New Wrold Order）的理念，反對一切以「國際主義」和「全球化」名義摧毀國家主權的圖謀。當時麥唐納可算是抨擊美國外交關係協會和三邊委員會「聲音最大」和破壞力最強的政治人物，準備代表民主黨參加一九八八年總統大選。

對美國社會影響重大的福音教派主要領袖傑里・福韋爾（Jerry Falwell）的基本理念與麥唐納相近，同屬美國右翼。他對韓航〇〇七航班空難的本能反應就是：「在我心中真正困擾的問題是，蘇聯擊落韓航〇〇七航班造成了兩百六十九人的死亡，他們的主要目標正是麥唐納。」❷就像謀殺巴頓將軍的猜測一樣，蘇聯人果真是元兇嗎？也許還有其他的可能。

美國眾議員麥唐納

以麥唐納為代表的政治勢力，其基本理念是維護美國憲法和立國精神，支持《權利法案》（*Bill of Rights*），堅信個人自由和民主制度，反對政府過度干預公民權利，主張徹底的市場經濟，堅定反對一切超越主權的國際勢力。這一派在美國有強大的民意基礎，特別是美國獨立戰爭反對英國殖民統治的歷史傳承，使他們認為人民可以擁有槍枝，在政府實施暴政和獨裁的情況下，人民有武裝起義的權利。他們認為小政府服務於人民，而大政府則統治人民。他們對聯邦政府的權力千方百計加以限制，更不必說任由一個超越「美國主權」的「世界政府」對美國人民進行統治了。

這與以國際銀行家的利益為核心的「全球化」和「世界政府」的大政方針有互相牴觸。

一九七五年十一月，麥唐納議員公開挑戰國際銀行家，他在《洛克菲勒檔案》（*Rockefeller File*）一書的序中寫道：

光是財富並不能熄滅超級富豪的渴望和貪欲。反之，很多富豪都利用豐沛的財富，以及財富帶給他們的影響力去攫取更大的權力。此種權力之盛，是過去的暴君和專制者連做夢都不敢想的。這是一種支配世界的權力，不僅支配世界的財富，也支配活在這個世界的人。

自約翰・洛克菲勒用不正當的手段建立了一個石油壟斷帝國以來，這一百多年關於洛克菲勒家族的書汗牛充棟，足以塞滿一個圖書館。我讀了很多關於洛克菲勒的書，沒有一本敢於揭露洛克菲勒的故事裡最重要的部分：洛克菲勒及其盟友過去五十年來一直在計劃用他們的經濟權力去攫取政治權力，首先是控制美國，其後是控制全世界。

我在說一個陰謀嗎？是的，就是這樣。我確信有這樣一個陰謀：這是一個具有國際規模、策劃了幾代人之久、本質上無可置疑的邪惡計劃。

勞倫斯・巴頓・麥唐納
國會議員
一九七五年十一月❸

美國的主流媒體對這個挑戰視若無睹，麥唐納甚至親自站在大街上對過往的行人大聲宣講，這已經超過美國政治圈的潛規則底線，讓國際統治精英無法容忍。更嚴重的是，麥唐納居然準備選總統。在競選演講中，他將大講特講國際銀行家準備控制世界的計劃，成千千萬的人會聽到這些「刺耳」的言論。麥唐納這股勁頭可不輸他的表哥巴頓將軍，而這兩人在美國人民的心目中，可謂天不怕地不怕的「英雄好漢」。他如果真的參加總統大選，局面極有可能失控。甘迺迪總統失控的前車之鑑歷歷在目，而麥唐納比甘迺迪的威脅更大，他不僅有廣泛的民間號召力，更借巴頓將軍的虎威，獲得高級將領的支持，它們宣誓永遠效忠「美利堅合眾國」的國家利益，對於超越「美國主權」的「世界政府」的理念並不買賬。更有甚者，麥唐納及其同盟甚至建立了自己的祕密情報網，以對抗中情局和聯調局的勢力。如果再團結「持槍有理」的廣大人民群眾，美國就真有可能變色了。

麥唐納所指控的「洛克菲勒及其盟友」「策劃了幾代人」的計劃中，這些盟友究竟是誰？幾代人的計劃又是如何演變的？我們得從計劃的源頭說起。

鑽石帝國與精英元首

約翰・羅斯金（John Ruskin）告訴牛津的學生，他們身處的上流階級在教育、藝術、法律規範、自由意志、優雅氣質和自我約束方面，都擁有偉大的傳統。這些傳統必須推廣到英格蘭、乃至全世界的下等階層，只有這樣，才能拯救下等階層。如果英國的上流階級不能把他們的寶貴傳統推廣出去，很快就會被規模遠大於他們的下等階層所吞沒，這些傳統也將被丟棄。為了避免這種可怕的後果，他們必須儘快把自己的傳統推及世界各地。

有個學生把羅斯金這番演講記錄下來，他就是塞西爾・羅德（Cecil Rhodes），在以後的三十年中，羅德一直把這份筆記珍藏在身邊。❹「鑽石恆永遠，一顆永流傳。」這句戴比爾斯（De Beers）的廣告詞膾炙人口，這個集團是全球最大的鑽石巨頭，掌握著全世界四十%的鑽石市場，在全盛期甚至高達九〇%。

戴比爾斯的創始人塞西爾・羅德生於一八五三年，是英國政治家和商人，羅德西亞（Rhodesia，辛巴威的舊稱）的殖民者，羅德西亞即以他的名字命名。透過開發非洲南部的自然資源，羅德取得大量財富，死後設立了羅德獎學金。

羅德是郊區牧師之子，算是英國殖民擴張時期單槍匹馬的「英雄」。羅德在南非靠開採鑽石發了財，建立戴比爾斯鑽石帝國。但他的野心遠不止此，就連英國人都認為「他不僅想讓整個地球都歸英國所有，更想把月球納入英國的統治範圍」。

羅德早在一八八二年就嘗試透過羅斯柴爾德家族從舊金山派到非洲主管鑽石礦業的代理人來接近羅家。當時南非的鑽石開採業正經歷慘烈的競爭而奄奄一息。羅德判斷，誰能先得到來自倫敦的金融支持，誰就能在鑽石大戰中脫穎而出。他相中了羅家。一八八五年，在開往倫敦的輪船上，羅德偶遇羅家另一位主管鑽石開採的美國工程師，便請他來擔任戴比爾斯公司的總經理。透過此人代為引薦，兩個月後，羅德得以正式結識倫敦的羅家掌門人奈提・羅斯柴爾德。❺

奈提非常看好戴比爾斯，先買下五千七百五十四股戴比爾斯公司股份，立刻成為最大股東。在羅家的鼎力支持下，羅德的戴比爾斯一一吞併幾家實力更強的鑽石公司，最終奠定了世界鑽石帝國的大業。

富可敵國的羅德

羅德非常信任羅斯柴爾德，在一八八八年的一次會面中，羅德對奈提表白：「有您在背後支持，我相信我說到的都能做成。」這種信任使兩家很快成為緊密的商業同盟。一八八九年，戴比爾斯公司發行了一百七十五萬英鎊的公司債券，羅斯柴爾德倫敦銀行買下一七・八%。一八九四年，羅斯柴爾德倫敦銀行乾脆自己為戴比爾斯再發行了三百五十萬英鎊的債券。

羅德在羅家的支持和鼓勵下，擴張步伐越邁越大。

戴比爾斯鑽石公司在一系列的兼併中迅速發展，它的年分紅在一八九六年至一九〇一年為一百六十萬英鎊，在一九〇二年至一九〇四年達到兩百萬英鎊。一九〇〇年，奈提對羅德評價很高：「你已將戴比爾斯打造成一個神話。你建立了對鑽石生產的壟斷，又一手掌控了鑽石銷售市場，同時你還建立起一整套機制，把這個商業模式延續下去。」

羅德和奈提在殖民主義和帝國擴張的政治理念上不謀而合。羅德創建的公司，奈提都在資本上給予大力支持。一八八九年，羅德建立大英南非公司（British South Africa Company）時，奈提先是以創始股東的身份注入資本，又擔任公司投資顧問，不收分文。一八八八年六月，羅德修改遺囑，把原本要傳給兄弟姐妹的戴比爾斯公司股份全數贈予奈提。隨附在遺囑的信中，他要奈提把這筆錢用於建立「一個為帝國利益而選擇的會社」。羅德認定羅斯柴爾德是唯一能實現他的理想的「貴人」。❻

羅斯柴爾德牢牢盯著戴比爾斯鑽石業的巨大商業價值，而羅德的目光則看向非洲、乃至全世界的沃土。羅德眼裡的鑽石象徵著他對實現政治影響的孜孜追求。羅德給寫信給奈提，說一定要讓戴比爾斯成為「另一個東印度公司」，從非洲開始構建「最終實現理想的框架」。

羅德會社：英國統治精英的「黃埔軍校」

> 沒有一個珍視自己安全的國家會允許米爾納集團完成他們的抱負：那就是一小撮人可以在政府和政治之上駕馭如此大的權力，可以在製造公眾與論的管道上施加如此大的影響，可以完全壟斷有關他們所處時期的歷史的撰寫與傳授。
>
> ──卡洛・奎格雷❼

歷史的詮釋權也許是政治中的最高權力了，因為後人無法完全經歷當時的生活和感受，他們對過去發生的一切只能依賴歷史的折射，而歷史材料的取捨、裁剪、編輯、評論都會左右後人的看法。誰能控制歷史的詮釋權，誰就能掌握歷史這面鏡子最後的「成像效果」，它可以把醜展現成美，把魔鬼變成天使。歷史塑造了人們的意識，歷史左右著今天的判斷。

克林頓的大學導師卡洛·奎格雷（Carroll Quigley）教授在一九四九年所著的《盎格魯—美利堅權勢集團》一書中提到，成立於一八九一年的羅德會社將「透過宣傳來統治世界」，是一個對二十世紀的歷史有著巨大影響而又鮮為人知的祕密組織。

一八七七年，二十四歲的羅德在念牛津時寫下第一份遺囑，遺囑中他闡述創立祕密會社的「崇高」目的：「將大英帝國的統治擴展至全世界；完善大英帝國向外擴張的體系；由英國國民對所有可資生存的地方進行殖民……，將美利堅重新納入大英帝國；統一整個帝國；在帝國議會實行殖民地代表制度，將分散的帝國成員統一起來，從而奠定永無戰爭，符合人類福祉的世界。」❽

按照羅德的設計，這個目標最好由若干相互忠誠、願意為共同事業獻身的人透過祕密結社來實現。實施的手段則是從幕後施加政治和經濟影響，同時「操縱新聞、教育和宣傳機構」。為了實現這個目標，羅德透過遺囑，將他所有的財產用於在全世界建立一個為英帝國服務的、類似基督教會的、由「宣傳家」組成的祕密組織——羅德會社。

羅德會社由三個同心圓的圈子構成。內層核心由羅德本人主導，成員皆為大富大貴之輩，擁有龐大財產，共同秉持永保大英帝國的理念，結成「羅德祕密會社」（Rhodes Secret Society），一九〇一年後被稱為「米爾納小組」（Milner Group）；第二圈是「塞西爾小組」（Cecil Bloc），由索爾茲伯里侯爵（Robert Cecil, Lord Salisbury）主導的政界權貴組成；最外圈由《歷史研究》的作者湯恩比（Arnold J. Toynbee）的叔父阿諾・湯恩比（Arnold Toynbee）和金融家米爾納勳爵（Lord Milner）主導，成員全是知識份子，稱為「湯恩比小組」（the Toynbee Group）。❾

阿諾・湯恩比

牛津大學萬靈學院

在羅德會社的三個小組中，第二個小組負責影響大英帝國的教育和宣傳，控制《泰晤士報》長達半世紀，並透過獎學金而對伊頓公學和牛津大學萬靈學院發揮影響力。三圓同心，相輔相成，「湯恩比小組」提供意識形態的支持，「塞西爾小組」施加政治影響，「米爾納小組」則提供財力後盾，組成影響英帝國和世界命運的祕密組織。到了一九三八年，羅德會社吸納大批富有的上層社會人士，形成了英國最有影響的政治勢力。

羅德會社的核心成員皆透過標準程式選拔：牛津大學最優秀的學生被選入萬靈學院，透過重重考驗和淘汰後的「種子選手」入選「皇家國際事務研究所」、《泰晤士報》、《圓桌》雜誌、外交部或殖民辦公室進行歷練。當然，這些人至多只能晉身至第二個圈層，在學術界佔據要津，透過新聞媒體引導並影響輿論，比如大名鼎鼎的伊賽亞・柏林（Isaiah Berlin）就曾進入過第二圈，《歷史研究》的作者湯恩比則從早年就進入皇家國際事務研究所。羅德會社的策略是透過影響關鍵性的少數精英來制動更多人。透過以下歷史事件，我們可以瞭解到標榜「透過宣傳來統治世界」的羅德會社是如何影響近代歷史的：

- 煽動了一八九五年的「詹姆森突襲」（Jameson Raid）
- 導致一八九九－一九〇二年的布林戰爭
- 創立一九〇六－一〇年的南非聯盟
- 一九一〇年創建大英帝國期刊《圓桌》雜誌（羅德會社的喉舌）
- 長期影響牛津大學的三個學院：萬靈學院（All Souls）、貝利奧學院（Balliol）、新學院（New College）
- 控制《泰晤士報》超過半世紀
- 控制了一九一九年赴法國參加「巴黎和會」的英國代表團
- 是「國際聯盟」的主要設計和管理者
- 一九一九年成立和控制了「英國皇家國際事務研究所」
- 一九一七－四五年主導著英國對愛爾蘭、巴勒斯坦及印度的政策
- 影響一九二〇－四〇年對德國的綏靖政策
- 至今仍然控制有關從布林戰爭以來大英帝國內外政策的歷史資料的來源及撰寫

●「大英國協」的概念就是由它提出並廣為宣傳，從而變為現實的。

羅德會社在美國、加拿大、印度、澳大利亞、新西蘭和南非等英帝國自治領、殖民地和前殖民地遍設分舵。聲名遠揚的美國「外交關係協會」（Council on Foreign Relations, CFR）就是羅德會社在美國的分支。羅德會社在大英帝國的各個自治領地不定期祕密集會，統一規劃部署，從幕後影響政經政策的制定和實施，操控新聞、教育和宣傳機構，首要目標是由英國以聯邦的形式統一以英語為主要語言的國家，最終建立某種形式的世界政府，實現「天下大同」。國際上流行的世界政府、世界貨幣、世界稅收等冠以「世界」的構想基本上都源於這個會社。

「塞西爾小組」的核心人物索爾茲伯里侯爵是三任首相，在位長達十四年（一八八五－一九〇二），為英國近代首相之冠。他發揮影響的方法是：第一向政治、教育和新聞三個方向滲透；第二，招募有才幹的人（主要從萬靈學院），用聯姻、名譽或權位把這些人與塞西爾小組聯繫在一起；第三，以盡可能隱蔽的方式將核心成員安置在重要的位置上，對公共政策施加影響。❿

「塞西爾小組」其他核心成員還有貝爾福（英國外相）、利特爾頓

夜幕下的牛津大學萬靈學院

牛津大學萬靈學院

子爵（Lyttelton, Viscount Cob ham）、威漢姆男爵（Wyndham, Baron Leconfield）、格羅夫納公爵（Grosvenor, Duke of West minster）、帕爾默伯爵（Palmer, Earl of Selborne）、卡文迪許公爵（Cavendish, Duke of Devon shire）、蓋松—哈迪伯爵（Gathorne-Hardy, Earl of Cranbrook）。

「米爾納小組」

「塞西爾小組」在一九〇三年塞西爾家族的當家索爾茲伯里侯爵去世以後，仍繼續存在了相當長的時間，但是新的領導人貝爾福缺乏野心決斷，小組慢慢變得鬆散，逐漸被「米爾納小組」取代。米爾納不乏野心和決斷，為達成政治目標不惜犧牲個人的幸福和社會生活，而這是喜歡享樂的貝爾福不能接受的。米爾納意識到繼續依靠家族關係來鞏固集團是不可能的，於是轉向意識形態。索爾茲伯里尋求用朋友和親戚關係建立一個集團，透過政治手腕來維護他們喜歡的舊英格蘭。而米爾納並非保守之人，他想擴張和整合大英帝國的社會福利體系，這對於英國生活方式是必不可少的；進而把「展現人類最美好和最高能力的英國生活方式」推行到全世界。不過，後來他更強調在米爾納小組內部的宣傳活動和理念統一。

阿諾・湯恩比的思想對「米爾納小組」的影響有三方面：第一，英國歷史代表著偉大的道德思想——思想自由的演變，最有利於大英帝國的完整；第二，人最關心的應該是為國家服務的責任感和義務；第三，有必要做社會服務工作，特別是教育工作。

《泰晤士報》是米爾納小組影響精英人物的重要一環，它針對的是有影響力的少數精英，而非普羅大眾。它和米爾納小組的其他自立的分支透過緊密合作而影響讀者，並提高每個分支的影響力。一位議員（小組成員）宣佈一項政策，皇家國際事務研究所幾乎在同時也發表同一主題的報告，萬靈學院的研究員（小組成員）出版一本同樣主題的書（透過小組有關的出版社），《泰晤士報》的社論會以批判角度分析議員的政策之後再表示贊成，《泰晤士報》的「文學副刊」（英國最有影響的文學評論刊物）會對書籍加以評論。「社論」和「文學副刊」的評論都是小組成員匿名寫的。最後，《圓桌》會刊登一篇匿名文章，強烈鼓吹同一政策。雖然每個環節只影響一部分的人，但是累積的效應卻非常顯著。如有必要，羅德信託的祕書可以去美國對羅德獎學金的得主進行非正式採訪，並說服一位退休的傑出政治家（比如印度前總督）在牛津萬靈學院或新學院在某個儀式上說幾句。巧的是，美國的採訪和牛津的致詞都強調同樣的主題。

《圓桌》雜誌的創刊號在一九一〇年十一月十五日出版，上面沒有出版社和五篇文章作者的署名。這個傳統一直延續下來。雜誌表示匿名是為了更獨立而自由。真正的原因要實際得多。創刊時區區幾位編輯和作者多是無名小卒，如果署上名反而會讓讀者訕笑。當某些作者變成「大人物」，編輯覺得有必要保護他們的政治聲譽，於是通常的做法是為作者匿名到他們去世為止，但也不公佈他們發表的文章。《圓桌》是羅德會社或米爾納小組的首要宣傳工具。《圓桌》的編輯和作者被稱為「圓桌小組」。他們的堅定信念是自由、文明和人類尊嚴只有透過大英帝國才能得到最好的發展。

小組成員的觀點通常是一致的，最大的分歧來自這個小組最薄弱、最保守的經濟領域。直到一九三一年以前，小組的財經觀點來自羅伯特・布蘭德（Robert Brand），他是朗熱兄弟公司的合夥人。朗熱兄弟也是「十七大國際銀行家族」之一，代表十九世紀末國際銀行家族的觀點，認為經濟發展繁榮的關鍵是銀行和金融。健全的貨幣、平衡的預算和國際金本位，會帶來經濟繁榮，提高生活水平。這跟米爾納的觀點是對立的。米爾納堅持金融應該為經濟服務，經濟應該為政治服務。如果基於金融原因的通縮政策造成經濟或政治上的不良後果，就應該廢除。米爾納認為，一九一九年由布蘭德倡導，大英帝國執行了十二年的金融政策是一大災難，因為造成了失業、衰退和出口的毀滅。他主張透過關稅和其他壁壘把大英帝國和世界隔離開來，透過政府支出、資本與勞工的自我調節和社會福利來鼓勵經濟發展。

其實，米爾納小組的觀點代表主流國際銀行家對黃金與貨幣的理念發生重大改變，黃金對政府財政支出和戰爭融資的限制已經不能滿足銀行家的需求，大規模廉價貨幣的思想逐漸成為新的主流。

米爾納的觀點是基於「壟斷資本主義」甚至「國家資本主義」，而非布蘭德提倡的過時的「金融資本主義」。這個觀點在一九三一年後被米爾納小組的大多數成員接受。同年金本位廢除，徹底證明了一九一九年由布蘭德倡導的金融政策完全失敗。結果在一九三一年後，米爾納小組倡導由政府鼓勵的壟斷資本主義占了上風。其實，米爾納和湯恩比一直都不相信經濟上的個人主義。

米爾納和布蘭德的分歧並不重要，重要的是布蘭德的意見在一九一九年到一九三一年間主導了米爾納小組，而一九三一年後米爾納小姐的觀點占了上風。大英帝國從一九一九年到一九四五年間執行的財經政策和同期米爾納小組的政策完全吻合。而米爾納小組從一次大戰之後就主導了保守黨，可見米爾納小組對英國國內政策影響之大。一九一九年到一九三九年，米爾納小組的成員在內閣中占五分之一到三分之一。這也解釋了為什麼英國政府對德國採取米爾納小組提倡的「綏靖」政策。

米爾納小組的德國政策基於兩點核心：⓫一方面，他們認為歷史是正義和邪惡鬥爭的結果。德國人分為「普魯士獨裁者」和「好人」。如果普魯士獨裁者失去權力和影響，而好人受到寬大處理，德國會永久脫離「亞洲專制」而回到「西方文明」。問題是如何區分「好」德國人與「壞」德國人？而且大部分的德國人都參加了一次大戰。一九一八年十二月號的《圓桌》持同樣觀點，但是米爾納小組沒有記住，他們仍認為「壞」德國人在一九一八年和皇帝一起被趕走了。德國皇帝只是普魯士軍官、容克地主、政府官僚和工業巨頭這四大權勢集團的代表。但是他們的權力和影響依然存在，甚至更勝以往。但是，米爾納小組對此視而不見。布蘭德認為，只有德國經濟儘快恢復，才能避免混亂和社會動蕩。在傳統的銀行家看來，經濟繁榮離不開工業資本家和銀行家。布蘭德堅信，如果對德國減輕賠款和提供信貸，舊的工業集團會很快恢復經濟活力。

另一方面，小組成員菲利普・科爾（Philip Kerr）倡導英國從十六世紀以來慣用的均勢政策，即扶持歐洲大陸第二強權對抗第一強權。米爾納小組從一九一九年參加巴黎和會的經驗中發現，向歐陸輸出自主或議會制的政府是不可能的。因為法國堅持武力是社會和政治生活的基礎，特別堅持在德國駐軍以及建立由國際聯盟直接領導的國際警察部隊，小組和法國的隔閡加深。根據米爾納小組的基督教理念，武力對道德問題無效，只能使擁有它的人腐敗，社會和政治生活的真正基礎是習慣和傳統。這樣，權力平衡有了雙重目標：以妥協使德國成為可救贖的罪人，以再生、淨化的德國對抗邪惡的蘇聯，削弱民族情緒過重的法國。

而希特勒的崛起恰恰是利用了英國統治精英的誤判，並看透了美國新興權勢集團試圖取代大英帝國的全球霸權地位的企圖，和猶太國際銀行家渴望打垮大英帝國的殖民體系，以獲得在巴勒斯坦重新實現以色列復國大業的夢想，希特勒將這兩種鼓勵德國進行侵略性擴張政策的政治力量和金融扶持整合起來，加速了德國的經濟復甦和軍事重建。可以說，希特勒在一九三三年到一九三八年，以高超的政治手腕，充分利用了歐美各大強權和猶太金融勢力之間的勾心鬥角，達成自己的戰略目的。

「盎格魯—美利堅權勢集團」⓬

從一九二〇年代起，羅德會社致力於建立英美特殊關係，最終實現盎格魯—美利堅的統一。奎格雷在《悲劇與希望：我們時代的世界歷史》一書中寫到，為了實現上述戰略目的，美國和英國之間有一個「盎格魯—美利堅權勢集團」。影響美國輿論最大的五份報紙——《波士頓晚訊》、《基督教科學箴言報》、《紐約時報》、《紐約先驅論壇報》和《華盛頓時報》——都掌握在這個集團的手中。而且這些主流媒體之間「舉賢不避親」，比如《基督教科學箴言報》的主編曾是英國《圓桌》雜誌的美國聯絡人，而《圓桌》雜誌的原主編洛田勳爵擔任英國駐美大使時，曾是《基督教科學箴言報》的撰稿人，又曾任羅德信託基金的祕書長。好幾位華爾街的金融家都曾任美國駐英國的大使。

奎格雷指出，至少在二十世紀初，美國重要大學的決策權在「盎格魯—美利堅權勢集團」手中。

一直到一九三〇年代，摩根集團基本上控制著哈佛大學和哥倫比亞大學的決策權；耶魯大學則在美國標準石油的洛克菲勒集團麾下；普林斯頓大學歸屬普天壽保險公司。不過，雖然「美利堅權勢集團」有巨大的影響力，它還是未能徹底控制美國政府。二十世紀初，美國政府在「進步運動」的壓力下，通過了幾條對該集團不利的稅收法律，尤其是遺產稅，於是這些集團逐步把由華爾街主導的鉅額財產轉移到免稅的基金會，將財富隱形。

美國政治評論家、政府顧問沃爾特•李普曼（Walter Lippmann）是羅德會社的成員，他對二十世紀美國社會和外交政策有很深的影響。重建歐洲的馬歇爾計劃最先是由他草擬，美國在兩次世界大戰和冷戰時期的心理戰戰略也由他主持制定，他在一次世界大戰戰後陪同威爾遜總統赴巴黎和會時，創立了美國外交關係協會，並居間聯繫外交關係協會和英國羅德會社。從威爾遜到尼克森，他都是美國總統的重要謀士。

究其成員背景、使命、影響輿論的方式以及對美國內外政策的影響，外交關係協會都堪稱美國的「影子政府」，也是英國羅德會社在美國的翻版。外交關係協會的「機關報」《外交》雜誌是美國對外決策集團的喉舌，也是該協會影響美國對外政策的管道。《外交》雜誌的撰稿人囊括了美國對外政策幾乎所有的重量級謀士，包括李普曼、喬治•凱南、布里辛斯基和季辛吉，杭廷頓的《文明的衝突》就是最先發表在該雜誌上的。

一九一九年召開「巴黎和會」時，英國和美國都想以戰勝國的地位建立一個由他們主導的國際社會體系。李普曼和其他參加會議的美國人大多都是羅德會社的成員，「巴黎和會」結束後，他們在巴黎的一家飯店成立了「英國皇家國際事務研究所」。

「外交關係協會」最早是以「皇家國際事務研究所美國分會」的名義進入美國的。一九二一年，「皇家國際事務研究所美國分會」與一個由紐約的銀行家、律師創建的「外交關係協會」進行合併，並沿用「外交關係協會」的舊名，成了今天所見的美國「外交關係協會」。

美國外交關係協會已經成立了八十多年，無疑早已背離羅德最早希望英格蘭重新統治美利堅的初衷，但仍在逐步實現盎格魯─美利堅利益集團稱雄世界的夢想。正如一位英國學者所說：「我們早該想到，有權有勢者和富人是按照自己的利益來做事的，這就叫資本主義。」

西方世界表面上是民主、自由與多元化的社會，過去的金融寡頭已被神聖的民主制度趕出權力的殿堂。有權有勢的超級富豪家族彷彿人間蒸發了一般，再無蹤跡可尋。歷史改變了嗎？資本主義不再為少數權力集團服務了嗎？國際銀行家果真主動放棄了至高無上的權柄，歸隱山林過普通人的生活了嗎？

人性是不會改變的，人類貪婪與控制的欲望從來就沒有改變，在可預見的未來也不會改變。變的只是貪婪和控制的形式而已。從商業資本主義到工業資本主義，從金融資本主義到壟斷資本主義，再到當今的所謂多元資本主義，少數權勢集團對社會大多數人的統治，其本質從未改變，只不過今天的統治手段和形式發生了很大的變化。直接可見、赤裸裸的金融寡頭躲到幕後，代之而起的是新興和龐大的基金會體系，它們已成為當今西方世界統治力量的重要組成部分，而背後控制者仍然是從前的金融家族。

基金會：財富的隱身大法

「大道無形」，「大隱隱於朝」，統治者最高的境界就是令對手有形而使自己無形，如此方能立於不敗之地。

二十世紀初，國際銀行家在金融壟斷資本主義發展到巔峰，家族富可敵國，權傾朝野，但副作用也非常嚴重。金融寡頭的勢力越大，對立面就越廣，反抗力量越強，不滿情緒越重，仇恨意識越明顯。當社會各種反對勢力聯手時，金融寡頭必將深陷萬劫不復的境地。

國際銀行家似乎同時參透這個道理，各大家族在一次世界大戰前後，都從公眾的視線消失了。他們都是低調解釋，家族的後代對財產控制不再感興趣，追求各自的興趣和事業，而家族財產多改為投資構架。隨著現代社會新興行業和高新科技的飛速發展，家族積累的財產已大幅縮水。如今的世界已經完全不同，人也是完全不同的人，傳統富豪家族已退出歷史舞臺，聚光燈轉到「後起之秀」的身上。實情果真如此嗎？

各大富豪家族的財產其實根本沒有萎縮，而是被合法地藏起來了。財富的實際控制權和支配權從沒有離開過他們的掌心，甚至對財富的控制力還更大。現代的富豪無影無蹤，無聲無息，可又無處不在，無所不能，已臻「大道無形」的化境。代理人出面在前臺做秀，自己則藏身幕後，掌控著社會的運作。

這個完美的新型財富遊戲，就是目前在歐美實際操縱社會運作的基金會體系。

二十世紀前半葉，金融資本主義完成了向壟斷資本主義的過渡，金融勢力集團從直接控制工業資本主義的第一線轉為幕後間接操縱。新興的公司經營構架的核心是：所有權和控制權分離，廣泛募集社會公眾資本，其目的就是以最小的資金，以最大限度的槓桿效應去控制超大規模的社會財富，盡可能控制社會各行業的骨幹龍頭，形成壟斷資本主義的結構，但從外面看不出來真正控制者的身份。公司表面由專業經理人運作，但董事會和關鍵股權的控制完全集中在極少數金融家族手中。金融家族控制龐大的基金會體系和其他投資集團，透過表面的代持機構，來貫徹「形散而神不散」的關鍵股權和董事會的控制。代持機構就是那些著名的金融機構和資產管理公司，擔負起「防火牆」的功能，以便金融家族擋住公眾的視線。越是到了多元資本主義時代，這種現象越是普遍。

但要玩這種新遊戲，富豪家族必須首先做出「犧牲」。正所謂「欲練神功，引刀自宮」，捨得捨得，不捨怎能得？捨去名義，得到實質。財富隱身大法的「入門功夫」就是捐獻，而捐獻的理論基礎就是：放棄所有權，擴大控制權，從而合法隱蔽財產。富豪失去的僅僅是排行榜和被媒體聚焦的煎熬，但卻能得到幕後的清涼和倍增的財富控制力。

基金會避免了富豪最痛恨的高達五〇%的遺產稅、收入所得稅、贈與稅，更妙的是基金會的投資增值還逃避了資本利得稅。在完全免稅的情況下，基金會的資產如滾雪球般迅速增長。美國國會報告顯示，由於基金會的存在，美國每年高達三分之二的總收入是免稅的。稅賦的壓力越是放在永遠沒有可能建立自己基金會的中產階級身上。超級富豪的基金會資產就像癌細胞一般迅速擴張，不斷從中產階級的家庭財富細胞中汲取營養，社會財富分配更加不公。

根據統計，一九六九年美國五百九十六個基金會的淨收入超過了美國五十家最大銀行淨收入的兩倍。從一七九〇年建立第一個基金會以來，美國的基金會數量越來越多：

一九〇〇年以前，十八家

一九一〇到一九一九年，七十六家

一九二〇到一九二九年，一百七十三家

一九三〇到一九三九年，二百八十八家

一九四〇到一九四九年，一千六百三十八家

一九五〇到一九五九年，二千八百三十九家

到了二〇〇二年，竟高達六萬二千家⓭

基金會僅需要每年「貢獻」五%來進行慈善事業，而國際銀行家賺錢的手段豈只有區區五%的回報？更何況，這五%的慈善投資還可以用來實現社會影響力和學術研究控制力，讓社會輿論環境和法律政策更向自己傾斜，從而獲得更大的利益。

如今，富豪也學會這一招。為什麼要上富豪排行榜呢？為什麼要把財富寫在自己名下，而不是寫在其他人名下，卻受自己控制呢？擁有財富的目的並不是為了滿足虛榮心，而是實現可永續存在的控制力！這就使上市公司的實際控制人往往透過股票代持的辦法以避免曝光。中國與歐美的不同在於沒有類似歐美的「合法的」、「永續的」、「免稅的」、「可繼承的」、「財務隱祕的」、「可互鎖的」、「可衍生的」法律載體，來幫助富豪隱藏財富，以實現直接控制向間接控制，顯性支配向隱性支配轉型的重大財富控制戰略「升級」。

放棄越多，就擁有越多

洛克菲勒晚年的下場頗值得警惕：他一生唯錢是命，竭盡克儉蓄財之能事，而在五十三歲時被診斷患不治之症，藥石無效，就算每週淨收入上百萬美元，也僅僅能吃價格不到兩美元的餅乾和酸奶勉強維生。大徹大悟之下，他開始把自己的大部分財產捐獻出去，建立科研機構和慈善組織，從而生命為之一新，豁然開朗，最後活到九十八歲。

這個故事的教訓是：你放棄越多，就擁有越多。

沒錯，洛克菲勒的確透過捐獻而擁有了更多。而實現這個「奇蹟」的工具就是基金會。

老洛克菲勒在起家過程中用盡各種殘酷手段，使他廣受詬病，聲名狼藉。他曾是美國公眾最痛恨的人。為了徹底改變公眾形象，老洛克菲勒接受建議，大行慈善事業。

事實上，老洛克菲勒此舉的意義遠不止改善公眾形象。

他進行了大量的財產捐獻，但「獻」出的財產並沒有脫離他的控制。透過基金會的運作，洛克菲勒把財產「獻」出之後，反而控制力更大。

洛氏設立的第一個基金會成立於一九一〇年，這就是洛克菲勒基金會。⑭一九一〇年時，美國多數州已透過第十六條修正案，即徵收累進收入所得稅。洛克菲勒基金會可謂是最成功有效的「稅前計劃」，一舉便合法避掉了累進收入所得稅。約在同時，標準石油公司被蘭蒂斯（Kenesaw Landis）大法官下令分割，洛克菲勒財團立刻以設立四個免稅基金會來應對，然後把財團的絕大多數股份捐了進去。這等於是從左口袋出、右口袋進，但這錢搖身一變，名份就不同了。於是被分割後的各石油公司既能得到需要的資金，又在收益和資產上避稅。洛氏財團放棄財產的所有權，換成控制權，不僅實現了避稅功能，還讓財富大幅增值。因為基金會可以買賣持有各種資產，包括房地產和有價證券，而且不必公佈財務報表，更可實現對市場的影響力。

錢捐進了基金會，再投資給不同行業的公司企業，等到投資規模足夠的時候，接受投資的董事會必須由基金會指定委派。於是，儘管錢已經不在家族名下，但是人事和預算權仍牢牢控制在他們手中。請注意，此時錢已經「改姓」了，原來在洛氏名下要被課徵的個人所得稅消失了；其次，如果老洛把錢送給後代子孫，本來要繳的贈與稅（Gift Tax）也省了；再次，就是遺產稅，這個幾乎是唯一可以限制富人財產遺傳的工具，在美國最高可達五〇%，由於錢已不在洛氏名下，遺產稅自然也就免了。老洛透過捐獻，把財產合法留給了自己及後代，「子子孫孫無窮匱也」。

從此，洛氏將每年一半收入投入基金會，大大抵扣了應稅收入。老洛省掉所得稅，子孫則避掉遺產稅和贈與稅，更妙的是，這些基金會的投資產生的收益，連資本利得稅也一併免去。由於免稅的好處，基金會的資產得以飛速成長。所謂「非盈利」（non-profit）其實是「非納稅」（non-taxation）。

當年老洛克菲勒把名下的數百萬股「泰坦尼克石油公司」（Titanic Oil Corporation）股票捐給名為 Do Good Foundation 的基金會，這是洛氏控制的組織。他只是把名下股票轉讓給基金會，輕易完成財產「昇華」。類似 Do Good Foundation 的基金會和慈善機構名目眾多，級別繁複，它們確實捐助了為數眾多的科研、醫療專案和用於扶助貧困，但這些開銷跟基金會為富豪隱身的財產和避免的稅金相比，實在是九牛一毛。再加上捐獻入基金會的財產所產生的投資收入也是免稅的，洛氏財團一方面是財產的真正控制人，另一方面免繳投資所得稅，讓財富增長速度更快。

《華盛頓郵報》曾報導，經過家族兩代人精心經營，洛克菲勒財團財產的絕大部分轉由不同層次和級別的基金會，及其衍生的下屬、分支、直接間接控制的公司擁有，從而形成了規模龐大的基金會網路。每一個基金會的財務報告不受審計，不需公示，所有調查都被合法婉拒，而從會計制度和監管體系的雷達中失去蹤跡。這就是洛克菲勒家族發明的財富隱身大法，而當今的超級富豪無不在效法。蓋茨和巴菲特的財富捐獻遊戲只不過是效法二十世紀初洛克菲勒家族而已。

經過六、七十年經營，洛氏家族控制多達上千個基金會和下屬機構，這張網路是無人能梳理清楚的。洛氏家族向公眾披露的財產約為十億到二十億美元。用冰山一角都不足以形容。超級富豪的實際財富已經完全無法衡量、核實和追蹤了。

這就是放棄越多、控制越多的奧祕。

「家道中落」的洛克菲勒家族

多年來，大眾媒體一直在向公眾傳達當今的洛氏財團早已家道中落，不過是中富而已的印象。如果把歐洲的羅斯柴爾德家族從頂尖富豪退下來的原因歸結為歐洲連年戰火，那麼要如何解釋洛氏財富的消失呢？洛克菲勒財團始終掌控美國的石油、化工、製藥工業，運營頂級銀行超過百年，而美國經濟發展也沒被歷次戰火波及。時至今日，洛家總財產怎麼可能只有區區二十億美元，僅能和中國最近二十年發跡的富豪相提並論？

還是先看看國際銀行家是否真的家道中落吧。

一九六〇、七〇年代在尼爾森・洛克菲勒競選總統時，美國參議院按例舉行針對其財產狀況的聽證會。尼爾森先是公佈其個人財產約為三千三百萬美元。在參議院進行初步調查後，經過與尼爾森反覆徵詢，尼爾森改變說詞，承認其個人資產為二・一八億美元，比最初所說的多了六倍。此時一美元對應〇・八八克的黃金，他的個人資產相當於一百九十一噸黃金，以黃金的現價（九百美元／盎司）計算，這筆錢是當時的二十五倍。二・一八億美元這個數字相當驚人，遠超過美國前三十七位總統個人財產的總和。

不過，這些個人資產已經是洛克菲勒家族將絕大部分資產「捐給」自家的基金會，剩下的部分在八十四個家族成員之中分配之後，屬於尼爾森自己的那一份而已。

在參議院對尼爾森個人資產進行調查的過程中，他不得不面對卻無法合理解釋的是，在七〇年代，尼爾森竟然有幾年沒有繳過任何所得稅。原因很簡單，在一九七〇年，尼爾森的財務顧問和律師團將他名下的資產進行一番「調度和調整」，直接效果就是在這往後的這幾年當中，尼爾森完全不用繳所得稅了。

在參議院對尼爾森進行財產調查時，他侃侃而談：如果各位質疑我的家族是否操控著某種龐大的經濟權力，我的回答是這並不存在。我們只是投資，而不是控制。家族成員對控制財產並不感興趣。無論是家族成員還是資產管理團隊，大家的目標都只是獲得合理的回報而已。

那麼，洛家的資產管理團隊是什麼規模呢？

洛氏財團的資產大掌櫃是理查森・迪爾沃斯。他於一九五八年加入洛氏財團，成為家族資產管理的總操盤手。投入洛氏財團前，理查森・迪爾沃斯是庫恩雷波公司的主要合夥人。二十世紀初，庫恩雷波公司的地位相當於今日的高盛，是最著名的華爾街投資銀行，在金融運作體系扮演關鍵角色。主要合夥人包括雷波、庫恩、沃伯格、希夫家族和其他猶太金融家族，無不是叱吒風雲的頂級投資銀行家。庫恩雷波公司和洛克菲勒財團及 JP 摩根財團都有深厚的合作關係。

理查森・迪爾沃斯管理的龐大財產中，包括列在八十四位洛氏後裔名下的約十億三千三百萬個人資產。這些資產主要存放在由約翰・洛克菲勒（John D. Rockefeller, Junior）創設的兩個複雜的信託機構中，一個在一九三四年為孩子設立，另一個在一九五二年為孫輩建立。洛家名下的各類基金會超過兩百家，而透過持股控股形式直接或間接控制的基金會和信託機構數量遠超過此數，保守估計多達上千家。所有基金會組織和信託機構都是國際性的，其業務和資金運作在全球各地自由流轉，鮮少受監管，幾乎不可能理清其資金流向和數量。更何況洛氏財團和其他富豪財團一樣，由代理機構具名投資。⓯

參議院基於尊重個人隱私，對外公佈的調查結果只有總數，並沒有披露洛氏家族每個成員的資產數目。洛氏家族的財務會議記錄和文件都獲准不對外披露，大眾只能從少許公開的資訊進行瞭解，例如：洛家在紐約的一處房產，在一九三〇年僅土地價值就超過五千萬美元。⑯

尼爾森的兒子史蒂夫的莊園內有長達一百公里的私人道路，面積超過四千英畝以上，更早的資料透露該莊園占地約四・五萬畝。在一九二九年時有七十五棟樓，一百多個家庭居住其中。該莊園內收藏的家庭文獻，價值就達四百五十萬美元。

關於莊園的「豪華裝修」，老洛克菲勒付了七十萬美元給美國鐵路公司令其拆除園內「領土」的一段鐵路，又付了一百五十萬給一所學院作「搬家費」。

這僅是一九三〇年洛家的一處房產而已，洛家在紐約的另一間豪宅有三十二個房間，在華盛頓擁有一座城堡，在緬因州又有好幾處莊園，這還沒包括在委內瑞拉擁有的數處種植園，在巴西經營的若干座農場……

一九七五年，尼爾森在德州買了一・八萬英畝土地，只是作為「室外活動場地」。

在珀堪提科山莊（Pocantico Hill），隨時待命的各類工人，包括清潔工、保全、廚師和園丁等超過五百人。按已知的資料估計，洛家的僕人超過兩千五百人。洛家人愛旅行，行蹤不定，因此所有莊園都保持在隨時可使用的狀態。

除了房地產之外，洛氏還有財團持有的股票。以埃克森石油公司為例，它本來是標準石油公司分割之後的一家，洛氏財團直接持有的埃克森股票價值為一・五六億美元（一九七四年），這還不包括以基金會和信託機構等形式間接持有的股份。

洛克菲勒中心的公告估值為九千八百萬美元，這個數字實在很荒謬。一九七四年九月三十日的《洛杉磯時報》有篇文章在探討洛克菲勒中心的估計價值，市場普遍認為此項資產在當時應價值十億美元。⑰

概觀一九七五年洛氏財團經營的投資資產，股票類有價值八千五百萬美元的加利福尼亞標準公司，七千兩百萬美元的IBM，另外超過一千萬美元的公司股票計有：大通曼哈頓銀行（Chase Manhattan）、美孚石油、EaMac、通用電氣、德州儀器、3M等。

洛氏財團持有美國五十家主要公司的大量股權。一項不完全的統計顯示，洛氏財團有一百五十四個全職員工在管理這些資產，理財管家理查森・迪爾沃斯手下有十五名頂級財務專家，他們同時也在各類和各級基金會與信託機構中擔任董事和經理，管理七百億美元的資產。請注意，這是一九七四年的七百億美元！

洛克菲勒家族如此，羅斯柴爾德家族和其他的國際銀行家族又何嘗不是如此。

除了財富，洛克菲勒家族還透過通婚與美國最具權勢的各大家族建立更緊密的同盟關係，從而使社會影響力得到擴張。根據初步統計，洛氏家族與美國最富有的六十個家族中的一半有「親上加親」的聯姻關係。其中，最主要的包括斯蒂爾曼（Stillman）、道奇（Dodge）、麥克艾賓（McAlpin）、麥柯米克（McCormick）、卡耐基（Carnegie）和奧里奇（Aldrich）等。

槓桿效應與財富控制

一九七四年《財富》雜誌公佈的最大公共持有公司中，埃克森取代通用汽車，成為排行第一的工業公司。洛氏持有價值三・二四億美元的石油股票，這表示在最大的四個石油公司中佔有二%股權。一九六六年的派特曼國會調查案中披露的資訊顯示，九個洛氏家族基金會共持有約三%標準石油旗下公司股權。這樣算下來，洛克菲勒家族實際掌握四大石油公司中約為五%的有效股權。加上旗下的信託、銀行、保險公司和大學基金機構所持有的大量石油公司股份，洛氏家族對美國石油工業擁有直接而絕對的控制能力。

在銀行業，洛氏家族控制的銀行包括第一國民銀行（First Nation City Bank）和大通曼哈頓銀行。大通曼哈頓銀行是世界第三大銀行機構，但其實是全世界最具影響力的銀行。大通曼哈頓銀行是大通銀行和著名的猶太金融家族控制的曼哈頓銀行合併而成，後來這家銀行又合併為今天的摩根大通。

這還不是其資產的全部。

《紐約時報》認為，大通曼哈頓銀行的大量商業運作是透過其海外機構進行的，沒有披露在公佈的報表上。

一九七五年的《時代》雜誌披露，大通曼哈頓銀行有二十八個海外分支機構，在全球有五萬多家附屬銀行。假設一家分支銀行的資產價值為一千萬美元，那麼大通曼哈頓銀行有能力支配高達五千億美元的潛在財產，可以在轉眼間造成全球貨幣、外匯、黃金市場的巨幅震蕩，然後趁機製造恐慌情勢，從中漁利。

尼爾森在參選副總統的聽證會上聲明：本人沒有擁有大通曼哈頓銀行的任何股份。從技術角度來看，這份聲明無懈可擊，他個人的名下確實沒有任何大通曼哈頓銀行的股份。但洛氏家族持有六二・三萬股（相當於二・五四%）大通曼哈頓銀行的股份，洛克菲勒兄弟基金會持有一四・八萬股，洛克菲勒大學持有八・一萬股，洛克菲勒家族和相關機構在大通曼哈頓銀行共擁有相當於四%有控制力的股權。

一九七四年，大通的總資產額為四十二億美元，洛氏家族年度淨收入為一・七億美元。富豪家族對企業的控制力和所有權是被仔細保守的祕密，在被要求披露相關資訊時，他們會交出一些金融代持機構的名字，但未必符合實際的狀況，更有些代持機構根本是虛構的。

除了大通曼哈頓銀行，洛氏財團還控制紐約最大的銀行——國家城市銀行（National City Bank）。這家銀行的主席斯蒂爾格曼是威廉・洛克菲勒的生意夥伴，也是標準石油信託公司的管理人之一。他的兩個女兒分別嫁給威廉・洛克菲勒的兩個兒子。斯蒂爾格曼同時跟家財萬貫的卡耐基家族聯姻。這樣的「親上加親」關係令洛克菲勒家族的勢力更加龐大。

洛氏財團控制的第三家銀行是漢華銀行（Chemical Bank），主要控制人是哈肯尼斯家族。愛德華・哈肯尼斯是老洛克菲勒長期的合作夥伴，也是標準石油信託公司的管理人之一。一九三九年，愛德華・哈肯尼斯是標準石油公司的第二大股東，僅次於老洛克菲勒。

在銀行體系以外，洛氏財團還透過保險公司體系進一步擴大對企業的實際控制力。商業銀行是對企業發放短期信貸的主要管道，保險公司則提供長期信貸。掌握了商業銀行和保險公司，就掌握了企業的資本命脈，洛氏財團對企業的控制力也大幅提高。

洛氏財團與美國三大保險公司：大都會保險、大都會人壽保險和紐約人壽保險都形成董事成員互鎖關係。據估算，洛氏財團控制全美最大五十家商業銀行二五％的資產和最大五十家保險公司三〇％的資產。透過槓桿作用，洛氏財團對社會經濟和財富的控制力更是倍增。

根據一九七四年參議院銀行委員會的報告，洛氏財團對大批公共上市公司持有五％的控制權。透過銀行和保險公司等金融機構，洛氏財團對這些公司的控制力，以五％直接股權、二％其他股權再加上管理層占股的形式，已被大大強化。這類公司包括埃克森美孚石油、加利福尼亞標準石油、印第安那標準石油等等。

除了三大銀行和三大保險公司，洛氏財團還透過控制銀行的信託部門來實現對企業的深度控制。銀行信託部門對股票的擁有權和投票權都有很大的影響。眾多大投資者將股票託管到銀行的信託部，同時將相應的投票權也一併委託，等於委託銀行的信託部代表自己行使對企業的決策權。一九六七年，洛氏財團擁有三百五十億銀行信託資產，占全美信託資產的一四％。

大通信託投資管理公司是美國二十一家最主要公司的單一最大持股人。這些直接受洛氏財團控制的公司包括：聯合航，西北航空，長島電力，國家鋼鐵，美國國家航空，以及其他十六家主要公司。

透過放大控制權而納入洛氏財團版圖的公司包括：IBM、AT&T、中央鐵路公司、Delta 航空公司、摩托羅拉、Safeway、惠普等。透過銀行信貸的影響力施加控制和各大公司董事席位互鎖達到掌控的公司包括：杜邦、殼牌石油等。

把這些線索的資訊彙總，我們發現：洛氏財團控制了全美前一百大工業的三十七家，最大二十家交通運輸公司中的九家，最大電力、供水、天然氣公司的全部，前四大保險公司中的三家，以及無數家中小型投資、貸款、零售企業。

如此龐大的經濟控制力必然產生相應的政治影響力。超級富豪財團和政府之間已經很難分清是誰在主導決策權，雙方已相互滲透，融合為一個整體。

《華盛頓郵報》撰文指出，一旦尼爾森當選副總統，他幾乎在處理每一項公共經濟問題時，都會與洛氏財團的利益相衝突。

另外，各主要基金會之間也是管理層互鎖、相互控制，大基金會如洛克菲勒基金會、福特基金會和卡耐基基金會都是如此。卡耐基基金會是洛克菲勒基金會的重要成份，其主要運作人都是洛克菲勒基金會所控制的美國外交關係協會成員，財務管理委員會的六個主要會員的兩位是洛克菲勒財團金融機構的董事。福特基金會在一九五三年至一九六五年的總裁是曼哈頓銀行的董事長，繼任者也是曼哈頓銀行董事，並曾任世界銀行行長。福特基金會有好幾位執行長都是美國外交關係協會的成員。

國會的調查

洛克菲勒家族如此強大的財富控制力和政治影響力，當然很早就引起美國國會的注意。

一九五〇年，眾議員派特曼發起一項針對基金會資產的調查案，旨在調查基金會是否利用各種資產組合，變相操縱市場。這項調查案得出的結論是：「我們整個國家的經濟生活已和大量基金會的商業行為交織在一起。除非立即採取相應行動，否則美國生活的每一方面都會受基金會所控制。」[18]

此項報告提交之後如泥牛入海，音訊全無，最後無疾而終。

一九五二年，考克斯議員（Eugene E. Cox）領導了美國國會第二次對免稅基金會的調查，試圖釐清此類基金會是否利用其資源，達到有違美國國家利益和傳統的目的。洛氏財團自始就利用民主黨當權派勢力，千方百計進行阻撓。先是對這一項需要幾年時間完成的龐大調查案只給了六個月的時間，又屢次拖延資金到位，設置重重障礙，利用調查程序細節討論來拖延時間。[19]

考克斯議員在重重挫折和困難中堅持幾個月後，終於熬不過對手的層層阻礙，調查還沒結束，就積勞成疾，一命嗚呼。

此後，眾議員李斯（Carroll Reece）第三次提起調查案，意圖進行長期調查。此舉立刻激起洛氏財團激烈反擊。誰都清楚，如果調查案結論將基金會運作本質曝光，基金會制度將會受到強烈質疑和反對，極有可能被終止。

與洛氏有密切關係的《華盛頓郵報》立即跳出來，以少有的嚴厲口吻指責此調查案是徹底愚蠢、無用、浪費資源的行為。[20]各大主流媒體皆不甘落後，群起攻之，眾口一詞抨擊李斯和此調查案，戴上「陰謀論」的帽子，極盡抹黑、攻擊和嘲諷之能事，把李斯說成「麥卡錫主義者」。

調查幾乎是在被全面封殺的狀態下進行。

李斯發現，在五名調查委員會成員中，除了他自己，其他四個全是洛氏的人。其中又以眾議員韋恩・海斯（Wayne Hays）的阻撓最為激烈。海斯每週定時到華盛頓會見幾大基金會代表，密商對策。在一場歷時一百八十五分鐘的聽證會上，海斯竟然打斷別人的發言兩百六十四次之多，終於導致聽證會中止。海斯還透露，白宮方面與他聯繫，商討如何終止委員會進一步調查。李斯委員會無奈之下，只能將調查範圍一再縮小，最後集中調查最大的三家基金會。但是由於壓力和阻撓越來越大，加上時間、資金、人員的限制，終於不了了之。

一九五四年八月十九日，李斯總結這項調查活動：「基金會是僅次於聯邦政府的第二權力……。或許國會應該承認，基金會在某些領域已變得更有權力，至少比政府立法部門更有權力。」[21]

自此，再也沒有出現政府和國會針對基金會有組織的抵抗。

基金會、精英集團與政府

壟斷資本主義的最高境界就是壓制對手、消滅競爭。為了達成這一目的，實現對工業、商業、資本、技術、人力、資源的控制，就有必要與政府合作。

國際銀行家對政治和政府的影響主要透過發起並資助美國外交關係協會的途徑來間接實現。美國外交關係協會從成立以來，始終處於洛氏財團控制之下。凡是對美國政府決策——尤其是外交政策——有影響力的人物，幾乎都是外交關係協會招募的對象。羅斯福以來的歷任總統，絕大多數也都是外交關係協會成員。總統和政府官員如走馬燈，但是總統背後的金主、政府背後的家族勢力集團，三權背後的金權，始終沒有改變。

洛克菲勒家族對白宮的影響力，在一八九四年麥金利總統大選時就開始顯現，到了羅斯福時代，洛氏逐漸具有舉足輕重的影響力。羅斯福新政其實是洛克菲勒新政，大部分措施都符合洛氏財團的商業利益。[22] 洛克菲勒在羅斯福身邊安排的重要代理人是哈里・霍普金斯（Harry Hopkins），此人接受洛克菲勒基金會的資助達十年，在二戰期間的實權僅次於羅斯福總統。霍普金斯也承認，洛氏對他幫助良多。

尼爾森・洛克菲勒與羅斯福的淵源很深，在擔任商務部長期間，是羅斯福新政的重要執行者。[23] 艾森豪第一任國務卿杜勒斯是洛克菲勒的表弟，第二任國務卿克里斯是美國外交關係協會成員，也是標準石油公司的主要管理人。艾森豪的總檢察官是外交關係協會成員，也曾在洛克菲勒工作。艾森豪上任後任命了數百名聯邦法院和地方法院的法官和大律師，以及政府高級官員，這些人與艾森豪政府的十七個重要官員都是外交關係協會成員。

甘迺迪總統也是外交關係協會成員，國務卿迪恩・羅斯克（Dean Rusk）是洛克菲勒直接安排的代理人。甘迺迪在任命之

國務卿約翰・福斯特・杜勒斯

中情局長艾倫・杜勒斯

前都沒有見過他。這種情形並不稀奇，雷根、卡特等總統在任命國務卿、聯準會主席時，都與這些人素未謀面。羅斯克在出任國務卿時並沒有辭掉洛克菲勒基金會的職銜，他其實是「請假」（leave of absence）擔任國務卿。甘迺迪的助理國務卿也是外交關係協會成員和洛克菲勒兄弟基金會管理人和董事，商務部助理部長特奧布里奇（Alexander Trowbridge）是外交關係協會成員，也是標準石油公司的管理人。甘迺迪當政期間任名他為商務部部長，同期任命的國防部常務副部長也是外交關係協會成員。

尼克森總統的總檢察長是洛克菲勒的律師。他是尼克森大選時的全國總協調人和顧問。㉔尼克森第一任副總統安格紐（Spiro Agnew），一九六八年大選時是洛克菲勒選舉委員會的主席，在競選過程中反對尼克森，後來被安排在尼克森身邊做政務顧問。尼克森最主要的顧問是季辛吉，而季辛吉擔任尼爾森·洛克菲勒的個人外交政策顧問長達十年之久。

季辛吉一九五六年從德國移民到美國，在不到二十年的時間裡，從一個默默無聞的哈佛教授一躍成為美國政界的靈魂人物，正因為他的背後有洛克菲勒這座靠山。季辛吉和尼克森在許多政治理念上並不一致，在尼克森任命季辛吉為國家安全顧問之前，兩人只見過一面，而且尼克森對季辛吉毫無好感。但季辛吉是洛克菲勒欽點的人選，尼克森只能「遵旨」任命。對於洛氏家族對白宮的影響，有人在一九七五年做了估算，有超過五千名位居聯邦政府高級職位的官員是洛克菲勒勢力範圍的人。

洛克菲勒家族在國際外交事務有重大利益，因此在歷屆政府中都要控制住國務卿和中情局首腦這兩個位置。中情局由洛克菲勒的表弟艾倫·杜勒斯擔任第一任局長，從人事來看，幾乎就是標準石油公司的海外執法部門。洛氏的表弟約翰・福斯特・杜勒斯則是艾森豪的國務卿。㉕洛克菲勒說過，美國國務院是他最大的幫手，許多大使和部長幫他們在全球各地開闢新市場。美國政府從各個層面服務於洛氏集團的利益並推行其政策。《華盛頓郵報》曾報導，在某種意義上，美國國務院的政策與石油公司利益息息相關。

約翰・洛克菲勒

小約翰・洛克菲勒

洛氏集團也把持財政部部長人選，以確保財政部發揮摩根大通銀行分支的功能。艾森豪的財長羅伯特・安德森（Robert Anderson）是外交關係協會成員。甘迺迪的財長道格拉斯・狄龍（Douglas Dillon）是外交關係協會成員，洛克菲勒兄弟基金會的委託人。約翰遜的財長亨利・佛勒（Henry Fowler）是外交關係協會成員。福特的財長威廉・西蒙（William Simon）是外交關係協會成員。不過，近年來，這個權力逐漸被華爾街的投資銀行搶去。

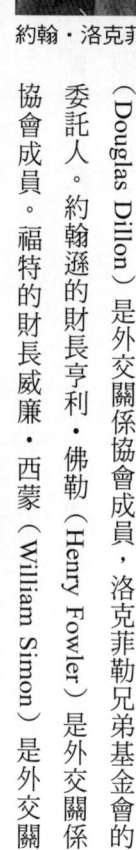

基金會與教育系統

一八九〇年，卡耐基將十一篇文章集結出版，名為《財富的福音》（*The Gospel of Wealth*）。他假設自由市場體系已在他們這一代產業和金融巨擘面前走到盡頭，他們不但擁有絕對的財富，也控制了政府。但是他怕下一代長大後，意識到問題的嚴重性並起而反抗這套體系，所以必須控制教育體系。

各大家族知道美國教育體系的分散性，不太可能逐一進行「收編」，超級富豪於是把重點放在教師協會（General Education Board）和教材編寫，只要控制教師和教育內容，就可控制教育系統。[26] 洛克菲勒基金會和卡耐基基金會大規模資助教科書的編寫和發行，這其實是在以間接手段對教育體系施加影響。當一代、兩代是在同樣的思想理念的教育影響下成長，幾代之後，思想模式將逐漸同化。洛克菲勒基金會和卡耐基基金會從一九二〇、三〇年代，就開始全面資助全美國各級學校和教育機構的教科書行業，從未間斷。

此外，洛克菲勒基金會和卡耐基基金會教育資金有三分之二放在高等教育。在一九三〇年代，全美國高等院校資金的二〇%來自洛克菲勒基金會和卡耐基基金會，實際上發揮了教育部的功能。

受洛克菲勒基金會和卡耐基基金會控制的國家教育協會（National Education Association）在一九三四年的報告中說，即將死亡的自由市場模式必須被徹底摧毀，所有人都應該服從更大的社會控制。這一觀點呼應了洛克菲勒的理念。洛氏提出「競爭是一種罪惡」，應被消除。這樣的理念意在扼殺和消滅競爭對手，實現壟斷，完成對社會更大規模的控制。

塑造公眾意見

對政治和公眾意見的影響力離不開對媒體的掌控。洛氏財團首先透過控制三大通訊社來進行新聞來源的控制。三大通訊社是地方平面媒體的新聞源頭，各大地方媒體的版面和編輯思路都唯三大通訊社馬首是瞻。洛氏財團掌握了三大通訊社，就將圖書、報刊、雜誌等平面媒體一併納入管轄之中。

《紐約時報》社論的立場是各主流媒體報導角度和態度參考的標準，洛氏一本「擒賊先擒王」的原則，先把《紐約時報》拿下。同時，洛氏也非常重視《華盛頓郵報》。《華盛頓郵報》在首都發行，是政界人士每日必讀。掌門人凱瑟琳・葛蘭姆（Katharine Graham）是外交關係協會成員。西岸第一大報《洛杉磯時報》的掌門人佛蘭克林・墨菲（Franklin Murphy）也是外交關係協會成員。洛氏透過發起並資助外交關係協會來協調與各大媒體掌門人的利益取向。[27]

電視媒體方面，擁有兩百多家電視臺、二百五十五家廣播電臺的 CBS 掌門人威廉・帕林（William S. Paley）是外交關係協會成員，也主管洛克菲勒基金會。NBC 為 RCA 的旗下的電視臺，掌門人大衛・沙諾夫（David Sarnoff）為外交關係協會成員。ABC 擁有一百五十三家電視臺，偏重娛樂節目。大通曼哈頓銀行持有 ABC 六・七%的股份。透過銀行和信託機構持股，洛氏持有 CBS 一四%的股份，RCA 四・五%的股份。

這些電視媒體巨頭都與洛氏財團有很深的淵源。有人戲稱無論是 ABC、CBS、還是 NBC，其實都是 RBC，即洛克菲勒廣播公司（Rockefeller Broadcasting Company）。

媒體還有一個不能忽視的領域，這就是廣告。廣告收入占平面媒體總收入的三分之二到四分之三。最大的廣告客戶是連鎖店和商場。媒體老闆是不會讓對金主不利的聲音太大的。

美國最大的連鎖店和專賣店，如 Macy、JC Penny、Sears 等，其董事會成員中至少有一位是外交關係協會成員，並與外交關係協會成員控制的銀行、企業的董事會利益互鎖。另外，石油公司和金融機構也是媒體的主要廣告客戶。哪家媒體有膽揀大金主不想聽的話說呢？

基金會也重視宗教界的想法。宗教對美國社會的影響力不容小覷，洛克菲勒基金會和卡耐基基金會資助紐約神學研究會和聯邦基督教協進會（Federal Council of Churches）。社會「主流」神學的想法逐步傾向社會計劃和控制，對金錢和經濟活動也提倡進行控制。聯邦基督教協進會在美國有四千多萬名會員。這種態度與角度所產生的效應是不可估量的。

世界政府：「盎格魯—美利堅權勢集團」的奮鬥目標

有些人甚至認為我們是某個祕密集團的一部分，試圖危害美國的核心利益，他們把我的家族和我本人描繪成「國際主義分子」，陰謀與各國（擁有同樣理想）的一些人合作建立一個全球的政治和經濟結構——單一的世界（政府）。如果這是一種指控，那麼我承認有罪，但是，我以此為榮。

——大衛・洛克菲勒㉘

羅德的最終理想是美國重歸大英帝國的懷抱，然後以英美為核心構建能將他們「美好社會制度」福音傳播到全世界的機制，並夢想著在此基礎上建立「世界政府」。當然，這並不是一個公平的權力金字塔，擁有著「偉大傳統」和「優雅氣質」的盎格魯—美利堅的「上流階級」將居於金字塔的頂端，來統治全世界「規模遠大於他們的下等階級」。

為了這個「偉大的理想」，羅德設立了基金，鼓勵、資助美國青年去歐洲學習，教育美國青年為逐步實現全世界建立統一政府的目標而努力。幾十年下來，大批美國精英在羅德思潮的影響下，接受和追隨建立世界政府的理念。美國前總統克林頓就是羅德獎學金的得主。

二次大戰結束後，英國已失去將美國重新納入自己軌道的可能，雙方的勢力發生了本質性的變化，而且雙方都面對遠比納粹德國更嚴重的威脅，這就是蘇聯。「盎格魯—美利堅權勢集團」於是走向雙方徹底融合以戰勝蘇聯和其他勢力的挑戰，試圖建立「世界政府」。

在世界政府的問題上，精英分成兩大派：漸進派和激進派。

美國副總統尼爾森·洛克菲勒

漸進派主張透過組織區域性同盟，逐步擴大，再相互聯合，最終實現世界政府。㉙大西洋同盟的成立就是典型的例子。這在實質上違反美國憲法精神，背叛美國獨立主權國家的自主宗旨，但是大西洋同盟及其主張的思想得到大批富豪的認同。大西洋同盟的成員中有八百七十一名富豪，其中一百零七名是外交關係協會成員。到一九七〇年代中期，大西洋同盟的成員超過兩千名。該組織提出的一項重要決議就是「大西洋同盟決議案」，主張廢除美國獨立宣言，建立超越美國憲法原則的英美聯合的新國家。

一九四九年，「大西洋同盟決議案」正式進入美國國會，當然沒有通過。但是，每年都有人提出審議該提案，並獲得洛克菲勒、尼克森、艾森豪、杜勒斯兄弟、季辛吉和麥卡錫等重要人士的贊同和支持。一九七五年該提案被再次提交到眾議院審議，居然獲得了一百一十一名眾議員支持。多年以來，大西洋同盟得到了洛克菲勒家族的祕密支持。尼爾森・洛克菲勒免費提供位於紐約東四十街十號的一處辦公樓供大西洋同盟使用。30

世界政府激進派的代表就是「十七大銀行家族」中保羅・沃伯格之子，詹姆斯・沃伯格。保羅曾是聯準會的總設計師，庫恩雷波公司的合夥人，詹姆斯曾是羅斯福總統的財政顧問。詹姆斯於一九四七年創立的「世界聯邦運動」（United World Federal, UWF）獲得洛克菲勒的大力資助。詹姆斯・沃伯格提出的口號是「一個世界，要不就什麼都沒有」（One World or None）。

世界政府激進派的一個主要精神力量源泉就是美國在一九四五年投下了人類歷史上第一顆原子彈，到一九四七年詹姆斯・沃伯格成立「世界聯邦運動」時，還沒有第二個國家擁有核武器。大規模殺傷武器在心理上給「世界聯邦運動」分子極大的鼓勵，順我者昌，逆我者亡，膽敢反對世界政府的國家將被從地球上抹去。這就是詹姆斯・沃伯格在一九五四年提出的：「我們應該建立一個世界政府，無論世人是否喜歡它。唯一的問題是這個世界政府究竟是經由（和平的）共識還是（武力的）征服來產生。」

「世界聯邦運動」的主張是世界和平將透過統一的世界組織機構和體系來達到。大批美國青年深受這一思潮影響，他們相信這樣一種體系可以保證個人自由、宗教思想自由和世界和平。「世界聯邦運動」致力於促成世界政府的建立達數十年，沒有取得明顯的進展。

洛氏集團對漸進派和激進派的行動都給予各種形式的大力資助，但是要讓美國民眾放棄傳統的獨立國家理念，接受世界政府，絕不是一朝一夕的事。因此，倡導世界政府思想的人創建了第三個組織機構：三邊委員會，轉變角度和方式，繼續為他們的目標努力。三邊委員會是由布里辛斯基主導，他的觀點與大西洋同盟和「世界聯邦運動」都有所不同。布里辛斯基認為，要美國人全盤放棄已形成百年傳統的獨立國家理念並不容易，因此應以間接、緩進委婉、巧妙曲折的手段，逐步達到「曲線救國」的最終目標。

大西洋同盟提出的思想過於狹隘，不能適應一九七〇年代以來世界逐漸多極化，包括冷戰局勢和日益複雜的國際博弈關係的挑戰。因此，不應直接公開倡導簡化的世界政府概念，而是要把公眾的關注力引到世界共同面臨的問題上，尋求一致的解決方案，比如經濟危機、環境惡化問題、能源枯竭等問題。

只有當上至國家領導人，下至一般民眾都不得不共同關注同樣的問題，並逐步取得共識，思想漸行統一，才有可能建立一個全球性的世界政府。

世界政府思想的倡導者在四大方向進行佈局：

一、建立全新的世界貨幣體系

二、全球資源和環境危機
三、倡導全球貿易的整合和一體化
四、能源危機

若是哪個國家不走上這條路，只關注本國內政和局部問題，就必將面臨三大挑戰：糧食、能源和金融危機。這些危機的規模會和一九三〇年代的大蕭條不相上下。各國領導人不得不共謀對策，相互妥協，放棄部分經濟主權和貨幣主權，以形成有效共識。

或許，有些人心裡也許會泛起得意的微笑。

有人會懷疑，國際銀行家已經對美國有如此巨大的影響力，為什麼還要廢棄美國獨立主權，建立世界政府呢？

這是超過九五%的美國外交關係協會成員共同秉持的理念，在某種程度上，廢棄美國的獨立主權，是為了控制全球，實現世界政府的「遠大理想」。這個宏偉的目標在不同的年代，展現不同的面貌，時而激進，時而緩行，時而迂迴，但是這個總綱領卻是不曾改變。

在一場八十年來最嚴重的經濟危機席捲全球的此時，一個看似遙不可及的理想正在走近。二〇〇八年的金融海嘯也許正是期待已久的天賜良機！

第八章（1） 羅德會社及影響

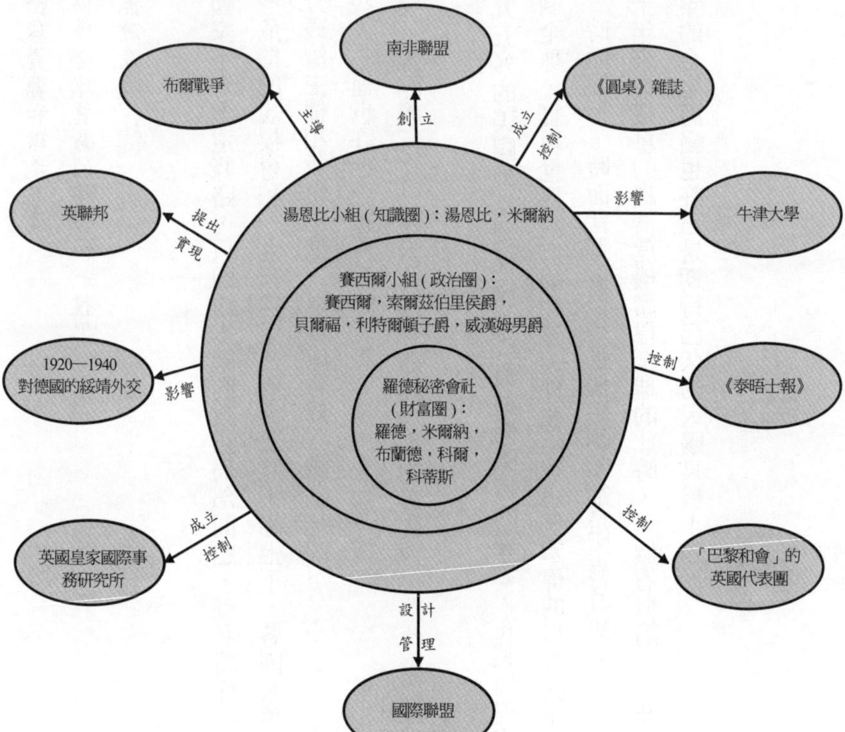

第八章（2） 權力金字塔及世界政府

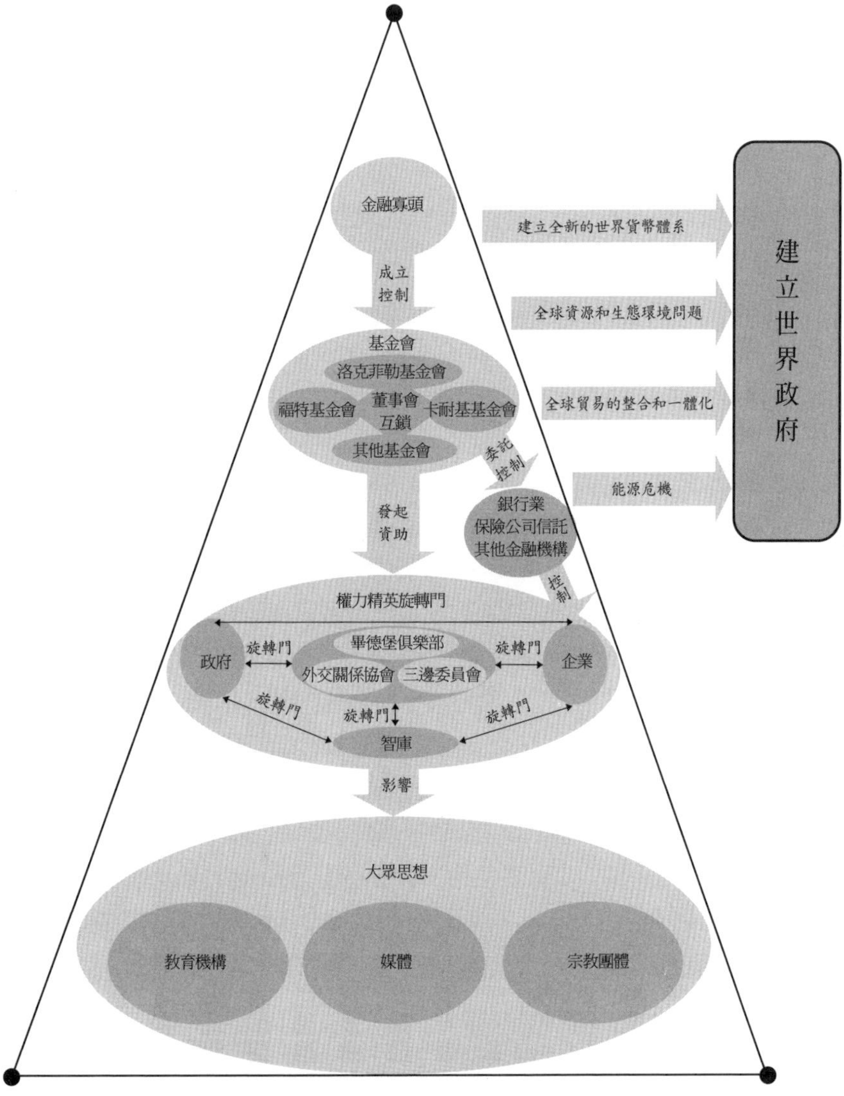
金融寡頭
成立
控制
基金會
洛克菲勒基金會
福特基金會
董事會
互鎖
卡耐基基金會
其他基金會
委託
控制
銀行業
保險公司信託
其他金融機構
發起
資助
控制
權力精英旋轉門
政府
旋轉門
畢德堡俱樂部
外交關係協會
三邊委員會
旋轉門
企業
旋轉門
旋轉門
旋轉門
智庫
影響
大眾思想
教育機構
媒體
宗教團體
建立全新的世界貨幣體系
全球資源和生態環境問題
全球貿易的整合和一體化
能源危機
建立世界政府

第九章

金融海嘯之後

一九七一年，美元與黃金脫鉤，長期過量發行，美國總債務也以平均六%的速率逐年增長，目前已達五十七兆美元。一九九七年，葛林斯潘擔任美國聯準會主席，採取寬鬆的貨幣政策。二〇〇八年，金融海嘯席捲全球。在高度負債的情形下，美國的消費市場將會陷入長達十四年的冰河期。這對倚賴歐美市場的新興國家，將是一場經濟的巨變。

葛林斯潘：經濟機器的工程師

講到二十世紀最偉大的數學家，葛林斯潘恐怕無緣上榜；但在經濟學家中，他對數字和模型的敏感，絕對堪稱天才。

葛林斯潘就讀紐約大學商學院時，主要選修金融和會計。他在自傳中提到在唸商學院時曾到華爾街大名鼎鼎的布朗兄弟公司實習。葛林斯潘在布朗兄弟公司做的第一項工作，就是把聯準會公佈的一些資料，特別是連鎖超市的統計資料按週進行整理和調整。此項工作看似簡單，卻非常繁瑣。由於當時沒有電腦，要全靠人力運算統計，實屬不易。大量的計算，不斷用鉛筆畫圖做表，再一筆一劃做出一整套資料的調整流程。這個枯燥乏味的工作，葛林斯潘做起來卻興趣盎然。他似乎天生就對數字敏感，面對呆板無趣的數字，他能發現別人看不到的東西。這項工作讓葛林斯潘練就掌握資料統計的基本功。最重要的是，他對資料的敏感在科學方法的指導下，達到「讓資料說話」的境界。

二〇〇六年一月十四日《經濟學人》雜誌封面

畢業之後，葛林斯潘在紐約國家工業協會（The Conference Board）找到工作，❷這個機構服務的對象是紐約聯準會銀行。國家工業協會的圖書館藏書浩瀚，就成了葛林斯潘生活的重心。透過查閱書籍和統計報告，葛林斯潘開始瞭解美國經濟的運轉機制，❸明白了各類工業如何運轉聯動並組成整體的國家經濟體系。在葛林斯潘的腦海中，日漸浮現自工業革命以來工業系統的進化景象，從蒸汽機到紡織，從鐵路到冶金，從航運到造船，從機械到軍工，從電報到電話，從煤炭到石油，從汽車到飛機……。無數顆社會經濟的螺絲釘在他的腦海中組合成推動國家經濟的龐大機器。

艾倫・葛林斯潘

國家工業協會的圖書館還有不少是從一八六一年南北戰爭前後開始統計的資料，葛林斯潘簡直就像老鼠掉進米缸，對這些統計資料著了魔。如果他鑽進棉花行業，就成天研究各種各樣的棉花，從成分、檔次到類別、生產技術，包括不同棉種在工業中將會如何使用，怎樣加工，需用哪些加工機器以及整套生產流程，直至市場銷售。其他像是全國鐵路運輸、美國橡膠業、一八九〇年美國人口統計等資料，也讓葛林斯潘很感興趣。❹龐大的數字和資料會把別人看得昏昏欲睡，卻讓葛林斯潘讀得津津有味，不忍釋卷。沈浸在資料的海洋裡，葛林斯潘很快對美國各行各業統計資料有了深刻而全面的瞭解。

幾年下來，葛林斯潘對美國經濟機器運轉的機制已了然於胸，加上他對各行業歷史資料的鑽研，年輕的葛林斯潘已對機器原理爛熟於胸，對各種運轉參數瞭如指掌，對每個零件的動態資料及其聯動效應也有所掌握。

他的大腦就像裝了一個快速分析美國整體工業現狀和發展趨勢的軟體，從資料中就能把握經濟活動規律和脈搏。透過經年累月大量閱讀和積累資料，葛林斯潘建立了一個分析整體經濟和局部行業運行狀態的資料流程和模組。如果把企業一系列經濟活動的基本參數輸入，葛林斯潘立刻能生成一份預測宏觀經濟周期的報告，還有完整的圖表。

葛林斯潘對於經濟學理論沒太大的興趣，他感興趣的是如何解決實際出現的各種問題。他在自傳中也提到，對凱因斯的宏觀研究並不十分感興趣。在理論方面的學習，唯一給葛林斯潘留下深刻印象的就是一九五一年選修沃夫維茲（Jacob Wolfowitz）教授的資料統計與經濟理論結合的課程。[5]這位教授就是後來小布希時代擔任美國國防部副部長的沃夫維茲的父親。小沃夫維茲是伊拉克戰爭的主要策劃者之一，從國防部退下來之後，是新保守主義的主要代表人物，後來擔任世界銀行的行長。

在沃夫維茲教授的課堂上，葛林斯潘第一次接觸經濟計量學概念，用統計方法來處理經濟結構之間的變數，頓覺豁然開朗。葛林斯潘已經儲存了從礦山、冶金、鋼鐵、鐵路運輸、汽車工業到各個輕重工業全面而詳實的歷史資料，而且前後跨越的年代甚廣，一旦將之導入經濟計量學數學模型，立刻能輸出未來經濟發展趨勢的預測，這要比基於純理論的經濟學模型更準確而切合實際。

葛林斯潘在腦中呈現明晰的宏觀圖像，這個世界完全可被構建成一個複雜的數學模型，只要資料積累的時間夠長，是可以透過它來預測未來的經濟趨勢。他的心中也油然升起一股能縱覽世界經濟，高瞻遠矚，盡在把握的豪邁氣魄。他試圖用自己的模型來理解這個世界，用自己的資料來驗證推測。

韓戰一夜成名

葛林斯潘對資料和數學模型的癡迷和自信，在韓戰爆發後達到巔峰。

戰爭期間，由於美國國防部進行大規模備戰，將軍事工業相關資訊，如戰鬥機、轟炸機的製造資料，都列為軍事機密。在產業供應鏈中，如特種金屬、鋁、銅、鋼鐵的製造商，技工和工程師，急於瞭解軍工生產的資訊。軍用飛機製造業影響社會經濟甚巨，尤其是在一九五三年財政年度中，軍費開支占到GDP的一四%。由於缺少軍事工業方面的資料，華爾街以及眾多行業的分析人士都是眼前一團黑，搞不清楚戰爭會對未來經濟發展造成什麼影響。

在這個當口，葛林斯潘站了出來。他認為這種狀況持續下去，會對美國經濟造成不利影響，於是自告奮勇，要把被軍方嚴密封鎖的軍工生產資訊自行推算出來。他先從公開的資訊管道著手搜索，結果發現所有跟軍用飛機製造相關的資訊，從飛機型號、飛機用材、飛機編制到計劃生產架數等，全被軍方封鎖得滴水不漏。葛林斯潘只得轉而搜尋二戰期間的資料。葛林斯潘從一九四〇年代的國會記錄中尋找相關行業的聽證會和官方公佈的有限資料，再加上公開的相關資訊、工程師的操作手冊、各相關企業的生產報表、管理報表和大量聯邦統計報表，以及美國國防部所公佈的週邊行業的訂單資料。

靠著有限的公開信息，例如從某一型飛機的重量，材料中鋁、銅、鋼鐵的比例，就可算出每架飛機的用料，然後進行總量整合，再反過來倒推美國軍事工業對銅、鋼鐵、冶金、鐵路運輸、電力等行業所造成的經濟影響。

一九五二年，葛林斯潘發表研究成果。這篇〈美國空軍的經濟學〉立刻讓五角大樓大為震驚，以為葛林斯潘是間諜，因為他的結果跟美國軍方所掌握的資料非常接近。

經此一役，葛林斯潘成了美國經濟學界眾所矚目的一顆新星。一九五〇年代，葛林斯潘的確有充分的理由相信自己已站到牛頓在物理學界中的地位。世界經濟運行的基本規律和普遍規則已牢牢掌握在他手上。只要上帝之手輕輕一推，世界經濟的一切走向，他都能精確計算。

正當葛林斯潘嶄露頭角時，另一顆璀璨的明星迎面撲來。她那奪目的光芒直射進葛林斯潘的內心深處，而且不曾黯淡下來。

艾茵・蘭德：葛林斯潘的精神導師

> 你無比崇拜的思想巨匠曾教導你，大地是平的，原子是最小的物質。整個科學史就是謬論被不斷戳穿的過程，並未取得任何成就。
>
> 只有最無知愚昧的人才會相信眼見為真的說法。你所看見的正是首先需要被懷疑的。
>
> ——艾茵・蘭德❻

不知道艾茵・蘭德這個人，就不算是瞭解當代美國。艾茵・蘭德的著作曾深深影響一九五〇年代以來的美國、乃至整個西方世界精英的世界觀。

艾茵・蘭德

艾茵・蘭德（*Ayn Rand*）是俄國猶太裔女作家，早年生活在蘇聯，年輕時移民美國。她與歐美的國際銀行家族關係密切。她在一九五七年出版的《阿特拉斯聳聳肩》（*Atlas Shrugged*）共有一千一百六十八頁，發行量高達八千萬冊，成為西方世界中傳播規模僅次於《聖經》的圖書。有人說，如果把這部書「放在鐵軌上，可以讓火車出軌」。出版前，美國蘭登出版集團的編輯曾建議她刪去部分內容，艾茵・蘭德回說：「你會去刪《聖經》嗎？」結果書一字不改地出版了，❼隨即引發了美國知識份子階層的超級精神大地震。半個世紀以來，對該書的評價可謂汗牛充棟，毀譽參半。

一九五二年，年僅二十六歲的葛林斯潘透過朋友介紹，加入了「艾茵・蘭德圈子」。❽嚴肅略顯枯燥的葛林斯潘剛接近魅力四射的艾茵・蘭德，對她崇拜得五體投地。在往後長達八年多的時間裡，葛林斯潘幾乎每個星期都會到艾茵・蘭德的住處，同她探討問題。這事有點令人費解，「艾茵・蘭德圈子」關注的是「高端」哲學和思想問題，而葛林斯潘是精通數學模型和資料統計的專家，也曾提到自己年輕時對理論問題興趣缺缺，顯然他跟這個圈子不搭軋。那麼，究竟是什麼使他對艾茵・蘭德的小沙龍這麼感興趣呢？

當然，愛美之心人皆有之，但葛林斯潘似乎並不是衝著艾茵・蘭德的美貌去的，倒是介紹葛林斯潘與艾茵・蘭德認識的人，最後成了她的情人。

讀者不妨設想一下，連續八年每週都去參加幾個小時的討論，這對於生活繁忙的現代人來說，是很不容易做到的一件事，更何況是大忙人葛林斯潘。葛林斯潘不是小說家、哲學家，對宏觀理論也不感興趣。他能堅持這麼久，是因為艾茵・蘭德的思想和世界觀是他前所未遇的靈魂挑戰，一種他從前無法想像的精神境界，一種重新認識世界經濟的運作機制。一九五二年到一九五七年，正是艾茵・蘭德專心寫《阿特拉斯聳聳肩》的時候，也正是葛林斯潘對世界認識發生重大嬗變的時期。這本書深深震撼葛林斯潘，也讓艾茵・蘭德成為葛林斯潘的終身精神導師。

《阿特拉斯聳聳肩》中的阿特拉斯是希臘神話中的大力神，一手擎天扛住天宇，庇護著芸芸眾生，但是人類對他並沒有應有的感激，還輕忽阿特拉斯的無私奉獻。❾這本書的核心就是，世界上只有少數精英是「扛住天宇」的「大力神」，精英是社會進步的動力來源，推動人類歷史的發展。但這些精英卻受到社會不公正的待遇，並沒有被賦予足夠的權力。既然被庇護的絕大多數沒有思想和靈魂的普通人都能隨時罷工，那麼如果有一天精英也罷工了，世界究竟會變成什麼樣？

艾茵・蘭德提出一個非常尖銳的歷史觀和世界觀問題：究竟誰才是歷史的主要推動力量？是人民大眾，還是少數精英？❿

艾茵・蘭德認為，金錢是構成社會各種運作機制中最核心的主軸，不管政治、經濟、軍事、文化、藝術、歷史等，都是圍繞著金錢在運行。《阿特拉斯聳聳肩》的理念就是不承認任何道德，只有金錢才是道德的唯一衡量標準。擁有金錢的人創造財富的能力要遠遠超過常人，必然成為社會的強者。艾茵・蘭德認為社會要進步，必須鼓勵強者，不能同情弱者。

這個觀點非常符合金權崛起的基本方法和思路。當金權主宰了社會，那麼掌握金權的國際銀行家，理所當然就成為世界的主人，而且成為道德的楷模與化身。《阿特拉斯聳聳肩》備受美國精英的推崇，因為這本書道出了他們的心聲，統治精英就此對整個社會進行徹底的道德洗腦。

很多人把《阿特拉斯聳聳肩》當成哲學書籍、小說來看，或是把它看成一本代表反叛思潮的書，其實它最重要之處在於栩栩如生描繪出統治這個世界的超級精英的精神世界。透過這本書，讀者可以觸及能量驚人的「盎格魯—美利堅權勢集團」的鮮活靈魂。

誰是上帝之手？

在二十六歲的葛林斯潘看來，世界經濟運作的規律已盡在股掌之間。但問題是，初始變數是誰設置的呢？這是葛林斯潘以前沒想過的問題。按照牛頓的話，上帝之手推了世界一把，剩下的事就是牛頓力學可以處理的了。但在經濟活動中，誰是上帝呢？是誰的手推了經濟系統一把，是誰握著經濟機器的鑰匙？葛林斯潘首次迎頭碰上這個問題。艾茵・蘭德讓葛林斯潘第一次意識到「上帝之手」的重要性，也是艾茵・蘭德讓葛林斯潘頓悟到答案。

葛林斯潘在傳記中強調，在認識艾茵・蘭德之前，他沒有意識到人在經濟活動中的重要性，後來才幡然醒悟，人才是經濟領域中最需要關注的研究對象。[11]當然，葛林斯潘所說的人並不是街上的人群，而是艾茵・蘭德讚譽的統治精英階層。

是他們在決定了運行方向之後，推了經濟活動一把。葛林斯潘之前只是看到被他們推動之後的社會經濟運行狀態，但是並沒想過初始條件的設置，以及是誰在設定這些初始條件。誰讓經濟往這個方向，而不是往另外的方向發展？誰是推動經濟體的初始推動力？誰是上帝之手？

這一連串的問號引導葛林斯潘去拜訪艾茵·蘭德，也讓他從數學模型和資料侷限中提升出來。

艾茵·蘭德的偽命題

艾茵·蘭德批判各種形式的社會公平政策和政府對經濟的干預，指責這是劫富濟貧之舉。她極為蔑視、反對這些強調公平的社會理念，認為金錢的多寡衡量一個人的能力，只有強者才能創造更多財富，才對社會有更大價值，所以他們不應受到懲罰。現有的社會制度在很大程度上就是懲罰強者，迫使他們扶助無用弱民，而在艾茵·蘭德的眼中，這無疑是一種罪惡。

無論是政府用暴力和強權去掠奪強者創造出來的財富，還是弱者以哭泣和哀憐去乞求強者付出，或其他社會道德和輿論對強者施壓，逼迫他們進行奉獻，又或是各色卑鄙之徒對強者的金錢和財富進行偷竊和掠奪，這些行為在艾茵·蘭德看來，都是極端荒謬的。

從本質上來說，艾茵·蘭德的理念不能算錯，就看站在哪個角度來看。社會精英顯然會認同艾茵·蘭德的想法，但是弱勢群體則會否定抵制艾茵·蘭德，因為在艾茵·蘭德的眼中，這些普羅大眾沒本事、沒能力，天生就是「寄生蟲」。

艾茵・蘭德也挑戰了寄生蟲的概念。傳統觀念認為，資本家和資產階級是剝削無產階級的寄生蟲，但是艾茵・蘭德在書中提出了尖銳的反問，精英創造了更多財富，為何卻被指責為寄生蟲？精英帶來了就業機會，為何卻被認為是在剝削？精英才是各種發明創造的原動力，為何卻被社會視為不勞而獲？精英懂得如何運轉社會經濟而躋身關鍵位置，為何卻被大眾指責權力太大，報酬太高？這些人擁有金錢，控制財富，那是他們理所應得的，因為他們付出更大的努力。而普羅大眾則是飽食終日，無所用心，卑鄙猥瑣，道德低下，目光短淺，怨天尤人，缺乏能力，嫉妒強者。因此結論就是，少數社會精英才是歷史發展的動力，而普羅大眾則是不折不扣的寄生蟲。

沒有一個國家的政府會公開聲援艾茵・蘭德的觀點，即便是在美國這樣一個精英專政的國家也是如此。面對艾茵・蘭德直言宣揚金權至上的道德觀念，政府也只能保持沈默。因為美國也需要維持社會表面和諧的道德觀。聰明絕頂、能力極強的人，畢竟是金字塔頂端的少數，而絕大多數能力平庸、智力一般的人構成社會的主體。政府若是旗幟鮮明，站在極少數人這一邊，反對大多數人的政治姿態，必定會引起社會思想觀念和輿論極大的衝擊。

美國知識份子階層中有不少人反對艾茵・蘭德的觀點，艾茵・蘭德也起而抨擊，認為這些人虛偽而無用。知識份子對此書的抨擊，有一部份是因為艾茵・蘭德的言論過於極端，讓他們覺得不舒服，同時也是因為艾茵・蘭德的富人至上論挑戰了對人性認識的底線，以天下事為己任的知識份子自然不肯坐視。崇尚「金錢即道德」的觀念讓很多人無法接受，如果把金錢當作成功與否、甚或有無存在價值的判準，那麼國際銀行家無疑就是社會中最有價值的人，因為他們最懂賺錢的竅門，而且也控制創造財富的源頭和流動管道，他們理應統治世界。那麼其他人怎麼辦？難道天生就注定當奴隸嗎？這種觀點顯然會威脅社會整體結構的穩定。

其實，金錢是否代表道德，並不是問題的關鍵，關鍵在於金錢的分配是否合理公正。金錢代表財富，而財富代表了精英和普羅大眾共同的貢獻。這個社會之所以不公正，歸根到底是出在金錢分配系統。不合理的貨幣制度，從制度上確保利益分配偏向少數精英，而對普羅大眾構成嚴重的不公正。這才是罪惡的根源。

因此，艾茵・蘭德提出的是一個偽命題。無需評判金錢是好是壞，這不是問題的本質。但是艾茵・蘭德以長篇大論，迴避了問題的核心：不公正的財富分配，不公正的佔有，才是道德與罪惡的分水嶺。

艾茵・蘭德試圖為少數精英的金錢觀、道德觀進行辯護，從而讓普羅大眾接受少數精英統治社會的合理性。在美國，《阿特拉斯聳聳肩》是中小學生必讀的課外圖書。這是誰規定的？當然是統治精英。統治精英透過控制美國的教育機構和教師協會，把這個觀念灌輸給美國的年輕一代，八千萬不是市場銷售量，而是精英階層施行洗腦所「促銷」出的成績單。這才是此書銷量奇高，但未躋身世界名著的真實原因。

艾茵・蘭德突顯了金錢的特殊和社會倫理的虛偽，社會精英以世界的主人、上帝的選民自居，是天生的統治者，這種心態激起多數人的不滿。

如果「大力神」罷工

艾茵・蘭德想像了一個系統性危機：統治精英階層為了獲取更大的權力，精心預謀了一場「大力神集體罷工」。⑫社會上所有的精英力量，包括銀行業、鐵路運輸業、石油業、冶金業的老闆，還有擁有龐大礦山資源的百年家族，連同著名的政治家、科學家、藝術家、發明家等，這些設計、控制整個社會經濟機器運轉的重要零件的統治精英，突然消失了。他們按照預定的計畫，離開社會，躲進深山逍遙度日。被他們拋棄和懲罰的普羅大眾，會發生什麼事呢？

在艾茵・蘭德的敘述，這批社會精英有意採取「自我毀滅」的做法。小說中銅礦的主人親手毀掉了家族傳下來的基業，而且摧毀得如此徹底，以至於以後都休想再從銅礦廢墟中挖出一公斤的銅；鐵路公司撤出的時候，將摧毀累積幾代人心血的鐵路；銀行家撤出，整個社會的金融系統為之癱瘓。美國的經濟系統分崩離析，社會陷入一片混亂，文明之火將逐漸黯淡，終至熄滅。當世界陷入一片黑暗和動蕩，普羅大眾終於醒悟他們離不開精英，唯一的選擇就是乞求精英出山，重新拯救這個世界。精英提出條件，他們必須得到更多的權力，要對社會實施必要的控制，社會必須按照他們的理念來運作。一言以蔽之，精英必須要達到最終壟斷一切社會資源的最高目標。⑬

如果把這本書所描述的混亂和當今金融危機加以比較的話，我們會發現兩者非常類似。眼前經濟實體的解構和金融系統的崩潰，難道真是自發和不可避免的嗎？有沒有可能是精英在罷工呢？有沒有可能是「盎格魯—美利堅權勢集團」想取得更大的社會控制權和更多的運作權力而設計和策劃的呢？

按照羅斯福的觀點，沒有一個政治事件是完全隨機發生的，每一個政治事件都是精心策劃的。政治事件如此，那麼金融系統出現重大變故，難道不也是如此嗎？這些事件的背後難道沒有重大的圖謀和嚴謹周密的策劃嗎？

精英階層認為自身擁有遠超凡人的智商和能力，相信自己被上帝所選定。不屬於他們的「常人」，也就是《聖經》中所說的「外邦人」，理應歸服宿命，接受上帝選民的管理。

如果我們接受這樣的理念和意識形態的灌輸，那麼除了認命做奴隸，接受盎格魯—美利堅精英設計的規則之外，別無選擇。在所謂民主自由的政治招牌掩飾下，精神信仰層面根深蒂固的差異是無法調和的。精英允許「凡人」參與的，根本不是一個平等的遊戲，也不是一個平等的人生，那要如何侈言「平等的社會」？

讀了《阿特拉斯聳聳肩》，會對社會現實有更深刻的認識，同時也會領悟為何這些人會自認為統治者，為什麼他們會這麼想，為什麼他們會如此做。當今世界上所發生的種種戰亂、政變、社會動蕩，都會展現出另一番景象。我們需不需要「換一隻眼」來看世界？我們是否還是不假思索，接受西方主流媒體傳達的資訊？國際媒體又掌握在誰手上呢？結果還是國際銀行家。我們所看到的「真實資訊」，到底經過多少的扭曲？

黃金：精英的理想貨幣

在艾茵・蘭德的筆下，精英躲進科羅拉多山脈的一片淨土，儼然準備重建一個天堂國度。⓮在這個世外桃源，他們使用的貨幣不是美鈔，也不是任何形式的紙幣，而是黃金貨幣。其實，不管是葛林斯潘在一九六六年寫的《黃金與經濟自由》中對黃金的闡述⓯，羅斯柴爾德家族對黃金定價權近百年的控制，還是世界上重量級的中央銀行和大銀行對黃金的暗中操作，無不秉承著國際銀行家對黃金的特殊興趣。

黃金在國際銀行家的內心深處和真實精神世界中擁有至高無上的地位，這是為什麼這些人牢牢握住黃金，同時卻想讓其他國家的人認為黃金不重要。這本書給了一個清晰的答案。

弗朗西斯科是《阿特拉斯聳聳肩》的靈魂人物，他在解釋什麼是金錢，什麼是財富的時候，反覆提出一個重要的標準——金錢必須基於標準的價值，而這種價值必須具有真實的意義，才能作為經濟活動價值的客觀評估尺度。一個客觀的價格尺度要求其基準必須是商品。黃金是一種儲藏財富和價值的手段，並準確反映出人們對不同商品和服務中體現的價值。

弗朗西斯科一語中的，金錢的價值標準作用正在被通貨膨脹所侵蝕。弗朗西斯科認為紙幣替代黃金，造成貨幣貶值，這是導致社會道德淪喪的一個重要原因。⓰在世界統治精英和國際銀行家看來，黃金是一種誠實的貨幣，它代表一種客觀、公正和不欺詐的交易行為，一個社會成員之間進行交易的莊嚴無偽的許諾，它代表今天你所擁有的財富在明天，在明年、在遙遠的未來都能換到和今天等值的商品和服務。

黃金作為一種公平客觀的社會契約，將所有參與交易的各方，緊密、平等、無欺無偽地整合在一起，弗朗西斯科認為黃金在整個貨幣體系中發揮了公平合理的尺度和儲存財富的作用。而貨幣體系就是社會分配財富的體系，社會的道德水準。取決於它是否公正合理。

合理的貨幣制度可刺激財富創造，抑制投機，反之，不合理的貨幣制度則鼓勵投機、抑制真實的財富創造。貨幣制度不合理，社會道德的底線終會瓦解，整個倫理體系將會崩潰，文明將走向暗淡消亡。從國際銀行家的代表人物弗朗西斯科的角度，不合理的貨幣制度就是搜刮財富的手段和陰謀。

葛林斯潘在一九六六年發表的《論經濟自由》一文，闡述的觀點與弗朗西斯科一致。弗朗西斯科厭惡通貨膨脹，葛林斯潘也做如是想。他們這群人都反對所謂的寬鬆貨幣政策，反對所謂法定貨幣的體制，而且堅信包括美國政府、聯準會在內，都不應該干預經濟運作。他們徹底支持放任的自由資本主義經濟。

這就不免令人起疑。葛林斯潘在一九六六年發表這篇文章時，已經四十歲了，他的觀點、價值觀和世界觀早已定型。可是等他擔任聯準會主席之後，卻鬆手放任美元泛濫，導致了美國的寬鬆貨幣政策持續時間超長，最終釀成了今天席捲全球的金融海嘯。葛林斯潘到底在想什麼？他的作為和自身信仰似乎格格不入。

葛林斯潘在擬定貨幣政策時的言行與他一貫的信仰出現巨大的差異，讓我們更有理由對目前所爆發的金融危機多打個問號。葛林斯潘難道真的看不出經濟危機即將到來嗎？以葛林斯潘的能力和他對數學模型、資料的精確掌握和高度敏感，對宏觀經濟的測算能力，他在一九五七年就能提前六個月預見一九五八年的經濟危機，為美國鋼鐵企業提供諮詢的時候，就已經準確預言經濟危機即將出現，但他在二〇〇二年實行貨幣寬鬆政策，給經濟體系注入大量貨幣，放水養魚的時候，卻對房地產泡沫持續膨脹視而不見。他真的看不到風暴即將來臨，最終會導致一場金融浩劫嗎？可是葛林斯潘到二〇〇七年初還認為次貸危機不會有什麼太大的問題。⑰

可不可能葛林斯潘是在有意識地摧毀美元的價值，摧毀美元的信用，摧毀美元的生存基礎？請注意，美元崩潰決不意味著美國崩潰，相反地，在賴掉所有美元債務之後，美國反而得以輕裝上陣。在擁有強大的軍事力量、科技創新能力和豐富的資源基礎之上，美國透過「破產保護」，徹底擺脫債務糾纏，更改世界貨幣遊戲規則。最後，美國將拿出壓箱底的八千一百噸黃金儲備和三千四百噸 IMF 的黃金，此時，美國為了「拯救貨幣信用」，不得不將「新貨幣」與黃金掛鉤，以取信於天下。當然，世界上缺少黃金儲備的國家將是最大的輸家。屆時，美元失去的不過是一條「債務的鎖鏈」，而得到一個金光燦爛的全新世界。

我們會重蹈一九二三年德國超級通貨膨脹的覆轍嗎？如果會，那麼極少數人開始大規模做空美元，就是一個危險的信號。

扭曲的美元與「債務堰塞湖」

如果我們把國家看作一個公司，也有一張資產負債表。在這張資產負債表的資產項下，就是國家的財富，即透過勞動所創造的各種商品和服務，在負債項下，則是這些勞動成果的「收據」，即貨幣。貨幣並不是財富本身，只是對財富的一種「索取權」和對財富的「分配權」。

如果說社會的實體經濟主要是在「做蛋糕」，那麼貨幣系統的核心作用就是「切蛋糕」。貨幣體系決定社會財富分配的價值取向，因而構成社會對財富創造者和擁有者的獎懲制度基礎。合理的貨幣系統的作用就是「獎勤罰懶」，只要努力創造財富，誠實儲蓄勞動成果，將獲得制度性的保護和系統性的獎勵，從而鼓勵人民去創造更多的財富和享受公平的成果分配。反之，不合理的社會制度將產生「獎懶罰勤」的效果，刺激財富的投機和賭博行為，嚴重扭曲社會財富的分配機制，懲罰老實的財富創造者，並剝削本份的財富儲蓄者。如果炒股票就能發大財，人何必要去勤奮工作？如果大家都在金融市場上輕鬆獲得暴利，誰還會去踏踏實實，從事實體經濟艱辛繁瑣的辛苦工作？好逸惡勞、巧取豪奪之風日盛，勤儉持家、艱苦奮鬥之氣日衰，整個社會的財富創造的熱情將受到嚴重侵蝕，最後，國家乃至文明將會衰落。貨幣學家弗蘭茲・皮克有

社會資產負債表

資產	負債
財富	貨幣
	資產負債平衡

句名言：「貨幣的命運終將成為國家的命運。」

貨幣體系正是社會、乃至文明的道德倫理基石。從這一點來看，葛林斯潘等人早已洞悉了誠實的貨幣制度對人類文明究竟意味著什麼。這也是他們最終必將放棄現有在經濟上負債累累，在道德上千瘡百孔的美元體系的根本原因。

這次席捲全球的金融危機，並不是一系列偶然與巧合的後果，而是一場醞釀已久的全球範圍內經濟結構嚴重失衡的總清算。造成這種史上罕見的經濟結構嚴重扭曲局面的最重要因素，就是一九七一年布萊頓森林體系解體以來，美元的過度發行。美元逐年放大的濫發趨勢將世界經濟體中各種潛在的危險因素逐漸聚集起來，在經歷了長達三十多年的緩慢惡化之後已是無以為繼，危機終於爆發了。

這場危機的本質是一場美元體系的重大危機，它不同於一九三〇年代以來的歷次經濟衰退，無論這場危機如何落幕，世界都再也不會回歸從前的格局。從世界經濟發展模式到國際貿易分工，從全球貨幣機制到金融市場重建，從國際均勢到地緣政治版圖，從新能源革命到綠色時代的來臨，這場金融危機對現有世界格局的衝擊將不亞於一場世界級的戰爭。

一九七一年，美國單方面廢除了布萊頓森林體系。從此，美元的發行既不受黃金的制約，也沒有國際機構的監督。美國開始走上一條放縱美元發行，利用其世界儲備和結算貨幣的特權地位，盡享向全球徵收鑄幣稅的驚人利益。

一九五九年之後，美元的發行量就持續超越美國 GDP 的實體經濟增長速度，美元的超量發行在一九九七年進入快速攀升的階段，⓲這兩條線之間的差距可被視為美國這幾十年來透過美元過量發行向全世界徵收的「鑄幣稅」。特別是一九七一年美國單方面廢除了布萊頓森林體系，乃是美元的重大國際違約行為。布萊頓森林體系是世界各主要國家簽署的國際公約，具有法律約束力，美國政府未經協商，突然單方面廢除了美元與黃金的掛鉤，相當於美元的嚴重賴賬行為。既然美元有過違約的「前科」，那麼未來再次違約和賴賬也不無可能。

絕對的權力必將導致絕對的腐敗，這句話同樣適用於美元。美元的特權在為美國帶來巨大利益的同時，也帶來了日益嚴重的副作用。

一方面，靠印美鈔就能享受別人的勞動成果，這種不勞而獲的快感就像毒癮一般，逐步瓦解了美國自立國以來所秉持的清教徒精神和節儉刻苦的社會道德倫理體系，違背了努力勤奮創造財富的「美國夢」精神，滋生和縱容整個社會的鼓勵投機、崇尚奢華、放縱消費、寅吃卯糧、自我膨脹的惡性觀念，腐蝕了社會新生代創造真實財富的熱情，日益掏空了美國積累了兩百年的社會財富。

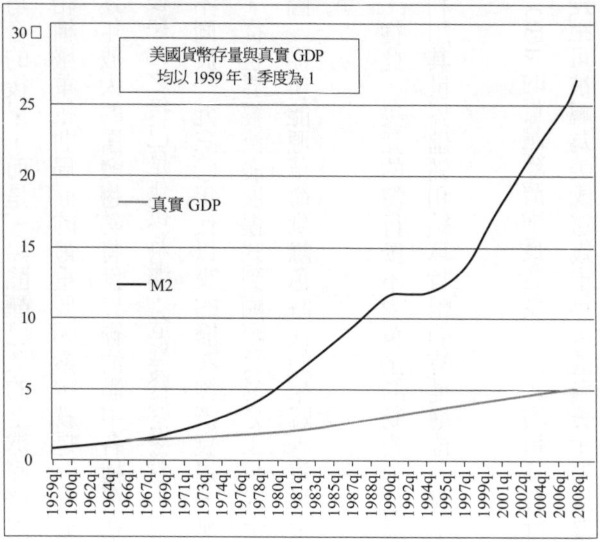

美國貨幣存量與真實 GDP

另一方面，在出口美鈔換回世界商品的過程中，必然積累大量赤字和負債，越來越大的債務規模和利息支出成本，從根本上削弱了美國國力，為了彌補虧空，只能加大印鈔規模，從而導致社會財富分配不均日益嚴重，中產階級債務壓力逐年增加，而收入水平遠遠落後，家庭財務狀況越來越脆弱，支付危機儼然成形。

美元的長期過量發行，導致全球經濟結構的嚴重扭曲。如果沒有美元的不合理制度力挺，美國的過度負債與消費和新興國家的過度生產與儲蓄之間的極端失衡局面，早就無以為繼。歷史上沒有哪個國家能像美國這樣，持續三十多年處於貿易逆差和財政逆差之中，在沈重的債務壓力之下國民經濟還能不發生系統性的崩潰，其根本原因正是美元脫離黃金之後，美國實際上不必努力償還債務，只需開動印鈔機就能大幅減輕債務壓力，而將通貨膨脹的後果均攤給全世界。這種貨幣制度之荒謬、之墮落、之不公，在歷史上前所未見。

截至二〇〇八年，美國的國債、地方政府債、企業債、金融債、私人債務的總規模已達五十七兆美元，近年來並以每年七—八%的速度增加，而美國常年可持續的 GDP 和國民收入增加速度僅有三%左右。因為債務成本增長率始終高於國民收入的平均增長率，從一九八〇年開始，美國總債務（不光是國債）占 GDP 的比重連續攀升了近三十年，從一六三%飆升到目前的三七〇%。美國總債務已形成一個「債務堰塞湖」，更由於複利效應，增加的規模越來越驚人。

美元自一九七一年脫離黃金以來，美國總債務平均年增率是六%，二〇〇〇年之後更高達七—八%。如果我們以六%的增長速度計算，那麼在四十一年後，美國的總債務將達到六二一・五兆美

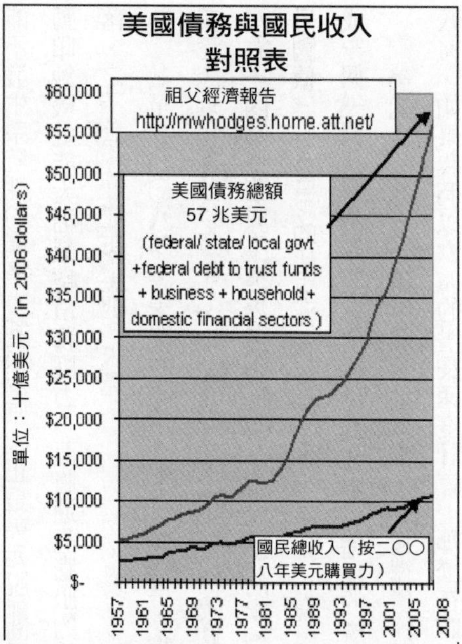

資料來源：Federal Reserve.US Treas..Bureau Economic Analvsis

元！如果以六%的平均利息成本計算，利息支出將高達三七・三兆美元。而美國的國民收入以目前十一兆的規模，以三%的增長速度計算，四十一年後只有三十七兆美元。

換句話說，二〇五一年將是關鍵的一年，到這一年，美國的債務利息支付總額將超過國民收入的總額，這意味著美國將在經濟上徹底破產！

這些債務還不包括目前超過一百兆美元的醫療保險和社保基金的隱性負債。美國社會已處在高倍槓桿運作之下，整個國民經濟將無法承受如此沈重的債務本息壓力，從而導致崩盤。

因此，美元危機的爆發不是會不會的問題，而只是何時的問題。可能在二〇五一年美元大限到來之前，崩潰就已經發生。也許，二〇〇八年金融海嘯拉開的正是美元解體的序幕。

世界經濟的未來：十四年的「消費大蕭條」

我們要關注的已經不光是金融海嘯是怎麼回事，而是金融海嘯之後的世界將會發生什麼。

從目前經濟的基本趨勢看，金融危機的恐慌情緒似乎暫時平息，經濟復甦的希望彷彿就在眼前。二〇〇九年以來的全球股市閃現反彈，這究竟是新一波牛市的開始，還是可怕的熊市回升？世界經濟真的即將復甦了嗎？

一九二九年的美國股市暴跌僅是拉開大蕭條的序幕，一九三〇年美國股市出現了一波非常近似的熊市大反彈，也令人們燃起強烈的希望。但是，隨之而來的是一九三一年更大規模的金融風暴，徹底打垮金融市場的信心，並引發長達十年的經濟大蕭條。

一九三〇年代的經濟蕭條其實離今天並不遙遠。世人總是想當然爾，認為當今的世界在本質上已經發生某種變化，人類似乎登上一個永久繁榮的高原，所有衰退都是短暫的，每次復甦都是迅速的。各國中央銀行好像已經找到避免大蕭條的靈丹妙藥，貨幣政策可以無中生有創造財富，制止一切危機的蔓延；政府篤信財政政策能挽狂瀾於既倒，實現永久繁榮。如果說經濟的確存在著內在規律，那麼人就必須順勢而為，認識規律並駕馭起伏，這對於投資者來說十分重要。

當經歷了驚險的激流險灘之後，欣然來到一片寬闊的湖面，一切似乎都已平靜下來。這時，只有站在高處的人才會猛然發現，就在下游不遠處，有一道令人膽寒的超級大瀑布！

這就是美國七千七百萬的「消費大蕭條時代」的來臨。

二次大戰之後，從一九四六年至一九六四年這十八年間出生的七千七百萬人，稱之為「嬰兒潮」世代，占美國人口的四分之一，這群人是當今美國社會的中堅。隨著嬰兒潮世代的成長，美國的經濟步入繁榮。一九六〇—七〇年代，美國的嬰兒潮帶動了玩具、卡通、流行音樂的成長；一九七〇—八

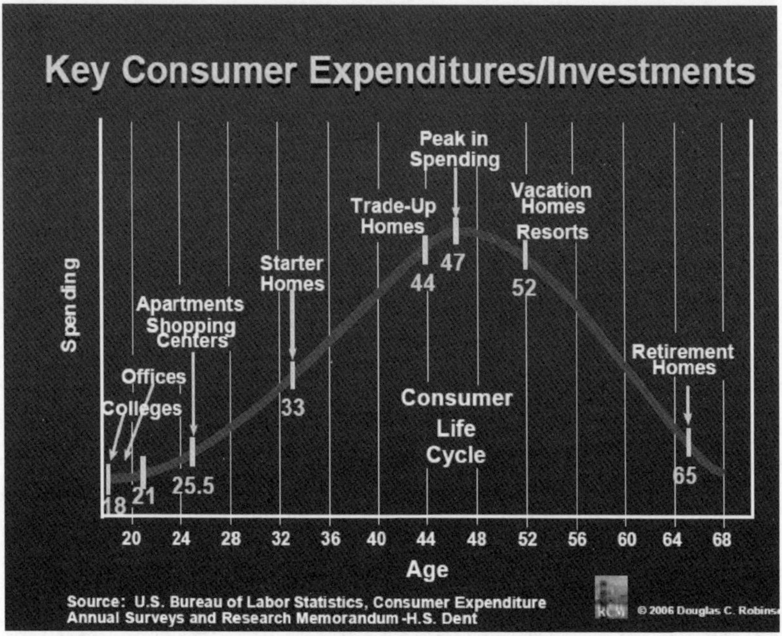

〇年代，步入適婚期的嬰兒潮帶動了房地產、汽車業的成長；一九八〇—九〇年代，步入消費黃金期的嬰兒潮又帶動了個人電腦和網際網路的成長，同時也創造了史上最大的股市漲幅、房價漲幅以及國際航空、個人電腦、電腦網路和運動休閒工具的需求。

根據美國勞工部的統計數字，美國人一生的消費高峰是在四十七歲，此時正當壯年，年富力強，收入達到鼎盛。過了四十七歲，開始考慮退休養老，身體也日漸衰老，不得不準備看病吃藥，從這時開始，人們對未來收入的預期下降，消費開始逐步滑落，生活日漸節儉。隨著年齡的增加，各種欲望也開始走下坡。

美國的嬰兒潮世代從來沒有儲蓄的習慣，他們的前半生正好趕上美國成為主宰世界的霸權帝國，對未來普遍抱持樂觀的態

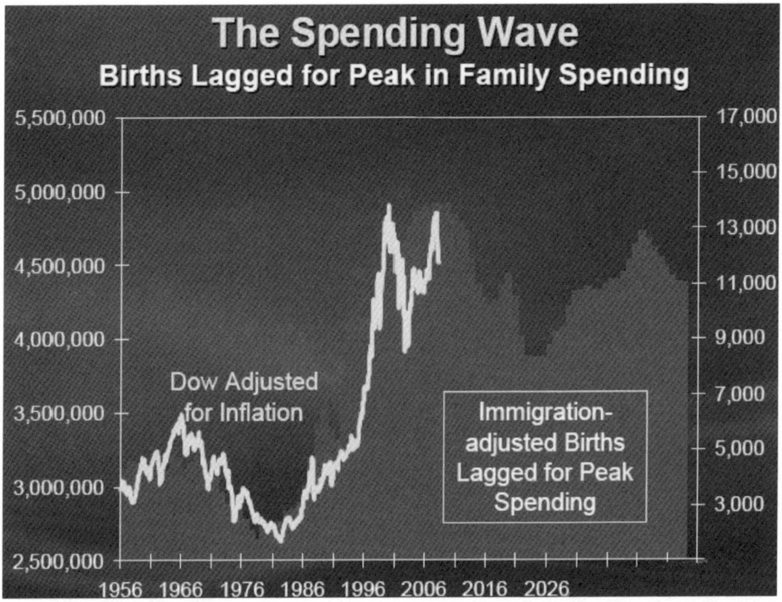

度，鋪張揮霍成為生活的常態，肆意和放縱是這個世代的特徵。他們沒有父輩灰暗的大蕭條記憶，也沒有你死我活的世界大戰的殘酷洗禮，一切都是那麼順利，一切都是那麼輝煌。

一九六二年嬰兒潮下滑拐點時出生的人，經過四十七年的奢侈生活，來到美國國運的轉折年，二〇〇九年。世界突然變得暗淡，經濟繁榮突然消失，金融海嘯驚濤拍岸，失業狂潮席捲而來。此時，他們突然發現自己投在股票市場的退休金已經損失近半，而銀行帳戶的存款從來就不多，放縱的生活習慣和肆意的超前消費，使得他們早已負債累累。在這樣的情況之下，他們的的消費曲線將會陡然下滑，必須加快勒緊褲帶的速度和力度，以應對未來殘酷的經濟寒流。

二〇〇九年將是世界經濟的轉折年，從圖中我們可以看出道瓊斯股票指數與人口消費年齡曲線高度一致。道理很明顯，股市反映了上市公司的業績預期，而公司的業績取決於產品銷售，銷售來自人的消費，消費在美國拉動了GDP的七二%。

從歷史上看，從一九六六年到一九八二年，美國股市出現了近十六年的大熊市（經通貨膨脹調整），這個熊市周期與上一波人口老化周期曲線幾乎重合。進入一九八〇年代之後，六〇年代初的嬰兒潮高峰期人口從大學畢業，陸續進入勞動力市場，這一批年輕人朝氣蓬勃，勇於冒險，敢於創業，大膽消費，刺激了美國經濟，拉動消費，創造了一個前所未有的經濟繁榮時代，股市緊跟著出現了一個近二十年的大牛市。

而二〇〇九年正好處在人口消費曲線所代表的懸崖邊緣，再往前一步就是「消費瀑布」的拐點了。一九六二年出生的最後一批嬰兒潮世代滑過二〇〇九年的四十七歲的消費高峰，接下去的就是一個劇烈下滑的消費周期，將持續到二〇二四年。這將是一個長達十四年的消費下滑周期，在高度負債的情況下，美國的消費市場將陷入一個堪與一九三〇年代相提並論的漫長冰河期！

請注意，無論貨幣政策還是財政政策，對於一個衰老的世代都不會發生明顯的作用，畢竟這些政策無法使人返老還童。鼓勵老年人去大膽借錢消費並不符現實，消費的逐年萎縮將使目前看起來鮮亮的經濟復甦「綠芽」失去肥沃的信貨土壤。畢竟，消費拉動著美國七二%的經濟增長！

日本曾在一九九四年達到人口消費的頂峰期，隨之而來的就是十幾年的經濟不景氣，日本政府將利率一路降到零，財政刺激所導致的國債總量高達日本GDP的一六〇%，日本經濟仍然無法啟動。這與政府無法強迫老人去大量借貸，進行只有年輕人才有興趣的消費有著密切的關係。

更嚴重的是，歐洲的人口周期與美國一致，歐美兩大經濟板塊將同時陷入長期的消費冰河期。這對於所有以歐美市場為主要出口對象的生產能力嚴重過剩的新興國家，將是一場經濟的巨變。不能適應這次巨變的國家將被淘汰出局，未來的道路將會異常艱難。

對此，統治世界的精英早已洞若觀火，他們要做的就是利用這個規律達成自己的重大戰略企圖。容我再次提醒讀者，二〇二四年將是一個對全世界至關重要的年份。這一年，國際銀行家的百年夢想將有可能實現！

第九章　通貨緊縮與通貨膨脹

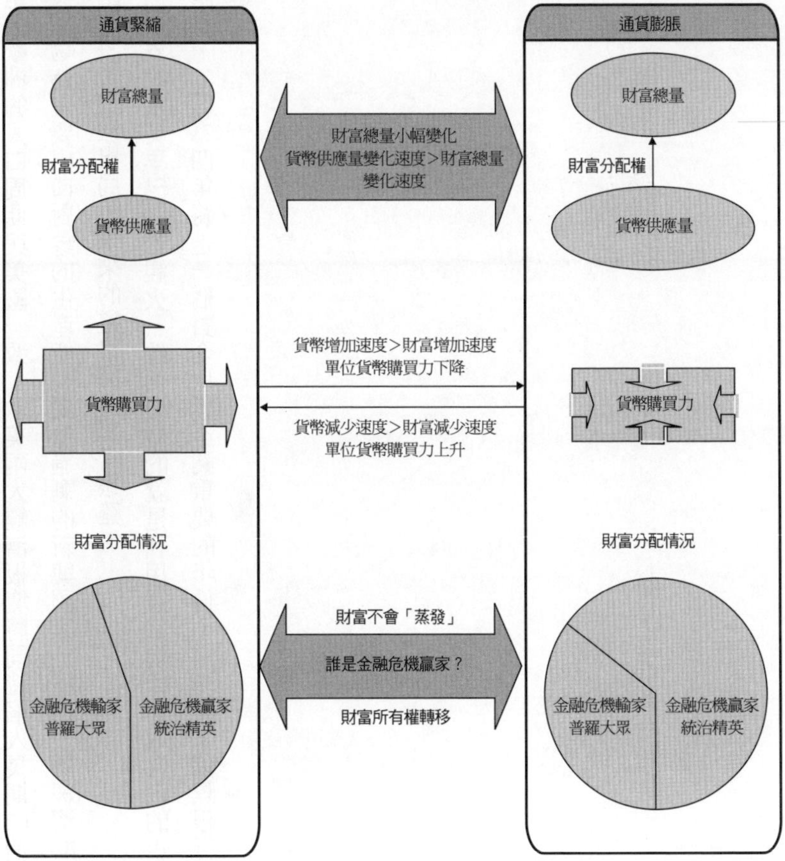

第十章

回到未來

全球金融危機將削弱美元的地位，幫助美國進行一次徹底的賴帳，同時，走向美元、歐元與一種亞洲貨幣的區域性貨幣，為世界單一貨幣鋪路。因此，從二〇〇九年到二〇二四年，全球經濟將會發生劇烈的動盪。那麼，哪種貨幣值得持有？作者大膽提出「黃金」加「碳貨幣」的組合——黃金的再貨幣化，以及二氧化碳排放量的貨幣化。蒼茫大地，誰主浮沉？

二〇二四年一月一日，世界單一貨幣啟動

「控制貨幣是一場偉大的鬥爭，控制貨幣的發行和分配就是為了控制財富、資源和全人類。」❶

──傑克・韋瑟福（Jack Weatherford），美國人類學家和貨幣史學家

二〇二四年元旦，世界單一貨幣由世界中央銀行在瑞士巴塞爾正式發行，這項消息透過世界各大通訊社，在世界各地的網路、電視、報紙、雜誌進行二十四小時的地毯式「新聞轟炸」。英國《金融時報》的新年社論以「世界進入永久繁榮」為題，熱情讚美：「世人終於瞭解到單一全球貨幣的好處，在他們的要求下，各國政府放棄了數百年來實施的主權貨幣。這是歷史上的偉大時刻，它意味著人類社會進入了永久繁榮的新階段。」

英國《經濟學人》雜誌則以權威與專業的角度發表評論：「隨著單一全球貨幣的使用，市場將不再需要累贅的貨幣兌換，也不需要為應付匯率波動而進行昂貴的對沖。貨幣投機、貨幣失敗的風險和收支失衡問題都會消失。在不考慮政治風向時，這種貨幣對真實價值的交換將更加有效。」

傑克・韋瑟福

美國《華爾街日報》代表美國「從善如流」的態度：「美國不可能阻擋歷史發展的必然趨勢。事實上，放棄美元並支持世界單一貨幣非但不會排斥美國的合法利益，反而會突出美國的主導作用和參與權力。尤其重要的是，美國自身的最大利益，恰恰在於革除貨幣特權，回歸公平競爭，只有如此，才能從根本上破解特里芬悖論指出的美元沉淪宿命的魔咒，而美國將憑藉得天獨厚的優勢，重振實體經濟在全球市場中的強大實力，繼續保持世界政治、經濟秩序的關鍵地位，發揮引領世界進步潮流的歷史作用。」

中國新浪網則發表主流經濟學家的齊聲歡呼：「在世界各國的共同努力下，我們終於迎來了全球化的新春天。世界金融秩序更加公正，中國將是最大的受益者之一。儘管我國的外匯儲備由於美元退出流通而承受了一定的損失和不確定性，但從長遠來看，這是中國順利融入國際主流社會必須支付的代價。從長遠來看，中國仍是全球化的贏家。」

但美國卻爆發了本世紀以來最嚴重的反全球化示威行動，與國際媒體一邊倒的支持形成強烈對比。在長期經濟蕭條的打擊之下，美國的失業率已高達十五%，財產和養老醫療福利流失的美國人民怨沸騰。美國紐約和費城發生了上百萬人抗議停止美元流通的大型示威，民眾穿著美元式樣的各種服裝，聚集在代表美國獨立革命的自由鐘周圍，數十萬人齊聲高唱《星條旗永遠飄揚》，示威領袖反覆宣讀《獨立宣言》和《美國憲法》，他們決心誓死捍衛美元，反對凌駕於美國國會之上的世界中央銀行發號施令。華盛頓紀念碑的大草坪上，五十萬來自東岸的示威群眾高呼「白宮出賣美國」的口號，

「停止背叛」、「絞死賣國者」、「世界貨幣，見鬼去」、「保衛憲法」等大幅標語飄滿整個賓夕法尼亞大道和第七到十四街區。議員在國會山莊唇槍舌劍，酣戰正濃，林肯紀念堂前警察與示威人群發生流血衝突，四九五環城高速公路的交通徹底癱瘓，八車道的路面成為示威群眾露宿的大本營。世界銀行和國際貨幣基金組織的大樓收到炸彈威脅，美國持槍者協會等右翼組織秘密串聯，準備發動「武裝起義」推翻賣國政府，五角大樓內波詭雲譎，軍中堅決效忠美利堅合眾國利益的部分將領密謀政變。

巴黎陷入無政府狀態，銀行被砸，商店遭搶，汽車焚毀，公共運輸斷絕，發生大規模的罷工，巴黎宣佈進入軍事管制。倫敦的抗議示威逐步演化為暴亂，英國金融城幾近死城，各大金融機構紛紛宣佈所有員工不支薪休假，軍隊開進市區維持秩序。柏林、法蘭克福、羅馬、維也納、莫斯科、東京、首爾等城市也受到不同程度的衝擊。

國際主義分子顯然低估了民族主義分子抵抗的決心和實力。網路打破了主流媒體的壟斷，越來越多的普羅大眾開始意識到喪失國家的貨幣發行權，就意味著徹底陷入被奴役的地位。在民主制度下，選舉是民眾對政治領袖施加影響力的有效手段之一，在國家層面上，主權貨幣的發行權仍與選民有關。但是，如果廢除了主權貨幣，世界中央銀行就成為凌駕於所有民選政府之上的超級金融怪獸，它獨立於政府，不受監控，不用選舉，沒有任何民主程序能有效制約它。

理查・庫博
資料來源：哈佛大學官方網站

世界單一貨幣的發行，將是歷史上金權達到勢力巔峰的歷史時刻。這個時刻的到來絕非是偶然或隨機的。它甚至有一張精確的時間表，一個名叫「單一全球貨幣協會」的組織是這樣計劃的：

「截至二〇二四年的計劃進度表。本計劃進度將確保單一全球貨幣的目標在二〇二四年實現。理查・庫博（Richard Cooper）教授在一九八四年提出在工業化國家建立貨幣聯盟，他設計了二十五年的時間表，這張表把我們帶到二〇〇九年。」❷

二〇〇九年　歐元區新成員：斯洛伐克加入
二〇〇九年　西非貨幣區五國：迦納，尼日，獅子山，甘比亞，幾內亞，採用共同貨幣：ECO
二〇一〇年　海灣合作理事會（GCC）國家計劃發起新的共同貨幣，成員包括：巴林，科威特，阿曼，卡達，沙烏地阿拉伯，阿拉伯聯合大公國
二〇一一年　蒙代爾的論文〈最優貨幣區理論〉在《美國經濟週刊》發表五十周年
二〇一一年　歐元區新成員：愛沙尼亞
二〇一二年　東非五國實施共同貨幣：蒲隆地，肯亞，烏干達，坦桑尼亞，盧安達
二〇一二年　全球貨幣聯盟籌建的國際會議召開
二〇一三年　歐元區新成員：拉脫維亞，立陶宛，保加利亞
二〇一三年　歐元區新成員：捷克，波蘭

二〇一四年　歐元區新成員：匈牙利

二〇一五年　歐元區新成員：羅馬尼亞

二〇一六年　南非十四國貨幣聯盟（SADC）：安哥拉，波札納，剛果，賴索托，馬達加斯加，馬拉威，模里西斯，莫三比克，納米比亞，南非，史瓦濟蘭，坦桑尼亞，贊比亞和辛巴威

二〇一七年　遴選全球貨幣名稱（歐元在一九九五年確定名稱，四年後實施）

二〇一八年　經濟學家預測單一全球貨幣實施，至少在大多數工業化國家實施。一九八八年經濟學家預言三十年後實施單一全球貨幣

二〇二〇年　六月一日：世界中央銀行成立，部分或全部採用國際貨幣基金組織或世界銀行的模式

二〇二一年　一月一日：新的單一全球貨幣準備用於電子交易

二〇二一年　二〇〇一年成立的非洲聯盟，設定了建立泛非貨幣聯盟的目標

二〇二四年　一月一日：全世界的交易通過新的單一全球貨幣進行處理
五月一日：此後所有舊的貨幣將不再用於交易，可在成員國的指定銀行兑換成新的單一全球貨幣，貨幣風險終結，資產價值繼續升值。

單一貨幣：歷史的終結者

我們期待著在當前這樣一個危機時刻，可以來推廣世界貨幣的政策。當前的金融危機，是唯一可能的時機，因為你只有在危機的時候才能來做建立新系統的事情。❸

——二〇〇八年十一月十三日，「歐元之父」蒙代爾

全球經濟需要一個全球性貨幣。❹

——保羅・沃爾克，美國聯準會前主席

控制貨幣和信貸可以打擊國家主權的心臟。❺

——奧爾登・克勞森（Alden W Clausen），美國銀行總裁，世界銀行行長

一旦一國的貨幣和信貸被部分控制，不在乎誰在制定該國法律。❻

——麥肯辛金（W L Mackenzie King），加拿大前總理

世界上總有些聰明人看懂了貨幣遊戲，《窮爸爸，富爸爸》的作者清崎就是其中之一。就在二〇〇八年九月金融海嘯爆發之後不久，他在十一月二十四日的一篇文章中提到：

一九一〇年，七個人在喬治亞州海岸附近的哲基爾島上召開一次秘密會議，據估計他們擁有全世界六分之一的財富。其中六個美國人，分別代表摩根、洛克菲勒和美國政府。另一個來自歐洲，代表羅斯柴爾德和沃伯格。一九一三年，美國聯準會的成立就是這次秘密會議的直接結果。有意思的是，美國聯邦儲備銀行既不屬於聯邦，又沒有儲備，也不是銀行……。他們控制了美國的銀行系統和貨幣供應。一九四四年的布萊頓森林體系導致國際貨幣基金組織和世界銀行的成立，其目的在於控制世界的銀行體系和貨幣供應，就像美國聯準會對美國所做的一樣。一九七一年，尼克森總統宣佈放棄美元與黃金掛鉤，這意味著控制世界金融系統的第一步工作完成了。二〇〇八年，世界經濟陷入危機，富人越富，但大多數窮人越窮。這次危機很大程度上直接源於幾十年前的這些秘密會議。換句話說，金融海嘯的很大一部分是被策劃出來的。[7]

世界是否需要一個全球中央銀行？如果想要實現單一的世界貨幣體系，它需要一個規模空前的貨幣政策來武裝國際金融體系。從本質上來說，單一的全球性貨幣將使得銀行的權力超越國家、種族和語言。加拿大前國會議員保羅・海耶（Paul Hellyer）在一九九四年評價世界單一貨幣：「在這樣一個全球性貨幣／銀行體系裡，公民利益、單一國家只能屈服於國際金融體系的利益……。國家將不再能制定任何獨立的政策。」[8]凌駕在主權國家之上的金融系統，將由不需向任何人負責的世界權勢集團所運作。

要運作這樣龐大的計劃，絕非一日之功，必須經過長期的醞釀、積累、策劃和理論研究，並伺機推出才能實現。其中，火候的把握最為關鍵，太早或太遲推出都將同樣有害。有關世界單一貨幣的理論探討早在一九六〇年代就已經進到相當深入的階段。其中，一些關於世界單一貨幣的重要言論有著明顯的相關性。

一九六九年：「讓我從吹毛求疵的反對轉向一些更積極的討論，並且從最佳和最差的國際貨幣體系開始談起。據我判斷，最好的貨幣體系，是擁有世界金融權威的單一世界貨幣。」❾

——查爾斯・金德伯格（Charles P. Kindleberger），麻省理工學院經濟學教授，美國聯準會波士頓會議的發言

一九八四年：「我已經提出了一個激進的下個世紀的選擇方案：所有的工業民主國家建立一個基於共同貨幣政策的單一貨幣，並建立聯合的貨幣發行銀行以決定貨幣政策……。這個建議短期來看，的確是過於偏激，但可以提供一個願景或目標，來指導今後的步驟……」❿

——理查・庫博，美國哈佛大學教授，美國聯準會波士頓會議發言

一九九八年：「對整個世界來說，過渡到單一世界貨幣的速度可能令很多人大吃一驚，世界可能在十年內（二〇〇八年）便由今天的兩百多種貨幣進化到只有一種貨幣，並且從今天起二十五年後（二〇二三年），歷史學家會想知道為何花了這麼長的時間去清除存在了二十個世紀的貨幣。」⓫

——布萊恩・泰勒（Bryan Taylor），環球財務資料公司首席經濟學家

（此公能在十多年前說出這樣的話，可見頗有功力。與其說他是預言家，不如說是計劃者更為準確。）

二〇〇一年：「二十五年前，威士卡（VISA）成立時，其締造者就把世界看作是需要單一貨幣進行兌換的體系，我們所做的一切均是基於全球視野，並努力來一步一步地實現我們的全球願景。」⓬

——莎拉・佩里（Sarah Perry），VISA 戰略投資計劃部主管

二〇〇四年：「如果全球市場經濟在今後數十年蓬勃發展，全球性貨幣的出現似乎是合乎邏輯的。」⓭

——馬丁・沃夫（Martin Wolf），金融時報首席經濟評論員，經濟學家，世界銀行年會發言

二〇〇七年一月五日，美國外交關係協會國際經濟部主任斯泰爾在英國《金融時報》發表了〈數位黃金與貨幣制度的缺陷〉一文，比較了浮動匯率與固定匯率的利弊，並強調當今世界的貨幣體制是全球化進程中最薄弱的環節，強調解決之道就是黃金的重新貨幣化，在現代技術條件下，使用電子黃金作為支付手段。他的結論是：「（數位黃金的貨幣制度）聽上去似乎是偏激和難以實現的，但是，將人類經歷了兩千五百年實踐的黃金貨幣進行電子化，最終也許將證明，這一貨幣體系比僅有三、五年短暫試驗期的主權貨幣更加具有可持續性。」⓮

二〇〇七年五月九日，美國外交關係協會的喉舌《外交》雜誌又刊登了斯泰爾撰寫的一篇文章，題為〈國家主權貨幣的終結〉。斯泰爾在文中指出：「為了安全地實現全球化，各國應當放棄貨幣國家主義，廢除不必要的貨幣，因為它們是今天許多動蕩的根源。」在斯泰爾看來，當今世界金融動蕩的根源就是「主權貨幣」的干擾。他說道：「為什麼最近幾十年來出現一系列貨幣危機的問題變得如此嚴重？從一九七一年起，尼克森總統正式使美元與黃金脫鉤，在全球四處流動的貨幣才不再是對任何實物的索取權。全世界的貨幣現在都是政府魔術般地變出的純粹的主權表象……。把貨幣與主權掛鉤的神話代價巨大，有時甚至還更危險。貨幣國家主義與全球化水火不相容。」可以肯定，斯泰爾是要提出「世界單一貨幣」的概念了，所以必須廢黜主權貨幣：「過去幾十年來，美元已經成為無可置疑的全球貨幣，世界各國持有美元在各地市場進行交易，特別是石油。美元當今的特權地位不是上天賜予的，美元最初也是被另一種誠信的貨幣（黃金）所支持，別人願意接受美元是因為他們相信在過去買到的東西，能在未來換得等值的商品。這給了美國政府巨大的負擔來保證這種誠信。不幸的是，這些機構未能肩負起此一重任。魯莽的美國財政政策正在削弱美元的全球貨幣地位。」⑮

斯泰爾的解決之道是什麼呢？又是黃金的重新貨幣化和世界單一貨幣：「但私營的黃金銀行已經存在，從而使帳戶的持有者可以用金條作為股份的形式，進行國際支付。雖然黃金銀行業目前還只是小本生意，但隨著美元的衰落，近年來已有顯著的增長。如果談論一種基於黃金的國際貨幣新體系，肯定聽起來很離譜。但一九〇〇年時，一個沒有黃金的貨幣體系也是如此。現代科技使得透過私營黃金銀行恢復黃金貨幣成為可能，即使沒有政府的支持也是如此。」⑯這一段才是整篇文章的精髓之所在。換句話說，即使沒有各國政府的支持，也要消滅主權貨幣，實施以黃金為核心的世界單一貨幣！

顯而易見，斯泰爾、艾茵・蘭德、葛林斯潘的黃金貨幣價值觀一脈相承，源自歐洲的諸多銀行家族，特別是羅斯柴爾德家族的金融理念，而與美國新興權勢集團的貨幣觀點截然不同。兩百年來，羅氏家族收拾對手的主要手段就是「先為不可勝，以待敵之可勝」。如果說當今世界的金融江湖存在著兩大勢力集團的話，那就是以羅氏家族為核心的「黃金環保派」和以洛克菲勒為旗手的「石油戰爭派」這一美元發行的既得利益集團。雙方就未來控制世界單一貨幣的戰略是一致的，但在利益和貨幣理念層面上有重大分歧。

「黃金環保派」更加看重貨幣的道德屬性，強調內在的公平與合理性，站穩道德制高點，認為未來世界貨幣勢必包括黃金與環保兩大基本要素，以滿足貨幣的誠實性和彈性。「石油戰爭派」則看重貨幣背後的暴力因素，他們認為只要控制了中東的石油供應，就不怕各方勢力不低頭，再加上強大的軍事與戰爭威懾力，誰也不敢輕易拒收美元。即便是廢除美元，賴掉美元債務，新的世界貨幣也是一種可以在刺刀之下隨意擺弄的「信用」。這兩大勢力集團的較量在國際層面上表現在美國與老歐洲的較勁，或是美元與歐元的對決，而在美國國內政治上，則表現在力主環保的民主黨與力主石油戰爭的共和黨之間的角力。如何在這兩派之間借力打力，從而實現中國戰略利益的最大化，將是考驗中國外交智慧的重大課題。

二〇〇八年一月七日，英國《金融時報》刊登了〈黃金是一種新的全球貨幣〉的文章，這是近年來歐美主流媒體中呼籲黃金重新貨幣化最直白的一篇檄文。該文認為黃金價格近來的暴漲反映了投資者對當前國際金融形勢的緊張情緒，而一旦黃金最終成為貨幣的一種形式，那麼黃金將不僅對美元升值，而且對英鎊和歐元也會升值。「黃金不是一種商品，而是另一種貨幣。」

如果我們明白從羅德會社時代開始，「盎格魯—美利堅權勢集團」對媒體與公共議程嫻熟的操縱手法，就不會輕易忽略像《外交》、《經濟學人》、《金融時報》等受世界統治精英控制的媒體和像斯泰爾這般重量級人士所發表的「個人看法」，因為那絕不只是個人觀點而已，它是代表利益集團意志的風向球，也是精心策劃的龐大宣傳攻勢中的環節之一。隨著危機的深化，越來越多的西方媒體和市場人士會逐漸對黃金「不約而同」產生興趣。最終，黃金價格暴漲將成為「刺殺」美元體系的「摔杯之號」。

二〇〇九年五月十七日的畢德堡會議結束後，羅傑斯和索羅斯等人立刻開始頻繁警告，即將來到的危機將是一場貨幣危機，他們不是在開玩笑。一場嚴重的貨幣危機意在發揮兩大作用，一是幫助美國進行一次徹底的賴帳；二是震蕩現有的世界貨幣體系，為世界單一貨幣的概念造勢。這與一九〇七年的危機導致一九一三年美國聯準會的成立頗有異曲同工之妙。世人會看到，沒有世界中央銀行和統一的世界貨幣，世界經濟將是何等脆弱。

危機來得正是時候

「國際貨幣改革通常在面對全球性危機的反應和威脅時才成為可能。」諾貝爾得主、歐元之父的蒙代爾還指出，「全球經濟危機必將涉及美元」，而統一的世界貨幣將被視為全球性美元災難的「一個偶然」。⑰

——二〇〇七年五月，蒙代爾，歐元之父

在我的職業生涯中，從來沒有見過一個中央銀行（美國聯準會）在過去的六、七年中如此扭曲（貨幣）理論的探討。從九〇年代末對「新經濟」的謳歌，到當前的經常帳戶調整新理論的（倡導），美國中央銀行領導了重新改寫傳統總體經濟學的嘗試，並試圖使市場參與者相信這些被「修正」的理論……。本人從來不是一個陰謀論的信奉者，但是，在目睹了美國聯準會九〇年代末以來的所作所為，我不得不改變自己的看法。」⑱

——二〇〇五年四月二十五日，斯蒂芬・羅奇，摩根史坦利首席經濟學家請注意，蒙代爾講話的時間是二〇〇七年五月，也就是美國次貸危機爆發前三個月，而在危機爆發之前兩年，斯蒂芬・羅奇在二〇〇五年四月發表《原罪》一文，就已將金融危機的成因和發展過程描述得清清楚楚！那些認為金融危機的爆發沒有徵兆或世界毫無準備的說法是站不住腳的。美國聯準會雇用大批經濟學家，擁有最全面的資料統計，而葛林斯潘更是資料和模型方面的天才，說他到

奧爾登・克勞森
資料來源：世界銀行官方網站

二〇〇六年仍對金融危機即將來臨毫無察覺，是無論如何也說不通的。

歷史經驗證明，危機是實施重大改革的良機，正如金融大亨奧爾登・克勞森所說：「跨種族的全面政治經濟制度，總是產生於征服或共同的危機。」

在類似危機的思維中，斯泰爾似乎提供的是一種「利他主義」的解決方案。為了避免出現危機，在問題惡化不可收拾之前，國家要做的就是放棄貨幣主權。各國政府必須走出致命的主權觀念，即民族獨立必須是在自己的領土上發行和控制通用貨幣。「國家貨幣和全球市場不能簡單地混在一起，否則將釀成致命的貨幣危機和緊張的地緣政治局勢，並以此製造保護主義的藉口。」斯泰爾的「預言」會不會「自我實現」呢？

那麼，應該如何除掉貨幣主權呢？斯泰爾說得很白，世界需要重組為三個區域性貨幣：美元，歐元和一個新的亞洲貨幣。這項建議與蒙代爾的工作遙相呼應，他一直到處講授一種新的基於美元（Dollar）、歐元（Euro）、日圓（Yen）的國際貨幣單位，形成一個「世界貨幣單位」，稱之為「滴」

（DEY），而國際貨幣基金組織將是這個貨幣的總經理。⑲「現在的問題不是世界是否會採用單一的全球貨幣，而是何時採用，以及如何順利而廉價地採用，而不是粗糙、昂貴和混亂地採用的問題。對國際主義者而言，國家主權是壓倒一切的障礙，為了讓全球中央銀行和世界單一貨幣存在，必須要形成一些政治安排。」

莫里森・邦帕斯
資料來源：www.itp.net

蒙代爾在二〇〇三年做了一個名為「國際貨幣體系和單一世界貨幣案例」的講座，在談到政治障礙時，他的反應很坦率：「沒有世界政府的單一世界貨幣是不可能實現的。強制執行單一貨幣將涉及重大的組織問題。」

一九九九年五月，經濟學家朱迪・謝爾頓（Judy Shelton）正式向美國眾議院的銀行和金融委員會建議北美洲實現北美統一貨幣——美洲元（Amero），其他學者也一直在研究這個洲際的貨幣選擇，目的是建立一個約束力日漸增強的區域貨幣體系，涵蓋加拿大、美國和墨西哥。

但是，區域貨幣將如何演變成單一的全球貨幣呢？莫里森・邦帕斯（Morrison Bonpasse）是全球單一貨幣委員會總裁（Single Global Currency Association, SGCA），該委員會由一群以世界單一貨幣為工作目標的經濟學家所組成。邦帕斯認為：「二十一世紀的貨幣聯盟，以及那些倖存的二十世紀貨幣聯盟，是通向未來之路和全球貨幣聯盟的里程碑。感謝歐洲和其他的貨幣聯盟取得的成功，我們現在知道了如何建立並維持第三代貨幣聯盟：一個擁有全球央行和單一世界貨幣的全球性貨幣聯盟。世界正準備為單一的全球性貨幣做好準備，正如歐洲為歐元做的準備，阿拉伯國家為自己的共同貨幣所做的準備一樣。在由占世界 GDP 相當比重的代表國家建立全球單一貨幣目標之後，這個專案就可以像前面的區域性貨幣那樣向前推進。」⑳

「簡言之，區域貨幣模式是世界貨幣模式的基石。然而，現在民族主義盛行。」邦帕斯寫道，「這個可以很簡單來說明：如何從目前的一百四十七種貨幣變成一種。不斷發展的民族主義殘餘力量和政治意志是邁向單一貨幣的主要挑戰。」㉑

從二〇〇九年到二〇二四年，全球經濟也許會進入一個空前動蕩的時代。這個危機時代將會把今天我們所熟知的許多重要經濟規則變得面目全非，其中很可能也包括世界貨幣制度的重大變化。不幸的是，到那時我們可能會突然發現，在我們的手中除了大把日益貶值的花花綠綠的美鈔之外，黃金卻少得可憐。在一個遊戲規則劇烈變化的局面中，中國很可能會喪失參與制定貨幣遊戲規則的機會。手中沒有黃金，就沒有未來世界貨幣體系的發言權，在未來貨幣遊戲規則制定的談判中就沒有籌碼。在中國的外匯儲備中，擁有黃金制人，擁有美元制於人。

在這裡，二〇二四年並非即興之說。以國際銀行家幾百年來的運作手法，儘管他們也有失算的時候，但嚴謹推理和科學計算是他們屢屢得手的重要原因。在第九章我們已經談到，從二〇〇九年底開始，歐美將經歷一場長達十四年的嚴峻消費萎縮。這兩個世界最大經濟體帶動了接近三分之二消費經濟，如果同時進入消費下滑的「共振」狀態，世界經濟全面復甦將是一個「痛苦和極端漫長」的過程，而這段期間再度爆發新的貨幣危機的條件是現成的。處於下滑期的歐美消費市場自然產生強烈的貿易保護主義，在一片貿易戰的烽火狼煙中，各國貨幣競相貶值以促進出口。貨幣貶值自然會產生大範圍的通貨膨脹，大宗商品價格將會迅速攀升，尤其是石油，推高各行業的生產成本，引發產品價格上漲，導致通膨加劇。各國政府為了拯救金融危機，大量釋放貨幣。原本處在沉澱、流速緩慢的貨幣有如一個平靜的大水庫，此時，通膨就如同炸開壩堤，釋放出驚人的能量，各國的中央銀行來不及回收流動性。對抗惡性通膨的時間將持續至少一年，與一九二三、二四年德國出現超級通膨如出一轍。

貨幣危機之後，各國政府冷汗未乾，各國的經濟學家和國際智庫將紛紛獻策，力陳以美元為首的主權信用貨幣乃是貨幣危機的元凶，各國中央銀行各自為政，貨幣政策無法及時有效協調將是第二大禍因。結論是，全球化的危機必須全球通力合作，主權國家各行其事，無法單獨解決危機，世界單一貨幣顯然是解決危機的「靈丹妙藥」，而發行世界貨幣的世界中央銀行必須「獨立於」各國政府的「干擾和阻撓」。當然，各國政府並不會甘願放棄支配本國財富分配的大權，討價還價在所難免，時間將會持續多年，最可能形成共識的時間為二〇二〇年前後。這一年，美國潛在虧空高達一百兆美元的社會安全體系和醫療保險體系也將全面內爆，美國必須要做徹底的「破產保護」，以便從債務的堰塞湖威脅下脫身。經過二〇二〇年到二〇二三年這幾年試行，二〇二四年會是一個好的起點，歐美新一代人口在這一年進入消費高峰期。隨著世界單一貨幣的登場，在未來的幾十年內，世界「果然」出現了經濟繁榮。

世界中央銀行將像一家股份制公司，世界各國都有股份，只不過英美將擁有控股股東的特權，或一票否決權。至此，全世界所創造出的財富，其支配權將落入極少數人手中。創造這些財富的人，絕大多數將被剝奪自主分配自己勞動成果的權利，這將是文明史的一大轉捩點。黑暗與光明，自由與奴役將在這一刻將歷史斬為兩截。

貨幣的命運與國家的命運

如果說勢必走上世界單一貨幣一途的話，那麼，什麼樣的貨幣才能承擔起普天之下公平的財富分配職責呢？

財富的實質就是人通過勞動所創造出的產品，貨幣則代表對這些勞動成果的「索取權」。社會中的每個成員都應該透過出售自己的勞動成果來獲得對別人勞動成果的「索取權」。當轉讓這種「索取權」時，就充當了「支付手段」；當某種「索取權」被普遍接受時，它就成了「交易媒介」。如果持有「索取權」的人選擇延遲兌現，它就實現了「財富儲藏」的功能；最後當這種「索取權」被要求兌現時，它能完整獲得別人的勞動成果，那麼這種「索取權」就是優良的「價值尺度」。這四個因素共同構成了貨幣與財富的對應關係。

在貨幣的四大功能中，最核心的就是「財富儲藏」的功能，財富延遲兌現能力的貨幣越好，就越能實現「價值尺度」的重要作用，在市場上就越受歡迎，也就越容易流通，從而成為優質的「交易媒介」和「支付手段」。

「財富儲藏」的核心就是現在的財富「索取權」必須能在未來不受損失，且「公平」取得別人的勞動成果。這種「公平」並非我們一般理解的等價原則，其實在交換過程中，難以進行有效的價值評估。所謂公平的獲得，是參與交換的雙方根據自身對需求的優先順序，來評估交易是否公平，正是由於不同的人對於自己「最需要」的東西的定義不同，交易才能在互補的情況下得以實現。

「財富儲藏」由於有以現期勞動成果與未來勞動成果進行交換的時間差，於是「預期」就成為貨幣的一個要素。從歷史上看，原始的通貨代表一種沒有「預期」的「索取權」，一切交易須以已經完成的勞動成果來進行，社會中沒有過剩的產品用於未來的交換，「財富儲藏」的功能並不明顯。隨著生產力的發展，社會出現可用於未來享用的勞動成果，貨幣和利息也隨之出現。利息作為一種對未來更多剩餘勞動成果的「預期」，從而構成了「現實預期」的貨幣供應。

航海貿易興起，匯票出現，更是提高了貨幣中預期的成分，如果說利息在自給自足的經濟體中，代表對農業收成的合理預期，那麼，匯票則將貨幣預期擴展到對商業貿易的合理預期。

在工業革命爆發的時代，出現了銀行業的「部分準備金」制度，貨幣中的預期成分擴及工業生產大規模擴張的基礎之上。

資訊時代的來臨，金融衍生商品大量湧現，將虛擬世界的財富轉為現實世界的貨幣供應，從而將貨幣中的「預期」成分無限放大到難以為繼的毀滅性邊緣，最終引發了金融危機。

從歷史上看，貨幣中的預期成分本身有其合理性，但是過了頭，就會引發過去的預期無法被現實滿足的矛盾。

如果說「財富儲藏」的核心要素包括「現實勞動成果」加「預期勞動成果」，那麼「現實勞動成果」體現了貨幣的商品屬性，而「預期勞動成果」則反映了貨幣的信用屬性。徹底廢除貨幣的商品屬性將導致「財富儲藏」功能失調，任何歷史上的貨幣一旦脫離貨幣的商品屬性這一鐵律，最終都難逃不斷貶值的下場。

貨幣的「財富儲藏」功能不僅決定了貨幣內生的可持續性，而且體現於貨幣的外在可接受性，也就是貨幣的流通範圍。

從本質上來看，文明的興衰更替反映了該文明對其控制下的自然資源的綜合配置效率與社會資源整合的能力，也表現在貨幣的堅挺或疲弱。大凡強勢文明在崛起時，自然伴隨著強勢堅挺的貨幣和不斷擴大的貨幣流通範圍，堅挺貨幣透過確保其穩定與可靠性，建構起一個強大的社會信賴體系，以形成一個維護多邊利益的牢固契約。在堅挺貨幣制度之下，社會運作在「貨幣法制」的軌道之中。反之，財富創造能力無法滿足日益龐大的開支消耗，發散性的赤字問題誘發貨幣貶值與逐漸惡化的通貨膨脹，不斷貶值的貨幣又回頭壓制了社會財富的創造動力，導致貨幣流通範圍的縮減，削弱社會整合與配置資源的能力和效率，從而加速財政問題的惡化，文明也就由盛而衰。同時，貶值的貨幣破壞了社會各階層所形成的共同利益契約關係，「貨幣法制」被「貨幣人治」所取代，造成社會向心力離散，道德淪喪，最終導致國家傾覆和文明衰落。

古羅馬的興衰表現在貨幣的盛衰。在凱撒執政期間，他一手建立起古羅馬堅挺的金銀貨幣體系，羅馬貨幣隨著羅馬大軍得以擴張到地中海周邊區域，貨幣流通範圍大，又回頭強化了羅馬帝國對周邊地區的資源整合能力，進而增強了帝國實力。羅馬帝國全盛時期長達百年，經濟繁榮，物價穩定，稅收溫和，貿易發達，商業貸款利率在四—六%，是整個羅馬帝國時代最低的水平。

從西元五四年羅馬皇帝尼祿即位之後，國家財政收入日趨緊張，開支卻越來越龐大，尼祿皇帝開始以貶值貨幣來補充財政虧空。從西元五四年到六八年，羅馬銀幣的含銀量從一〇〇%降到九〇%，到西元一一七年，含銀量降到八五%，西元一八〇年，含銀量降到七五%。又經過兩朝皇帝，到了西元二一一年，羅馬銀幣的含銀量僅剩五〇%。從尼祿時代開始的貨幣漸進貶值周期持續了一百五十多年，這一階段也正是羅馬帝國盛極而衰的轉折。但通貨膨脹的噩夢很快就加速惡化，從西元二六〇年到二六八年，羅馬銀幣的含銀量迅速跌到僅剩四%的程度。此時的羅馬帝國已陷入經濟困境，國內叛亂不止，國外連年用兵，由於貨幣面值很高但含銀量極低，導致物價飛漲，稅收加重，最後激起士兵譁變，奧理略在西元二七五年被刺殺。

繼任者迪奧克列騰皇帝希望效法凱撒、奧古斯都，重振羅馬貨幣。為了對抗通貨膨脹，他甚至宣佈重新發行足值銀幣，但他卻要求新幣與已嚴重貶值的舊幣「等值」，其結果就是新幣很快就被人收藏，從而退出流通。萬般無奈之下，只能從物價管制來控制通貨膨脹，於是就有了羅馬史上著名的「西元三〇一年物價敕令」，規定數千種商品和勞務的最高價格，根據商品質量和勞務種類的差別而各有不同。由於利率猛漲，法律就將利息限制在六——一二%之間，利息的高低取決於所冒風險的大小。某些產品的短缺引起對禁止出口商品，如各種糧食和諸如鐵、青銅、武器、軍隊裝備以及馬匹等「戰略物資」。這些控制還擴及等級制度。君士坦丁大帝下令士兵的兒子繼續當士兵，除非他不適服役。同樣，農夫也須世代務農。這個趨勢後來擴大到被認為必不可少或後繼無人的各行各業。物價管制的後果是財富的創造者無法在這樣的價格體系下盈利，因此大量商品轉入地下黑市。於是羅馬皇帝鐵腕鎮壓黑市交易，財富的創造者乾脆停止創造，羅馬帝國的經濟瀕臨絕境。至此，羅馬帝國的貨幣體系已經完全崩潰，政府已不得不停止用貨幣收稅，而直接徵收產品和服務。強大的羅馬帝國已經淪落到以貨易貨的地步。

到西元三五〇年左右，羅馬銀幣的價值只相當於奧古斯都時代的三千萬分之一，羅馬帝國走到崩潰時刻。

反之，君士坦丁大帝在帝國東半部重建了新的貨幣單元，一種以純金幣（Solidus）為基礎的新的堅挺貨幣機制，這種金幣成為了拜占庭帝國延續上千年的重要保證。它的信譽是如此之好，以致於周邊敵對國家和遙遠的非洲和歐洲西部都通行。歷史學家認為，東羅馬帝國之所以能在一個四面強敵環伺的惡劣情況下延續千年之久，關鍵點就是建立在黃金貨幣基礎之上的經濟結構和金融體系。拜占庭黃金貨幣的純度一直維持到西元一〇三四年，而後在一〇八一年之後加速貶值，一個純度保持了近八百年的堅挺的黃金貨幣體系終於瓦解了，隨之而崩潰的就是拜占庭的世界貿易中心地位和一個偉大帝國的向心力與道德倫理體系。

堅挺與疲軟貨幣的交替不僅出現在西方史，在中國也是一樣。北宋時，四川地區由於缺銅，在商業交易中不得不大量使用鐵錢。當時買一匹布要用兩萬鐵錢，重約五百斤，需用車來運輸，交易成本很高，嚴重限制了經濟發展。為了緩解這個問題，成都地區的地方商賈創建了世界上第一家紙幣發行機構，以鐵錢為抵押，發行了世界第一種紙幣「交子」，後來北宋於一〇二四年開始發行「官辦交子」，抵押品被稱之為鈔本，一般為鐵錢，是發行紙幣量的近三成，即大致為三倍多的部分儲備金紙幣發行模式。在交子發行的最初一百年間，發行量還比較有節制，社會經濟也的確獲得長足發展，但是到了一一六〇年左右，鈔本的比例已經降到了紙幣發行量的六十分之一，後來就乾脆捨棄鈔本，官府任意發行交子。到南宋末年，一百五十年間的通貨膨脹率高達二十兆倍！南宋的貨幣體系崩潰在先，蒙古大軍的鐵蹄入侵在後。貨幣體系崩潰，政府稅收萎縮，國家戰爭動員能力衰竭，宋朝其實是亡於紙幣交子制度的崩潰。

金朝的下場一如宋朝，也是疲軟貨幣導致嚴重的通貨膨脹，最後葬送了江山。金國發行紙幣七十餘年，物價上漲六千萬倍，終至民心大亂，也是貨幣體系先於帝國崩潰。

元朝政府雖然力圖吸取宋、金兩代紙幣制度崩潰的教訓，並在政策措施上進行廣泛改革，創建了世界上第一個類似銀本位的貨幣制度，無奈戰爭、飢荒和驕奢淫逸的無度開支無法用自律的手段克制。元朝開始發行寶鈔不過二十多年，貨幣就劇貶為原值的十分之一，到了元末，米價竟漲到元朝初年的六萬多倍，寶鈔制度徹底崩潰，民間拒絕接受官方的紙幣。貨幣無法流通，元政府已無力控制財政和稅收，國力日衰，最終也是亡於貨幣崩潰。

明朝對紙幣制度的實驗又持續了一百五十年之久，到了一五二二年，明寶鈔貶值為原來價值的二％，通貨膨脹肆虐。明朝終於被迫放棄紙幣制度，恢復了金屬貨幣制度。從宋到明，經過近五百年的紙幣制度實驗，歷史最終得出的經驗是，紙幣這種不受約束的疲軟貨幣制度不可能長期穩定的。

從歷史的角度看，無論是宋朝的交子，還是元明的寶鈔，也包括美國獨立戰爭中的「殖民券」、南北內戰時期的「林肯綠幣」、納粹德國的「費德爾貨幣」，這些脫離商品屬性的紙幣，雖然一時可以發揮刺激經濟發展的作用，但只能作為應急的手段，而絕非長治久安之道。失去商品屬性的紙幣都將重蹈歷史覆轍。

一九七一年布萊頓森林體系解體以來，美元與黃金徹底脫鉤，人類社會第一次一起進入一個沒有商品作為支撐的純粹信用貨幣體系時代。信用貨幣存在價值的前提就是創造信用的人必須守信用，以此為基礎的貨幣才會有價值。美國金融危機爆發的根本原因就是債務人無法遵守信用，所以依託這種債務所衍生出的美元也就必然出現巨幅貶值。信用貨幣的痼疾就是債務永遠存在違約風險，而基於這種風險之上的貨幣就不可能真正實現「財富儲藏」的功能。

歷史經驗證明，貨幣的「財富儲藏」、「交易媒介」、「支付手段」和「價值尺度」四大功能必須同時發揮作用，貨幣的運作機制才能穩定並持續。純粹的信用貨幣制度在缺乏「財富儲藏」這一核心功能之後，最終也將喪失「價值尺度」功能。純粹的信用貨幣這張承載世界經濟的桌子，只運行了三十八年之後，在貨幣之桌的四腿殘缺兩條的情形之下，已經嚴重失衡、搖搖欲墜了。美國在目前五十七兆美元的龐大債務總量之下，債務壓力以平均六%的速度遞增，十年之後的二〇二〇年，總債務將高達一百零二兆美元，而其 GDP 的總額以三%的潛在可持續增長速度計算，屆時將為十八・八兆美元，光是債務的利息支付就將吃掉美國 GDP 的三分之一，而且利息支付壓力還會持續增加。如果美國玩的是一種公平的貨幣遊戲，那麼美國除了宣佈「破產保護」之外，不可能有第二種選擇。

二〇二〇年，美國政府的社會和醫療保險潛在虧空將「貢獻」另一個一百兆美元的隱性負債。美國除了大規模印鈔以減輕債務支付壓力之外，將別無選擇。可是二〇〇九年就對美元徹底失望並隨時準備逃離美元資產的世界各國，到二〇二〇年，將面臨更大規模的美元貶值趨勢，他們還能夠繼續容忍持有美元的痛苦和無奈嗎？

如果美元在二〇二〇年前後走向崩潰，世界上將不可能再有任何一種主權貨幣能取代美元，信用貨幣制度將面臨最後清算。屆時，黃金的重新貨幣化將無可避免。黃金重新貨幣化將恢復貨幣的「財富儲藏」功能，使貨幣桌子的四條腿重新平衡。不過，黃金單獨作為現代貨幣制度的支柱卻有很大的缺陷，其中最大的問題就在於黃金的產量增加趕不上世界經濟增長的速度，於是黃金在強化「財富儲蓄」功能的同時，卻遏制了「價值尺度」功能的有效發揮。所以，在完全的黃金貨幣機制之下，整個世界經濟的發展仍然會不平衡。作為世界未來的單一貨幣，黃金必須得到強大的補充元素，才能構成可以「長治久安」的貨幣體系。

完美而致命的組合：世界單一貨幣＝黃金＋碳貨幣

與黃金的剛性相對應，新的貨幣元素必須具備「彈性」，它可以彌補黃金與經濟發展之間不匹配的問題，使得貨幣的四大功能完備而充分。

這就是二氧化碳排放量的貨幣最終將登上世界貨幣舞臺的原因。

物以稀為貴。國際銀行家中的「黃金環保派」所鍾愛的二氧化碳概念要想擁有價值，就必須變得「稀缺」。如何才能使本來可以自由排放的二氧化碳稀缺呢？那就必須有個稀缺的「說法」，這就是環

＋
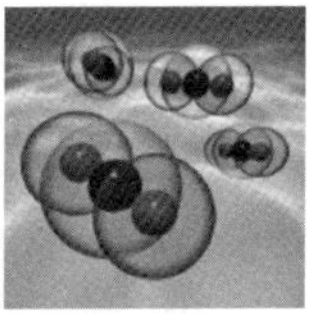
＝世界單一貨幣

境保護。其基本邏輯就是，環保事關人類生存，而二氧化碳排放量就是環保的核心，因此，二氧化碳決定了人類的命運。既然二氧化碳如此關鍵，排放量就必須有個「上限」，只要有了限制，就可以人為的製造「稀缺」了。於是，就有了《京都議定書》。

《京都議定書》的核心是確定一個二氧化碳排放的「上限」，然後要求世界各國相應承擔減排義務。如果達不到各自的減排指標，就必須從二氧化碳排放量市場上買入他國多餘的排放指標，這是第一次用國際條約的形式賦予了二氧化碳排放配額的潛在金融價值。未來，二氧化碳排放配額作為可以交易的金融產品將與一切債券、股票一樣自由掛牌與轉讓，並可以在銀行抵押貸款，並最終成為中央銀行基礎貨幣的構成部分。

二氧化碳排放量實在是個極妙的概念，它具備了高度的「彈性」，因為它的排放量可以由人來控制和調整，從而保證了貨幣必須具備的「稀缺性」。它又是一個社會經濟活動的可靠「替代變數」，與用電量一樣，二氧化碳排放量可以用來評估經濟增長的水平，從而可以將貨幣中合理的「預期」成分納入貨幣供應總量。

當然，二氧化碳並不是唯一的「彈性」貨幣元素，但是從目前的態勢看，它成為世界單一貨幣構成元素之一的可能性最大。這不僅是因為它在理論上的合理性，更根本的原因在於，使用二氧化碳作為貨幣元素，可以最大程度地滿足世界統治精英的戰略利益。作為世界貨幣的遊戲規則制定者，歐美發達國家勢必選擇對自己最有利的貨幣元素，他們擁有科技的優勢，其社會經濟結構早已從工業化社會轉型為資訊和服務型社會，大批傳統工業已經或正在加速轉移到新興的發展中國家，二氧化碳排放量正在逐步走向下降，而此時的新興國家卻在大規模進行工業化，在可預見的未來，二氧化碳排放量勢必都將上升。

貨幣制度作為一個社會的最高權力，永遠處在各種勢力集團博弈的核心。各種利益集團絞盡腦汁和挖空心思考慮一種使自己利益最大化、同時可以有效遏制潛在競爭對手崛起的貨幣制度。

如果最終推出了一種「黃金＋碳排量」貨幣的「完美」組合，那麼西方國家顯然是最大的贏家，而中國等發展中國家將淪為最大的輸家。西方擁有三萬噸以上的黃金儲備，而中國僅有一千噸，絕大部分中國的外匯儲備集中於美元資產。如果黃金重新貨幣化，同時美元發生崩潰，美國將賴掉絕大部分債務，靠著國庫八千一百噸的黃金儲備和 IMF 控制下的三千噸黃金，在徹底擺脫龐大的債務負擔之後，美國經濟將輕裝上陣，很快就能重新振興。中國改革開放三十年的生產的實物產品已被美國消費掉了，而儲蓄下來的貿易盈餘又被美國借走，手中只剩下美國的借據。黃金的重新貨幣化將使中國改革三十年積累的兩兆美元財富被洗劫一空，中國十三億老白姓為西方白幹了三十年。

如果二氧化碳排放量被貨幣化，那麼中國未來三十年的環境「罰單」也將悄然而至，這意味著中國人還得繼續白幹三十年。「黃金＋碳排量」貨幣組合所構成的世界單一貨幣制度，將使中國十三億人為西方做六十年的白工！

什麼叫金融戰略？這就是金融戰略的威力！中國並不缺專家，中國缺的是戰略思想家！

俗話說無利不起早。環保貨幣化的戰略，西方已策劃了四十年，若沒有強大的利益驅動，誰會花這麼多的時間和金錢宣傳二氧化碳排放量的理念？利他主義的形式有很多，第三世界的貧困問題、飢餓和疾病每天都在非洲造成成千上萬兒童死亡，這些威脅遠比二氧化碳更直接。這些「悲天憫人」的世界統治精英何曾真正費心去拯救生命？如果連迫在眉睫的拯救生命尚且被這些人忽視，世人憑什麼相信西方鋪天蓋地的碳貨幣、碳交易、碳關稅等概念背後沒有重大的利益驅動？

要命的是，這些人實在太聰明，在大規模、長時間的宣傳攻勢下，二氧化碳問題已經被「塑造」成為世界上壓倒一切的最緊迫的公共議程，甚至被上升到關係地球存亡的戰略高度。他們已牢牢控制了全世界的道德制高點。誰要是反對二氧化碳減排，誰就會被貼上不愛地球的標籤。抗拒二氧化碳排放量限額的國家將成為人類公敵，各國政府和民間團體將群起而攻之，如徵收驚人的國際貿易碳排放稅，此舉將把「人類公敵」的產品擠出世界市場，國際金融市場的懲罰性共識將使「人類公敵」的海外併購全面擱淺，「人類公敵」經濟發展所需的一切國際原物料和大宗商品都會被加上懲罰性的「環境稅」，從而導致嚴重的成本型通貨膨脹，大幅削弱該國的經濟發展潛力。中國絕對無法承受這麼沉重的代價。這也許不是一兩年就會發生的事，但很可能是十年後中國必須面對的殘酷現實。

為此，預防性的戰略研究已刻不容緩，中國已經面臨一場看不見硝煙的貨幣戰爭。

美元的結局

美國的債務堰塞湖高達五十七兆美元，而且分分秒秒都在增加，加上未來十年醫療及養老金隱性負債的龐大負擔，早已成為美國經濟發展的沉重枷鎖。隨著時間的推移，美國只會在債務的沼澤中越陷越深，美元的信譽已經嚴重動搖，遲早會被世人拋棄。對此，美元政策的制定者心知肚明。

為了在徹底崩潰之前盡最大可能騙取包括中國在內的各國人民的血汗，並巧妙賴掉幾十兆美元的債務，以便將來改頭換面，重新輕裝上陣，實施美元「有控制地歸零」的基本國策已經是唯一出路，也是最符合美國長遠利益的選擇。但是廢除美元是美國人民和全世界的投資人無法坐視的，只有大危機才能促成大變革。這就是目前美國金融危機爆發的原因之一。

在正常的經濟形勢下，貨幣只能緩緩貶值，要徹底讓美元貶值到零，需要花很長的時間。在這麼長的時間內，美國的債務負擔越來越重，必將徹底窒息經濟發展，並為其他國家拋棄美元提供了充分的時間。為此美元必須合理合法地加快貶值速度，同時又讓美元的投資者不起疑心，甚至支持美國聯準會濫發貨幣的政策，於是解除禁止銀行家瘋狂投機的法規，五花八門的金融大規模殺傷武器——金融衍生產品如雨後春筍，鼓勵次貸的利率政策紛紛出籠，大型金融企業的執行長拖垮公司還能拿超高分紅，一場百年不遇的金融危機突然爆發了，美國聯準會狂印鈔票的罪行合法了，外國投資者對此表示支持和理解，甚至繼續買單。為了消除外國投資人的擔心，美元又莫名其妙地止跌暴漲。

美元利益集團用溫水煮青蛙的方式來麻痺世人的神經。與人民幣直線升值的做法不同，美元貶值的戰術是大降小升，忽降忽升，利多放任，利空猛升，讓做空美元者看不準時機，不敢輕舉妄動，讓全世界美元和美國國債的持有者對美元一直抱有幻想，患得患失，不能當機立斷，迅速解脫，這樣美元就可以繼續套牢投資人，從而按照對美元利益集團最有利的時間表和方式實現「有控制地歸零」。

然而無論是歐洲還是美國，在這場金融危機中，都不可能讓中國漁翁得利，趁機坐大。他們一定會讓美元這艘鐵達尼號盡量塞滿中國乘客。中國的乘客正為拿到這艘豪華遊輪的折扣船票，心中還在竊喜，結果卻是奔赴黃泉。未來可能出現的景象就是，美元「沉舟側畔千屍過，大半都是中國客」。

其中特別值得注意的就是美國政府的救市表演，實在是精彩絕倫！其中，以鮑爾森在國會跪求通過七千億美元救援法案這一幕最震撼人心，把這場大戲推向悲壯的高潮。這些救市表演旨在向全世界表白：我美國政府已經盡全力在拯救美元和美國經濟了。你們看我三天一千億，五天一兆，拼命在「救市」。要是再救不活，就不能怪我了。當一切準備就緒後，突然有一天，英法德同時宣佈不再接受美元了。股市暴跌沒人救了，美元暴跌沒人管了。一夜之間，美國的債務、中國人的儲蓄和大部分外匯儲備都消失了。美國民眾的養老金泡了湯，醫療保險沒了影，美國國債化成水，美元儲備當壁紙，這一切終將引爆的憤怒都別衝著我美國政府來。能做的我都做了、做足了、做盡了、問心無愧了。西方理論界把矛頭對準「萬惡的主權貨幣」，靶心就是「不幸的」美元。最後，世界統治精英只能向包括勤勞中國人在內的廣大美元遇難者表示最誠摯的同情與哀悼。他們的悼詞將這樣結尾：「活著的人，讓我們從主權貨幣的廢墟中站立起來，踏上世界單一的誠實貨幣的新旅途吧！阿門。」

阿特拉斯俯瞰的世界

在電影《回到未來》中，米高福克斯飾演的馬丁誤打誤撞，闖回到三十年前，發現自己的父親和母親似乎不會彼此相戀，他驚恐萬狀，看見三十年後拍攝的全家福，兄弟姐妹和自己的影像正在逐步消失！馬丁費了一番工夫，總算在父親和母親之間點燃愛的火花，還是少男少女的父母親幸福一吻訂終身的瞬間，三十年後全家福上的幾個孩子重新顯影。馬丁猛然醒悟，原來自己回到過去的行為，將會改變未來生活的走向和結果。

然後他趕緊坐上布朗博士造的時光機，回到三十年後布朗博士將遭歹徒殺害的那一刻，在子彈射向布朗博士的剎那，馬丁飛身上前，改寫了博士死於非命的結局。

至此，觀眾終於恍然大悟。為什麼故事明明在講「回到過去」，片名卻叫《回到未來》？原來「回到過去」正是為了改變未來，未來是可以「回去」改寫的。

艾茵．蘭德的《阿特拉斯聳聳肩》的結局，是「集體罷工」並大獲成功的「世界上最優秀的」統治精英人物各自駕駛先進的私人飛機，凱旋而歸。他們高高在上，俯瞰芸芸眾生，此時的大千紅塵正照著他們精心制定的時間表逐步陷入混亂、衰退和毀滅，曾與他們鬥法的一群貪婪、無恥而愚蠢的政府官員已經徹底挫敗，毫無還手之力，世界真正的精華——財富、智慧、思想——只集中在高飛於天的這個精英集團手中。他們勝利而驕傲地微笑著，看著底下的世界將按照他們的設計走上「智慧、正確和優秀的正軌」。

在整個故事中，試圖制約這些統治精英人物的政府官員無不盡顯其虛偽愚蠢、無恥貪婪、虛張聲勢而不堪一擊的醜惡面目。而其他所有普羅大眾「小人物」，自始至終就是幾乎可以忽略不計的部分。他們毫無作為、蒙昧無知、軟弱無能，螻蟻一般蜷縮在殘破的鐵路、廢棄的礦山旁邊瑟瑟發抖，呆立在破產的銀行、混亂的城鎮、飢餓的鄉村中不知所措。艾茵・蘭德簡直不屑給故事中這些可有可無的小人物賦予名姓——反正他們就是一團模糊不堪的背景，與精英有雲泥之別，等著被安排到未來全新世界的棋局中。

大力神已經一手推掉地上那個陳腐低效，處處制約妨礙他們的舊格局，將以「最精湛的智慧和頭腦、最高超的才能和設計」重新構建社會。他們已不動聲色，籌備策劃了許多年，讓整個社會體系按照他們精確設計的步驟和節奏，如同日本電影《追捕》中橫路敬二一樣，一步步走向那「溶化的藍天裡」。是啊，多麼藍的天啊，懵懂的普羅大眾正在走過去，走過去……

大力神一手制定的「未來」真的無法被改變嗎？

大力神自信手握未來大門的金權之鑰，已為眾生設計出注定的歸宿。但是大力神忽略了一個關鍵之處，那就是推動整個人類歷史的根本動力是人民！水能載舟，亦能覆舟。古今中外皆是如此。人間正道是滄桑。

如果普天之下的眾生知道了未來他們被大力神所「安排」的命運，今天他們還將無動於衷嗎？

也許，大力神高估了自己，而低估了別人。

俯瞰著蒼茫大地的大力神會看到什麼？

也許，他們會看到俄羅斯、巴西等國家正在有策略地、果斷地擺脫巨量美國債券；

也許，他們會看到中東國家正在頑強改變石油美元一統天下的結算體系；

也許，他們會看到以中國為代表的發展中國家並未遵循他們編的金融危機劇本演下去；

他們還會看到發展中國家正在籌劃自己的未來貨幣體系，與大力神的世界單一貨幣鼎足而立。

當普羅大眾獲知了未來的端倪，他們現在的行動就將改變未來！

讓我們拭目以待。

參考資料

第一章

❶ Niall Ferguson, The House of Rothschild.
❷ S. Bleichroder to Baron Anselm Solomon, 17 Nov. 1839.
❸ Michael Sturmer, Gabriele Teichmann and Wilbelm Treue, Striking the Balance- Sal. Oppenheim jr. & Cie. A Family and a Bank,1994, P37.
❹ Sebastian Hensel, tr. Carl Klingemann ,The Mendelssohn Family 1729-1847.
❺ Michael Sturmer, Gabriele Teichmann and Wilbelm Treue, Striking the Balance- Sal. Oppenheim jr. & Cie. A Family and a Bank,1994.
❻ Ibid.
❼ Fritz Stern, Gold and Iron- Bismarck, Bleichroder, and the Building of the German Empire, 1977, P21.
❽ Bleichroder to Baron James, 21 Feb. 1863.
❾ Niall Ferguson, The House of Rothschild.
❿ Holborn, Modern Germany.
⓫ Eyck, Erich. Bismarck and the German Empire.W. W. Norton & Company. (1964).
⓬ Fritz Stern, Gold and Iron- Bismarck, Bleichroder, and the Building of the German Empire, 1977, P32.
⓭ Ibid, P39.
⓮ Bohme, Deutschlands Weg, Chapter 2 and 3.
⓯ Fritz Stern, Gold and Iron- Bismarck, Bleichroder, and the Building of the German Empire.
⓰ Roon, Denkwurdigkeiten, P354-355.
⓱ Rohl, "Kriegsgefahr", P102.
⓲ Michael Sturmer, Gabriele Teichmann and Wilbelm Treue, Striking the Balance- Sal. Oppenheim jr. & Cie. A Family and a Bank,1994, P171.
⓳ Michael Sturmer, Gabriele Teichmann and Wilbelm Treue, Striking the Balance- Sal. Oppenheim jr. & Cie. A Family and a Bank,1994.
⓴ Ibid, P176.

第二章

❶ Philip Ziegler・The Sixth Great Power,Alfred A. Knopf,1988.
❷ Stephen Zarlenga, The Lost Science of Money (American Monetary Institute 2002).
❸ Schama, S., Patriots and Liberators, Revolution in the Netherland 1780-1813.
❹ Adam Smith, An Inquiry into the Nature and Causes of the Wealth of Nations(4th Edition).
❺ Philip Ziegler・The Sixth Great Power,Alfred A. Knopf,1988.
❻ Ibid.
❼ Ibid.
❽ N. Baker, Government and CNick Leesonontractors: The British Treasury and War Suppliers(1971).
❾ Ibid.

⑩ Donald R Hickey, The War of 1812: The Forgotten Conflict (University of Illinois Press 1990).
⑪ Niall Ferguson, The House of Rothschild The World's Banker 1849-1999: Volume 2, P369.
⑫ Benjamin Disraeli, Coningsby, or the New Generation (Coningsby at Project Gutenberg, 1844).
⑬ Lewis Samuel Feuer, Imperialism and the Anti-imperialist Mind (Transaction Publishers, 1989).
⑭ Niall Ferguson, The House of Rothschild The World's Banker 1849-1999: Volume 2.
⑮ Philip Ziegler, The Sixth Great Power,Alfred A. Knopf,1988.
⑯ Niall Ferguson, The House of Rothschild The World's Banker 1849-1999: Volume 2.
⑰ Ibid.
⑱ Gwynn, Stephen Lucius, The Life of the Rt. Hon. Sir Charles W. Dilke, Volume 1 (Project Gutenberg, 2003).
⑲ Niall Ferguson, The House of Rothschild The World's Banker 1849-1999: Volume 2.

第三章

❶ Alberge, Dalya,What the King said to the executioner..., (The Times, 8 April 2006. Accessed 26 June 2008).
❷ George Taylor, review of Jacques Necker: Reform Statesman of the Ancien Regime, by Robert D. Harris (Journal of Economic History40, no. 4 (1980): 877-878).
❸ Collectif, Mallet Fr res et Cie - 250 ans de banque, 1713-1963 (Presses de Jean Ruchert, Paris, 1963).
❹ http://en.wikipedia.org/wiki/Baron_Jean-Conrad_Hottinguer
❺ http://en.wikipedia.org/wiki/Achille_Fould
❻ http://en.wikipedia.org/wiki/P%C3%A9reire_brothers.
❼ Ibid.
❽ Rondo E. Cameron, Mark Casson, France and the Economic Development of Europe, 1800-1914: Evolution of International (Routledge, 2000).
❾ Ibid.
❿ 馬克思，《資本論（第三卷）》，中文版，第 499 頁.
⓫ Niall Ferguson, The House of Rothschild The World's Banker 1849-1999 Volume 2.
⓬ Ibid.
⓭ 卡爾．馬克思，中央編譯局，《馬克思恩格斯全集》，第 25 卷第 499 頁.
⓮ Rondo E. Cameron, Mark Casson, France and the Economic Development of Europe, 1800-1914: Evolution of International (Routledge, 2000).
⓯ W.O. Henderson, The Industrial Revolution on the Continent: Germany, France, Russia 1800-1914 (Taylor & Francis, 2006).
⓰ Rondo E. Cameron, Mark Casson, France and the Economic Development of Europe, 1800-1914: Evolution of International (Routledge, 2000).
⓱ Ibid.
⓲ Niall Ferguson, The House of Rothschild The World's Banker 1849-1999 Volume 2.
⓳ Ibid.
⓴ http://en.wikipedia.org/wiki/P%C3%A9reire_brothers.
㉑ Niall Ferguson, The House of Rothschild The World's Banker 1849-1999 Volume 2.

第四章

❶ Stephen Birmingham,"Our Growd"-The Great Jewish Families of New York, P58.

❷ Katz, Irving, August Belmont; a political biography. New York and London: Columbia University Press (1968).
❸ Stephen Birmingham,"Our Growd"-The Great Jewish Families of New York, P37.
❹ Ibid, P74.
❺ Bertram Korn, American Jewry and the Civil War, P161.
❻ Niall Ferguson, The House of Rothschild.
❼ Stephen Birmingham,"Our Growd"-The Great Jewish Families of New York, P119.
❽ Ibid, P120.
❾ Ackerman, Kenneth D. Dark Horse: The Surprise Election and Political Murder of James A. Garfield, Avalon Publishing, 2004.
❿ Mellander, Gustavo A., The United States in Panamanian Politics: The Intriguing Formative Years.
⓫ Ibid.
⓬ Stephen Kinzer ,Overthrow- America's Century of Regime Change from Hawaii to Iraq‧2006.
⓭ Cyrus Adler, Jacob Henry Schiff: A Biographical Sketch,New York: The American Jewish Committee, 1921.
⓮ Ron Chernow, The Warburgs, Random House, 1993.
⓯ Stephen Birmingham, "Our Growd"-The Great Jewish Families of New York, P222.
⓰ Ron Chernow, The Warburgs, Random House, 1993.
⓱ Dictionary of American Biography, Vol. XVI, P431-432.
⓲ Kaplan, Yosef, An Alternative Path to Modernity: The Sephardi Diaspora in Western Europe. Brill Publishers (2000).
⓳ Walter Lord, The Good Years. From 1900 to the First World War. New York: Harper & Brothers, 1960.
⓴ Diner, Hasia. The Jews of the United States, 1654 to 2000.

第五章

❶ Adam Smith, The Wealth of Nations.
❷ Friedrich List,The National System of Political Economy.
❸ Ron Chernow, The Warburgs The 20th-Century Odyssey of a Rememberable Jewish Family.
❹ Ibid.
❺ Lawrence Sondhaus, Naval warfare, 1815-1914 (Routledge, 2001).
❻ Ron Chernow, The Warburgs The 20th-Century Odyssey of a Rememberable Jewish Family.
❼ John V. Denson, Reassessing the presidency: the rise of the executive state and the decline of freedom (Ludwig von Mises Institute, 2001).
❽ Jules Ayer, A century of finance, 1804 to 1904: The London house of Rothschild (W. Neely‧1905).
❾ Ron Chernow, The Warburgs The 20th-Century Odyssey of a Rememberable Jewish Family.
❿ Ronald Sanders‧The High Walls of Jerusalem: A History of the Balfour Declaration and the Birth of the British Mandate for Palestine（Holt, Rinehart and Winston, 1983).
⓫ Martin Gilbert‧Churchill and the Jews: A Lifelong Friendship (Henry Holt and Co., 2008).
⓬ Paul R. Mendes-Flohr, Jehuda Reinharz , The Jew in the modern world: a documentary history (Oxford University Press US, 1995).
⓭ Alfred Zimmern, The Economic Weapon Against Germany, London: Allen & Unwin, 1918.
⓮ Hjalmar Schacht, The magic of money（Oldbourne, 1967).
⓯ Ron Chernow, The Warburgs The 20th-Century Odyssey of a Rememberable Jewish Family.

⓰ Hjalmar Schacht・The magic of money（Oldbourne, 1967).
⓱ Ron Chernow, The Warburgs The 20th-Century Odyssey of a Rememberable Jewish Family.
⓲ Carroll Quigley, Tragegy and Hope (MacMillian Company, 1966).
⓳ Stephen Zarlenga, Germany's 1923 Hyperinflation: A "Private" Affair.
⓴ Antony C. Sutton, Wall Street & the Rise of Hitler (GSG & Associates, 1976).

第六章

❶ The Making of the West: Peoples and Cultures. 3rd ed. Vol. C. Boston: Bedford/ St. Martins, 2009. P817. 同見劉德斌主編：國際關係史・北京：高等教育出版社・2003 年・第 216-217 頁 .
❷ 劉德斌主編：國際關係史・北京：高等教育出版社・2003 年・第 203-204 頁 .
❸ 前引書・第 206-207 頁 .
❹ Munich 1923, John Dornberg, Harper & Row, NY, 1982. P344.
❺ Hitler: A Profile in Power,Ian Kershaw, Chapter I (London, 1991, rev. 2001).
❻ Adolf Hitler,John Toland,.New York: Doubleday & Company,1976. P94-98.
❼ Ibid.
❽ The Rise and Fall of the Third Reich: A History of Nazi Germany ,William L.Shirer, (Touchstone Edition) (New York: Simon & Schuster, 1981), P312.
❾ Antony C. Sutton, Wall Street and the Rise of Hitler（GSG&Associates Pub 1976）Chapter 10.
❿ Richard Roberts,Schroders Merchants & Bankers(MacMillan, 1992).
⓫ Nuernberg Military Tribunal Volume VI P285.
⓬ Nuernberg Military Tribunal Volume VI P287.
⓭ Antony C. Sutton, Wall Street and the Rise of Hitler（GSG&Associates Pub 1976）.
⓮ Ibid.
⓯ Nuernberg Military Tribunal Volume VII, P238.
⓰ Ron Chernow, The Warbugs(Random House).
⓱ 約翰・維茨著・張禹九譯・希特勒的銀行家・北京：光明日報出版社・2000 年・第 6-7 頁 .
⓲ 前引書・第 14・22・30-31 頁 .
⓳ 前引書・第 74 頁 .
⓴ 前引書・第 108 頁 .
㉑ 沙赫特・《我一生中的七十六個年頭》・404 頁 .
㉒ 約翰.維茨著・張禹九譯・希特勒的銀行家・北京：光明日報出版社・2000 年・第 173-176 頁 .
㉓ 前引書・第 212-213 頁 .
㉔ 前引書・第 33 頁 .
㉕ 前引書・第 78-80 頁 .
㉖ 前引書・第 284-299 頁 .
㉗ 前引書・第 163-164 頁 .
㉘ 前引書・第 243 頁 .
㉙ 沙赫特・《我一生中的七十六個年頭》・495 頁 .

第七章
❶ Roland Perry,The Fifth Man(London: Pan Books, 1994)，P xv-xvii.
❷ Ibid, P36-37.
❸ Ibid, P37-38.
❹ Ibid, P45.
❺ Ibid, P43.
❻ Letter from Vivtor Rothschild to Keynes,Keynes Papers.
❼ Roland Perry,The Fifth Man(London: Pan Books, 1994), P43.
❽ 劉德斌主編：國際關係史，北京：高等教育出版社，2003 年，第 275 頁 .
❾ 前引書，第 277 頁 .
❿ Roland Perry,The Fifth Man(London: Pan Books, 1994), P47.
⓫ Ibid, P49.
⓬ Ibid, P89-90.
⓭ Ibid, P77.
⓮ Ibid, P79-80.
⓯ Ibid, P95.
⓰ Ibid, P113.
⓱ Ibid, P116-117.
⓲ Ibid, P117.
⓳ Ibid, P118.
⓴ Paul R. Mendes-Flohr, Jehuda Reinharz , The Jew in the modern world: a documentary history (Oxford University Press US, 1995).
㉑ Roland Perry, The Fifth Man(London: Pan Books, 1994), P176.
㉒ Ibid, P152-155.
㉓ Ibid, P365.
㉔ Robert Wilcox,Target Batton(US: Regnery Publishing,Inc. 2008), P25.
㉕ Ibid, P92-99.
㉖ Ibid, P20,167-170.
㉗ Ibid, P16-7,202-204.
㉘ Wild Bill Donovan: The Last Hero, by Anthony Cave Brown, New York: Times Books, 1982.
㉙ OSS: The Secret History of America's First Central Intelligence Agency, by R. Harris Smith, University of California Press, 1972.

第八章
❶ Gary Allen,The Rockefeller File,Buccaneer Books,Inc.1976.
❷ Schlossberg, Bert (2000). Rescue 007: The Untold Story of KAL 007 and its Survivors. Xlibris. ISBN 0-7388-5775-0,0-7388-5774-2. Retrieved on 2009-01-01.
❸ who killed congressman Lawrence Patton Mcdonald? ,by Todd Brendan Fahey (fargone@disinfo.net) - July 01, 2001.

❹ Gary Allen,The Rockefeller File,Buccaneer Books,Inc.1976.
❺ Carroll Quigley, Tragegy and Hope, GSG & Associates, 1996.
❻ Niall Ferguson, The House of Rothschild, Penguin Books, 1999.
❼ Carroll Quigley,Tragegy and Hope, GSG & Associates, 1996.
❽ Carroll Quigley, The Anglo-American Establishment(GSG & Associates,1981).
❾ Ibid.
❿ Ibid.
⓫ Ibid.
⓬ Ibid.
⓭ Carroll Quigley, Tragegy and Hope, GSG & Associates, 1996.
⓮ David Rivera ,Final Warning: A History of the New World Order-Illuminism and the master plan for world domination, 1994.
⓯ Ron Chernow, Titan: The Life of John D. Rockefeller,Sr., New York: Warner Books, 1998, (P563-566).
⓰ Gary Allen,The Rockefeller File,Buccaneer Books,Inc.1976, P11.
⓱ Ibid, P13.
⓲ Ibid, P15.
⓳ Ibid, P40.
⓴ David Rivera,Final Warning: A History of the New World Order -Illuminism and the master plan for world domination, 1994.
㉑ Gary Allen, The Rockefeller File,Buccaneer Books,Inc.1976, P43.
㉒ David Rivera,Final Warning: A History of the New World Order -Illuminism and the master plan for world domination, 1994.
㉓ Antony C. Sutton、Wall Street and FDR、Arlington House Publishers, 1975.
㉔ Gary Allen,The Rockefeller File,Buccaneer Books,Inc.1976, P156.
㉕ Ibid, P157.
㉖ Ibid, P159.
㉗ Ibid, P44.
㉘ Ibid, P68.
㉙ David Rockefeller,David Rockefeller Memoirs, Random House, 2002, P405.
㉚ Clarence K. Streit,Union Now, Harper & Brothers, 1940.
㉛ Gary Allen,The Rockefeller File,Buccaneer Books,Inc.1976

第九章

❶ The Economist、2007(1).
❷ Martin, J (2000). Greenspan: The Man behind Money.
❸ Greenspan, Alan (2007). The Age of Turbulence. Penguin Press.
❹ Ibid.
❺ Ibid.
❻ Rand, Ayn (1957),Atlas Shrugged,50thAnniversary Edition.
❼ Martin, J (2000). Greenspan: The Man behind Money.

❽ Ibid.
❾ Rand, Ayn (1957),Atlas Shrugged,50thAnniversary Edition.
❿ Rubin, Harriet (2007). "Ayn Rand's Literature of Capitalism". The New York Times.
⓫ Greenspan, Alan (2007). The Age of Turbulence. Penguin Press.
⓬ Rand, Ayn (1957),Atlas Shrugged,50thAnniversary Edition.
⓭ Ibid.
⓮ Ibid.
⓯ Greenspan, Alan (July 1966). "Gold and Economic Freedom". The Objectivist 5(7).
⓰ Rand, Ayn (1957), Atlas Shrugged, 50thAnniversary Edition.
⓱ Fleckenstein, William (2008). Greenspan's Bubbles: The Age of Ignorance at the Federal Reserve.
⓲ Batra, R X(2005). Greenspan's Fraud: How Two Decades of His Policies Have Undermined the Global Economy.

第十章
❶ Weatherford, Jack, The History of Money(Crown Publishers, 1997).
❷ Cooper, Richard N.,"Is there a Need for Reform?"(Speech at a Federal Reserve Bank of Boston conference, May 1984).
❸ 蒙代爾：推廣世界貨幣只能在危機的時候來做成(《第一財經日報》，2008年11月13日).
❹ Bonpasse, Morrison, The Single Global Currency(Single Global Currency Association, 2006).
❺ Clausen, A.W., in a 1979 interview with the Freeman Digest,"International Banking".
❻ Mackenzie King, William Lyon, in a radio address, August 2, 1935. Quote printed in Walter Stewart's book, Bank Heist(HarperCollins, 1997).
❼ Kiyosaki, Robert, How the Financial Crisis Was Built Into the System (Yahoo Finance, November 24, 2008).
❽ Hellyer, Paul, Funny Money (Chimo Media, 1994).
❾ Kindleberger, Charles P., speaking at a Federal Reserve conference. The International Adjustment Mechanism, Federal Reserve Bank of Boston, 1969, Conference Series 2.
❿ Cooper, Richard N., "Is there a Need for Reform?"(Speech at a Federal Reserve Bank of Boston conference, May 1984).
⓫ Bonpasse, Morrison, The Single Global Currency(Single Global Currency Association, 2006).
⓬ Ibid. P7.
⓭ Wolf, Martin, writing for the Financial Times, August 3, 2004.
⓮ Steil,Benn, Digital gold and a flawed global order (Financial Times, January 5, 2007).
⓯ Steil,Benn, "The End of National Currency,"(Foreign Affairs, May/June 2007).
⓰ Ibid.
⓱ Mundell, Robert, "A Decade Later: Asia New Responsibilities in the International Monetary System,"presentation given in Seoul, South Korea, May, 2-3, 2007.
⓲ Roach, Stephen, Original Sin, (Global Economic Forum in Tokyo, April 25 2005).
⓳ Mundell, Robert,"A Decade Later: Asia New Responsibilities in the International Monetary System,"presentation given in Seoul, South Korea, May, 2-3, 2007.
⓴ Bonpasse, Morrison, The Single Global Currency(Single Global Currency Association, 2006).
㉑ 1 Ibid.

國家圖書館出版品預行編目資料

貨幣戰爭 . 2, 金權天下 / 宋鴻兵作 . -- 初版 .--
臺北市 : 遠流 , 2009.08　面 ;　公分 . --
(綠蠹魚叢書)

ISBN 978-957-32-6521-4(平裝)

1. 金融史 2. 貨幣史 3. 國際金融 4. 貨幣政策

561.09　　98015601

綠蠹魚 YLC 38

貨幣戰爭 2 – 金權天下

Currency Wars

編著：宋鴻兵
編輯協力：洪淑暖、周祐羽、戴芫品
文化生活領域副總編輯：吳家恆
封面設計：張士勇

發行人：王榮文
出版發行：遠流出版事業股份有限公司
地址：臺北市 100 南昌路二段 81 號 6 樓
電話：（02）2392-6899
傳真：（02）2392-6658
郵撥：0189456-1

著作權顧問：蕭雄淋律師
法律顧問：董安丹律師
2009 年 9 月 16 日 初版 1 刷
2010 年 11 月 16 日 初版 6 刷
行政院新聞局局版臺業字第 1295 號
定價◎新台幣 380 元（若有缺頁或破損，請寄回更換）

ISBN：978-957-32-6521-4

YLib 遠流博識網

遠流博識網：http://www.ylib.com
E-mail：ylib@ylib.com